古典文獻研究輯刊

二七編

潘美月・杜潔祥 主編

第 1 冊

《二七編》總目

編 輯 部 編

唐代類書編纂研究

劉 全 波 著

國家圖書館出版品預行編目資料

唐代類書編纂研究／劉全波 著 — 初版 — 新北市：花木蘭文
化事業有限公司，2018〔民 107〕
序 2+ 目 2+266 面；19×26 公分
（古典文獻研究輯刊 二七編；第 1 冊）
ISBN 978-986-485-559-9（精裝）
1. 類書 2. 研究考訂
011.08　　　　　　　　　　　　　　　107012232

ISBN- 978-986-485-559-9

9 789864 855599

古典文獻研究輯刊
二七編　第 一 冊　　　　　　ISBN：978-986-485-559-9

唐代類書編纂研究

作　　者　劉全波
主　　編　潘美月　杜潔祥
總 編 輯　杜潔祥
副總編輯　楊嘉樂
編　　輯　許郁翎、王筑　美術編輯　陳逸婷
企劃出版　北京大學文化資源研究中心
出　　版　花木蘭文化事業有限公司
發 行 人　高小娟
聯絡地址　235 新北市中和區中安街七二號十三樓
　　　　　電話：02-2923-1455／傳真：02-2923-1452
網　　址　http://www.huamulan.tw 信箱 hml 810518@gmail.com
印　　刷　普羅文化出版廣告事業
初　　版　2018 年 9 月
全書字數　220806 字
定　　價　二七編 24 冊（精裝）新台幣 46,000 元

《二七編》總目

編輯部　編

《古典文獻研究輯刊》二七編　書目

《二七編》各書作者簡介·提要·目次

第一冊　唐代類書編纂研究

作者簡介

劉全波，1984 年生，山東陽信人，2007 年畢業於曲阜師範大學歷史文化學院，獲歷史學學士學位，2012 年畢業於蘭州大學敦煌學研究所，獲歷史學博士學位（碩博連讀），同年 7 月留校任教，現爲蘭州大學敦煌學研究所副教授，碩士研究生指導教師，中國敦煌吐魯番學會理事，主要從事歷史文獻學、敦煌學、中西交通史研究。主講《文獻學基本理論與方法》《魏晉南北朝史專題》《中西交通史》等課程，出版《類書研究通論》《魏晉南北朝類書編纂研究》等專著，在《敦煌學輯刊》等期刊雜誌發表各類科研論文 50 餘篇。

提　要

本書上編旨在通過文獻梳理構建清晰的唐代類書發展史、編纂史。唐代是中國類書發展的成長期、高潮期，湧現出了眾多的各式類書，後世類書的發展、演變也多根源於此；官修類書之外出現了大量文學類書、科舉類書，類書編纂受到帝王將相、文人墨客、高僧高道的青睞，尤其是唐朝前期的幾位皇帝，多敕令修纂類書，於是大量類書著作湧現出來。本書就是要從文獻編纂學的角度出發，以《舊唐書·經籍志》子部之「類事」與《新唐書·藝文志》子部之「類書類」所載類書典籍爲線索，輔之敦煌類書、域外漢籍，對唐代類書尤其是官修類書的發展史、編纂史做一個全面而翔實的考察，弄清每一部類書的編纂時間、編纂地點、編纂者、編纂體例等問題。

　　本書下編旨在通過對唐代諸類書的比較研究，探究唐代類書編纂之深層次脈絡問題，類書之編纂多是因襲前代類書，而後世類書之底本究竟是前代哪部類書？一直是學界關注考察的要點，我們主要針對《藝文類聚》與《初學記》展開討論，探究類書編纂過程中的底本問題。前輩學者多言《藝文類聚》源自《華林遍略》，《初學記》源自《修文殿御覽》，並認爲這兩個流傳系統之間關係不大，其實如此簡單的判定是有問題的，是對文獻的誤讀，我們通過考察認爲類書編纂的諸底本是交叉融合在一起的，絕無所謂的涇渭分明之說，《初學記》與《藝文類聚》也並非沒有關係，而是關係密切，尤其是二書「詩文」部分的內容，有著明顯的引用、因襲關係。

目　次

第二、三、四冊　明代書目研究

作者簡介

孫蘊，女，山東煙台人。山東大學儒學高等研究院中國古典文獻學博士。師從杜澤遜教授，從事目錄學、版本學、儒學、傳統經學等方面的研究。於《周易研究》、《江海學刊》、《國學季刊》等專業刊物內皆有論文發表。現爲魯東大學文學院教師、魯東大學東北亞研究院儒學研究室主任。

提　要

明代的書目編纂是中國古代書目編纂史的重要組成部分。對明代的書目進行全面、系統的探討，是研究中國古代目錄學史的必經階段。

明代書目編纂的成果較多、種類多樣。明代的文淵閣、行人司、地方府學、書院等機構都有大量的藏書，大多編有藏書目錄。各家私人藏書、藏書目的數量較之前代皆呈井噴式增長。史志書目方面，兼有國史目錄、政書目錄及數十種方志藝文志。又有經學、醫學、戲曲、宗教等多種專科書目。又有公、私、坊刻書目、地方及個人著述書目、辨僞書目、引用書目等諸家特種書目。此外，尚有大量存世的序跋題記，可看做對書目解題的補充，亦是研究明代書目及作者的重要資料。

明代書目於書目體例、著錄內容、編纂方式上皆多有創新。其對四部分類法有繼承、又有改進；在同一書目中往往綜合運用多種設類依據；對書籍相關信息的著錄既簡要又靈活；不僅保存了前代書籍的線索，更載錄了明代著述、刻板的具體情況；不僅著錄了書籍信息，更著錄有相關的學術思想。明代的書目編纂爲後世的目錄學工作打開了新的思路，具有重要的研究價值。

在學界各領域的研究過程中，不乏對明代目錄學成果的參考利用，但專門針對這些成果的研究卻寥寥可數，且多集中於對明代的某幾部書目的研究，而對大多書目並未有所涉及。通過對明代的書目、明代的目錄學家及目錄學思想進行全面、公正、客觀的探討，通過分析、歸納的方法對其做出宏觀的研究，對研究中國目錄學史、乃至整個學術史而言都是必要的，具有不可或缺的現實意義與學術價值。

本書將明代各家書目分爲公藏、私藏、史志、專科、特種五部分，從論述目錄學家的目錄學事蹟、清理書目的存佚與版本、探討書目的形成、探討書目的編纂體例、探討書目的著錄方法、分析書目的特色、評價書目的成就

七個方面入手，對明代諸家書目進行逐一研究，力求全面、系統地論述明代的書目成果。

引用書目在我國問世較早，於明代得到弘揚。本書對這種特殊目錄的產生、發展、類型、特點等做了大致論述，並簡要進行舉例分析。胡應麟是明代目錄學思想的集大成者。本書通過對《四部正訛》、《經籍會通》等目錄學成果的分析，對胡應麟的目錄學思想做了整體的探討。

各家書目之外，本書以《讀書後》、《南濠居士文跋》二種序跋著作爲例，窺豹一斑，探討了明人的序跋題記，認爲其在一定意義上具有補充書目解題之未備的史料價值。

明代是我國傳統目錄學的興盛時期。明代的書目編纂具有一定數量規模，且種類多樣，形成了空前完整的目錄學體系。通過本文的研究，筆者認爲，相對前後各代書目而言，明代書目具有較爲突出的主觀性、靈活性、實用性特點。

類目設置方面，明代的書目大多突破了傳統四部分類法的束縛，採用了根據收錄對象的實際情況靈活設類的方式，並往往在同一部書目內將多種分類依據綜合併用。明代書目中不僅產生了藩府類、舉業類、性理類等新的類目，且其對類書、叢書、釋道等書籍的歸置方式較之前代亦呈現出新的格局。其中將四書類與五經類並行設立的設類方式更是成爲後世定例。

著錄內容方面，明代書目既有對前代書籍線索的保留，亦有對明代著述成果的載錄。此外，又有《南雍志・經籍考》、《內板經書紀略》等兼記書、板，《南詞敘錄》兼記理論、作品，《曲品》兼及作者、作品等特殊著錄內容的存在。明代書目雖少有解題，但往往以簡要、靈活的方式著錄相關信息。明代書目大多著錄作者姓名、籍貫等，更有詳記其生平者，具有重要的史料集志。如《錄鬼簿續編》對羅貫中生平的記錄，便是現今而言唯一可查的史料，極爲珍貴。此外，以趙定宇、趙琦美等爲代表的明代目錄學家具有極高的版本意識，其書目中對版本項的著錄極爲豐富，直接啓發了錢謙益、錢曾等人的版本學思想。明代書目的著錄內容，是考求中國古代學術史的重要資料來源。

著錄方法方面，明代書目中首次出現了互著、別裁的著錄方法，合併著錄法、表格式著錄法、千字文編號法等亦被多次運用，使得明代的書目編纂整體呈現出簡明扼要的風格。明代書目普遍具有注重普查、方便檢索的特徵。統計收錄、便於檢索的工具性是書目的基本屬性，這一屬性在明代首次得到

了強調。自此以後，書目的工具性逐步爲世人所重。統計完整、方便檢索亦成爲書目編纂的首要任務。

　　書目的分類體系、著錄內容、著錄方法三方面，是對目錄學家的目錄學思想的直接反映。明代目錄學家不拘常規、大膽創新、勇於實踐的目錄學思想，爲四部分類法的成熟、完善提供了契機，也爲當代目錄學奠定了理論與實踐基礎。

目　次

上　冊

第五、六冊　上博楚簡「禮記類」文獻研究

作者簡介

黃武智，國立中山大學中國文學系博士、慈惠醫護管理專科學校通識教育中心助理教授兼教務處主任。長期致力於出土資料之思想史、學術史、文字學研究，著有碩士論文《「黃老帛書」考證》（後修改、更名為《「黃老帛書」研究》出版）、博士論文《上博楚簡「禮記類」文獻研究》（獲「國立中山大學 97 學年度博士研究生優秀畢業論文獎」），以及單篇論文十數篇。

提　要

本文之研究工作依其性質可大分為二：其一為文獻整理的部分，其二為內容論述的部分。前一部分又可分為「文字考釋」、「殘簡拼合及補文」及「簡

序排列」三部分，各篇整理方案分載於第二、三、四章；後一部分則以「思想論述」及「文獻性質」爲主，分載於第五章。此外，整體討論上博楚簡「禮記類」之「學術價值」部分則兼取二者，載於第六章。簡言之，第一章就本文之「研究動機」、「研究概況」、「研究對象及範圍」、「研究目的」及「研究方法」作一概述。第二章針對上博楚簡「禮記類」文獻中有兩種以上抄本或傳本可資校對之文獻提出整理方案。第三章針對上博楚簡「禮記類」文獻中無其他抄本或傳本可資校對，但其內容文意間彼此相關之文獻提出整理方案。第四章針對上博楚簡「禮記類」文獻中無其他抄本或傳本可資校對，且全篇由數個各自獨立之章節組成之文獻提出整理方案。第五章論述上博楚簡「禮記類」文獻之「特殊觀念及其意義」，希望藉由上博楚簡「禮記類」文獻中未見於或異於《論語》之「特殊觀念」之討論，以作爲推論其文獻性質之重要線索。第六章論述上博楚簡「禮記類」文獻之學術價值，舉出上博「禮記類」之學術價值凡四：「文字學價值」、「文獻學價值」、「學術思想史價值」及「一般史價值」，而將焦點置於「文獻學價值」部分。第七章針對本文之研究成果進行述要，並以本文之研究心得爲基礎，提出上博楚簡「禮記類」文獻之研究性評估。

目　次

上　冊

第七、八冊　如切如磋：經學文獻探研錄

作者簡介

陳才，安徽無爲人，文學博士，上海博物館副研究館員、中國詩經學會會員、中國歷史文獻研究會會員、中國文字學會會員、中國訓詁學研究會會員、上海市儒學會會員，上海圖書館兼職參考館員，上海市國學新知傳統文化學習中心理事，主要從事詩經學文獻和朱子學文獻的研究。發表學術論文和書評數十篇，主持國家社會科學基金後期資助項目 1 項、安徽省古籍整理出版辦公室項目 1 項，點校古籍若干部。

提　要

本書共收錄論文 36 篇，包括《詩經》研究篇、文字音韻訓詁校勘篇、出土文獻篇、書評篇和商榷篇五部分。

《詩經》研究篇收錄論文 8 篇。其中既有《詩經》中詞義的札記，也有對胡承珙詩經學的研究，還有對董治安先生注《詩》成就的揭示，以及對日本東洋文庫本《毛詩》殘卷的研究。

文字音韻訓詁校勘篇共收錄論文 7 篇，除第二篇《李世民詩歌用韻考》之外，其他都與《詩經》相關。其中既有對《詩經》中訛俗字的辨析，也有

對《詩經》中某個詞義的考察，還有《詩經》校勘中的一些問題。文章既有具體的考察，也有理論層面的思考。

出土文獻篇共收錄論文 3 篇，都是關於清華簡《耆夜》篇的研究。《耆夜》篇可視作涉《詩》文獻。文章或對既有研究中忽視的幾個問題加以強調，或對《耆夜》篇中《蟋蟀》詩闕文予以補足，或用以反觀後儒的《詩經》解讀。

書評篇收錄論文 11 篇，涉及經、史、子三部，其中關於《詩經》的有 3 篇。所評著作，或為舉世公認的名著，或為前輩名家的得意之作，或為青年俊彥的優秀成果。

商榷篇收錄論文 7 篇。其中既有對名家名著疏失的補正，也有對古籍整理疑誤的糾正，還有對古籍整理失誤情況及其理論的思考。所商榷者，既有某個學術觀點，也有古籍整理方面的具體失誤，還有當代文化熱點。

目　次
上　冊

第九冊　20世紀中國《論語》學論要

作者簡介

　　劉斌，1979～，男，山東鄒平人。曾師從著名學者龐樸先生從事儒家思想文化研究。在《社會科學研究》、《孔子研究》等刊物發表論文多篇。主要研究方向爲《論語》學史，近期研究方向爲上古中國術數文化。

提　要

　　20世紀的中國《論語》學在總體治學取向上並未脫出晚清以來所形成的學術格局，或偏考證，或偏義理，或二者兼重，或二者兼重而又稍有偏尚。他如對20世紀《論語》研究和普及幫助很大的舊注整理工作、白話翻譯工作，也是承晚清遺緒。1911年清朝滅亡，中華民國建立，20世紀中國進入了一個新的歷史階段，中國與西方世界的交流大幅加深，西學對包括《論語》學在內的中國傳統學問的影響，比之晚清，有很大推進。大部分人開始改用新學問、新概念來分析《論語》，這種改變從表面上看是文言逐步變成了白話，從根本上看則是以西學釋中學，不再是以中學釋中學了。另外20世紀發現了一種古老的《論語》抄本，即《定州〈論語〉》，敦煌出土了《論語鄭氏注》殘卷，還有包括郭店楚簡在內的一些相關竹書文獻被發現，這些新材料對《論語》學的發展也產生了一定的推動作用。對這一時期的中國《論語》學進行探討，是我國學術轉型史探討的一部分，意義極其重要。書稿選取有代表性的六部著作，對其特色和整體成就進行初步探討，明其大要，見其規律，就正方家。

目　次

第十、十一冊　出土文獻鄭國史料集釋

作者簡介

　　白星飛，男，1992 年生，江蘇常州人，曲阜師範大學歷史文學化學院（歷史文獻學方向）碩士，攻讀碩士研究生期間隨導師侯乃峰老師學習先秦史和出土文獻學並進行相關研究。現任廣西師範大學出版社文獻分社編輯。

提　要

　　鄭國是春秋時期一個非常重要的諸侯國，鄭國史的研究歷來受到學者們的足夠重視，相關研究成果頗豐。出土金文與簡帛文獻中也不乏與鄭國史相關的內容，對鄭國史的研究具有非常重要的參考意義。

　　本書收錄與鄭國史相關的簡帛文獻及青銅器銘文，借鑒並吸收學界已有的成果，形成集釋，在集釋的基礎上對鄭國早期的歷史地理和史事、鄭國的姓氏、不同於傳世文獻的出土鄭國史料、喪葬禮制進行研究。

　　《鄭文公問太伯》篇中提及非常多的鄭國地名，對了解鄭國早期歷史地理大有裨益。簡文所載爲鄭桓公滅鄶之說又添一例證。此外，據清華簡《繫年》和《鄭文公問太伯》中的相關記載，鄭武公時期鄭國或已稱霸於東方諸侯。

　　簡帛金文中出現的大量鄭國人名，對研究鄭國的姓氏具有重要的參考價值。據清華簡可證實前人將鄭國的堵氏與洩氏混同之誤。據清華簡《良臣》《子產》篇的記載，可推測鄭國有王子氏，王子嬰次爐之器主亦當出自鄭國之王子氏。封子楚簠的器主當與清華簡《繫年》所見「子封子」相關。

　　出土文獻中與傳世文獻所載難免會存在不同之處，清華簡《繫年》第十一章、十二章、十三章、十六章，上博簡《鄭子家喪》篇所見鄭國史事與傳世文獻記載均存在差異。清華簡《繫年》可信度較高，其中一些記載可糾正傳世文獻之誤。上博簡《鄭子家喪》與子書類似，重說教不重史實，當以辯證的態度對待之。

　　《鄭武夫人規孺子》和《鄭子家喪》中所見的喪禮用語，印證了禮書以及其他傳世文獻中相關喪葬禮制的記載。《鄭武夫人規孺子》反映了春秋時期諸侯的葬禮；通過《鄭子家喪》篇，可深入了解春秋時期犯下重罪的卿大夫死後用以降低其葬禮等級的一系列措施。

目　次
上　冊

第十二冊　《藝文類聚》選文研究暨篇目分體索引

作者簡介

韓建立，吉林省吉林市人，吉林大學古籍所博士。目前執教於吉林大學文學院，語文課程與教學論專業碩士生導師。講授中國語文教育文獻研究、唐宋詩詞欣賞等課程。主要研究方向爲中國古代文學與文獻、語文課程與教學。

提　要

本書分上、下兩編。

上編爲「《藝文類聚》選文研究」，著重研究《藝文類聚》「文」的部分選錄的各種文體，考證文體數量和名稱，對分合不當的，加以辨正；綜合論析《藝文類聚》選錄的各種文體；同時，還對《藝文類聚》「事」的部分選錄的《詩經》與《楚辭》作品，做出全面探究。

下編爲「《藝文類聚》篇目分體索引」，按照《藝文類聚》的標注，逐一核查選錄的篇目，按照文體歸類，列出篇題。

目　次

第十三冊　明清文章總集分體與分類研究

作者簡介

　　蔣旅佳（1987～），男，安徽無為人，中山大學中國語言文學系博士，武漢大學文學院博士後流動站助理研究員，現為陝西師範大學文學院講師，主要從事中國古代文體學、文體分類學以及地域總集與地域文化方向研究。發表有《論宋代地域總集編纂分類的地志化傾向》、《中國古代總集文體分類研究的歷史、現狀與展望》等論文；主持教育部人文社會科學研究青年基金項目、博士後特別資助項目、博士後面上基金項目等課題。

提　要

　　文章總集匯聚不同作者詩文作品成集，因此如何運用合理的編纂體例，來實現一部總集的編纂目的和實用功能，是編者最先考慮的重要問題。

　　以「分體」與「分類」兩種不同的視角，介入明清文章總集體例研究，在關注明清文章總集文體分類的基礎上梳理明清文章總集文體分類的演變歷史，把握文體分類的規律，探究文體分類的文學意義。同時，將「分體」與「分類」結合起來，明清文章總集除「分體編錄」外，尚有以人敘次、以時分類、以技敘次、以格編次等多種分類方式，體例複雜多樣，更多的總集分類往往雜糅兩個或兩個以上的方式標準；明清文章總集或借鑒類書體例，或取則地方志類目編次作品；本書在尊重明清文章總集分類體例豐富多樣化的基礎上，重點發掘不同的編次體例與分類方式所體現的分類思維、文學（文體）觀念，以及時代背景下所彰顯的文化意義。

　　附錄部分，明清文章總集以表錄形式呈現明清單本文章總集的類目體系。

目　次

第十四、十五冊　明末清初女性作品總集編刊研究

作者簡介

　　傅湘龍，湖南岳陽人，副教授，本科與碩士均畢業於湖南師範大學，2012年畢業於北京大學中文系，獲文學博士學位，同年進入湖南大學文學院工作。先後赴美國哈佛大學東亞系、臺灣中研院中國文哲研究所、日本東京大學短期訪學。迄今已在《漢學研究》（臺灣）、《國學研究》、《中國文化研究》、《民族文學研究》等刊物發表論文十餘篇。主持國家社會基金青年項目一項（立項編號：13CZW049），中國博士後第 61 批面上基金一等資助。

提　要

　　本書旨在挖掘諸多隱而不彰的總集，爲學界呈現出了一個清晰的、特定時段的女性作品總集編刊面貌；細微釐清各刊本輯錄的時序先後、版本優劣，爲深化女性作家主體研究提供可靠的文獻支撐；考察明末清初女性作品總集編刊，卻也同時關照到其時與之相關的各個文化層面。所論涉及文教推揚、故國之思、文士雅集、商業操作等，不但鉤稽出各部重要總集之間的前後傳承關係，亦揭示出影響編刊的各種文士社會風氣，拓展了研究領域。

目　次

上　冊

第十六、十七、十八冊 四古本《老子》異文研究

作者簡介

朱懷清（1967～），男，湖北荊門人。現為凱里學院教師，副教授。

畢業於四川大學古典文獻學專業，獲文學博士學位，研究方向：古文獻。

提 要

目前有關《老子》的出土文獻有四種，即 1973 年出土的長沙馬王堆帛書《老子》甲、乙本，1993 年出土的荊門郭店楚簡《老子》、2012 年底發佈的北京大學藏西漢竹簡《老子》。本書同時與傳世的王弼本《老子》對照，對這四種出土的《老子》文獻的異文進行研究，必要時參照唐朝傅奕校訂的《古本老子》以及嚴遵本、河上公本等。主要從文字、音韻、訓詁的角度進行了詳細而全面的研究，並在此基礎上以帛書本《老子》為底本，校訂出一個盡

可能接近《老子》原本面目的善本。在音韻學和文字學方面給同行提供一些借鑒的資料。不僅從傳統小學的角度進行了最基本的論證，而且根據內容的需要，也從哲理的角度，進行了必要的邏輯推理，並且聯繫佛學的唯識學思想，闡釋了前人所未注意到的解老方式，提出了自己新的觀點，以期給讀者一個新的理解《老子》的角度。

本書也對一些千年來爭論的問題作義理上的闡釋，李養正《道教概說》云：「對於《道德經》，哲學思想家們有他們從哲學思想角度出發的理解與闡發，而宗教家們則有他們從宗教角度出發的理解與闡發。」也許還有學者們從其個人理解的角度出發的理解與闡發。正是這種歧義性的理解，掩蓋了《老子》的本來思想。四種古本《老子》的出現，爲我們還原《老子》文本提供了最可靠的依據，也爲理解《老子》開拓了新的視野。

目　次

第十九冊　陶詩彙評箋釋

作者簡介

　　高建新，1959 年 11 月生。內蒙古大學人文科學學部委員，文學與新聞傳播學院教授，中國陶淵明研究會副會長，中國唐代文學學會理事、王維學會理事、柳宗元學會理事，長期從事魏晉南北朝隋唐五代文學教學與研究。主要著作有《自然之子：陶淵明》（內蒙古大學出版社 2007 年增訂版）、《詩心妙悟自然——中國山水文學研究》（內蒙古大學出版社 2008 年版）、《山水風景審美》（內蒙古大學出版社 2011 年第三版）、《中華生活經典・酒經》（中華書局 2011 年版）、《酒入詩腸句不寒：古代文人生活與酒》（內蒙古大學出版社 2016 年第二版）等。在《文學遺產》《文史知識》等刊物發表學術論文 130 餘篇；在《光明日報》《人民日報》《文匯報》等報刊發表散文、遊記、山水美學隨筆 200 餘篇。2009 年以來，應邀先後赴馬來西亞大學、香港大學、泰國清萊皇家大學、日本福岡國際大學、臺灣雲林科技大學參加學術會議和學術交流活動。

提　要

　　《陶詩彙評》是清乾、嘉年間廣東的著名詩人、學者溫汝能（1748～1811），於嘉慶十一年（1806）纂集而成的。全書彙集了前代諸家對陶詩的大量評論，溫汝能自己的觀點均以「愚按」出之，無論評說還是考辨，皆警拔精煉、深刻獨到，讓人嘆服。溫汝能是懷著熱愛和崇敬之情品評陶詩的，因此能夠深入揣摩陶詩，以心會心，從一般人容易忽略的文字中讀出陶淵明寂寞詩心之所在。

　　本書使用的底本爲嘉慶十二年（1807）丁卯聽松閣刊本，現藏於國家圖書館北海分館。諸家詩評後的「箋釋」爲整理者所加，以補充溫本陶詩原注及評中的缺漏或意思不明之處，並儘量搜求後人詩文中對陶詩、陶事的採寫，以見陶淵明對後世的深遠影響。

目　次

第二十、二一、二二、二三冊　《全元文》補正

作者簡介

　　陳開林（1985～），湖北麻城人。2012 年畢業於湖北大學，獲文學碩士學位（中國古代文學先秦方向）。2015 年畢業於華中師範大學，獲文學博士學位（中國古代文學元明清方向）。現爲鹽城師範學院文學院講師。主要研究宋元明清文學、近代文學、中國古典文獻學、經學。在《圖書館雜誌》《文獻》《中國典籍與文化》《古典文獻研究》《中國詩學》等刊物發表論文 70 餘篇。

提　要

　　《緒論》指出了元代文學研究的現狀，凸顯了《全元文》編纂的必要性，並對其成就予以肯定。同時，總結了《全元文》存在的諸方面的問題，從「文」的範圍界定不清、作家收錄標準不統一、文本問題、小傳不夠精審、大量的佚文有待發掘、對學界已有的研究成果重視不夠六個方面予以闡述。針對這些問題，學界時有匡正，故略作述評，以呈現學界的研究現狀，並揭櫫本書的研究範圍及方法，《〈全元文〉作家重收誤收考》，考定重收作家 64 人、誤收作家 35 人，另有一文分屬兩人的現象，共計 4 篇。《〈全元文〉作家小傳補正》，針對《全元文》所寫定的作家小傳予以補正，共計 260 人。同時，就輯錄有佚文而《全元文》失收的作家，考證其生平，共計 90 人。《〈全元文〉作品校證》，針對《全元文》所收文章進行校勘，共 653 篇。對文本中的錯訛、脫文、倒文、衍文等情況予以糾正，並結合相關典籍，對部分異文進行考實。其中，有多篇文字，《全元文》所收文本不全，均可據以補全。《〈全元文〉作品繫年》，主要是通過文章內容的信息、《全元文》未採用的其他版本而遺漏

的文本信息，以考訂相關作品的寫作時間，共計 197 篇。《〈全元文〉佚文輯校》，新輯錄佚文 673 篇。其中，《全元文》已收作家 161 人，佚文 313 篇；未收作家 242 人，佚文 360 篇。

目　次

第二四冊　杭世駿年譜

作者簡介

趙永剛，山東鄒城人。2011 年畢業於南京大學文學院，獲文學博士學位。現為貴州大學文學與傳媒學院副教授、中文系主任、中國古代文學專業碩士生導師。孔學堂簽約入駐學者。出版專著《清代文學文獻學論稿》。學術兼職有中華詩教學會理事、貴州省儒學研究會常務理事。主要研究方向為東亞《孟子》學、陽明學、明清儒學與文學。

提　要

杭世駿是清代具有較大影響的學者，在經學、史學、文學方面皆有諸多優秀的著作問世。本年譜之撰，盡可能勾稽存世文獻，對杭世駿生平行實及德業文章施以編年紀月之法，以求知人論世之效。本年譜包括時事、事蹟、編年詩、編年文、附考五項，對杭世駿生平事蹟展開詳細考論。對於杭世駿所處時代之歷史事件如博學宏詞科等亦有論析，對於學術史上聚訟紛紜的學術問題，如杭世駿與全祖望的交遊交惡及其對學術的影響，皆有追本溯源之考證。總之，本年譜既是對杭世駿生平學術的考論，又力圖展示清代前期學者之群像以及學術之流變。

目　次

唐代類書編纂研究

劉全波 著

作者簡介

劉全波，1984 年生，山東陽信人，2007 年畢業於曲阜師範大學歷史文化學院，獲歷史學學士學位，2012 年畢業於蘭州大學敦煌學研究所，獲歷史學博士學位（碩博連讀），同年 7 月留校任教，現爲蘭州大學敦煌學研究所副教授，碩士研究生指導教師，中國敦煌吐魯番學會理事，主要從事歷史文獻學、敦煌學、中西交通史研究。主講《文獻學基本理論與方法》《魏晉南北朝史專題》《中西交通史》等課程，出版《類書研究通論》《魏晉南北朝類書編纂研究》等專著，在《敦煌學輯刊》等期刊雜誌發表各類科研論文 50 餘篇。

提　　要

　　本書上編旨在通過文獻梳理構建清晰的唐代類書發展史、編纂史。唐代是中國類書發展的成長期、高潮期，湧現出了眾多的各式類書，後世類書的發展、演變也多根源於此；官修類書之外出現了大量文學類書、科舉類書，類書編纂受到帝王將相、文人墨客、高僧高道的青睞，尤其是唐朝前期的幾位皇帝，多敕令修纂類書，於是大量類書著作湧現出來。本書就是要從文獻編纂學的角度出發，以《舊唐書・經籍志》子部之「類事」與《新唐書・藝文志》子部之「類書類」所載類書典籍爲線索，輔之敦煌類書、域外漢籍，對唐代類書尤其是官修類書的發展史、編纂史做一個全面而翔實的考察，弄清每一部類書的編纂時間、編纂地點、編纂者、編纂體例等問題。

　　本書下編旨在通過對唐代諸類書的比較研究，探究唐代類書編纂之深層次脈絡問題，類書之編纂多是因襲前代類書，而後世類書之底本究竟是前代哪部類書？一直是學界關注考察的要點，我們主要針對《藝文類聚》與《初學記》展開討論，探究類書編纂過程中的底本問題。前輩學者多言《藝文類聚》源自《華林遍略》，《初學記》源自《修文殿御覽》，並認爲這兩個流傳系統之間關係不大，其實如此簡單的判定是有問題的，是對文獻的誤讀，我們通過考察認爲類書編纂的諸底本是交叉融合在一起的，絕無所謂的涇渭分明之說，《初學記》與《藝文類聚》也並非沒有關係，而是關係密切，尤其是二書「詩文」部分的內容，有著明顯的引用、因襲關係。

教育部人文社會科學研究基金一般項目：
「唐代類書編纂研究」（項目編號：15YJAZH045）

致　謝

　　本書的研究工作受到了教育部人文社會科學研究基金一般項目：「唐代類書編纂研究」（項目編號：15YJAZH045）的資助，特此致謝。

自　序

　　《唐代類書編纂研究》是我關於類書研究的第三本專著，第一本是《類書研究通論》，第二本是《魏晉南北朝類書編纂研究》。類書研究的困難其實不難，難的是人的精力是有限的，當我每一次認眞的坐在計算機前面，認眞的閱讀相關文獻的時候，總能發現新的問題，總能令自己興奮許久，而人漸中年，各種事務性的活動也逐漸多起來，其實，這是人的基本社會活動，但是，又毫無置疑的給我們的所謂的研究帶來困擾。說實話，做學問是一件苦差事，怪不得前輩學者總是讓我們坐冷板凳，但是，就算冷板凳坐成熱板凳，換來的又是什麼呢？還是名不見經傳，還是捉襟見肘。我給本科生講授「魏晉南北朝史專題」，講到阮籍窮途而哭的時候，以前總是沒有感覺，覺得魏晉名士多做作之舉，但是，寫罷此書，卻有了不同的感悟，我對窮途而哭有了新的認知，窮途就是要大哭的。我不止一次的說，我是有志於多卷本《中國類書史》的，這個莫名的大理想，必然是要侵襲我的生活的，甚至讓我活的不自由不快樂，但是，我卻莫名其妙的想完成這個事業，希冀青史留名，古人常說貪不止於金錢，貪名亦是大貪，誠如上文所言，人的精力是有限的，或許該適可而止，不然就是木匠帶枷。

　　本書的寫作持續了一年多，最先完成的是《文思博要》，當時視野未開，或有舛誤，部分問題如今已經做了修訂。其後是《藝文類聚》與《初學記》的比較，這個研究其實是無疑而問，眾學者早已說二者無關係，但是，我認爲中古時期類書的編纂之間，尤其是距離如此近的兩部類書之間，不可能沒有關係，故對之進行細緻入微的比較，果然發現了一些問題。再後來是《長洲玉鏡》的考察，南北朝與隋唐類書之間有著十分密切的聯繫，但是，由於

資料的散佚，我們無從考察，隨著研究的深入，即使找不到佚文，我們通過對編纂人員的考察分析，還是可以得到一些新的認知，因為，參與過《修文殿御覽》編纂的北齊士人，後來又在隋朝參與了《長洲玉鏡》的編纂，他們的存在，絕對是兩部類書產生聯繫的紐帶，而中古時期父子兄弟相繼參與類書編纂的現象是屢見不鮮的。再後來是《東殿新書》《瑤山玉彩》《三教珠英》等的考察，諸史書對他們的記載多是混亂的，混亂到只能諸說並存而無定論，甚至連編纂時間都是混亂的，而對他們進行全面的梳理就是必要的、必須的。何強林、范英杰、戴永生、吳園、楊園甲、石娜娜諸同學幫助我查閱資料討論文字，對此書的寫作幫助亦大，在此再次向對本書的寫作有幫助的諸位先生致以崇高的敬意。我其實不算是「快刀手」，但是，仍然有人問，你咋寫的那麼多、那麼快，我其實想聽到那麼好三個字，卻總是沒有聽到，其實，我寫的不多也不快，因為我腦子不夠聰明，因為我知道我腦子不夠聰明，所以，我總是在別人喝茶打牌聊天的時候繼續拉著破車往前爬，哪裏是那麼多、那麼快。

劉全波

2018 年 3 月 26 日

於衡山堂 2 樓自習室

目

次

緒　論

一、《長洲玉鏡》編纂研究

　　歷代王朝在建國之後都很重視對圖書文獻的搜集整理，並形成了通過編修典籍來昭示文治之盛的傳統。自曹魏以來，類書的編纂與修史就成為開國之初最為重要的兩項文化工程，隋朝亦不能例外，開國之後就非常重視對圖書典籍的搜集整理與編撰工作。《隋書》卷三十二《經籍志序》載：「隋開皇三年，秘書監牛弘，表請分遣使人，搜訪異本。每書一卷，賞絹一匹，校寫既定，本即歸主。於是民間異書，往往間出。」〔註1〕到隋煬帝時期，天下圖籍之富，已經達到了前無古人後無來者的程度。

　　隋煬帝本人好讀書著述，前後近二十載，修撰未嘗暫停，並且隋煬帝對秘書省進行了數次改革以提升秘書省職能，使之更好的管理國家藏書與主持典籍修撰。《資治通鑒》卷一百八十二「煬帝大業十一年」條載：「春，正月，增秘書省官百二十員，並以學士補之。帝好讀書著述，自為揚州總管，置王府學士至百人，常令修撰。以至為帝，前後近二十載，修撰未嘗暫停；自經術、文章、兵、農、地理、醫、卜、釋、道乃至蒲博、鷹狗，皆為新書，無不精洽，共成三十一部，萬七千餘卷。」〔註2〕吳炯炯《隋代秘書省職司考論》言：「秘書機構是我國古代主持國家圖書事業的中央行政機構，也是保存及整理國家藏書的主要場所。到隋代，其下轄太史、著作兩曹，為中央五省之一，在機構建制、權責範圍、員額編制等方面都發展到了一個空前高度。」〔註3〕

〔註1〕《隋書》卷三十二《經籍志序》，北京：中華書局，1973年，第908頁。

〔註2〕《資治通鑒》卷一百八十二「煬帝大業十一年」條，北京：中華書局，1956年，第5694頁。

〔註3〕吳炯炯《隋代秘書省職司考論》，《敦煌學輯刊》2011年第4期，第126～138頁。

在隋煬帝及秘書省的領導下，大隋文士共同編纂了多部資料豐富的各式典籍，以類書的編纂爲例，短短幾十年間，不但編纂有大型官修類書，中小型類書亦是多有出現，且質量較高，流傳亦廣。胡道靜《中國古代的類書》言：「隋代享國之年甚短，但在類書史上卻占一個重要的位置。」〔註4〕崔文印《隋唐時期的類書》言：「隋朝雖享國時短，卻編了不少類書。其重要者：（一）詔命編修的《長洲玉鏡》，（二）杜公瞻奉敕編的《編珠》，（三）虞世南在秘書省時私輯的《北堂書鈔》，（四）諸葛穎輯的《玄門寶海》。」〔註5〕曹之《試論隋代圖書編撰的特點》言：「隋代編撰的類書也很多，例如《長洲玉鏡》四百卷、《北堂書鈔》一百七十卷、《玄門寶海》一百二十卷、《桂苑珠叢》一百卷、《四海類聚方》二千六百卷、《四海類聚單要方》三百卷等。」〔註6〕汪受寬《隋代的古籍整理》對隋代編纂的《玉燭寶典》《長洲玉鏡》《玄門寶海》《編珠》《桂苑珠叢》《北堂書鈔》六部類書做了介紹。其言：「類書的撰集，是對古籍的一種綜合性整理。隋代在書籍數量空前增多和科舉取士制度產生以後，爲了供帝王閱讀和士人臨文尋檢之用，編纂類書的風氣很盛，不僅種類較多，而且內容豐富，卷帙龐大，價值較高。」〔註7〕誠然，有隋一代，編纂了多部十分重要的類書，如《北堂書鈔》，至今仍是我們研究中國類書的重要典籍與模範，但是，在隋代還有另外一部類書更爲聲名顯赫，那就是隋煬帝敕修的《長洲玉鏡》，他上承南北朝，下啓唐宋，是中古類書發展史、編纂史上的關鍵環節，但是，由於散佚，我們目前已經無法知道他的具體情況，好在諸史籍中保存了對他的零星記載，讓我們可以越千年而重見其模糊的樣貌。

（一）《長洲玉鏡》的編纂者

對於《長洲玉鏡》的編纂者，前輩學者已有關注，但是不夠全面，我們依據諸史籍之記載，再做考察。

《隋書》卷七十六《文學傳·虞綽傳》載：

> 虞綽字士裕，會稽餘姚人也。父孝曾，陳始興王諮議。綽身長八尺，姿儀甚偉，博學有俊才，尤工草隸。陳左衛將軍傅縡有盛名

〔註4〕 胡道靜《中國古代的類書》，北京：中華書局，2005年新1版，第76頁。

〔註5〕 崔文印《隋唐時期的類書》，《史學史研究》1990年第4期，第47頁。

〔註6〕 曹之《試論隋代圖書編撰的特點》，《山東圖書館季刊》2004年第3期，第4～6頁。

〔註7〕 汪受寬《隋代的古籍整理》，《文獻》1987年第2期，第3～15頁。

於世，見綽詞賦，歎謂人曰：「虞郎之文，無以尚也！」仕陳，為太學博士，遷永陽王記室。及陳亡，晉王廣引為學士。大業初，轉為秘書學士，奉詔與秘書郎虞世南、著作佐郎庾自直等撰《長洲玉鏡》等書十餘部。綽所筆削，帝未嘗不稱善，而官竟不遷。初為校書郎，以藩邸左右，加宣惠尉。遷著作佐郎，與虞世南、庾自直、蔡允恭等四人常居禁中，以文翰待詔，恩盼隆洽……綽恃才任氣，無所降下。著作郎諸葛穎以學業幸於帝，綽每輕侮之，由是有隙。帝嘗問綽於穎，穎曰：「虞綽粗人也。」帝領之。時禮部尚書楊玄感稱為貴倨，虛襟禮之，與結布衣之友。綽數從之遊……坐斬江都，時年五十四。所有詞賦，並行於世。〔註8〕

通過《虞綽傳》之記載，我們可以清楚的知道虞綽、虞世南和庾自直三人參與了《長洲玉鏡》的編纂。關於虞綽參與《長洲玉鏡》的編纂，我們還可以找到其他佐證材料。《舊唐書》卷四十七《經籍下》載：「《長洲玉鏡》一百三十八卷。虞綽等撰。」〔註9〕《新唐書》卷五十九《藝文三》亦載：「虞綽等《長洲玉鏡》二百三十八卷。」〔註10〕《通志二十略·藝文略第七》子部「類書類」載：「《長洲玉鑒》，二百三十八卷。虞綽等編。」〔註11〕虞綽其人，博學多才，仕陳時，即為太學博士，陳亡入隋，晉王楊廣又引為學士，可見其才學，但是，虞綽的仕途卻不順利，「官竟不遷」是也，恃才傲物的虞綽，漸漸被隋煬帝疏遠，且虞綽與楊玄感親近，殆至楊玄感敗亡後，隋煬帝窮治其事，虞綽被發配且末，膽大的虞綽中途逃走，亡命東陽，後被人告發，坐斬江都。虞綽除了參與編纂《長洲玉鏡》外，還有《帝王世紀音》《驛馬四位法》《類集》等著作傳世。《隋書》卷三十三《經籍二》載：「《帝王世紀音》四卷。虞綽撰。」〔註12〕《通志二十略·藝文略第六》載：「《驛馬四位法》，一卷。虞綽撰。」〔註13〕《舊唐書》卷四十七《經籍下》之「總集」載：「《類

〔註8〕《隋書》卷七十六《文學傳·虞綽傳》，北京：中華書局，1973 年，第 1738～1741 頁。

〔註9〕《舊唐書》卷四十七《經籍下》，北京：中華書局，1975 年，第 2046 頁。

〔註10〕《新唐書》卷五十九《藝文三》，北京：中華書局，1975 年，第 1562 頁。

〔註11〕（宋）鄭樵撰，王樹民點校《通志二十略·藝文略第七》，北京：中華書局，1995 年，第 1732 頁。

〔註12〕《隋書》卷三十二《經籍二》，北京：中華書局，1973 年，第 961 頁。

〔註13〕（宋）鄭樵撰，王樹民點校《通志二十略·藝文略第六》，北京：中華書局，1995 年，第 1693 頁。

集》一百一十三卷。虞綽等撰。」〔註14〕《新唐書》卷六十《藝文四》之「總集」亦載：「庾綽等《類集》一百一十三卷。」〔註15〕虞綽所撰《類集》在《日本國見在書目》中亦有記載：「《類集》二卷。」據孫猛考證言：「兩《唐志》著錄虞綽《類集》一百一十三卷，疑此二卷乃其殘帙。」〔註16〕可見，虞綽《類集》還有幸傳到了日本，我們暫時不知道《類集》的具體編撰時間，但是，看到他被《舊唐書》《新唐書》置於「總集類」中，我們還是有些想法，《類集》的位置與《玉臺新詠》前後相鄰，可以想見其性質，但是，我們也懷疑他是類文類書性質的著作，或許，他是《長洲玉鏡》影響下，虞綽等綜輯群文而成的類文類書。〔註17〕

〔註14〕《舊唐書》卷四十七《經籍下》，北京：中華書局，1975年，第2080頁。

〔註15〕《新唐書》卷六十《藝文四》，北京：中華書局，1975年，第1621頁。

〔註16〕孫猛《日本國見在書目錄詳考》，上海：上海古籍出版社，2015年，第2055頁。孫猛又言：「《日本國見在書目錄》此條或爲元稹《類集》零本。」我們認爲，此《類集》應爲虞綽《類集》的可能性更大。

〔註17〕劉全波《論敦煌類書的分類》，王三慶、鄭阿財主編《2013敦煌、吐魯番國際學術研討會論文集》，臺南：成功大學中國文學系出版，2014年，第547～579頁。關於類書的分類，尤其是唐代類書，筆者竊以爲有以下六種分法。第一，類事類書自始至終是中國類書的發展主流，此種體例亦有多種模式，有出處、書名、人名在前者，亦有出處、書名、人名在後者，更有不具出處、書名、人名者，但是此種體例以引用、排列段落、長句爲主，此種類型之古老者爲《皇覽》《修文殿御覽》等。第二，類文類書有些學者認爲其不成立，但我們通過考察認爲此種體例是存在的，夏南強先生的研究中即單獨將類文類書獨立出來作爲一種類書分類方法，當然，單獨的類文類書或許早已經獨立於類書之外，但是存在於經典類書之中的類文部分還是存在的，他是我們研究類文類書的基礎，此種體例的形成當與類事類書有關，排列組合模式亦相同，至唐初《藝文類聚》編纂之時將此二種模式合併成新的事文並舉體例，並被後世廣爲沿襲。第三，類句類書的出現時間是比較早的，我們認爲在南北朝時期已經出現，而目前我們所熟知的類句類書的典型當屬《北堂書鈔》《白孔六帖》，類句類書的特點是摘引經典語句，且沒有經過刻意的修飾，部分語句注有簡單的出處，部分語句甚至沒有出處，今天我們見到的《北堂書鈔》之較爲詳細的注釋、出處是陳禹謨等後人補入的。第四，類語類書應該是在類句類書基礎上發展起來的，沒有經過刻意修飾的類句比較有益於博覽，但是在文學創作中使用起來就不那麼方便，而經過刻意加工的類語類書就好很多，將不對偶的語句修改成對偶的語對，二、三、四、五、六言皆有，以二、四言爲主，隋煬帝爲了文學創作即敕令杜公瞻編纂《編珠》，敦煌類書中的《語對》《籯金》也是此種體例，此種體例隨著文學的發展非常興盛，並且由於類語類書多富有韻律，後來又與蒙學緊密結合，如《蒙求》等就成爲了童蒙讀物，甚至以蒙書的形式被廣泛接受。第五，賦體類書並非是賦的產物，亦非簡單的賦與事類的結合，他是類書發展的一個產物，最典型的是《事類賦》，

　　《長洲玉鏡》的第二位編纂者是虞世南，查閱史料發現，關於虞世南的記載多在唐朝，可謂是大唐名臣。唐太宗剛即位，就「使呂才協音律，李百藥、虞世南、褚亮、魏徵等製歌辭。」〔註18〕又至貞觀六年，「詔褚亮、虞世南、魏徵等分製樂章。」〔註19〕虞世南過世後，「太宗嘗謂侍中魏徵曰：『虞世南死後，無人可以論書。』」〔註20〕可惜的是，《虞世南傳》中沒有記載其參與編纂《長洲玉鏡》的事情。

　　《舊唐書》卷七十二《虞世南傳》載：

> 虞世南字伯施，越州餘姚人，隋內史侍郎世基弟也……世南性沉靜寡欲，篤志勤學，少與兄世基受學於吳郡顧野王，經十餘年，精思不倦，或累旬不盥櫛。善屬文……陳滅，與世基同入長安，俱有重名，時人方之二陸。時煬帝在藩，聞其名，與秦王俊辟書交至，以母老固辭，晉王令使者追之。大業初，累授秘書郎，遷起居舍人。時世基當朝貴盛，妻子被服擬於王者。世南雖同居，而躬履勤儉，不失素業。〔註21〕

　　虞世南自幼勤奮好學，善文章，仕隋前，他就以博學被陳文帝看重，召爲建安王法曹參軍，陳滅，又被晉王楊廣招致麾下，大業初，授秘書郎，此處我們更關注虞世南在大業初的官職，正好與《虞綽傳》中記載的相一致，肯定不是巧合，綜合來看，虞世南確爲《長洲玉鏡》的編撰者之一。陳橋驛《論酈學研究及其學派的形成與發展》亦言：「所以隋代的《北堂書鈔》，唐初的《初學記》等類書中，都收錄了《水經注》的大量資料。《北堂書鈔》雖非官方著作，但作者虞世南是大業年間的秘書郎，而且在編撰此書前不久參與過官修類書《長洲玉鏡》的工作。故其撰述所據資料，無疑來自朝廷藏書，

敦煌文獻中有《兔園策府》，這些賦體類書的重點不是賦，而是以賦的形式組織事類，之所以將之編纂成賦的形式，主要是爲了方便閱讀，加強記憶，更是文體活套，應試良方。第六，事文並舉體例是一個組合體，我們單單去看事文並舉類書，會有一頭霧水之感，但是當我們將之分解爲類事、類文、類句、類語等基本元素時，我們就會發現此種體例的由來與基本構成，敦煌類書中的部分寫卷也已經初步具備了這種事文並舉的體例，需要我們認真去考察，但是隨著類書的發展此種體例也產生了很多的變體需要我們去甄別。

〔註18〕《舊唐書》卷二十九《音樂二》，北京：中華書局，1975年，第1060頁。
〔註19〕《舊唐書》卷二十九《音樂三》，北京：中華書局，1975年，第1089頁。
〔註20〕《舊唐書》卷八十《褚遂良傳》，北京：中華書局，1975年，第2729頁。
〔註21〕《舊唐書》卷七十二《虞世南傳》，北京：中華書局，1975年，第2565～2566頁。

至於《初學記》，則是朝廷文化機構集賢院的集體編撰，資料當然出自內庫。」〔註 22〕為何要引用陳橋驛先生論《水經注》的文字，其實是為了從側面說明虞世南與《長洲玉鏡》的關係，細讀陳橋驛先生的文章，我們可以得到清楚的認識，即學界其實已經公認虞世南是《長洲玉鏡》的編纂者之一。

《長洲玉鏡》的第三位編撰者是著作佐郎庾自直。《隋書》卷七十六《文學傳·庾自直傳》載：「庾自直，穎川人也。父持，陳羽林監。自直少好學，沉靜寡欲。仕陳，歷豫章王府外兵參軍、宣惠記室。陳亡，入關，不得調。晉王廣聞之，引為學士。大業初，授著作佐郎。自直解屬文，於五言詩尤善。性恭慎，不妄交遊，特為帝所愛。帝有篇章，必先示自直，令其詆訶。自直所難，帝輒改之，或至於再三，俟其稱善，然後方出。其見親禮如此。後以本官知起居舍人事。化及作逆，以之北上，自載露車中，感激發病卒。有文集十卷行於世。」〔註 23〕很可惜，《庾自直傳》中也沒有說明其參與了《長洲玉鏡》的編纂，但是很顯然，庾自直是隋煬帝的學士，且大業初的官職是著作佐郎，可見其是有機會參與《長洲玉鏡》的編纂的，並且「大業初，授著作佐郎」與《虞綽傳》當中其撰寫《長洲玉鏡》的時間、官職皆相吻合。

《舊唐書》《新唐書》皆記載庾自直編撰有《類文》一書，三百七十七卷。《舊唐書》卷四十七《經籍下》之「總集類」載：「《類文》三百七十七卷。庾自直撰。」〔註 24〕《新唐書》卷六十《藝文四》之「總集類」亦載：「庾自直《類文》三百七十七卷。」〔註 25〕《日本國見在書目》亦載：「《類文》二百十三卷。」「《類文》三百七十七卷。」據孫猛考證言：「此書《日本國見在書目》三見。子部雜家此條與集部總集類第二條（1579），為同書同卷，集部總集類第一條（1578）屬同書不同本，乃完帙。」〔註 26〕此《類文》之卷帙還是比較多的，且亦流傳到了日本，洪邁《容齋隨筆》亦有記載，可見其在中國至少流傳至宋代無疑，對於此《類文》之性質，前輩學者亦有論述，我們認為此《類文》當亦是與上文虞綽之《類集》極其類似。我們認為《類文》

〔註 22〕陳橋驛《論酈學研究及其學派的形成與發展》，《水經注論叢》，杭州：浙江大學出版社，2008 年，第 318 頁。

〔註 23〕《隋書》卷七十六《文學傳·庾自直傳》，北京：中華書局，1973 年，第 1742 頁。

〔註 24〕《舊唐書》卷四十七《經籍下》，北京：中華書局，1975 年，第 2077 頁。

〔註 25〕《新唐書》卷六十《藝文四》，北京：中華書局，1975 年，第 1619 頁。

〔註 26〕孫猛《日本國見在書目錄詳考》，上海：上海古籍出版社，2015 年，第 1145 頁。

《類集》之書，應該是庾自直、虞綽編纂《長洲玉鏡》的副產品，應該是具有類文類書性質的作品，不然《日本國見在書目》爲何將之錄入「雜家」，且處於《類苑》《藝文類聚》等類書之間，當然此《類文》《類集》還是有些「總集」的性質，且後世學者認爲其「總集」性質更多一點，所以更多的將之歸入「總集」中。類文類書與總集之間還是有些淵源的，二者之間有交叉，如果論其區別亦是很明顯的，類文類書更多的是截取「詩文」之片段，而總集則是「全文」收錄，而具體到上文所說之《類文》《類集》，我們認爲他們就是在中古時期官修類書影響下出現的專門性的類文類書。

對於《長洲玉鏡》的編撰者，《大業雜記》亦載有二人，即柳顧言、王曹。《大業雜記輯校》載：「大業二年，六月，學士秘書監柳顧言、學士著作佐郎王曹等撰《長洲玉鏡》一部，四百卷。」〔註27〕可見《長洲玉鏡》的獻上者是柳顧言、王曹，看來他們應該是《長洲玉鏡》的領修者，而前文所說之虞綽等人則是實際編纂人員。

《北史》卷八十三《文苑傳·柳䜇傳》載：

> 柳䜇字顧言，河東人也。世仕江南，居襄陽。祖惔，《南史》有傳。䜇少聰敏，解屬文，好讀書，所覽將萬卷。仕梁，爲著作佐郎。後蕭詧據荊州，以爲侍中，領國子祭酒、吏部尚書。及梁國廢，拜開府，爲內史侍郎。以無吏幹，轉晉王諮議參軍。王好文雅，招引才學之士諸葛穎、虞世南、王胄、朱瑒等百餘人以充學士，而䜇爲之冠。王以師友處之，每有文什，必令其潤色，然後示人。嘗朝京還，作《歸藩賦》，命䜇爲序，詞甚典麗。初王屬文，效庾信體，及見䜇後，文體遂變……煬帝嗣位，拜秘書監，封漢南縣公。帝退朝後，便命入閣，言宴諷讀，終日而罷。帝每與嬪后對酒，時逢興會，輒遣命之至，與同榻共席，恩比友朋。帝猶恨不能夜召，乃命匠刻木爲偶人，施機關，能坐起拜伏，以像䜇。帝每月下對飲酒，輒令宮人置於座，與相酬酢，而爲歡笑。從幸揚州，卒，帝傷惜者久之。贈大將軍，諡曰康。〔註28〕

柳顧言在大業初爲秘書監，有史才，善訓詁。《三家注史記》之《史記

〔註27〕（唐）杜寶撰，辛德勇輯校《大業雜記輯校》，西安：三秦出版社，2006年，第23頁。

〔註28〕《北史》卷八十三《文苑傳·柳䜇傳》，北京：中華書局，1974年，第2800頁。

索引後序》載：「隋秘書監柳顧言，尤善此史。」﹝註29﹞《資治通鑒》卷一百八十二「煬帝大業十一年」條亦載：「初，西京嘉則殿有書三十七萬卷，帝命秘書監柳顧言等詮次，除其複重猥雜，得正御本三萬七千餘卷，納於東都修文殿。」﹝註30﹞總之，柳顧言是一位備受隋煬帝寵信，且官爲秘書監的秘書省最高長官，而《長洲玉鏡》的編纂他做領修也是順理成章，修成上奏更是分內之事。

《大業雜記》記載王曹亦是《長洲玉鏡》的編纂者，但是，據我們目前所查史料來看，除了在《大業雜記》當中提到了王曹，隋煬帝時期並無有關此人的其他任何記載，因此，我們懷疑王曹很可能是王胄的誤寫。《隋書》卷七十六《文學傳・王胄傳》載：「王胄字承基，琅琊臨沂人也。祖筠，梁太子詹事。父祥，陳黃門侍郎。胄少有逸才，仕陳，起家鄱陽王法曹參軍，歷太子舍人、東陽王文學。及陳滅，晉王廣引爲學士。仁壽末，從劉方擊林邑，以功授帥都督。大業初，爲著作佐郎，以文詞爲煬帝所重。」﹝註31﹞《隋書》卷七十六《文學傳・王胄傳》載：「帝所有篇什，多令繼和。與虞綽齊名，同志友善，於時後進之士咸以二人爲準的。從征遼東，進授朝散大夫。胄性疏率不倫，自恃才大，鬱鬱於薄宦，每負氣陵傲，忽略時人。爲諸葛穎所嫉，屢譖之於帝，帝愛其才而不罪。禮部尙書楊玄感虛襟與交，數遊其第。及玄感敗，與虞綽俱徙邊。胄遂亡匿，潛還江左，爲吏所捕，坐誅，時年五十六。所著詞賦，多行於世。」﹝註32﹞可見，大業初王胄的官職恰爲著作佐郎，況「曹」「胄」兩字很是相似，訛舛也並不奇怪，所以，《大業雜記》應是把王胄誤寫成了王曹。再者，王胄與虞綽友善且齊名，後來二人又同時與楊玄感有交往，再後來二人又同時被隋煬帝徙邊，可見二人之關係，故我們猜測，王胄與虞綽在《長洲玉鏡》之編纂過程中亦是關係密切。

編撰《長洲玉鏡》這樣一部四百卷的大書，編撰者肯定不止以上五位，我們很有必要考察大業初秘書省的其他官員。吳炯炯在《隋代秘書省職司考論》一文中對隋朝秘書省的官員做了梳理，尤其是大業初年曾在秘書省任職

﹝註29﹞《史記》（點校本二十四史修訂本）第 10 冊《史記索隱後序》，北京：中華書局，2014 年，第 4045 頁。
﹝註30﹞《資治通鑒》卷一百八十二「煬帝大業十一年」條，北京：中華書局，1956 年，第 5694 頁。
﹝註31﹞《隋書》卷七十六《文學傳・王胄傳》，北京：中華書局，1973 年，第 1741 頁。
﹝註32﹞《隋書》卷七十六《文學傳・王胄傳》，北京：中華書局，1973 年，第 1742 頁。

的官員，他們都很有可能是參與《長洲玉鏡》編纂的學士。蔡允恭、諸葛穎、王邵、劉善經、韋萬傾、蔡延壽、袁承家、王眘、袁慶隆、李德饒、宋文、徐儀、陸從典、陸德明、顧彪、朱子奢、曹憲、魯世達、杜寶、陵敬諸人，在隋煬帝時期皆有任職秘書省的經歷。〔註33〕

蔡允恭有史才，善綴文，並且他與虞綽、虞世南、庾自直常居禁中，以文翰待詔。《隋書》卷七十六《文學傳‧虞綽傳》載：「遷著作佐郎，與虞世南、庾自直、蔡允恭等四人常居禁中，以文翰待詔，恩盼隆洽。」〔註34〕

《舊唐書》卷一百九十上《文苑上‧蔡允恭傳》載：

> 蔡允恭，荊州江陵人也。祖點，梁尚書儀曹郎。父大業，後梁左民尚書。允恭有風采，善綴文。仕隋歷著作佐郎、起居舍人。雅善吟詠，煬帝屬詞賦，多令諷誦之。嘗遣教宮女，允恭深以為恥，因稱氣疾，不時應召。煬帝又許授以內史舍人，更令入內教宮人，允恭固辭不就，以是稍被疏絕。江都之難，允恭從宇文化及西上，沒於竇建德。及平東夏，太宗引為秦府參軍兼文學館學士。貞觀初，除太子洗馬。尋致仕，卒於家。有集十卷，又撰《後梁春秋》十卷。
>
> 〔註35〕

並且，蔡允恭為著作佐郎的時間亦是大業初，故他很可能參與了《長洲玉鏡》的編撰。《唐六典》卷九《中書省集賢院史館甌使》載：「隋煬帝三年，減內史舍人四員；置起居舍人二人，從第六品上，次內史舍人下，始以虞世南、蔡允恭為之。皇朝因之。」〔註36〕蔡允恭仕隋歷著作佐郎、起居舍人，大業三年始任起居舍人，之前應該任著作佐郎，而作為著作佐郎的蔡允恭無疑是參加《長洲玉鏡》編纂的不二人選。

諸葛穎能屬文，起家梁邵陵王參軍事，轉記室，侯景之亂，奔齊，待詔文林館，歷太學博士、太子舍人，周武平齊，不得調，杜門不出者十餘年，晉王廣素聞其名，引為參軍事，轉記室，及王為太子，除藥藏監，隋煬帝即

〔註33〕吳炯炯《隋代秘書省職司考論》，《敦煌學輯刊》2011年第4期，第129～132頁。

〔註34〕《隋書》卷七十六《文學傳‧虞綽傳》，北京：中華書局，1973年，第1739頁。

〔註35〕《舊唐書》卷一百九十上《文苑上‧蔡允恭傳》，北京：中華書局，1975年，第4988頁。

〔註36〕（唐）李林甫等撰，陳仲夫點校《唐六典》卷九《中書省集賢院史館甌使》，北京：中華書局，1992年，第278頁。

位，遷著作郎，甚見親幸，《長洲玉鏡》作爲敕修類書，也算是國家頭等大事，作爲主管修撰的著作郎不可能袖手旁觀，且諸葛穎爲著作郎的時間就是隋煬帝即位之初，與《長洲玉鏡》的編纂時間重合。

《隋書》卷七十六《文學傳·諸葛穎傳》載：

> 諸葛穎字漢，丹陽建康人也。祖銓，梁零陵太守。父規，義陽太守。穎年八歲，能屬文，起家梁邵陵王參軍事，轉記室。侯景之亂，奔齊，待詔文林館。歷太學博士、太子舍人。周武平齊，不得調，杜門不出者十餘年。習《周易》《圖緯》《倉》《雅》《莊》《老》，頗得其要。清辨有俊才，晉王廣素聞其名，引爲參軍事，轉記室。及王爲太子，除藥藏監。煬帝即位，遷著作郎，甚見親幸。出入臥內，帝每賜之曲宴，輒與皇后嬪御連席共榻。穎因間隙，多所譖毀，是以時人謂之「冶葛」。後錄恩舊，授朝散大夫。〔註37〕

此外，更令我們重視的是，此諸葛穎也就是《北史》所載之諸葛漢，他曾經參與編纂《修文殿御覽》。〔註38〕《北史》卷八十三《文苑傳》載：

> 三年，祖珽奏立文林館，於是更召引文學士，謂之待詔文林館焉。珽又奏撰《御覽》，詔珽及特進魏收、太子太師徐之才、中書令崔劼、散騎常侍張凋、中書監陽休之監撰。珽等奏追通直散騎侍郎韋道遜、陸乂、太子舍人王劭、衛尉丞李孝基、殿中侍御史魏澹、中散大夫劉仲威、袁奭、國子博士朱才、奉車都尉眭道闍、考功郎中崔子樞、左外兵郎薛道衡、併省主客郎中盧思道、司空東閤祭酒崔德立、太傅行參軍崔儦、太學博士諸葛漢、奉朝請鄭公超、殿中侍御史鄭子信等入館撰書，並敕放、愻、之推等同入撰例。〔註39〕

諸葛穎的重要之處，不僅在於他出身北朝，參與過《修文殿御覽》之編纂，更在於他還編纂有另外一部類書《玄門寶海》。《隋書》卷三十四《經籍三》子部「雜家」載：「《玄門寶海》一百二十卷。大業中撰。」〔註40〕《舊唐書》卷四十七《經籍下》子部「類事」載：「《玄門寶海》一百二十卷。諸葛穎撰。」〔註41〕《新唐書》卷五十九《藝文三》子部「類書類」載：「諸葛

〔註37〕《隋書》卷七十六《文學傳·諸葛穎傳》，北京：中華書局，1973年，第1734頁。
〔註38〕劉全波《〈修文殿御覽〉編纂考》，《敦煌學輯刊》2014年第1期，第31～45頁。
〔註39〕《北史》卷八十三《文苑傳》，北京：中華書局，1974年，第2780～2781頁。
〔註40〕《隋書》卷三十四《經籍三》，北京：中華書局，1973年，第1010頁。
〔註41〕《舊唐書》卷四十七《經籍下》，北京：中華書局，1975年，第2046頁。

穎《玄門寶海》一百二十卷。」〔註42〕

　　王劭，史書又作王邵，應是同一人，王劭與諸葛穎一樣，亦是北朝人，亦是曾經參與過《修文殿御覽》之編纂，而進入隋朝後，在著作將二十年，專典國史，煬帝繼位之初，王劭遷祕書少監，數載，卒官。可見，大業初，作爲祕書省副長官的王劭亦是有可能參與《長洲玉鏡》的編纂。《隋書》卷六十九《王劭傳》載：

　　　　王劭字君懋，太原晉陽人也。父松年，齊通直散騎侍郎。劭少
　　　　沉默，好讀書。弱冠，齊尚書僕射魏收辟參開府軍事，累遷太子舍
　　　　人，待詔文林館。時祖孝徵、魏收、陽休之等嘗論古事，有所遺忘，
　　　　討閱不能得，因呼劭問之。劭具論所出，取書驗之，一無舛誤。自
　　　　是大爲時人所許，稱其博物。後遷中書舍人。齊滅，入周，不得調。
　　　　高祖受禪，授著作佐郎。以母憂去職，在家著《齊書》。時制禁私撰
　　　　史，爲内史侍郎李元操所奏。上怒，遣使收其書，覽而悅之。於是
　　　　起爲員外散騎侍郎，修起居注……煬帝嗣位，漢王諒作亂，帝不忍
　　　　加誅……劭以此求媚，帝依違不從。遷祕書少監，數載，卒官。劭
　　　　在著作，將二十年，專典國史，撰《隋書》八十卷。多錄口敕，又
　　　　採迂怪不經之語及委巷之言，以類相從，爲其題目，辭義繁雜，無
　　　　足稱者，遂使隋代文武名臣列將善惡之跡，堙沒無聞。初撰《齊志》，
　　　　爲編年體，二十卷，復爲《齊書》紀傳一百卷，及《平賊記》三卷。
　　　　或文詞鄙野，或不軌不物，駭人視聽，大爲有識所嗤鄙。然其採摘
　　　　經史謬誤，爲《讀書記》三十卷，時人服其精博。〔註43〕

　　《北史》卷八十八《隱逸傳・崔賾傳》載：「賾與河南元善、河東柳䛒、太原王劭、吳興姚察、琅琊諸葛穎、信都劉焯、河間劉炫相善，每因休假，清談竟日。」〔註44〕通過《北史》之《崔賾傳》我們可以知道，原來王劭與柳䛒、諸葛穎皆是崔賾的好朋友，而作爲祕書監的柳顧言與諸葛穎都在參與編纂《長洲玉鏡》，作爲祕書少監的王劭只要還在世，肯定也要參與其中。

　　劉善經也是一位從北朝入隋的學士，他的學問被時人所稱讚，但是，他

〔註42〕　《新唐書》卷五十九《藝文三》，北京：中華書局，1975 年，第 1562 頁。
〔註43〕　《隋書》卷六十九《王劭傳》，北京：中華書局，1973 年，第 1601～1610 頁。
〔註44〕　《北史》卷八十八《隱逸傳・崔賾傳》，北京：中華書局，1974 年，第 2914 頁。

在北齊時期參修《修文殿御覽》不成。《北史》卷八十三《文苑傳》載：「《御覽》成後，所撰錄人亦有不得待詔，付所司處分者。凡此諸人，亦有文學膚淺，附會親識，妄相推薦者十三四焉。雖然，當時操筆之徒，搜求略盡。其外如廣平宋孝王、信都劉善經輩三數人，論其才性，入館諸賢亦十三四不逮之。」〔註45〕《隋書》卷七十六《文學傳·劉善經傳》載：「河間劉善經，博物洽聞，尤善詞筆。歷仕著作佐郎、太子舍人。著《酬德傳》三十卷，《諸劉譜》三十卷，《四聲指歸》一卷，行於世。」〔註46〕雖然劉善經未曾參與《修文殿御覽》的編纂，我們認爲其很有可能是知曉《修文殿御覽》編纂情況的，因爲北齊時期編纂《修文殿御覽》是當時朝廷的大事，但是，我們不能確認劉善經在隋朝做著作佐郎的具體時間，通過《隋書》所載與其前後相連之文士之傳記生平，如尹式、祖君彥、孔德紹、劉斌諸人，皆曾活動於隋煬帝時代甚至稍晚，可見劉善經在隋煬帝初年任著作佐郎的可能性還是有的，而其參與《長洲玉鏡》的編纂也是可能的，甚至可以說，劉善經或許內心深處更渴望得到一個參與官修類書的機會。

韋萬傾、蔡延壽、袁承家、王眘、袁慶隆、李德饒、宋文、徐儀、陸從典、陸德明、顧彪、朱子奢、曹憲、魯世達、杜寶、陵敬諸人，雖然，確實有在隋秘書監任職的經歷，但時間不詳，故我們不能確定他們是否參與過《長洲玉鏡》的編纂，姑且存疑，等待新資料的發現，再行證明。

綜上所述，我們至少可以確定八位《長洲玉鏡》的編撰者，他們分別是虞綽、虞世南、庾自直、柳顧言、王胄、蔡允恭、諸葛穎、王劭，劉善經亦是只能存疑，他們無疑是《長洲玉鏡》編纂的核心，並且他們多是隋煬帝未即位之前就跟隨隋煬帝的揚府文士。田媛《隋暨初唐類書編纂與文學》言：「楊廣鎮揚州時聚集在府中的揚府文人。揚府文學集團早在楊廣登基之前就已形成，其主要成員一直在楊廣周圍。隋煬帝時期幾部重要的類書，《長洲玉鏡》《玄門寶海》《北堂書鈔》的主要編者都曾是揚府文學集團的重要成員。他們對隋朝類書的編纂起了重要作用。」〔註47〕總之，《長洲玉鏡》的奏上者是秘書監柳顧言，而具體專門負責此書編撰工作的應該是虞綽，故後世《經籍志》《藝文志》皆以虞綽作爲《長洲玉鏡》的編纂者。

〔註45〕《北史》卷八十三《文苑傳》，北京：中華書局，1974年，第2781頁。
〔註46〕《隋書》卷七十六《文學傳·劉善經傳》，北京：中華書局，1973年，第1748頁。
〔註47〕田媛《隋暨初唐類書編纂與文學》，北京大學博士學位論文，2008年，第81頁。

（二）《長洲玉鏡》的卷帙和內容

　　《長洲玉鏡》的卷帙史書記載不一。《隋書》卷三十四《經籍三》子部「雜家」載：「《長洲玉鏡》二百三十八卷。」〔註48〕《舊唐書》卷四十七《經籍下》子部「類事」載：「《長洲玉鏡》一百三十八卷。虞綽等撰。」〔註49〕《新唐書》卷五十九《藝文三》子部「類書類」載：「虞綽等《長洲玉鏡》二百三十八卷。」〔註50〕《通志二十略·藝文略第七》子部「類書類」載：「《長洲玉鑒》，二百三十八卷。虞綽等編。」〔註51〕《大業雜記》載：「《長洲玉鏡》一部，四百卷。」〔註52〕

　　對於《長洲玉鏡》的卷帙，《隋書》和《新唐書》《通志》記載一致，《新唐書》《通志》無疑沿用了《隋書》的記載，很顯然《舊唐書》之「一百三十八卷」是有誤的，應該是誤抄。柳顧言奏成此書時，煬帝曾對此書作出了評價，即「此書源本出自《華林遍略》，然無復可加，事當典要，其卷雖少，其事乃多於《遍略》。」《華林遍略》六百二十卷，〔註53〕就算《長洲玉鏡》是對其進行了一番刪繁就簡的整理，卷帙也不至於少了一半甚至更多，何況《長洲玉鏡》還增補了《華林遍略》未記載之事，所以，上文「二百三十八卷」亦不是完帙。綜合來看，我們推測「四百卷」的記載比較符合《長洲玉鏡》的原始卷帙，只是因為隋末戰火頻頻，流傳到唐代的只有二百三十八卷，故《隋書》記載為「二百三十八卷」。此外，《浙江通志》卷二百四十七《經籍七·類書》載：「《長洲玉鏡》二百四十八卷。《隋書經籍志》虞綽撰。按《唐書藝文志》作二百三十八卷。」〔註54〕查閱史料，並無「二百四十八卷」的

〔註48〕　《隋書》卷三十四《經籍三》，北京：中華書局，1973年，第1009頁。
〔註49〕　《舊唐書》卷四十七《經籍下》，北京：中華書局，1975年，第2046頁。
〔註50〕　《新唐書》卷五十九《藝文三》，北京：中華書局，1975年，第1562頁。
〔註51〕　（宋）鄭樵撰，王樹民點校《通志二十略·藝文略第七》，北京：中華書局，1995年，第1732頁。
〔註52〕　（唐）杜寶撰，辛德勇輯校《大業雜記輯校》，西安：三秦出版社，2006年，第23頁。
〔註53〕　《隋書》卷三十四《經籍三》載：「《華林遍略》六百二十卷。梁綏安令徐僧權等撰。」《日本國見在書目錄》載：「《華林遍略》六百廿卷，梁綏安令徐僧權等撰。」《舊唐書》卷四十七《經籍下》載：「《華林遍略》六百卷，徐勉撰。」《新唐書》卷五十九《藝文三》載：「徐勉《華林遍略》六百卷。」《通志·藝文略第七》載：「《華林遍略》，六百卷。徐勉編。」
〔註54〕　（清）嵇曾筠等監修，（清）沈翼機等編纂《浙江通志》卷二百四十七《經籍七·類書》，《文淵閣四庫全書》，第525冊，上海：上海古籍出版社，2003年，第625頁。

記載，此處與《隋書》《舊唐書》《新唐書》的記載皆不同，可又偏偏多了十卷，究竟怎麼回事呢？待考。不論「二百三十八卷」還是「二百四十八卷」，顯然都是《長洲玉鏡》逸散之後的卷數，不會影響《長洲玉鏡》「四百卷」的結論。

《長洲玉鏡》的失傳，使我們無法對其內容進行深入研究，但是，我們不妨做一個簡單猜測，首先看其編撰者陣容，都是當時國家頂級的才學之士，都一度受到煬帝格外重視，同時，他們各自擅長的領域涵蓋了史學、經學、訓詁、文辭等，可見編撰人員的結構亦是比較全面，可謂是一個相當豪華的陣容，所以他們為皇帝編撰的《長洲玉鏡》想必也代表了當時的最高水平，當然這都是我們的猜測。

杜寶撰，辛德勇輯校《大業雜記輯校》載：

> （大業二年），六月，學士秘書監柳顧言、學士著作佐郎王曹等撰《長洲玉鏡》一部，四百卷。帝謂顧言曰：「此書源本出自《華林遍略》，然無復可加，事當典要，其卷雖少，其事乃多於《遍略》。」對曰：「梁主以隱士劉孝標撰《類苑》一百二十卷，自言天下之事，畢盡此書，無一物遺漏，梁武心不伏，即敕華林園學士七百餘人，人撰一卷，其事數倍多於《類苑》。今文□又富梁朝，是以取事多於《遍略》。然梁朝學士取事，意各不同，至如『寶劍出自昆吾溪，照人如照水，切玉如切泥』，序劍者盡錄為劍事，序溪者亦取為溪事，撰玉者亦編為玉事，以此重出，是以卷多。至於《玉鏡》則不然。」帝曰：「誠如卿説。」〔註55〕

可見，《長洲玉鏡》深受《華林遍略》的影響，正如隋煬帝所說「此書源本出自《華林遍略》」，其內容和結構想必都模倣了《華林遍略》，但是，他避免了《華林遍略》復記之弊病，將《華林遍略》進行了一番刪繁就簡的整理，然後再對尚未記載的事進行補充，故「事當典要，其卷雖少，其事乃多於《遍略》」。遺憾的是，《華林遍略》也失傳了。劉全波《〈華林遍略〉編纂考》一文中輯佚到一條《華林遍略》的佚文，〔註56〕僅有的一條佚文，我們還是難以窺見《華林遍略》之全貌，更何況《長洲玉鏡》之樣貌。

〔註55〕（唐）杜寶撰，辛德勇輯校《大業雜記輯校》，西安：三秦出版社，2006年，第23頁。

〔註56〕劉全波《〈華林遍略〉編纂考》，《敦煌學輯刊》2013年第1期，第93頁。

　　劉安志先生認爲敦煌文書 P.2526 爲《華林遍略》，讓我們可以見到更多的
《華林遍略》的佚文。劉安志《〈修文殿御覽〉佚文輯校》言：「我們有理由
相信，P.2526 號寫本絕非《修文殿御覽》，而更有可能是比之更早的《華林遍
略》。」〔註57〕劉安志《〈華林遍略〉乎？〈修文殿御覽〉乎？——敦煌寫本
P.2526 號新探》又言：「從書法及避諱特點看，P.2526 號寫本抄寫年代當在公
元 8 世紀中葉前後。參據《修文殿御覽》佚文，並結合寫本內容綜合考察，
其絕非《修文殿御覽》則可斷言。再結合寫本與《藝文類聚》之密切關係，
可知二者同屬一個系譜，有直接的淵源承襲關係，寫本極有可能就是南朝蕭
梁所修之《華林遍略》。」〔註58〕通過劉安志的研究，我們其實可以知道《華
林遍略》的更多內容，更多信息，而《長洲玉鏡》是以《華林遍略》爲根據
的，故我們也可以猜想《長洲玉鏡》的大體情況。

　　劉安志《關於中古官修類書的源流問題》亦言：「在文化方面，由於東
晉南朝以來文化的先進性使然，隋及唐初統治者『沿江左餘風』，選擇了南
朝文化。就這一時期的類書編纂而言，《長洲玉鏡》《藝文類聚》《文思博要》
《三教珠英》等官修類書，莫不以南朝類書爲準繩、爲依據，北朝《修文
殿御覽》則被摒棄在外，遭受冷遇。玄宗即位後，好經術，去浮華，求實
用，革『江左餘風』，開始重視北朝文化，《修文殿御覽》也因此一改過去
遭受漠視和冷遇的處境，走向歷史前臺，並成爲開元年間編纂《初學記》
的主要藍本。類書編纂由此前的『從南』轉向『從北』，這是隋唐類書編纂
史上的一大變化。」〔註59〕誠然，劉安志先生的論斷是有一定道理的，因
爲隋及唐初就是以南朝文化爲模範的，但是，我們認爲《長洲玉鏡》不僅
僅和《華林遍略》關係密切，我們認爲其與《修文殿御覽》關係亦是密切，

〔註57〕劉安志《〈修文殿御覽〉佚文輯校》，《魏晉南北朝隋唐史資料》，總第 28 輯，
　　　　武漢：武漢大學人文社會科學學報編輯部編輯出版，2012 年，第 281～302
　　　　頁；劉安志《〈修文殿御覽〉佚文輯校》，《新資料與中古文史論稿》，上海：
　　　　上海古籍出版社，2014 年，第 291～317 頁。
〔註58〕劉安志《〈華林遍略〉乎？〈修文殿御覽〉乎？——敦煌寫本 P.2526 號新探》，
　　　　高田時雄主編《敦煌寫本研究年報》，第 7 號，京都：京都大學人文科學研究
　　　　所，2013 年，第 167～202 頁；劉安志《〈華林遍略〉乎？〈修文殿御覽〉乎？
　　　　——敦煌寫本 P.2526 號新探》，《新資料與中古文史論稿》，上海：上海古籍出
　　　　版社，2014 年，第 227～265 頁。
〔註59〕劉安志《關於中古官修類書的源流問題》，《新資料與中古文史論稿》，上海：
　　　　上海古籍出版社，2014 年，第 266～290 頁。

雖不敢說，《長洲玉鏡》融合了南北朝類書的精華，但是，由於諸葛潁、王劭的參與編纂，我們可以知曉其中更多情況，諸葛潁、王劭在北齊時期是參與了《修文殿御覽》的編纂的，而大業時代，諸葛潁也是備受隋煬帝寵信的，如此一個備受隋煬帝寵信，且與虞綽、庾自直等人關係不洽的學士，必然是要將其在北朝參與編纂《修文殿御覽》的經驗大肆宣揚的，且北齊諸多參與過《修文殿御覽》編纂的人，多半活到了隋煬帝時代，他們以諸葛潁爲代表，他們必然會將《修文殿御覽》之編纂經驗運用到《長洲玉鏡》的編纂之中。雖然歷代學者多在《大業雜記》之記載的引導下，認爲《長洲玉鏡》是《華林遍略》之翻版，但是，我們有充分的理由認爲，《長洲玉鏡》亦是《修文殿御覽》之餘脈，至於《華林遍略》《修文殿御覽》二者誰起的作用更大，我們暫時不好判定。但是，有一個問題我們是可以判斷的，就是《長洲玉鏡》的性質、體例，我們認爲《長洲玉鏡》的性質、體例仍然是類事類書，或者是類事類書與類文類書之組合體，即此時期的類文類書還沒有自覺到要採摘「詩文」之「長文」或「全文」，還是處於化類文類書爲類事類書的時代，即類文類書作爲類事類書之附庸，而類文類書之自覺之獨立要等到《藝文類聚》編纂的時代。但是，顯而易見的是，隋煬帝時代，《長洲玉鏡》編纂之時，南北類書已經初步實現了融合，即《華林遍略》《修文殿御覽》的融合。

我們也可從《長洲玉鏡》的命名上來考察其內容。在敦煌遺書中，有一類以含「鏡」「境」「竟」命名的文獻，如《沙州城土鏡》《壽昌縣地境（鏡）》《西天路竟（鏡）》《書儀鏡》《新定書儀鏡》《韻關辯清濁明鏡》《佛說示所犯者瑜伽法鏡經》《大乘稻芋經隨聽手鏡記》等。關於「鏡」的解釋，有些學者推測「鏡」即爲「境」「竟」，如鄭炳林《敦煌地理文書匯輯校注》言：「路竟：竟，同境。」〔註 60〕黃盛璋《〈西天路竟〉箋證》言：「『路竟』即『路境』，敦煌寫本《沙州地志》有『地鏡』，『鏡』『竟』都是『境』字。『路竟』即所經過路程之意。」〔註 61〕「竟」「境」二字古音同讀如「疆」，因而竟、疆二字亦可互代，故「土鏡」即「土境」，亦「土疆」之義，所以，這裡所指鏡類文獻就是一種地理寫本。但是，我們發現同樣以含「鏡」字命名的著作，如

〔註 60〕鄭炳林《敦煌地理文書匯輯校注》，蘭州：甘肅教育出版社，1989 年，第 226 頁。

〔註 61〕黃盛璋《〈西天路竟〉箋證》，《敦煌學輯刊》1984 年第 2 期，第 1～13 頁。

《書儀鏡》《新定書儀鏡》《韻關辯清濁明鏡》《天鏡》《大乘稻芊經隨聽手鏡記》等，其中之「鏡」字顯然非「疆境」「路境」之義。李並成《「鏡」類文獻識略》言：「『鏡』類著作當出現於十六國時期，而一直延及清代，民國初期仍偶有所見。」「『鏡』類著作無疑應是一類古文獻撰編體裁的通稱，雖如上所見其作品數量並不很多，但所涉書種範圍較廣。」「『鏡』類文獻是以『鏡』字假爲概觀、一覽、察鑒、通鑒、指南之義，具有簡明扼要、大處落墨、文省意賅、主旨鮮明、鑒古資今、簡便實用等特點，當與纂要、備要、會要、史要、集要、類要、指要、撮要、語要、鑒要、切要、舉要、要略、要錄、要覽、要義、要望、要鑒、要記、要抄、指掌、手鑒、手冊、簡本一類著述有諸多相類之處。」〔註62〕

「鏡」類文獻中，有少數「玉鏡」類文卷比較特殊。李並成先生也做了闡釋：「『玉鏡』一稱含義不一，而主要用於比喻政治上如玉鏡般潔白無瑕，清明廉尚，又可借喻如寶鏡般鑒別眞僞，分明善惡。」〔註63〕陳炳應《西夏兵書〈貞觀玉鏡將〉》亦言：「『貞觀』是西夏第四代國主鬼名乾順的年號之一，共有 13 年（公元 1101～1113 年）。『玉鏡』有多種含義，這裡應是作爲政治上的比喻，比喻當時的最高統治者、政教、社會猶如玉鏡一樣潔白無瑕、高尚清明；又可借喻能鑒別眞僞、美醜、善惡的寶鏡。」〔註64〕朱仲玉《隋唐五代時期史籍散論》亦言：「《長洲玉鏡》的書名取典於「長洲」和「玉鏡」。「長洲」是春秋時代的苑囿名，其地在今蘇州西南，吳王闔閭曾遊獵於此。「玉鏡」則是指政治上的清明之道，古書上有『玉鏡宸居，金輪馭世』的說法。《長洲玉鏡》作爲書名，顧名思義是講帝王得政失政的故事。」〔註65〕《通志二十略·藝文略第七》子部「類書類」載：「《長洲玉鑒》，二百三十八卷。虞綽等編。」〔註66〕《通志》是唯一所見將《長洲玉鏡》之「鏡」做「鑒」的典籍，或許這樣就更能說明《長洲玉鏡》的鑒戒作用。

〔註62〕李並成《「鏡」類文獻識略》，《敦煌研究》1999 年第 1 期，第 52～62 頁。
〔註63〕李並成《「鏡」類文獻識略》，《敦煌研究》1999 年第 1 期，第 52～62 頁。
〔註64〕陳炳應《西夏兵書〈貞觀玉鏡將〉》，《寧夏社會科學》1993 年第 1 期，第 56～62 頁。
〔註65〕朱仲玉《隋唐五代時期史籍散論》，《史學史資料》1980 年第 5 期，第 20 頁。
〔註66〕（宋）鄭樵撰，王樹民點校《通志二十略·藝文略第七》，北京：中華書局，1995 年，第 1732 頁。

（三）《長洲玉鏡》的編纂時間和地點

杜寶撰，辛德勇輯校《大業雜記輯校》載：「（大業二年），六月，學士秘書監柳顧言、學士著作佐郎王曹等撰《長洲玉鏡》一部，四百卷。」〔註67〕由此可以看出《長洲玉鏡》的完成時間在大業二年（606）六月。

但是，關於《長洲玉鏡》開始編撰的時間尚無明確記載。楊杉《二虞研究》言：「公元605年（隋煬帝大業元年）虞世基與牛弘等人受詔議定衣冠之制；與楊素等人受詔議定車制；（虞世南）奉詔與虞綽、庾自直等人共撰《長洲玉鏡》等書。在扈從巡幸江都途中，虞世基作《奉和幸江都應詔詩》，虞世南作《奉和月夜觀星應令》《奉和幸江都應詔詩》。」〔註68〕可見，楊彬《二虞研究》只是將《長洲玉鏡》的編纂開始時間定在了大業元年，而具體月份則無。

宋王應麟撰《困學紀聞》卷十《地理》載：

> 余仕於吳郡，嘗見長洲宰，其圖扁曰「茂苑」。蓋取諸《吳都賦》。余曰：「長洲非此地也。」問其故，余曰：「吳王濞都廣陵。《漢·郡國志》：廣陵郡東陽縣有長洲澤，吳王濞太倉在此。東陽，今盱眙縣，故枚乘說吳王云「長洲之苑」，服虔以為「吳苑」，韋昭以為長洲在吳東，蓋謂廣陵之吳也。」曰：「他有所據乎？」曰：「隋虞綽撰《長洲玉鏡》，蓋煬帝在江都所作也。長洲之名縣。始於唐武后時。」〔註69〕

清吳景旭撰《歷代詩話》卷十六《丙集中之上》載：

> 左思《吳都賦》佩長洲之茂苑，吳旦生曰：「《元和郡縣志》謂苑在長洲縣西南七十里，此誤認《吳都賦》之長洲以為蘇州之長洲縣矣。殊不知長洲以縣名，自唐武后時，始豈晉左思之所云耶？按《漢·郡國志》：廣陵郡東陽縣有長洲澤，吳王濞都廣陵，其太倉在此，東陽今盱眙縣。故《漢書》枚乘說吳王云：『圈守禽獸，不如長洲之苑。』服虔注謂『吳苑』，韋昭注謂『長洲在吳東』蓋指廣陵之吳也。隋虞綽撰《長洲玉鏡》，乃煬帝在江都所作，梁元帝《茉覽賦》

〔註67〕（唐）杜寶撰，辛德勇輯校《大業雜記輯校》，西安：三秦出版社，2006年，第23頁。

〔註68〕楊杉《二虞研究》，華中師範大學碩士學位論文，2014年，第47～48頁。

〔註69〕（宋）王應麟撰，孫海通校點《困學紀聞》卷十《地理》，瀋陽：遼寧教育出版社，1998年，第209頁。

已築，長洲之苑復實海陵之倉，唐虞世南詩《高臺臨茂苑飛閣跨澄
江》亦可證。」〔註70〕

　　兩則材料都明確說明《長洲玉鏡》是隋煬帝在江都所作，那麼大業元年，
隋煬帝究竟何時會在江都呢？《大業雜記》載：「冬十月，車駕至江都。」
此處十月是在大業元年。「七月，自江都還洛陽。」〔註71〕此處七月在大業
二年。顯然，煬帝在大業元年十月至大業二年七月之間是在江都，此爲煬帝
首下江都，故《長洲玉鏡》編撰的開始時間或許即爲大業元年十月。綜合來
看，《長洲玉鏡》的編撰時間應該是大業元年十月至大業二年七月，不足十
個月。《隋書》卷七十六《文學傳·虞綽傳》載：「虞綽……大業初，轉爲秘
書學士，奉詔與秘書郎虞世南、著作佐郎庾自直等撰《長洲玉鏡》等書十餘
部。」〔註72〕顯然，《長洲玉鏡》只是隋煬帝敕修十餘部書當中的一部，其
用時不足十個月也不足爲奇，大概是因爲《長洲玉鏡》以《華林遍略》《修
文殿御覽》爲藍本，只是進行了一番修訂、增補，所以省時而易見功效。從
《長洲玉鏡》的書名來看，其編撰地點必然與「長洲」有著密切的關係，而
且上文當中也有提到，《長洲玉鏡》是煬帝在江都所作，並且奏上地點亦是
在長洲苑，這符合歷代類書以編纂地、奏上地名書的慣例。隋煬帝幸江都，
文武百官隨從，可以說幾乎把朝廷遷至了江都，身邊博學之士定然不缺，而
且長洲苑又在江都郡內。此時，煬帝完全有條件敕秘書省官員於江都郡長洲
苑編撰《長洲玉鏡》。

　　爲什麼就偏偏選擇在長洲苑編撰呢？西漢時，吳王劉濞都廣陵郡，時枚
乘爲濞郎中，曾諫吳王曰：「修治上林，雜以離宮，積聚玩好，圈守禽獸，不
如長洲之苑。」〔註73〕此處將長洲苑與皇家上林苑作比較，而且皇家園林甚
至不如長洲苑，說明長洲苑是地方諸侯王的休閒遊樂之所，其作用不僅僅是
圈養獵物，其間肯定還修築宮室亭閣，集聚寶物珍玩，更是王侯會見文人雅
士之所。《隋書》卷七十六《文學傳·諸葛穎傳》載：「帝常賜穎詩，其卒章

〔註70〕（清）吳景旭撰《歷代詩話》卷十六《丙集中之上·長洲》，北京：中華書局，
　　　　1958年，第179～180頁。
〔註71〕（唐）杜寶撰，辛德勇輯校《大業雜記輯校》，西安：三秦出版社，2006年，
　　　　第22～23頁。
〔註72〕《隋書》卷七十六《文學傳·虞綽傳》，北京：中華書局，1973年，第1738
　　　　～1739頁。
〔註73〕《漢書》卷五十一《賈鄒枚路傳第二十一》，北京：中華書局，1973年，第
　　　　2363頁。

曰：『參翰長洲苑，侍講蕭成門。名理窮研窾，英華恣討論。實錄資平允，傳芳導後昆。』」〔註74〕其中「參翰長洲苑」一句，就很好的證明了長洲苑內有一批像諸葛穎一樣的「翰林」，這些人在此為王侯出謀劃策，陪王侯讀詩作賦，故曰「參翰」，此苑大概被歷代分封至此的王侯或地方長官利用，作為自己的「後花園」以供遊玩和養士。煬帝也不例外，其任職揚州總管時招募的那批學士應該就在此苑，並在此完成了當時所有的編撰工作，這從煬帝為諸葛穎所作的詩中亦能窺探一二。長洲苑經過歷代王侯尤其是煬帝任揚州總管時的經營，已顯然成為了一個文人薈萃、典籍眾多的文化寶地，將「後花園」變成這樣一個地方，也許與煬帝本人的「好學，善屬文」有關，所以，煬帝首幸江都時敕修《長洲玉鏡》一書的首選之地必然是江都郡長洲苑。

（四）《長洲玉鏡》的流傳

根據諸《經籍志》《藝文志》的記載，《長洲玉鏡》在唐初已經不是完帙，後來的典籍中，對他的記載更少，《日本國見在書目錄》收錄了大量中國典籍，前文我們所說的《類集》《類文》皆有記載，而其中就沒有對《長洲玉鏡》的記載，可見《長洲玉鏡》在唐代的流傳不廣。

《文苑英華》卷六百五《皇太子請修書表》載：

> 臣雖不敏，竊所庶幾，然以列代遺章，先王舊典，康成興業，才覽卷於八千；士安覃思，願加年於累百；豈不以學而時習，博則難精者乎？今欲塞其蕭稂，撮其樞要，可以出忠入孝，可以益國利人，極賢聖之大猷，盡今昔之能事，商榷百氏，勒成一家，庶有代於箴規，長不違於左右。又近代書鈔，實繁部帙，至如《華林園遍略》《修文殿御覽》《壽光書苑》《長洲玉鏡》，及國家以來新撰《藝文類聚》《文思博要》等，並包括宏遠，卒難詳悉。亦望錯綜群言，刪成一部。藝官賓館，亦既天皇立之矣；端士正人，亦既天皇致之矣。〔註75〕

《玉海》卷五十四「崔融請修書表」亦載：『近代書鈔實繁，如《華林遍略》《修文御覽》《壽光書苑》《長洲玉鏡》及國家新撰《藝文類聚》《文思博

〔註74〕《隋書》卷七十六《文學傳・諸葛穎傳》，北京：中華書局，1973年，第1734頁。

〔註75〕（宋）李昉等撰《文苑英華》卷六百五《皇太子請修書表》，北京：中華書局，1982年，第3138頁。

要》等。」〔註 76〕以上兩則材料其實說的是一件事，就是崔融代皇太子起草請修書表，鑒於歷代類書典籍之不足，計劃重新編纂一部類書典籍，由此可見，在唐高宗時期，《長洲玉鏡》是作爲前代類書之楷模被提及。〔註 77〕北宋《太平御覽》編撰時充分利用了皇家的藏書，並多以前代類書《修文殿御覽》《藝文類聚》《文思博要》爲藍本修訂增刪編撰而成，但是在借鑒的前代類書中，並未提及《長洲玉鏡》。《太平御覽·引》：「先是帝閱前代類書，門目紛雜，失其倫次，遂詔修此書，以前代《修文御覽》《藝文類聚》《文思博要》及諸書參詳條次，分定門目，八年十二月書成。」〔註 78〕我們推測，《長洲玉鏡》此時也許早已經被棄置不用，甚至散佚殆盡。

　　《長洲玉鏡》雖然很早就散佚殆盡，但是，他對後世類書的影響卻不小，首先，在隋煬帝時代，他的作用就顯現出來，前文我們已經說過，《長洲玉鏡》的編纂帶動了一批類書的編纂，即參與《長洲玉鏡》編纂的諸學士又開始了新類書的編纂工作，如虞世南撰《北堂書鈔》一百七十三卷，虞綽等撰《類集》一百一十三卷，庾自直撰《類文》三百七十七卷，諸葛穎撰《玄門寶海》一百二十卷，他們對《長洲玉鏡》的編纂體例和內容是熟悉的，他們勢必會將編纂《長洲玉鏡》的經驗和教訓運用到新類書的編撰之中，甚至是打破陳規，開啓新體例。

　　我們認爲《長洲玉鏡》的編纂對唐代類書的編纂影響巨大，這應該也是《長洲玉鏡》很快就湮滅無聞的原因，因爲唐初《文思博要》《三教珠英》的編纂，必然是以《長洲玉鏡》爲底本的，精華都被後世類書所吸收，而他本身就被後世類書所代替了。我們可以通過另外的例子證明，《長洲玉鏡》之被替代，《北堂書鈔》爲何能千年不衰，《編珠》爲何亦能傳播千年，主要原因是《北堂書鈔》是類書編纂新體例的實踐者，《編珠》亦是類書編纂新體例的實踐者，所以他們由於體例不同，千年不被替代，而類事類書《華林遍略》《修文殿御覽》乃至《長洲玉鏡》則都被後世之《文思博要》《三教珠英》《太平

〔註 76〕（宋）王應麟撰《玉海》卷五十四《藝文》，揚州：廣陵書社，2003 年，第962 頁；（宋）王應麟撰，武秀成、趙庶洋校證《玉海藝文校證》卷二十《承詔撰述·類書》，南京：鳳凰出版社，2013 年，第 962 頁。

〔註 77〕《舊唐書》卷九十四《崔融傳》載：「崔融……中宗在春宮，制融爲侍讀，兼侍屬文，東朝表疏，多成其手。」（北京：中華書局，1975 年，第 2996 頁。）所以《皇太子請修書表》應該是中宗爲太子時崔融所寫。經考證，此處是中宗第一次爲太子，即永隆元年（681）至弘道元年（683）十二月。

〔註 78〕（宋）李昉等撰《太平御覽·引》，北京：中華書局，1960 年，第 3 頁。

御覽》所替代。《北堂書鈔》是虞世南編纂《長洲玉鏡》之後編纂而成的，虞世南肯定是認識到了類事類書的弊端，轉而編纂一部類句類書，類句類書最大的優點是，知識量大而卷帙少，不像類事類書一樣，龐雜無序。《編珠》是隋煬帝敕令杜公瞻編纂的新型類語類書，類語類書比類句類書更為精粹，更為簡單，更為實用，隋煬帝編纂了《長洲玉鏡》後仍然敕令杜公瞻編纂《編珠》，可見其亦是認識到了《長洲玉鏡》的弊端，而作為新體例的代表的《北堂書鈔》與《編珠》就流傳了下來，成為後世類書體例的新楷模，而舊模式編纂的《長洲玉鏡》則無奈的被替代。

再者，我們看到了南北朝隋唐之間的王朝更替，我們很容易產生斷裂的認知，因為我們感覺南北朝與隋與唐是不同的時代了，因為皇帝都已換了好幾個，但是我們其實犯了錯誤，皇帝更迭，王朝更替，但是很多人是生活在這個時期的，他既是北齊人、又是北周人、更是後來的隋人、唐人，故我們可以見到虞世南生活於南陳、隋、唐，諸葛穎生活在北齊、北周、隋，而在北齊參與編纂《修文殿御覽》的諸葛穎無疑到了隋朝又參與編纂了《長洲玉鏡》，歐陽詢雖然沒有參與《長洲玉鏡》的編纂，但是他在隋參與編纂過《魏書》，他肯定是知曉《長洲玉鏡》的，而到了唐他則參與編纂了《藝文類聚》，他們是生活在一起的前後連續的人，他們參與或者見聞了前朝類書的編纂，而在新的時代又參與了新的類書的編纂，而這其間的聯繫是我們認知類書編纂前後相繼、推陳出新的重要前提。

（五）中古時期官修類書的因襲與替代

《華林遍略》是梁武帝天監十五年（516）敕令編纂的一部大型官修類書，由劉杳、顧協、何思澄、鍾嶼、王子雲等人歷時八年編纂而成的，《華林遍略》是梁武帝時代編纂的最為精良的類書之一，《華林遍略》吸取了《壽光書苑》編纂的教訓，汲取了《類苑》編纂的優點，故能成就一部精華。〔註79〕《修文殿御覽》是北齊後主高緯武平三年（572）以《華林遍略》為藍本，歷時七個月官修的一部類書，曾名《玄洲苑御覽》《聖壽堂御覽》。〔註80〕《藝文類聚》一書是唐代開國初年由高祖李淵下令編修的，受詔參與編修的共十餘人，目前能考知姓名的有歐陽詢、令狐德棻、陳叔達、裴矩、趙弘智、袁朗。具

〔註79〕劉全波《〈華林遍略〉編纂考》，《敦煌學輯刊》2013年第1期，第85～94頁。
〔註80〕劉全波《〈修文殿御覽〉編纂考》，《敦煌學輯刊》2014年第1期，第31～45頁。

體到編纂時間，韓建立《〈藝文類聚〉編纂研究》認爲：「將《藝文類聚》的始撰時間定爲武德五年（622）只是一種合理的推斷，在沒有權威性的資料發現之前，暫且定之。」「關於《藝文類聚》的纂修時間，學者已有辨正。見上引胡道靜、汪紹楹之說。兩位學者的結論是一致的，即根據這兩處記載，可以證明《藝文類聚》成書於武德七年（624）。目前多數論著均持此說。」〔註81〕《文思博要》的編纂者有高士廉、房玄齡、魏徵、楊師道、岑文本、顏相時、朱子奢、劉伯莊、馬嘉運、許敬宗、崔行功、呂才、李淳風、褚遂良、姚思廉、司馬宅相、宋正跱、高玄景等人，《文思博要》的編纂開始時間在貞觀十三年（639）十一月之後，很有可能是貞觀十五年，編纂完成時間《舊唐書》《唐會要》《冊府元龜》記載爲貞觀十五年，而根據考察我們認爲應該在貞觀十六年（642）七月前。〔註82〕桂羅敏《〈三教珠英〉考辨》言：「武則天於聖曆中（698～700），下令麟臺監張昌宗率一大批著名文士大家編纂大型類書《三教珠英》。」〔註83〕王蘭蘭《〈三教珠英〉考補與發微》言：「武則天聖曆三年四月離洛至嵩山三陽宮，七月返回。期間，五月進行了石淙宴飲。據《資治通鑑》記載，聖曆三年五月己酉朔，癸丑改元久視，爲五月初五……修書應是離開洛陽前就已確定的，可將始修時間定爲聖曆三年（700）改元久視前。」「則《唐會要》所稱大足元年十一月十二日實已爲長安元年，與舊書《張說傳》的記載是一致的，故可認定爲長安元年（701）十一月。」〔註84〕李玲玲《〈初學記〉引經考》言：「歷代編書，往往以領銜者題於書首。但《初學記》撰成不題張說之名，故可推斷其書成於張說貶官期間。那麼《初學記》的完成年份，十四年（726）與十五年的可能性最大。」〔註85〕縱觀南北朝隋唐時期的大型類書編纂，可謂繁榮異常，此起彼伏，其實，我們其中還省略了好多唐高宗時期編纂的類書，如《東殿新書》《瑤山玉彩》《累璧》《策府》《碧玉芳林》《玉藻瓊林》等，唐高宗時期編纂的類書，卷帙多處於中等水平，也沒有《文思博要》《三教珠英》如此有名，但是數量卻是極多的。我們之所

〔註81〕韓建立《〈藝文類聚〉編纂研究》，吉林大學博士學位論文，2008年，第65～66頁。

〔註82〕劉全波、何強林《〈文思博要〉編纂考》，張福貴主編《華夏文化論壇》2017年第2期，總第18輯，長春：吉林文史出版社，2017年，第97～111頁。

〔註83〕桂羅敏《〈三教珠英〉考辨》，《圖書館雜誌》2008年第6期，第75～78、52頁。

〔註84〕王蘭蘭《〈三教珠英〉考補與發微》，杜文玉主編《唐史論叢》2013年第2期，總第17輯，西安：陝西師範大學出版總社，2014年，第114～130頁。

〔註85〕李玲玲《〈初學記〉引經考》，北京：中國社會科學出版社，2013年，第6～7頁。

以要不厭其煩的將中古時期的類書編纂史闡釋一遍，主要是爲了說明此時期的類書編纂是一個連續的高潮期，是一個連綿不斷的發展進程，不能因爲朝代的更替而認爲中古時期的類書編纂出現了新的變化、新的情況，其實都是在舊有基礎上的連續事件，甚至這些編纂類書的文學之士也多半是父子相繼、兄弟相及、師徒交至的。我們其實沒有認眞的對整個中古時期的類書編纂者之間的關係進行細緻的分析，但是，我們還是敢說，這整個的時代是有一批連續不斷的學者在從事著這樣的類書編纂的，而他們所處的時代就是中國類書發展史的第一個高潮期，且是一個從南北朝延續至隋唐的連綿不斷的高潮期。

書　名	開始時間	結束時間
《華林遍略》	天監十五年（516）	普通四年（523）
《修文殿御覽》	武平三年（572）	武平三年（572）
《長洲玉鏡》	大業元年（605）	大業二年（606）
《藝文類聚》	武德五年（622）	武德七年（624）
《文思博要》	貞觀十五年（641）	貞觀十六年（642）
《三教珠英》	聖曆三年（700）	長安元年（701）
《初學記》	開元十三年（725）	開元十四年（726）或開元十五年（727）

　　《修文殿御覽》無疑是以《華林遍略》爲底本、爲依據的，《長洲玉鏡》亦是以《華林遍略》《修文殿御覽》爲底本、爲依據，鑒於《華林遍略》《修文殿御覽》《長洲玉鏡》之不足，《藝文類聚》橫空出世，創造了新的體例，在我們今天看來都是傑作的情況下，唐初的其他大型官修類書編纂，如《文思博要》《三教珠英》等，其實並沒有徹底採納《藝文類聚》的編纂模式，我們認爲《文思博要》《三教珠英》還是依據《華林遍略》《修文殿御覽》《長洲玉鏡》之模式在繼續前進，他們也把這種類事類書的模式發展到了極致，一千二百卷的《文思博要》，一千三百卷的《三教珠英》，已經將中古時期的類書編纂，尤其是卷帙方面，發展到了極致，而如此大的卷帙是難於在短時間內編纂完成的，《三教珠英》的編纂時間只有一年多的樣子，《文思博要》的編纂亦是如此，他們如何能夠成其巨帙，肯定是對前朝類書做了較爲徹底的因襲，並且較爲徹底的實現了前後類書的替代，這也就是前朝類書爲何很快就失傳或者湮滅無聞的原因，而此種類事類書已經發展到極致，所以武則天之後的唐代帝王不再編纂新的大型類事類書，當然安史之亂後的大唐也沒有

時間與精力了，而其他體例的類書逐漸受到重視。《初學記》是一個例子，《初學記》在類書編纂史上的開啓新體例之功，一點不亞於《藝文類聚》，《藝文類聚》是二體類書，即類事類書與類文類書之組合，《初學記》則是三體類書之代表，是類事類書加類語類書加類文類書之結合，這種三體類書的出現，或許《初學記》不是第一個，但無疑是當時最有影響的一個，或者是編纂質量最爲精湛、流傳最爲廣泛的一個，此種組合體類書的大發展，是對《文思博要》《三教珠英》的反撥，是對類事類書體例的揚棄，讓我們好像看到了新的發展方向，新的特點，但是，當我們對《初學記》的瞭解增多的時候，我們會發現，我們所說的中古時期類書編纂的因襲與替代機制還在，《初學記》還是中古類書編纂史上的一環，爲什麼呢？雖然《初學記》體例有了新發展，但是，主持編纂《初學記》的張說、徐堅諸人，就是當年編纂《三教珠英》的諸人，雖然時代變了，從武則天時代到了唐玄宗時代，但是這些人，張說、徐堅還在，他們當年是編纂《三教珠英》的中堅力量，或者說，他們是《三教珠英》的主要編纂者，而到了唐玄宗時代，在唐玄宗的要求之下，他們開始編纂新的適宜王子們學習的教科書之時，他們還是中堅力量，他們還是主要編纂者，如此來看，就算《初學記》是新體例的代表，但是，他毫無置疑的又成爲中古官修類書史上的一環，而《初學記》之新體例則是唐玄宗個性要求之下的產物，唐玄宗爲何會有這樣的新要求，肯定是不希望編纂者繼續重複原來的老路，肯定是認識到了類事類書體例的弊端，而張說、徐堅諸人只能進行新的探索、新的嘗試，這個新的探索、新的嘗試仍然是在前代類書基礎上的產物，其中，《修文殿御覽》《藝文類聚》起了很大作用，《修文殿御覽》不用多說，本身就是中古類書發展史、編纂史上的一環，《藝文類聚》又何嘗不是呢？《藝文類聚》也是新體例的開啓者，但是他不也是《皇覽》《遍略》之餘脈呢？雖然他還有另外一個源頭，即《流別》《文選》。如此來看，《初學記》仍然是中古類書發展史、編纂史上的一環，只是比較有特色而已。總之，整個中古時期的類書編纂還有很多問題沒有解決，我們現在最需要的就是將一環一環的細節搞清楚，也就是說，我們還需要進行更多的個例、個案研究，而當個例、個案研究達到一定程度之後，才可以對整個中古時期的類書編纂產生宏觀的認識，才可以眞正的看清中古時期類書編纂的因襲與替代。

上編：類書編纂研究

一、《文思博要》編纂研究

　　杜澤遜《〈四庫全書總目匯訂〉序》言：「盛世修書，是中國的傳統。從周代開始，就希望在治理國家方面從文化上有所表現，所以周公有歷史上稱道的『制禮作樂』。三國時魏文帝命令大臣修類書《皇覽》，分四十餘部千餘篇，達八百餘萬言。南朝梁武帝敕修類書《華林遍略》七百餘卷。唐太宗敕修《文思博要》一千二百卷。這些大書都失傳了。」〔註1〕誠然，盛世修書是中國的傳統，而官修類書就是這傳統中比較重要的一脈，曹魏以來，南北朝直至隋唐，再到宋元明清，類書編纂此起彼伏，規模之大，層次之高，影響之深，無人可及，甚至有一浪更比一浪高之趨勢，僅僅初唐時期就編纂了多部大型類書，如：「《藝文類聚》一百卷。《文思博要》一千二百卷。《瑤山玉彩》五百卷。《累璧》四百卷。《東殿新書》二百卷。《策府》五百八十二卷。《三教珠英》一千三百卷。《碧玉芳林》四百五十卷。《玉藻瓊林》一百卷。」〔註2〕可惜的是，這些大部頭的類書多數都沒有流傳下來，而我們所要考察的就是唐太宗敕修的一千二百卷的《文思博要》，他是唐朝開國之初編纂的第二部官修大型類書，第一部是《藝文類聚》，但是，他的卷帙規模卻是《藝文類聚》的十二倍，只是由於失傳了，後人對他的認知很模糊，甚至沒有一篇專門的論文去研究，但是，他對唐代類書甚至是宋代類書的影響巨大，需要我們去研究、去探索。

〔註 1〕　杜澤遜《〈四庫全書總目匯訂〉序》，魏小虎編著《四庫全書總目匯訂》，上海：上海古籍出版社，2012 年，第 1 頁。
〔註 2〕　《新唐書》卷五十九《藝文三》，北京：中華書局，1975 年，第 1562〜1563 頁。

（一）《文思博要》的編纂者

　　《舊唐書》卷四十七《經籍下》子部「類事類」載：「《文思博要》並目一千二百一十二卷。張大素撰。」〔註3〕《舊唐書》卷四十七《經籍下·校勘記》言：「《文思博要》並目一千二百一十二卷。張大素撰。殿本考證云：《新書》高士廉等十六人奉詔撰，無張大素名，當從《新書》。」〔註4〕《新唐書》卷五十九《藝文三》子部「類書類」載：「《文思博要》一千二百卷，目十二卷。右僕射高士廉、左僕射房玄齡、特進魏徵、中書令楊師道、兼中書侍郎岑文本、禮部侍郎顏相時、國子司業朱子奢、博士劉伯莊、太學博士馬嘉運、給事中許敬宗、司文郎中崔行功、太常博士呂才、秘書丞李淳風、起居郎褚遂良、晉王友姚思廉、太子舍人司馬宅相等奉詔撰，貞觀十五年上。」〔註5〕通過兩《唐書》之記載，我們可以初步知道《文思博要》一書的編纂者都是哪些人，細細一看，果然是陣容豪華，高士廉之外有房玄齡、魏徵、楊師道、岑文本，這都是唐太宗的柱國重臣，此外就是許敬宗、李淳風、褚遂良、姚思廉、呂才等，亦是初唐名臣，但是由於兩《唐書》對《文思博要》編纂者的記載嚴重不一致，且中華書局版《舊唐書》在《校勘記》中說要按照《新唐書》記載爲準，於是此後的諸多研究者就把張大素排除出了編纂者之列。

　　按照《舊唐書》之《校勘記》的意思，這個被《舊唐書》記載的唯一的《文思博要》的編纂者應該是搞錯了，通過考察張大素的生平，張大素確實不可能參與編纂《文思博要》，因爲張大素至唐高宗龍朔中（661～663）才歷位東臺舍人兼修國史。《舊唐書》卷六十八《張公謹傳》載：「張公謹字弘愼，魏州繁水人也……長子大象嗣，官至戶部侍郎。次子大素、大安，並知名。大素，龍朔中歷位東臺舍人，兼修國史，卒於懷州長史，撰《後魏書》一百卷、《隋書》三十卷。」〔註6〕《新唐書》卷八十九《張公謹傳》載：「張公謹字弘愼，魏州繁水人……子大素，龍朔中，歷東臺舍人，兼修國史，著書百餘篇，終懷州長史。」〔註7〕雖然張大素不可能是《文思博要》的編纂者之一，

〔註3〕　《舊唐書》卷四十七《經籍下》，北京：中華書局，1975年，第2046頁。
〔註4〕　《舊唐書》卷四十七《經籍下》，北京：中華書局，1975年，第2083頁。
〔註5〕　《新唐書》卷五十九《藝文三》，北京：中華書局，1975年，第1562頁。
〔註6〕　《舊唐書》卷七十二《張公謹傳》，北京：中華書局，1975年，第2506～2507頁。
〔註7〕　《新唐書》卷一百十二《張公謹傳》，北京：中華書局，1975年，第3755～3756頁。

但是此張大素確是著述極多的一位，正史本傳中記載了他的兩部著作《後魏書》《隋書》，此外還有類書《策府》，有時又稱為《冊府》。《舊唐書》卷四十七《經籍下》載：「《策府》五百八十二卷。張大素撰。」〔註8〕《新唐書》卷五十九《藝文三》載：「張大素《策府》五百八十二卷。」〔註9〕《策府》亦是初唐時期編纂的一部重要類書，只是由於散佚，我們無法知道他的更多信息，但是張大素被誤認為《文思博要》的編纂者應該與他也曾編纂過類書《策府》有關係。

　　對於《文思博要》的編纂者，《新唐書》之外的諸多典籍記載亦是不一，這就需要我們做一個全面的考察。《文苑英華》卷六百九十九《文思博要序》中關於《文思博要》的編纂者是這樣記載的：「特進尚書右僕射申國公士廉、特進鄭國公魏徵、中書令駙馬都尉德安郡公楊師道、兼中書侍郎江陵縣子岑文本、中散大夫守尚書禮部侍郎顏相時、中散大夫守國子司業朱子奢、給事中許敬宗、朝散大夫守國子博士劉伯莊、朝散大夫行太常博士呂才、秘書丞房玄齡、朝散大夫行太學博士馬嘉運、朝散大夫行起居舍人褚遂良、朝議郎守晉王友姚思聰、太子舍人司馬宅相、秘書郎宋正跱。」〔註10〕除此之外，《通志》《宋史》《唐會要》等對於《文思博要》的編纂者也有所記載。《通志·藝文略第七》載：「《文思博要》，一千二百卷。貞觀中高士廉等奉敕編。又目，十二卷。」〔註11〕《宋史》卷二百七《藝文六》載：「高士廉、房玄齡《文思博要》一卷。」〔註12〕《唐會要》卷三十六《修撰》載：「其年，十月二十五日，尚書左僕射申國公高士廉等撰《文思博要》成，凡一千二百卷。詔藏之秘府，同撰人特進魏徵、中書令楊師道、中書侍郎岑文本、禮部侍郎顏相時、國子司業朱子奢、給事中許敬宗、國子博士劉伯莊、太常博士呂才、秘書監房玄齡、太學博士馬嘉運、起居舍人褚遂良、晉王友姚思廉、太子舍人司馬宅相、秘書郎宋正人。」〔註13〕

〔註8〕 《舊唐書》卷四十七《經籍下》，北京：中華書局，1975年，第2046頁。
〔註9〕 《新唐書》卷五十九《藝文三》，北京：中華書局，1975年，第1563頁。
〔註10〕 （宋）李昉等撰《文苑英華》卷六百九十九《文思博要序》，北京：中華書局，1966年，第3607頁。
〔註11〕 （宋）鄭樵撰，王樹民點校《通志二十略·藝文略第七》，北京：中華書局，1995年，第1732頁。
〔註12〕 《宋史》卷二百七《藝文六》，北京：中華書局，1977年，第5292頁。
〔註13〕 （宋）王溥《唐會要》卷三十六《修撰》，北京：中華書局，1955年，第656頁。

	《新唐書》《玉海》〔註14〕	《文苑英華》《全唐文》〔註15〕	《唐會要》
1.	右僕射高士廉	特進尚書右僕射申國公士廉	尚書左僕射申國公高士廉
2.	左僕射房玄齡	特進鄭國公魏徵	特進魏徵
3.	特進魏徵	中書令駙馬都尉德安郡公楊師道	中書令楊師道
4.	中書令楊師道	兼中書侍郎江陵縣子岑文本	中書侍郎岑文本
5.	兼中書侍郎岑文本	中散大夫守尚書禮部侍郎顏相時	禮部侍郎顏相時
6.	禮部侍郎顏相時	中散大夫守國子司業朱子奢	國子司業朱子奢
7.	國子司業朱子奢	給事中許敬宗	給事中許敬宗
8.	博士劉伯莊	朝散大夫守國子博士劉伯莊	國子博士劉伯莊
9.	太學博士馬嘉運	朝散大夫行太常博士呂才	太常博士呂才
10.	給事中許敬宗	秘書丞房玄齡	秘書監房玄齡
11.	司文郎中崔行功	朝散大夫行太學博士馬嘉運	太學博士馬嘉運
12.	太常博士呂才	朝散大夫行起居舍人褚遂良	起居舍人褚遂良
13.	秘書丞李淳風	朝議郎守晉王友姚思廉	晉王友姚思廉
14.	起居郎褚遂良	太子舍人司馬宅相	太子舍人司馬宅相
15.	晉王友姚思廉	秘書郎宋正跱	秘書郎宋正人
16.	太子舍人司馬宅相		

通過上文之比對，我們發現《新唐書》與《玉海》的記載一致，《文苑英華》與《全唐文》的記載一致，《文苑英華》《全唐文》與《唐會要》的記載順序一致，人數也相同，只是最後一位編纂者前者記載爲「宋正跱」，後者記載爲「宋正人」，再者就是二者對《文思博要》編纂者官職的記載詳略不一，略有不同，如對於高士廉的官職《文苑英華》《全唐文》載爲「右僕射」，《唐會要》載爲「左僕射」，查高士廉本傳，前者爲是。而《新唐書》《玉海》與《文苑英華》《全唐文》《唐會要》記載人數不一，順序亦是不一。可見目前

〔註14〕（宋）王應麟《玉海》卷五十四《藝文》，揚州：廣陵書社，2003 年，第 1028 頁；（宋）王應麟撰，武秀成、趙庶洋校證《玉海藝文校證》卷二十《承詔撰述·類書》，南京：鳳凰出版社，2013 年，第 962 頁。
〔註15〕（清）董誥等編《全唐文》卷一三四《文思博要序》，北京：中華書局，1983 年，第 1358 頁。

關於《文思博要》編纂者的記載至少有三個重要版本，去掉重複共計 17 人，即高士廉、房玄齡、魏徵、楊師道、岑文本、顏相時、朱子奢、劉伯莊、馬嘉運、許敬宗、崔行功、呂才、李淳風、褚遂良、姚思廉、司馬宅相、宋正時。

其實，諸多前輩學者對《文思博要》的編纂者亦做過考察，只是略顯簡略。如朱仲玉《隋唐五代時期史籍散論》言：「《文思博要》一書的編撰者，《舊唐書·經籍志》說是張大素，《新唐書·藝文志》記載爲高士廉。舊唐誤，新唐正確，因爲《舊唐書》卷六五《高士廉傳》明白記載：貞觀十二年，士廉『受詔與魏徵等文學之士，撰《文思博要》一千二百卷奏之，賜物千段』。新志記載奏上之年爲貞觀十五年，參預其事者除魏徵外，還有房玄齡、楊師道、岑義本、顏相時、朱子奢、劉伯莊、馬嘉運、許敬宗、崔行功、呂才、李淳風、褚遂良、姚思廉、司馬宅相等，都是當時文史方面的專門人才。高士廉參加過《氏族志》的編修，他又長於起草表奏，貞觀十九年攝太子太傅，被譽爲『朝望國華，儀刑炊屬』。他這部《文思博要》是供封建統治者屬文時參考用的類書，與後代的文章做法、範文示例一類的書差不多。」〔註 16〕朱仲玉先生對於《文思博要》的研究主要是介紹性的，他所採用的是《新唐書》之記載，並且朱先生將《文思博要》的編纂開始時間誤記爲「貞觀十二年」。爲了考察清楚《文思博要》編纂者以及當時的編纂情況，我們依據史料對他們進行了一些補充考察。

高士廉是《文思博要》的領修之人，是《文思博要》書成上奏之人，需要我們重點關注，此外，高士廉不僅是長孫皇后的舅舅，更是唐太宗親敬之大臣。《舊唐書》卷六十五《高士廉傳》載：「時太宗爲雍州牧，以士廉是文德皇后之舅，素有才望，甚親敬之。」〔註 17〕「史臣曰：士廉才望素高，操秉無玷，保君臣終始之義，爲子孫襲繼之謀。社稷之臣，功亦隆矣；獎遇之恩，賞亦厚矣。」〔註 18〕孟憲實《從新出高昱墓誌看高士廉家族史事》言：「根據新出資料《唐高昱墓誌》，結合其他各類文獻，可以較爲清晰地勾勒出唐初名臣高士廉家族從北朝到唐初的興衰歷程。高士廉家族在北齊時爲皇族，高士廉之父在隋朝任職，入唐之後高士廉得到唐太宗的重用，從而再次完成了

〔註 16〕 朱仲玉《隋唐五代時期史籍散論》，《史學史資料》1980 年第 5 期，第 20 頁。
〔註 17〕 《舊唐書》卷六十五《高士廉傳》，北京：中華書局，1975 年，第 2442 頁。
〔註 18〕 《舊唐書》卷六十五《高士廉傳》，北京：中華書局，1975 年，第 2456 頁。

家族的輝煌。」「高士廉的外甥就是長孫無忌，而長孫無忌的妹妹就是唐太宗的長孫皇后。」〔註19〕《舊唐書》卷六十五《高士廉傳》載：「（貞觀）十二年，與長孫無忌等以佐命功，並代襲刺史，授申國公。其年，拜尙書右僕射。士廉既任遇益隆，多所表奏，成輒焚稿，人莫知之。攝太子少師，特令掌選。十六年，加授開府儀同三司，尋表請致仕，聽解尙書右僕射，令以開府儀同三司依舊平章事。又正受詔與魏徵等集文學之士，撰《文思博要》一千二百卷奏之，賜物千段。」〔註20〕《西安碑林全集》之《高士廉碑》亦載：「敕撰著《文思博要》。於是包含七略，撫孔□於絍綑；納□百家，採□□於簡牘。懷鉛甫就，望海不測。其瀾汗□□，□瞻天靡，詳其際合，千二百卷，上於延閣。」〔註21〕貞觀十二年至貞觀十六年，高士廉的官職是尙書右僕射，可見上文關於高士廉官職爲「左僕射」的記載是錯誤的，並且我們通過《高士廉傳》可知《文思博要》是高士廉與魏徵領銜編纂完成的，高士廉去世後，許敬宗所撰《高士廉碑》對其領修《文思博要》之事也做了記述，而許敬宗之文更多的是依據高士廉所作《文思博要序》對《文思博要》編纂的頌揚。

　　房玄齡亦是唐太宗時期的名臣，《舊唐書》本傳中明確記載了他與高士廉同撰《文思博要》的事情，可見房玄齡亦是《文思博要》編纂中的重要領修人。《舊唐書》卷六十六《房玄齡傳》載：「（貞觀）十六年，又與士廉等同撰《文思博要》成，錫賚甚優。進拜司空，仍綜朝政，依舊監修國史。」〔註22〕《玉海》卷一百五十九《房玄齡》載：「太宗命玄齡等撰《文思博要》一千三百卷。」〔註23〕關於《文思博要》的卷帙，此處《玉海》的記載無疑是錯誤的，應爲一千二百卷。

　　許敬宗是初唐要臣，高宗時期他領銜編纂了多部典籍，而在太宗時期他的官位未顯，尙無資格領銜，具體到《文思博要》編纂之時，他是重要的參修者。《舊唐書》卷八十二《許敬宗傳》載：「然自貞觀已來，朝廷所修《五代史》及《晉書》《東殿新書》《西域圖志》《文思博要》《文館詞林》《累璧》《瑤山玉彩》

〔註19〕孟憲實《從新出高昱墓誌看高士廉家族史事》，《新疆大學學報（哲學人文社會科學版）》2012年第1期，第73～78頁。
〔註20〕《舊唐書》卷六十五《高士廉傳》，北京：中華書局，1975年，第2444頁。
〔註21〕高峽《西安碑林全集》，廣州：廣東經濟出版社；深圳：海天出版社，1999年，第259頁。
〔註22〕《舊唐書》卷六十六《房玄齡傳》，北京：中華書局，1975年，第2462頁。
〔註23〕（宋）王應麟撰《玉海》卷一百五十九《房玄齡》，揚州：廣陵書社，2003年，第3020頁。

《姓氏錄》《新禮》，皆總知其事，前後賞賚，不可勝紀。」〔註24〕

《舊唐書》劉伯莊本傳記載了劉伯莊參與編纂《文思博要》的事情。《舊唐書》卷一百八十九上《儒學上·劉伯莊傳》載：「劉伯莊，徐州彭城人也。貞觀中累除國子助教。與其舅太學博士侯孝遵齊爲弘文館學士，當代榮之。尋遷國子博士，其後又與許敬宗等參修《文思博要》及《文館詞林》。龍朔中，兼授崇賢館學士。撰《史記音義》《史記地名》《漢書音義》各二十卷，行於代。」〔註25〕通過劉伯莊的著作可知，他是精通於《史記》《漢書》的史學家。

《舊唐書》馬嘉運本傳亦記載了其參與編纂《文思博要》之事。《舊唐書》卷七十三《馬嘉運傳》載：「馬嘉運者，魏州繁水人也……十一年，召拜太學博士，兼弘文館學士，預修《文思博要》。嘉運以穎達所撰《正義》頗多繁雜，每掎摭之，諸儒亦稱爲允當。高宗居春宮，引爲崇賢館學士，數與洗馬秦暐侍講殿中，甚蒙禮異。十九年，遷國子博士卒。」〔註26〕通過馬嘉運補正孔穎達所撰《正義》來看，此馬嘉運是有較高的經學修養的經學家。

《舊唐書》崔行功本傳亦記載了其參與編纂《文思博要》之事。《舊唐書》卷一百九十上《文苑上·崔行功傳》載：「崔行功，恆州井陘人……行功前後預撰《晉書》及《文思博要》等。同時又有孟利貞、董思恭、元思敬等並以文藻知名。」〔註27〕

《舊唐書》呂才本傳亦記載了其參與編纂《文思博要》之事。《舊唐書》卷七十九《呂才傳》載：「太宗又令才造《方域圖》及《教飛騎戰陣圖》，皆稱旨，擢授太常丞。永徽初，預修《文思博要》及《姓氏錄》。」〔註28〕此處將《文思博要》的編纂時間置於「永徽初」，很顯然是錯誤的。

《舊唐書》李淳風本傳亦記載了其參與編纂《文思博要》之事。《舊唐書》卷七十九《李淳風傳》載：「十五年，除太常博士。尋轉太史丞，預撰《晉書》及《五代史》，其天文、律曆、五行志皆淳風所作也。又預撰《文思博要》。二十二年，遷太史令。」〔註29〕

〔註24〕《舊唐書》卷八十二《許敬宗傳》，北京：中華書局，1975年，第2764頁。
〔註25〕《舊唐書》卷一百八十九上《儒學上·劉伯莊傳》，北京：中華書局，1975年，第4955頁。
〔註26〕《舊唐書》卷七十三《馬嘉運傳》，北京：中華書局，1975年，第2603～2604頁。
〔註27〕《舊唐書》卷一百九十上《文苑上·崔行功傳》，北京：中華書局，1975年，第4996頁。
〔註28〕《舊唐書》卷七十九《呂才傳》，北京：中華書局，1975年，第2726頁。
〔註29〕《舊唐書》卷七十九《李淳風傳》，北京：中華書局，1975年，第2718頁。

此外，魏徵、楊師道、岑文本、顏相時、朱子奢、褚遂良、姚思廉、司馬宅相、宋正蒔諸人之傳記中未見記載其參與編纂《文思博要》之事，但是，通過《新唐書‧藝文志》等典籍目錄的記載，不影響我們對他們是《文思博要》編纂者的判斷，只是具體的詳細的編纂情況需要我們去繼續關注。

遍觀以上諸人，再讀其傳記，考察其學術，更可知《文思博要》編纂者之陣容豪華，更可見其編纂團隊搭配之合理，首先這些編纂者多是文學之士、飽學之士，其次他們的專攻方向亦是各有所長、各有精通，如李淳風之精通天文、律曆、五行，呂才之精通方域、戰陣，馬嘉運之熟稔五經，姚思廉、劉伯莊之熟稔史傳等等，皆是《文思博要》編纂質量有保障的保障。

除了上述諸位編纂者，我們在墓誌文獻中還見到了一位不為史傳所記載的編纂者，即高玄景。《高玄景墓誌銘》載：「大唐雍州萬年縣遵義里，故使持節和州諸軍事、和州刺史齊國高玄景，字玄景。曾祖湛，齊武城皇帝。祖廓，齊安郡王，周上將軍、巴東郡開國公、龍州刺史。父君緒，隋新安郡休寧縣令。親郎氏，父定遠，周資州刺史。妻劉氏，父師立，唐始州刺史。繼室劉氏，清苑縣君，前夫人之親妹。長子元思，前梓州參軍，次子進德，見（現）任左翊衛，次子無待，故冀王父執乘，丁艱不勝哀卒。上元三年歲次景（丙）子九月景（丙）寅朔廿九日甲午，葬州鄹縣孝義鄉樂陵里野馬崗之南麓古華林村澗之西。」〔註30〕可惜的是，《高玄景墓誌銘》中只是記載了其父母妻子、家族世系，未記載其生平事跡。幸運的是，其子《高元思墓誌》記載了高玄景的生平事跡，使得我們可以知道其曾參與了《文思博要》的編纂。邵炅撰《高元思墓誌》載：「孝玄景，特徵侍文武聖皇帝諷讀，修《文思博要》，加朝請大夫、沂和二州刺史、弘文學士。」〔註31〕《文思博要》作為一部一千二百卷的大書，編纂者應該不止上述 18 人，高玄景之外肯定還有其他人也參與了《文思博要》的編纂，只是由於資料的缺失我們暫時無從得知罷了。

（二）《文思博要》的編纂時間與編纂地點

《高士廉傳》載有其奉敕令編纂《文思博要》的時間記載。《舊唐書》卷六十五《高士廉傳》載：「（貞觀）十六年，加授開府儀同三司，尋表請致仕，

〔註30〕劉文濤、張慶捷《新見唐〈高玄景墓誌〉考論》，《史志學刊》2016 年第 2 期，第 54～58 頁。

〔註31〕高慎濤《新出墓誌所見唐人著述輯考》，《圖書館雜誌》2014 年第 8 期，第 95～101 頁。

聽解尚書右僕射，令以開府儀同三司依舊平章事。又正受詔與魏徵等集文學之士，撰《文思博要》一千二百卷奏之，賜物千段。」〔註32〕由此可以知道，貞觀十六年（642）高士廉等人撰成《文思博要》，並被唐太宗「賜物千段」，而《文思博要》開始編纂的時間憑藉「又正受詔與魏徵等集文學之士」之記載，還真不好判斷！《房玄齡傳》亦言貞觀十六年「《文思博要》成，錫賚甚優。」《舊唐書》卷六十六《房玄齡傳》載：「（貞觀）十六年，又與士廉等同撰《文思博要》成，錫賚甚優。進拜司空，仍綜朝政，依舊監修國史。」〔註33〕可見，《高士廉傳》《房玄齡傳》言《文思博要》成書於貞觀十六年。

而《新唐書·藝文志》則言《文思博要》貞觀十五年（641）獻上，與《高士廉傳》《房玄齡傳》記載有衝突。《新唐書》卷五十九《藝文三》載：「《文思博要》一千二百卷，目十二卷……貞觀十五年上。」〔註34〕《唐會要》卷三十六《修撰》載：「貞觀十五年……其年，十月二十五日，尚書左僕射申國公高士廉等撰《文思博要》成，凡一千二百卷。」〔註35〕《冊府元龜》卷六百七《學校部十一·撰集》亦載：「高士廉為尚書右僕射。貞觀十五年，撰《文思博要》一千二百卷上之，有詔藏之秘府（時太學博士馬嘉運、太常丞呂卞同修）。」〔註36〕《唐會要》《冊府元龜》亦言貞觀十五年書成，並且《唐會要》之記載明確到具體時間，為了搞清楚《文思博要》的編纂完成時間，我們還需要對唐太宗本紀做一番考察，看看是否有與上述資料相印證的內容。

《舊唐書》卷三《太宗下》載：

> 十五年春正月丁卯，吐蕃遣其國相祿東贊來逆女。丁丑，禮部尚書、江夏王道宗送文成公主歸吐蕃……夏四月辛卯，詔以來年二月有事泰山，所司詳定儀制……六月戊申，詔天下諸州，舉學綜古今及孝悌淳篤、文章秀異者，並以來年二月總集泰山。己酉，有星孛于太微，犯郎位。丙辰，停封泰山，避正殿以思咎，命尚食減膳。秋七月甲戌，孛星滅。冬十月辛卯，大閱於伊闕。壬辰，幸嵩陽。辛丑，還宮。十一月壬戌，廢鄉長。壬申，還京師……十二月戊子

〔註32〕《舊唐書》卷六十五《高士廉傳》，北京：中華書局，1975年，第2444頁。

〔註33〕《舊唐書》卷六十六《房玄齡傳》，北京：中華書局，1975年，第2462頁。

〔註34〕《新唐書》卷五十九《藝文三》，北京：中華書局，1975年，第1562頁。

〔註35〕（宋）王溥《唐會要》卷三十六《修撰》，北京：中華書局，1955年，第656頁。

〔註36〕（宋）王欽若等編纂，周勳初等校訂《冊府元龜》卷六百七《學校部十一·撰集》，南京：鳳凰出版社，2006年，第7000頁。

朔，至自洛陽宮。甲辰，李勣及薛延陀戰于諾眞水，大破之。

十六年春正月……兼中書侍郎、江陵子岑文本爲中書侍郎，專知機密……秋七月戊午，司空、趙國公無忌爲司徒，尚書左僕射、梁國公玄齡爲司空。九月丁巳，特進、鄭國公魏徵爲太子太師，知門下省事如故。〔註37〕

《新唐書》卷二《太宗紀》載：

十五年正月辛巳，如洛陽宮，次溫湯。衛士崔卿、刁文懿謀反，伏誅。三月戊辰，如襄城宮。四月辛卯，詔以來歲二月有事于泰山……六月己酉，有星孛于太微。丙辰，停封泰山，避正殿，減膳。七月丙寅，宥周、隋名臣及忠烈子孫貞觀以後流配者。十月辛卯，獵于伊闕。壬辰，如洛陽宮。十一癸酉，薛延陀寇邊……十二月戊子，至自洛陽宮。庚子，命三品以上嫡子事東宮。辛丑，慮囚。甲辰，李世勣及薛延陀戰于諾眞水，敗之。乙巳，贈戰亡將士官三轉。

十六年正月乙丑，遣使安撫西州。戊辰，募戍西州者，前犯流死亡匿，聽自首以應募。辛未，徙天下死罪囚實西州。中書舍人岑文本爲中書侍郎，專典機密。六月戊戌，太白晝見。七月戊午，長孫無忌爲司徒，房玄齡爲司空。十一月丙辰，獵于武功……十二月癸卯，幸溫湯。甲辰，獵于驪山。乙巳，至自溫湯。〔註38〕

通過對兩《唐書》之《太宗本紀》貞觀十五年至貞觀十六年的諸多史實的考察，我們發現房玄齡「進拜司空」的時間與《文思博要》的編纂完成時間有關聯，因爲其本傳言貞觀十六年《文思博要》修成，錫賚甚優，進拜司空，仍綜朝政，依舊監修國史，只是《房玄齡傳》沒有記載進拜司空的具體的月份日期，而《太宗本紀》對於房玄齡進拜司空的時間記載十分清楚，且兩《唐書》記載一致，即「秋七月戊午……尚書左僕射、梁國公玄齡爲司空。」所以可由房玄齡爲司空的時間確定《文思博要》的編纂完成時間，即貞觀十六年七月之前。並且《高士廉傳》對於《文思博要》的編纂完成時間也記載於貞觀十六年，即前文所載「十六年……又正受詔與魏徵等集文學之士，撰《文思博要》一千二百卷奏之，賜物千段。」由此二位領修者的本傳記載，我們基本可以肯定《文思博要》的編纂完成時間應該是在貞觀十六年而不是

〔註37〕 《舊唐書》卷三《太宗下》，北京：中華書局，1975年，第52～54頁。
〔註38〕 《新唐書》卷二《太宗紀》，北京：中華書局，1975年，第40～41頁。

貞觀十五年，具體時間為貞觀十六年七月之前。而《新唐書》等文獻關於《文思博要》「貞觀十五年上」的記載必然就是有問題，甚至是錯誤的，並被以訛傳訛。

　　《文思博要》的開始編纂時間，我們目前還沒有明確的證據來確定。但是，貞觀十二年以前，房玄齡、魏徵、高士廉諸人皆有其他典籍編纂任務在身，是無法抽身完成《文思博要》的編纂的，故《文思博要》的編纂必然是貞觀十三年以後的事情。《舊唐書》卷三《太宗下》載：「(貞觀)十年春正月壬子，尚書左僕射房玄齡、侍中魏徵上梁、陳、齊、周、隋五代史，詔藏于秘閣。」〔註39〕「(貞觀)十一年春正月……甲寅，房玄齡等進所修《五禮》。詔所司行用之。」〔註40〕「(貞觀)十二年春正月乙未，吏部尚書高士廉等上《氏族志》一百三十卷……秋七月癸酉，吏部尚書、申國公高士廉為尚書右僕射。」〔註41〕再者，通過對編纂者的考察，我們知道楊師道參與了《文思博要》的編纂，而其官職以上諸目錄皆記載為「中書令」，而由楊師道為中書令的時間可知。《舊唐書》卷三《太宗下》載：「(貞觀)十三年……十一月辛亥，侍中、安德郡公楊師道為中書令。」〔註42〕故《文思博要》的開始編纂時間在貞觀十三年十一月之後。

　　此外，我們認為《新唐書》等文獻所記載的「貞觀十五年上」應該是開始編纂時間，且貞觀十五年是唐太宗時期政治經濟文化極為繁榮的時期，貞觀十四年侯君集滅高昌，威震西域，軍事上的勝利總能帶來整個王朝的興奮，總給人一種天下咸服的感覺，於是唐太宗時期最後一次大規模的請封禪的潮流湧現，在這種局面之下，難道不應該在文治上繼續有所建樹，此前已經完成了梁、陳、齊、周、隋五代史，難道不應該繼續編纂一部囊括天地古今的大書嗎？答案自然是肯定的，《文思博要》也的確是盛況空前，的確是魏晉南北朝以來最大的類書，超過一千卷的《皇覽》，以及《華林遍略》《修文殿御覽》《長洲玉鏡》。貞觀十五年唐太宗下令「夏四月辛卯，詔以來年二月有事泰山，所司詳定儀制」，可見唐太宗與整個大唐王朝都在進行封禪泰山的準備，而《文思博要》的編纂或許與這個大事情有關係。故我們認為《文思博

〔註39〕《舊唐書》卷三《太宗下》，北京：中華書局，1975年，第45～46頁。
〔註40〕《舊唐書》卷三《太宗下》，北京：中華書局，1975年，第46頁。
〔註41〕《舊唐書》卷三《太宗下》，北京：中華書局，1975年，第49頁。
〔註42〕《舊唐書》卷三《太宗下》，北京：中華書局，1975年，第50頁。

要》的編纂開始時間應該是貞觀十五年左右，而完成時間則是貞觀十六年七月之前，由此看來，編纂時間總共有一年左右，一年時間編纂如此大的類書是有先例的，但是，其必然是要有底本可參考才行，究竟是參考了《皇覽》《華林遍略》《修文殿御覽》《長洲玉鏡》還是其他，我們暫時不得而知。

《文思博要》的編纂地點史載不詳，文思殿隋代已有。《隋書》卷二《高祖下》載：「十一年春正月……丙午，皇太子妃元氏薨，上舉哀於文思殿。」〔註43〕《北史》卷一一一《隋本紀上》載：「十一年春正月……丙午，皇太子妃元氏薨，上舉哀於東宮文思殿。」〔註44〕《隋書》與《北史》所載為同一事，但是，對於「文思殿」的記載卻不同，按照《北史》的記載，此文思殿無疑在東宮。入唐文思殿因舊名繼續存在，唐時應該具有圖書儲藏的功能，或許應該是學士們的辦公之地，《文思博要》可能也編纂於此，並由此而得名，後來的《瑤山玉彩》的編纂就是在文思殿完成的。《舊唐書》卷八十六《高宗中宗諸子》載：「孝敬皇帝弘，高宗第五子也。永徽四年，封代王。顯慶元年，立為皇太子，大赦改元……龍朔元年，命中書令、太子賓客許敬宗，侍中兼太子右庶子許圉師，中書侍郎上官儀，太子中舍人楊思儉等於文思殿博採古今文集，摘其英詞麗句，以類相從，勒成五百卷，名曰《瑤山玉彩》，表上之。制賜物三萬段，敬宗已下加級、賜帛有差。」〔註45〕《新唐書》卷八一《三宗諸子》載：「孝敬皇帝弘，永徽六年始王代，與潞王同封。顯慶元年，立為皇太子……四年，加元服。又命賓客許敬宗、右庶子許圉師、中書侍郎上官儀、中舍人楊思儉即文思殿摘採古今文章，號《瑤山玉彩》，凡五百篇。書奏，帝賜物三萬段，餘臣賜有差。」〔註46〕《文思博要》之後編纂的《瑤山玉彩》亦是一部官修類書，他的編纂地點無疑就是在文思殿，此文思殿並且很有可能也是在東宮，而通過《文思博要》之題名「文思」，可見其編纂地點必然也與「文思殿」有些關係，且歷來類書的編纂多有按地點命名的現象，《華林遍略》的編纂地點在「華林園」，《修文殿御覽》的奏上地點在「修文殿」，但是，文思殿的具體位置如果果真是在東宮，我們就需要考察他的編纂與當時的太子是否有關係，貞觀十六年的太子是李承乾，這部《文思博要》究竟是否與

〔註43〕 《隋書》卷二《高祖下》，北京：中華書局，1973年，第36頁。
〔註44〕 《北史》卷一一一《隋本紀上》，北京：中華書局，1974年，第417頁。
〔註45〕 《舊唐書》卷八六《高宗中宗諸子》，北京：中華書局，1975年，第2828～2829頁。
〔註46〕 《新唐書》卷八一《三宗諸子》，北京：中華書局，1975年，第3588～3589頁。

李承乾也有些許關係，待考。《玉海》卷一百五十九《宮室》亦載：「唐文思殿。《房玄齡傳》：太宗命玄齡等撰《文思博要》一千三百卷。《太子弘傳》：龍朔元年，命賓客許敬宗等即文思殿集《瑤山玉彩》。隋有文思殿，梁改文思院為乾文院。」〔註47〕可見，《玉海》無疑將《文思博要》的編纂地點定在了文思殿。五代時期仍然有文思殿，此時的文思殿好像已經不再位於東宮。《舊五代史》卷四《梁書·太祖紀四》：「開平二年……九月……壬午，達雒陽。帝御文思殿受朝參。」「十月……庚戌，至西都，御文思殿。」「開平三年正月……甲午，上御文思殿宴群臣，賜金帛有差。」〔註48〕《新五代史》所載文思殿與唐初文思殿之功能或許更為接近。《新五代史》卷六三《前蜀世家第三》載：「通正元年……八月，起文思殿，以清資五品正員官購群書以實之，以內樞密使毛文錫為文思殿大學士。」〔註49〕

（三）《文思博要》的內容

《文思博要》已經散佚殆盡，我們無法見到他的真面目，但是通過相關記載，尤其是高士廉所作《文思博要序》，我們還可以猜測一下他的相關情況。

《文苑英華》卷六百九十九《文思博要序》載：

> 皇帝仰膺靈命，俯叶萌心，智周乾坤之表，道濟宇宙之外，操參伐而清天步，橫崑海而紐地維，囊弓矢於靈臺，執贄者萬國，張禮樂於太室，受職者百神，蒼旻降祥，黔黎禔福，置成均之職，劉董與馬鄭風馳，開崇文之館，揚班與潘江霧集，縉紳先生，聚蠹簡於內，輶軒使者，採遺篆於外，刊正分其朱紫，繕寫埒於丘山，外史所未錄，既盈太常之藏，《中經》所不載，盛積秘室之府，比夫軒皇宛委，穆滿羽陵，炎漢之廣內，有晉之秘閣，何異乎牛宮之水，爭浮天於谷王，蟻蛭之林，競拂日於若木也。〔註50〕

此處介紹的是《文思博要》的編纂緣起，並且，高士廉主要說此《文思

〔註47〕（宋）王應麟撰《玉海》卷一百五十九《宮室》，揚州：廣陵書社，2003年，第2923頁。

〔註48〕《舊五代史》卷四《梁書·太祖紀四》，北京：中華書局，1976年，第64～67頁。

〔註49〕《新五代史》卷六三《前蜀世家第三》，北京：中華書局，1974年，第790頁。

〔註50〕（宋）李昉等撰《文苑英華》卷六九九《文思博要序》，北京：中華書局，1966年，第3606～3607頁。

博要》的編纂是在唐太宗的敕令關懷之下進行的，再者，就是介紹唐初的文獻典籍整理工作，可以與歷代王朝相提並論，其實，文獻典籍的整理是類書編纂的基礎，沒有大量的文獻，是難以保證類書編纂的資料需求的。

《文苑英華》卷六百九十九《文思博要序》載：

> 帝聽朝之暇，屬意斯文，精義窮神，微言探賾。紆樓船於學海，獲十城之珍，駐羽蓋於翰林，寧三珠之寶。以爲觀書貴要，則十家並馳，觀要貴博，則《七略》殊致，自非總質文而分其流，混古今而共其轍，則萬物雖眾，可以同類，千里雖遙，可以同聲。然則魏之《皇覽》，登巨川之濫觴，梁之《遍略》，標崇山之增構，歲月滋多，論次愈廣，《類苑》《耕錄》，齊玉軟而並馳，《要略》《御覽》，揚金鑣而繼路，雖草創之旨，義在兼包，而編錄之內，猶多遺闕，並未能絕雲而負蒼天，杜蔚羅之用，激水而縱溟海，息鈞餌之心。〔註51〕

通過以上記載，我們可以知道，類書在初唐時期已經找到了自己的族群，找到了歸屬，在追溯前代類書的時候，開頭就是《皇覽》，而後是《華林遍略》，再就是《類苑》《修文殿御覽》，而由於以上諸書的不能夠「兼包」，甚至是「猶多遺闕」，故在唐太宗的領導之下初唐群臣高士廉等人要重新編纂一部「述作之義坦然，筆削之規大備」的《文思博要》。

《文苑英華》卷六百九十九《文思博要序》載：

> 帝乃親縈聖情，曲留玄覽，垂權衡以正其失，定準繩以矯其違，頓天綱於蓬萊，綱目自舉，馳雲車於策府，轍跡可尋，述作之義坦然，筆削之規大備。〔註52〕

此處之記載還是在說，唐太宗親自參與到了《文思博要》的體例編定之中，並且經過唐太宗君臣之努力，《文思博要》達到了綱目自舉、轍跡可尋的效果。由此可見，王朝的最高統治者唐太宗對此《文思博要》的編纂是很重視的，並且，由於唐太宗的名義上的參與，此《文思博要》編纂的性質發生了變化，即此《文思博要》的編纂不再是某個人事業，而成了代表王朝文治的集體工程。

〔註51〕（宋）李昉等撰《文苑英華》卷六九九《文思博要序》，北京：中華書局，1966年，第3607頁。

〔註52〕（宋）李昉等撰《文苑英華》卷六九九《文思博要序》，北京：中華書局，1966年，第3607頁。

《文苑英華》卷六百九十九《文思博要序》載：

> 籠緗素則一字必包，舉殘缺則片言靡棄，繁而有檢，簡而不失，
> 同茲萬頃，塍埒自分，譬彼百川，派流無壅，討論歷載，琢磨云畢，
> 勒成一家，名《文思博要》，凡一百二十帙，一千二百卷，並目錄一
> 十二卷。〔註53〕

對於《文思博要》的編纂原則，如《文思博要序》所言，一字必包，片言靡棄，繁而有檢，簡而不失，並且是討論歷載，琢磨云畢，才最終勒成一家，編纂出一部《文思博要》。通過「名《文思博要》，一百二十帙，一千二百卷，並目錄一十二卷」這個記載，我們可以發現，類書編纂同時開始附帶單獨的目錄，這就極大方便了讀者的檢索使用。

《文苑英華》卷六百九十九《文思博要序》載：

> 義出六經，事兼百氏，究帝王之則，極聖賢之訓，天地之道備
> 矣，人神之際在焉，昭昭若日月代明於下土，離離若星辰錯行於躔
> 次。斯固墳素之苑囿，文章之江海也，是爲國者尚其道德，爲家者
> 尚其變通，緯文者尚其溥諒。足以仰觀千古，同羲文之爻象，俯觀
> 百王，軼姬孔之禮樂，豈止刻石漢京，懸金秦市，比丘明之作傳，
> 侔子長之著書而已哉！〔註54〕

由於散佚，對於《文思博要》的內容，我們不得而知，但是通過此義出六經，事兼百氏，可見其採書範圍是經史子集無所不包，並且此時的類書編纂者已經認識到類書的巨大價值，所謂「爲國者尚其道德，爲家者尚其變通，緯文者尚其溥諒」是也。更爲重要的是，此時的類書編纂者對於《文思博要》的期許很高，或者說是自視甚高，因爲他們把《文思博要》與《左傳》《史記》相提並論，後世學者，多言類書之品格不高，因爲後世學者能見到的書籍增多了，覺得類書不過如此，而在中古時期，書籍是極其珍貴的，而編纂一部大型類書就是很有價值與貢獻的，大型類書的編纂就如同是對一個時代的典籍做整理，並不是後世人眼中的剪刀加漿糊，類書此時的名字不是類書，而是文獻大成，而編纂一部代表時代的文獻大成之功勞足以名垂千古，和《左傳》《史記》相提並論亦不爲過。

〔註53〕（宋）李昉等撰《文苑英華》卷六九九《文思博要序》，北京：中華書局，1966年，第3607頁。
〔註54〕（宋）李昉等撰《文苑英華》卷六九九《文思博要序》，北京：中華書局，1966年，第3607頁。

（四）《文思博要》的流傳

　　《文思博要》的編撰不僅本身具有重要意義，而且對其之後其他類書的編撰也有了很大的影響，其後的許多類書如《三教珠英》《太平御覽》等都以《文思博要》爲參考，尤其是《三教珠英》，他就是在《文思博要》的基礎之上增加了三教、親屬、姓名、方域等內容而成。《舊唐書》卷七八《張行成傳附張易之張昌宗傳》載：「以昌宗醜聲聞于外，欲以美事掩其跡，乃詔昌宗撰《三教珠英》於內。乃引文學之士李嶠、閻朝隱，徐彥伯、張說、宋之問、崔湜、富嘉謨等二十六人，分門撰集。成一千三百卷，上之。加昌宗司僕卿，封鄴國公，易之爲麟臺監，封恆國公，各實封三百戶。」〔註55〕《新唐書》卷一百四《張行成傳附張易之張昌宗傳》：載「後知醜聲甚，思有以掩覆之，乃詔昌宗即禁中論著，引李嶠、張說、宋之問、富嘉謨、徐彥伯等二十有六人撰《三教珠英》。加昌宗司僕卿、易之爲麟臺監，權勢震赫。」〔註56〕《唐會要》卷三十六《修撰》載：「大足元年，十一月十二日，麟臺監張昌宗撰《三教珠英》一千三百卷成，上之。初聖曆中以上《御覽》及《文思博要》等書聚事多未周備，遂令張昌宗召李嶠、閻朝隱、徐彥伯、薛曜、李尙隱、魏知古、於季子、王無競、沈佺期、王適、徐堅、尹元凱、張說、馬吉甫、元希聲、李處正、高備、劉知幾、房元陽、宋之問、崔湜、常元旦、楊齊哲、富嘉薈、蔣鳳等二十六人同撰，於舊書外更加佛道二教及親屬、姓名、方域等部。」〔註57〕桂羅敏《〈三教珠英〉考辨》言：「《三教珠英》的編纂，實際是以《文思博要》爲藍本，據此加以增損刪改，著重添加了佛教、道教的內容，與原來的儒家，合成三教鼎立的格局。此外，又增加了「親屬」、「姓氏」、「方域」等部，形成了自身的特色。」〔註58〕王蘭蘭《〈三教珠英〉考補與發微》言：「從卷數看《三教珠英》一千三百卷，僅比底本《文思博要》多一百卷，應未做大的改動，主要增補了一些佛道教等方面的內容。從某種程度上說，編修於武周時期的《三教珠英》其實反映了武則天對李唐文化乃至政權的繼承與發展。」〔註59〕

〔註55〕《舊唐書》卷七八《張行成傳附張易之張昌宗傳》，北京：中華書局，1975年，第2707頁。

〔註56〕《新唐書》卷一百四《張行成傳附張易之張昌宗傳》，北京：中華書局，1975年，第4014～4015頁。

〔註57〕（宋）王溥《唐會要》卷三十六《修撰》，北京：中華書局，1955年，第657頁。

〔註58〕桂羅敏《〈三教珠英〉考辨》，《圖書館雜誌》2008年第6期，第75～78頁。

〔註59〕王蘭蘭《〈三教珠英〉考補與發微》，杜文玉主編《唐史論叢》2013年第2期，

　　《三教珠英》後來也散佚殆盡了，我們其實也很難知道他的真實情況，目前我們所關注的是《文思博要》，我們要問，《三教珠英》是否取代了《文思博要》，還是兩者各自流傳。通過目前的材料看，中唐時期，《文思博要》已經散佚的只剩下一卷了。《玉海》卷五四載：「唐《文思博要》……大中十年，秘書監楊漢公奏，排比亂書，得此書第一百七十二一卷墨蹟。今藏於皇朝秘閣，乾道七年，錄副本藏之集庫。」〔註60〕大中十年（856）秘書監楊漢公奏，排比亂書，得《文思博要》第一百七十二一卷，由此可見大中年間，一千二百卷的《文思博要》僅僅存有一卷了。南宋孝宗乾道七年（1171）錄副本藏之集庫，可見此一卷《文思博要》流傳到了南宋，並且作為書法作品被珍藏起來。

　　《珊瑚網》卷二十二《法書題跋》載：「《鮮于伯機樞所藏》……《文思博要·帝王》一部，唐類書也，所引《薊子》《慎子》《尸子》《敏》，皆古書也。天寶十年十二月楷書，臣胡山甫書，字極遒麗，至唐大中年間方自館中雜書揀出，是時止存一卷，後有史館山甫印，用麻紙列館中典掌之人及三校姓名，滿卷皆紹聖間人題跋，其後如張元長、周美成、晁說之、薛紹彭及諸人在內。按《文思博要》一千三百卷，太宗貞觀年間詔左僕射高士廉、特進魏徵等十四人取歷代載籍，摭其精義，至十年書成。」〔註61〕《珊瑚網》的記載更為詳細，其記載的內容與上文《玉海》所載應該為同一件事情，即大中年間找到的一卷《文思博要》是其《帝王部》之一卷，此卷為天寶十載（751）胡山甫書字，可見天寶年間對《文思博要》做過一次抄錄，而到了北宋哲宗紹聖年間（1094～1098），張元長、周美成、晁說之、薛紹彭諸人在其上有題跋。再者，上文說此一卷《文思博要》為鮮于伯機樞所藏，鮮于伯機是元代著名書法家。《新元史》卷二百三十七《文苑傳·鮮于樞傳》載：「鮮于樞，字伯機，號困學山民，大都人。官至太常典簿。學書於張天錫。偶適野，見二人輓車行泥淖中，遂悟書法。酒酣，吟詩作字，奇態橫生，與趙孟俯齊名，終元世，學者不出此兩家。或言孟俯

　　　　總第 17 輯，西安：陝西師範大學出版總社，2014 年，第 107～123 頁。
〔註60〕（宋）王應麟撰《玉海》卷五十四《藝文》，揚州：廣陵書社，2003 年，第
　　　　1028 頁；（宋）王應麟撰，武秀成、趙庶洋校證《玉海藝文校證》卷二十《承
　　　　詔撰述·類書》，南京：鳳凰出版社，2013 年，第 962 頁。
〔註61〕（明）汪砢玉撰《珊瑚網》卷二十二，《文淵閣四庫全書》，第 818 冊，上海：
　　　　上海古籍出版社，2003 年，第 367～368 頁。

妒其書，重價購而毀之。故傳世不多云。」〔註62〕既然此一卷《文思博要》爲鮮于樞所藏，看來《文思博要》必然是流傳到了元代。

《御定佩文齋書畫譜》卷二十七《胡山甫》載：「胡山甫。明皇時人。《文思博要》，唐類書也，天寶十載十二月楷書，臣胡山甫書，字極遒麗，至唐大中年間方自館中雜書撿出，是時止存一卷，後有史館山甫印。《珊瑚網》。」〔註63〕《御定佩文齋書畫譜》此處之記載來源於《珊瑚網》。《御定佩文齋書畫譜》卷九十三《鮮于伯機樞所藏》載：「《文思博要·帝王》一部，唐類書也，天寶十年十二月楷書，臣胡山甫書，字極遒麗，卷後有史館山甫印，用麻紙列館中典掌之人及三校姓名，贉卷皆紹聖間人題跋，其後如張元長、周美成、晁說之、薛紹彭及諸人，在內有歷下周子然不知何許人也。」〔註64〕此處《御定佩文齋書畫譜》爲我們提供了宋朝紹聖年間對《文思博要》進行過題跋的另外一個不爲其他典籍所記載的人，即歷下周子然。

《式古堂書畫匯考》卷四《鮮于伯機樞所藏》載：「《文思博要·帝王》一部。唐類書也，所引《薊子》《慎子》《尸子》《敏》，皆古書也。天寶十年十二月楷書，臣胡山甫書，字極遒麗，至唐大中年間方自館中雜書撿出，是時止存一卷，後有史館山甫印，用麻紙列館中典掌之人及三校姓名，贉卷皆紹聖間人題跋，其後如張元長、周美成、晁說之、薛紹彭及諸人在內。按《文思博要》一千三百卷，太宗貞觀年間詔左僕射高士廉、特進魏徵等十四人，取歷代載籍，摭其精義，至十年書成。」〔註65〕此處與上文《珊瑚網》中對於《文思博要》的成書做了介紹，但是，「一千三百卷」「至十年書成」很顯然是錯誤的，「至十年書成」可以理解爲至貞觀十年成書，據上文考證很顯然是錯誤的，而如果理解爲用了十年時間然後書成，也是錯誤的。

《文思博要》的佚文我們僅僅找到了一則。《方輿勝覽》卷七載：

> 江郎廟。在江山南五十里。《文思博要》云：「有江姓三昆弟，

〔註62〕《新元史》卷二百三十七《文苑傳·鮮于樞傳》，北京：開明書店，1935年，第453頁。

〔註63〕（清）孫岳頒等撰《御定佩文齋書畫譜》卷二十七，《文淵閣四庫全書》，第820冊，上海：上海古籍出版社，2003年，第193頁。

〔註64〕（清）孫岳頒等撰《御定佩文齋書畫譜》卷九十三，《文淵閣四庫全書》，第823冊，上海：上海古籍出版社，2003年，第185頁。

〔註65〕（清）卞永譽撰《式古堂書畫匯考》卷四，《文淵閣四庫全書》，第827冊，上海：上海古籍出版社，2003年，第160頁。

登其顛化爲三石峰，因名焉。湛滿者，亦居山下，其子仕路遭永嘉之亂，不得歸，滿使祝宗言於三石之靈，能致其子，靡愛斯牲，旬日中，湛子出洛水邊，見三少年，使閉眼入車欄中，但聞去如疾風，俄頃間從空墮，良久乃覺，是家中後園也。」〔註66〕

尹植《文樞秘要》是唐人摘抄《文思博要》《藝文類聚》而成的一部新典籍，也已經失傳，但是，諸目錄記載了他的目錄，即《文樞秘要目》。《新唐書》卷五十八《藝文二》載：「尹植《文樞秘要目》七卷。鈔《文思博要》《藝文類聚》爲《秘要》。」〔註67〕《宋史》卷二百四《藝文三》載：「田鎬、尹植《文樞密要目》七卷。」〔註68〕可見，《文樞秘要》還被稱爲《文樞密要》，此書當是中唐學者抄撮《文思博要》的精簡本。《宋史》卷二百四《藝文三・校勘記》言：「一〇：田鎬尹植《文樞密要目》。按尹植唐人，田鎬宋人。《新唐書》卷五八《藝文志》《通志》卷六六《藝文略》《玉海》卷五二都作『尹植《文樞秘要目》』。」〔註69〕此處《校勘記》說「田鎬宋人」，不準確，中唐時期亦有名「田鎬」者。《新唐書》卷一百六十二《顧少連傳》載：「顧少連字夷仲，蘇州吳人。舉進士，尤爲禮部侍郎薛邕所器，擢上第，以拔萃補登封主簿……德宗幸奉天，徒步詣謁，授水部員外郎、翰林學士……歷吏部侍郎。裴延齡方橫，無敢忤者。嘗與少連會田鎬第，酒酣，少連挺笏曰：『段秀實笏擊賊臣，今吾笏將擊姦臣！』奮且前，元友直在坐，歡解之。」〔註70〕通過上文記載，我們認爲中唐時期，尹植、田鎬等人曾對《文思博要》《藝文類聚》做過一次節抄，出了一個精簡本，即《文樞秘要》。王重民先生《中國目錄學史論叢》言：「尹植的《文樞秘要》七卷，是爲檢閱《文思博要》《藝文類聚》用的。」〔註71〕此處王先生漏了一個「目」字，應爲《文樞秘要目》七卷，而《文樞秘要》應該卷帙更大，是《文思博要》的精簡本，不應是檢閱用的。

李朝傑《貞觀時期文學研究》言：「該書（《文思博要》，筆者注）今已佚，

〔註66〕（宋）祝穆撰，（宋）祝洙增訂，施和金點校《方輿勝覽》卷七，北京：中華書局，2003年，第127頁。
〔註67〕《新唐書》卷五十八《藝文二》，北京：中華書局，1975年，第1498頁。
〔註68〕《宋史》卷二百四《藝文三》，北京：中華書局，1977年，第5146頁。
〔註69〕《宋史》卷二百四《藝文三》，北京：中華書局，1977年，第5168～5169頁。
〔註70〕《新唐書》卷一百六十二《顧少連傳》，北京：中華書局，1975年，第4994～4995頁。
〔註71〕王重民《中國目錄學史論叢》，北京：中華書局，1984年，第124～125頁。

僅第一七二卷寫本存於敦煌遺書。」〔註72〕陳淑婭《〈陸機集〉與陸機文學文獻研究》言：「《敦煌唐寫本》存《文思博要》一百七十二一卷。」〔註73〕上述二位先生在博士論文中對唐初的官修類書《文思博要》亦做過簡單介紹，並且二位說敦煌遺書中有此《文思博要》一卷，但是，不知二位所據爲何？待考。

（五）結　語

　　魏晉以來，歷代王朝都曾編纂過類書，而唐初尤爲盛況空前，《文思博要》就是這其中最重要的一部，其編纂者有高士廉、房玄齡、魏徵、楊師道、岑文本、顏相時、朱子奢、劉伯莊、馬嘉運、許敬宗、崔行功、呂才、李淳風、褚遂良、姚思廉、司馬宅相、宋正眃、高玄景等人，如此多優秀的文人學士參與其中，是《文思博要》編纂質量有保障的保障。《文思博要》的編纂開始時間在貞觀十三年十一月之後，很有可能是貞觀十五年，編纂完成時間《舊唐書》《唐會要》《冊府元龜》記載爲貞觀十五年，而根據考察我們認爲應該在貞觀十六年七月前。《文思博要》的內容「義出六經，事兼百氏」，且「一字必包，片言靡棄，繁而有檢，簡而不失」，故「爲國者尚其道德，爲家者尚其變通，緯文者尚其溥諒」。《文思博要》無疑是唐太宗的文治表現，有可能是在其欲封禪泰山的歷史背景下完成的，通過僅存的「帝王」一部，可想見其編纂體例。《文思博要》在流傳中究竟是被其《三教珠英》取代了，還是單獨有流傳，還有待繼續考察，目前我們所知道的，後世記載較多的是《文思博要·帝王》一卷，即其一七二卷，此卷是天寶年間胡山甫楷書，大中年間被楊漢公重新發現，北宋哲宗紹聖年間被晁說之等人做過題跋，南宋孝宗乾道七年被藏之集庫，再後來被元代書法家鮮于樞所藏的遺珍。《文思博要》對其之後的類書編纂產生了很大的影響，《三教珠英》《太平御覽》等書都是以《文思博要》爲參考進行編纂的，並且從《文思博要》開始，類書的編纂開始出現了隨書目錄，即在編書的同時編纂目錄，極大方便了讀者的使用。《文思博要》的編纂對當時的文學也產生了影響，包括《文思博要》在內的初唐時期編纂的類書推動了初唐時期唐詩詩風的宮廷化傾向，並且促使唐詩走向繁榮。

〔註72〕李朝傑《貞觀時期文學研究》，河北大學博士學位論文，2010 年，第 62 頁。
〔註73〕陳淑婭《〈陸機集〉與陸機文學文獻研究》，鄭州大學博士學位論文，2015 年，第 36 頁。

二、《東殿新書》編纂研究

　　《東殿新書》是一部已經失傳的唐代官修類書，但是，他又具有雜史的性質，這可通過《舊唐書》《新唐書》對他的記載得到清晰的認知，而對於此書的研究，學術界目前還沒有大的進展，主要原因是資料的缺乏，下面我們主要依據散見諸書之零星記載進行一個簡單的考察。

（一）《東殿新書》的編纂時間

　　《舊唐書》卷四十六《經籍上》史部「雜史」載：「《東殿新書》二百卷。高宗大帝撰。」〔註1〕《新唐書》卷五十九《藝文三》子部「類書類」載：「《東殿新書》二百卷。許敬宗、李義府奉詔於武德內殿修撰。其書自《史記》至《晉書》，刪其繁辭。龍朔元年上，高宗製序。」〔註2〕《通志二十略・藝文略第七》子部「類書類」亦載：「《東殿新書》二百卷。」〔註3〕諸家書目對於《東殿新書》的記載僅有這些內容，但是，通過這些記載我們其實還是知道了不少信息，比如《東殿新書》的卷帙、編纂者、完成時間、基本內容等，但是，對於《東殿新書》的編纂完成時間，《舊唐書》《唐會要》還有不同的記載。

　　《舊唐書》卷四《高宗上》載：「（顯慶元年）五月己卯，太尉長孫無忌進史官所撰梁、陳、周、齊、隋《五代史志》三十卷。弘文館學士許敬宗進所撰《東殿新書》二百卷，上自製序。」〔註4〕《唐會要》卷三十六《修撰》

〔註1〕　《舊唐書》卷四十六《經籍上》，北京：中華書局，1975年，第1994頁。
〔註2〕　《新唐書》卷五十九《藝文三》，北京：中華書局，1975年，第1563頁。
〔註3〕　（宋）鄭樵撰，王樹民點校《通志二十略・藝文略第七》，北京：中華書局，1995年，第1732頁。
〔註4〕　《舊唐書》卷四《高宗上》，北京：中華書局，1975年，第75～76頁。

載：「顯慶元年十月，詔禮部尙書宏文館學士許敬宗等，修《東殿新書》。上曰：略看數卷，全不如抄撮文書，又日月復淺，豈不是卿等用意至此。因親製序四百八十字。」〔註5〕對於《東殿新書》的編纂完成時間，上文《新唐書》卷五十九《藝文三》的記載明確說，《東殿新書》編纂完成於龍朔元年（661）；而《舊唐書》卷四《高宗上》《唐會要》卷三十六《修撰》則繫於顯慶元年（656），而細讀其內容，關於顯慶元年的記載亦是兩種說法，第一種是顯慶元年五月《東殿新書》奏上，第二種是顯慶元年十月，詔修《東殿新書》。

很顯然，上述三種記載之間的差距較大，故多有學者將此三條記載糅合起來，論述《東殿新書》之編纂時間，即將顯慶元年（656）定爲《東殿新書》的開始編纂時間，將龍朔元年（661）定爲《東殿新書》的編纂完成時間。馮敏《唐代前期學術文化研究》即言：「《東殿新書》二百卷，許敬宗、李義府等於顯慶元年奉詔編纂。其書『自《史記》至《晉書》，刪其繁辭』，至於龍朔元年編成。不過《唐會要》稱，高宗曾評價：『略看數卷，全不如抄撮文書，又日月復淺，豈不是卿等用意至此。』顯然其編纂質量是有問題的。」〔註6〕很顯然，馮敏先生這個解釋是有問題的，她僅僅是調和了上述三種記載，其實未做考辨。

要考察《東殿新書》的編纂完成時間，我們就需要認眞的考察唐高宗對《東殿新書》的評價，即「略看數卷，全不如抄撮文書，又日月復淺，豈不是卿等用意至此」一句，但是，細讀這些話語，卻似通未通，甚至可以讀出兩種意思來，第一種是批評的意思，第二種則是贊許的意思。前兩句明顯是批評的意思，即略看數卷，甚至不如抄撮文書；後兩句則又有了贊許的意思，由於日月復淺，若不是卿等用意至此，恐怕此書難以編纂的出來，故唐高宗親自給《東殿新書》做了序。總之這句話是有歧義的，或許是文本本身在流傳中出現了舛訛。我們繼續看此句話中的關鍵詞「日月復淺」，如果《東殿新書》果然從顯慶元年（656）編纂到了龍朔元年（661），何來「日月復淺」之說？一千二百卷的《文思博要》的編纂時間總共才只有一年左右或者稍多的時間，何況刪節諸史而來的僅二百卷的《東殿新書》，可見從道理上來看，《東殿新書》的編纂時間不可能達到五年之久。

遍觀唐高宗時期的典籍編纂活動，對於《東殿新書》的編纂完成時間，

〔註5〕 （宋）王溥《唐會要》卷三十六《修撰》，北京：中華書局，1955年，第656頁。
〔註6〕 馮敏《唐代前期學術文化研究》，陝西師範大學博士學位論文，2014年，第63頁。

我們更傾向於《舊唐書》的記載，即《東殿新書》成書於顯慶元年（656）五月，因爲《高宗本紀》明確的記載了這個事情，且有《五代史志》作陪。張峰《〈五代史志〉與典制體通史的纂修》言：「貞觀十五年（641），唐太宗鑒於梁、陳、北齊、北周、隋五代史之紀傳部分已經撰成而缺少史志，遂下詔撰修《五代史志》。永徽元年（650），高宗又命令狐德棻監修，至顯慶元年（656）成書，由長孫無忌奏上。《五代史志》前後修撰歷時 15 年，參與修志的于志寧、李淳風、韋安仁、李延壽、敬播、令狐德棻等史官，皆一時之選，各具史才，因而發揮了各家所長，提高了史志的修纂質量。」〔註7〕

另外，《新唐書》卷五十九《藝文三》對於《東殿新書》成書於龍朔元年的記載很顯然是有問題，龍朔元年是另一部類書《累璧》的編纂完成之年，顯慶二、三年是《文館詞林》的編纂時間，再加之其他典籍的編纂工作，此《東殿新書》在顯慶年間根本沒有獨立的編纂時間。而《唐會要》的記載亦有問題，其既言「顯慶元年十月，詔禮部尚書弘文館學士許敬宗等，修《東殿新書》」，很顯然的意思是顯慶元年十月下令開始修《東殿新書》，但是，後文又說「略看數卷，全不如抄撮文書，又日月復淺，豈不是卿等用意至此。因親製序四百八十字」，此處明顯是對修完之書的評價，前文既然是剛開始修，後文爲何還可以略看數卷，並且唐高宗還要親自製序，前後文有明顯的矛盾，並且邏輯亦不清。故我們認爲《舊唐書》對於《東殿新書》的編纂完成時間的記載最爲靠譜，顯慶元年（656）五月即是《東殿新書》的奏上時間，而其開始編纂時間，由於史料的缺乏，我們暫時不得而知，我們推測，《東殿新書》的開始編纂時間在此前不久，因爲「日月復淺」。

（二）《東殿新書》的內容與性質

歐陽修等人是最早提出「類書」概念的人，其曾參與編纂的《崇文總目》中就出現了「類書類」子目。「《崇文總目》十二卷……因詔翰林學士王堯臣、史館檢討王洙、館閣校勘歐陽修等校正條目，討論撰次，定著三萬六百六十九卷，分類編目，總成六十六卷，於慶曆元年十二月己丑上之，賜名曰《崇文總目》。」〔註8〕「類書類（以下原卷三十）。謹按此類以下《歐陽修集》無

〔註7〕張峰《〈五代史志〉與典制體通史的纂修》，《人文雜誌》2012 年第 1 期，第144～149 頁。
〔註8〕（清）永瑢等撰《四庫全書總目》卷八五《目錄類一》，北京：中華書局，1965年，第 728 頁。

敘釋。類書上，共四十六部，計一千六百五十卷。類書下，共五十一部，計八百六十五卷（以下原卷三十一）。」〔註9〕由上可知，《崇文總目》的部類之中確實已經出現了「類書類」，《崇文總目》應該是目前我們所知道的古今著作中最早出現「類書」稱謂與「類書類」子目的著作，但是，非常可惜的是，《崇文總目》中歐陽修對類書的「敘釋」卻在流傳中佚失了，所謂「謹按此類以下《歐陽修集》無敘釋」，我們也就無法知道歐陽修在創造「類書」這個名詞、子目時的最初含義。

我們之所以遺憾「類書類」之「敘釋」的丟失，是因為我們想解決歐陽修為何要把《東殿新書》置於子部「類書類」的問題，因為《舊唐書》中明明是將其作為「雜史」置於史部的。與《東殿新書》處於「雜史」相鄰的典籍是《三史要略》《正史削繁》《史記要傳》等。《舊唐書》卷四十六《經籍上》史部「雜史」載：「《三史要略》三十卷。張溫撰。《正史削繁》十四卷。阮孝緒撰。《東殿新書》二百卷。高宗大帝撰。《史記要傳》十卷。衛颯撰。《古史考》二十五卷。譙周撰。《史記正傳》九卷。張瑩撰。《史要》三十八卷。王延秀撰。」〔註10〕「右雜史一百二部，凡二千五百五十九卷。」〔註11〕可見，《舊唐書》編纂之時，諸學者認為《東殿新書》是一部史部「雜史」類著作，而《新唐書》編纂之時，歐陽修等人卻將之置於了子部「類書類」。

類書與史部書之間的淵源關係，〔註12〕我們曾專門討論過，這裡應該還

〔註9〕（宋）王堯臣、王洙、歐陽修撰《崇文總目》卷六《類書類》，《文淵閣四庫全書》，第674冊，上海：上海古籍出版社，2003年，第72～74頁。《叢書集成初編》本《崇文總目》載：「類書上，共四十六部，計四千六百五十卷。伺按：玉海引崇文總目類書，數與此同，云始於太平御覽，舊本四千訛作一千，今校改，核計實四十四部四千三百一十卷。」（第22冊，北京：中華書局，1985年，第174頁）

〔註10〕《舊唐書》卷四十六《經籍上》，北京：中華書局，1975年，第1994頁。

〔註11〕《舊唐書》卷四十六《經籍上》，北京：中華書局，1975年，第1996頁。

〔註12〕劉全波《論類書與史部書的關係》，中國人民大學歷史學院歷史文獻學教研室編《典籍‧社會與文化國際學術研討會暨中國歷史文獻研究會第34屆年會論文選集》，上海：華東師範大學出版社，2015年，第34～45頁。魏晉南北朝時期，類書多是以類事類書的編纂為主，類事類書編纂的主要材料來源無疑是史實、典故，大量史實、典故經過以類相從的排列組合之後就形成了一部部新的著作，後世學者往往可以見到這些典籍的兩種性質，一種是以類相從的類書性質，另一種無疑就是豐富史料整理的史書性質，這種現象的出現是類書編纂方法與史料整理相結合的一種產物，是特定時代的特殊現象，我們不能忽略其中的任何一種性質，並且我們透過這種現象還可以發現早期類書

是如此一個問題，但是，在南北朝時期出現這個問題，情有可原，而到了宋代，歐陽修的時代，爲何又出現了這樣的問題呢？難道歐陽修見過此《東殿新書》，讀過此《東殿新書》，故其在對《東殿新書》之性質十分瞭解的情況下，將之歸入了「類書類」。但是，我們認爲此《東殿新書》之流傳恐怕不廣，其中一個原因即是《日本國見在書目錄》未見收錄此書，當然，這個證據不充分，但是，唐初眾多典籍都有幸流傳到了日本，並被記載下來，爲何如此赫赫有名的高宗做序甚至署名高宗大帝撰的《東殿新書》卻就被遺忘了、遺漏了。〔註13〕

通過《唐會要》的記載，我們其實還是部分清楚了《東殿新書》之被歸入「類書類」的原因，即如唐高宗所言，「略看數卷，全不如抄撮文書」，看來此《東殿新書》是一部編纂時間短，且編纂質量不精的書抄，正如我們一直所言，書抄是類書的早期形式，類書是書抄專門化發展的結果，此種種原因，必然導致歐陽修將之歸入了「類書類」。再通過《新唐書》卷五十九《藝文三》所載，即「其書自《史記》至《晉書》，刪其繁辭」，亦可知此書的部分內容，即此《東殿新書》就是對歷代正史的刪節歸併。前文我們已經說過，唐高宗的話語既含有批評又含有贊許的意味，但是，唐高宗爲何又給《東殿新書》做序四百八十字呢？甚至還署上了自己的大名，這又是何故？我們猜

的發展有借殼史書的現象，或者早期類書的存在形式就是歷史資料彙集，這種借殼現象無論是有意的還是無意的，都說明早期類事類書與史部書之間的親密關係。當然，類書與史書二者之間的區別也是很明顯的，史書是著作，是史家在收集到眾多史料之後，進行加工，重新撰寫出來的生動鮮活的著作；而類書是資料彙編，就算是運用不同的編纂體例，類書仍然是述而不作，仍然是對資料的整理加工、排列組合。隨著時代的發展，類書與史書的差別越來越大，並且六朝時期是中國史學急速發展的時代，史學的自覺意識得到充分的發展，主要表現在史籍數量的增多，史書體裁的豐富，史官制度的完善，史家隊伍的壯大，史學思想的成熟。迅猛發展起來的史學再也不需要拉人入夥，這就必然導致《皇覽》等類書被排擠出「史部」。與此同時，類書也獲得了較大的發展，類書的編纂模式亦多樣化，類事類書之外的類語類書、類句類書、類文類書隨著南北朝文學的勃興迅猛發展起來，如果類書的發展還是向著類事類書的方向發展，那麼類事類書必然不會被「史部」所排擠，類事類書的近親史鈔就是例子。類書與史部書之間的分裂是各自獨立發展的必然結果，但是他們之間的聯繫無疑是難以割斷的，各個時代不時出現的既具有類書性質，又具有史書性質的典籍就是例子，如《東殿新書》，《舊唐書》將之放入「史部」雜史類，《新唐書》卻將之列入「子部」類書類，正是這種情況的體現。

〔註13〕孫猛《日本國見在書目錄詳考》，上海：上海古籍出版社，2015年。

想這應該是唐高宗對許敬宗等人的贊許與抬愛，或者，更應該是唐高宗自己對自己政治抱負的贊許與默認，其父祖多敕令編纂各類典籍，年輕的皇帝唐高宗必然也是要急於表現自己的文治的，與其說是對許敬宗等人的贊許與抬愛，不如說是唐高宗自己對自己的鼓勵，因爲這是唐高宗時代編纂的屬於唐高宗的典籍。

唐高宗在我們的印象中，總是生活在唐太宗與武則天的陰影之下，其實，唐高宗時代還是一個很積極上進的時代，還是一個鬥志昂揚的時代，唐高宗本人亦是躊躇滿志，甚至是志在必得，這在典籍編纂尤其是類書的編纂方面表現尤爲明顯，雖然唐高宗時代編纂的類書，卷帙上沒有超越唐太宗時代的《文思博要》，以及武則天時代的《三教珠英》，甚至沒有重要的跨時代的類書傑作出現，但是，在整個唐高宗時代，仍然是不斷的花樣百出的編纂了眾多的各式類書典籍，《東殿新書》就是其中一部，且是編纂時間比較早的一部，雖然，他的整體質量不佳，殆同抄撮，編纂時間亦短，甚至流傳也不廣，但他逐漸開啓了唐高宗時代類書編纂的新潮流，他之後是一個類書編纂的高潮湧現期。

《冊府元龜》卷六百七《學校部十一·撰集》載：「許敬宗爲弘文館學士。永徽中，與李義府等奉勅於內殿撰《東殿新書》二百卷，高宗自製序。其書自《史記》至《晉書》，刪其繁詞，勒成，藏之書府。」〔註14〕《冊府元龜》的記載補充了一點，即此書雖然編纂質量不高，但是仍然在高宗做序之後，署上了高宗大帝之名，被藏之書府，或許此書有幸流傳到了宋初，被歐陽修等人見到，歐陽修等人細細辨別之後，將之從史部「雜史」歸入子部「類書類」。

（三）《東殿新書》的編纂者

許敬宗是唐初編纂典籍的高手，多部典籍均由其主導。《舊唐書》卷八十六《許敬宗傳》載：「然自貞觀已來，朝廷所修《五代史》及《晉書》《東殿新書》《西域圖志》《文思博要》《文館詞林》《累璧》《瑤山玉彩》《姓氏錄》《新禮》，皆總知其事，前後賞賚，不可勝紀。」〔註15〕《新唐書》卷二百二十三

〔註14〕（宋）王欽若等編纂，周勳初等校訂《冊府元龜》卷六百七《學校部十一·撰集》，南京：鳳凰出版社，2006年，第7000頁。
〔註15〕《舊唐書》卷八十二《許敬宗傳》，北京：中華書局，1975年，第2764頁。

上《姦臣上‧許敬宗傳》載：「然自貞觀後，論次諸書，自晉盡隋，及《東殿新書》《西域圖志》《姓氏錄》《新禮》等數十種皆敬宗總知之，賞賚不勝紀。」〔註16〕我們猜想，雖然許敬宗在貞觀時期參與了《文思博要》的編纂，但是，他此時期對於類書編纂體例的認識，或者經驗教訓皆是不足的，故在其早期主持編纂的類書中，尤其是此部《東殿新書》中，編纂方法、編纂體例皆表現出了不成熟、不理想，這也是《東殿新書》成爲抄撮之書的原因，而此後的許敬宗慢慢積累了較多的經驗教訓，慢慢提升了唐高宗時代類書編纂的水平。

對於《東殿新書》的其他編纂者，首先是李義府，前文《新唐書》卷五十九《藝文三》載：「《東殿新書》二百卷。許敬宗、李義府奉詔於武德內殿修撰。」可見李義府是第二編纂者，李義府此人名聲不好，但是，歐陽修《新唐書》仍然將之列爲許敬宗之後的第二編纂者，可見其在編纂《東殿新書》之中還是起了較爲大的作用。《舊唐書》卷八十二《李義府傳》載：「李義府，瀛州饒陽人也。其祖爲梓州射洪縣丞，因家於永泰。貞觀八年，劍南道巡察大使李大亮以義府善屬文，表薦之。對策擢第，補門下省典儀。黃門侍郎劉洎、持書御史馬周皆稱薦之，尋除監察御史。又敕義府以本官兼侍晉王。及升春宮，除太子舍人，加崇賢館直學士，與太子司議郎來濟俱以文翰見知，時稱來、李。」〔註17〕「又令預撰《晉書》。」高宗嗣位，遷中書舍人。永徽二年，兼修國史，加弘文館學士。」「顯慶元年，以本官兼太子右庶子，進爵爲侯……尋兼太子左庶子。」〔註18〕由《李義府傳》可知，李義府在顯慶元年及稍前，一直是兼修國史，這應該是其被作爲《東殿新書》之第二編纂者的主要原因。再者，李義府是唐高宗的舊人，其曾經一度在太子府擔任官職，可見唐高宗打算讓自己的老班底有所作爲，爲其實現文治貢獻力量，後文所說之薛元超，亦是唐高宗太子府的舊人，可見其中奧妙。總之，許敬宗、李義府二人同時主持此書的編纂，足見當時朝廷尤其是唐高宗對《東殿新書》編纂之重視。

〔註16〕 《新唐書》卷二百二十三上《姦臣上‧許敬宗傳》，北京：中華書局，1975年，第6338頁。

〔註17〕 《舊唐書》卷八十二《李義府傳》，北京：中華書局，1975年，第2765～2766頁。

〔註18〕 《舊唐書》卷八十二《李義府傳》，北京：中華書局，1975年，第2766～2767頁。

　　對於《東殿新書》的其他編纂者，史書亦有記載，而其中最爲著名的是薛振薛元超。《舊唐書》卷七十三《薛元超傳》載：

> 收子元超。元超早孤，九歲襲爵汾陰男。〔註19〕及長，好學善屬文。太宗甚重之，令尚巢剌王女和靜縣主，累授太子舍人，預撰《晉書》。高宗即位，擢拜給事中，時年二十六。數上書陳君臣政體及時事得失，高宗皆嘉納之。俄轉中書舍人，加弘文館學士，兼修國史。中書省有一磐石，初，道衡爲内史侍郎，嘗踞而草制，元超每見此石，未嘗不泫然流涕。永徽五年，丁母憂解。明年，起授黃門侍郎，兼檢校太子左庶子。元超既擅文辭，兼好引寒俊，嘗表薦任希古、高智周、郭正一、王義方、孟利貞等十餘人，由是時論稱美。後以疾出爲饒州刺史。三年，拜東臺侍郎。右相李義府以罪配流巂州，舊制流人禁乘馬，元超奏請給之，坐貶爲簡州刺史。〔註20〕

　　很可惜，《薛元超傳》沒有記載其參與編纂《東殿新書》的事情，好在其《行狀》《墓誌》記載了其參與編纂《東殿新書》的故事。楊炯《盈川集》卷十《中書令汾陰公薛振行狀》載：

> 六歲，襲爵汾陰男。十一，太宗召見，勅宏文館讀書。十六，爲神堯皇帝挽郎。十九，尚和靜縣主。高宗升儲之日也，勅公爲太子通事舍人。二十二，除太子舍人。高宗踐位，詔遷朝散大夫，守給事中。年二十六，尋拜中書舍人，宏文館學士。三十二，丁太夫人憂去職，起爲黃門侍郎，固辭不許。修《東殿新書》畢，進爵爲侯。公毁瘠過禮，多不視事，出爲饒州刺史。上夢公，徵爲右成務。四十，復爲東臺侍郎。是歲也，放李義府於卭笮，舊制流人禁乘馬，公爲之言，左遷簡州刺史。〔註21〕

《大唐故中書令贈光祿大夫秦州都督薛公墓誌銘》載：

> 六歲，襲汾陰男。受左傳於同郡韓文汪，便質大義……八歲，善屬文，時房玄齡、虞世南試公詠竹，援豪立就……九歲，以幕府子弟，太宗召見與語。十一，弘文館讀書，一覽不遺，萬言咸諷。通人謂之

〔註19〕　按後文薛元超之《行狀》《墓誌》所載，皆爲「六歲，襲汾陰男」，懷疑《舊唐書》記載有誤。

〔註20〕　《舊唐書》卷七十三《薛元超傳》，北京：中華書局，1975 年，第 2590 頁。

〔註21〕　（唐）楊炯《盈川集》卷十《中書令汾陰公薛振行狀》，《文淵閣四庫全書》，第 1065 冊，上海：上海古籍出版社，2003 年，第 278 頁。

顏、丹，識者知其管、樂。十六，補神堯皇帝挽郎。十九，尚和靜縣
主。衣冠之秀，公子爲郎；車服之儀，王姬作配。廿一，除太子通事
舍人，仍爲學士，修晉史。太宗嘗夜宴王公於玄武內殿，詔公詠燭，
賞綵卅段；他日，賦公泛鷁金塘詩成，謂高宗曰：元超父事我，雅杖
名節；我令元超事汝，汝宜重之。廿二，遷太子舍人。永徽纂曆，加
朝散大夫，遷給事中，時年廿六。尋遷中書舍人、弘文館學士兼修國
史。仍與上官儀同入閣供奉，從容朝制，肅穆圖書……卅二，丁太夫
人憂，哭輒歐血。有敕慰喻。起爲黃門侍郎。累表後拜……修東殿新
書成，進爵爲侯，賜物七百段。敕與許敬宗潤色玄奘法師所譯經論。
疏薦高智周、任希古、王義方、顧胤、郭正一、孟利貞等有材幹。河
東夫人謂所親曰：元超爲黃門雖早，方高祖適晚二年。以居喪羸疾，
多不視事。卅四，出爲饒州刺史。在職以仁恩簡惠稱。有芝草生鄱陽
縣。卅，帝夢公，追授右成務。卅一，復爲東臺侍郎。獻封禪書、平
東夷策。以事復出爲簡州刺史。〔註22〕

時間	年齡	《舊唐書》	《行狀》	《墓誌》〔註23〕
貞觀三年（629）	6歲		六歲，襲爵汾陰男。	六歲，襲汾陰男。
貞觀八年（634）	11歲		十一，太宗召見，勅宏文館讀書。	十一，弘文館讀書。
貞觀十三年（639）	16歲		十六，爲神堯皇帝挽郎。	十六，補神堯皇帝挽郎。
貞觀十六年（642）	19歲		十九，尚和靜縣主。	十九，尚和靜縣主。
貞觀十九年（645）	22歲		二十二，除太子舍人。	廿二，遷太子舍人。
貞觀二十三年（649）	26歲	高宗即位，擢拜給事中，時年二十六。	高宗踐位，詔遷朝散大夫，守給事中。年二十六，尋拜中書舍人，宏文館學士。	永徽纂曆，加朝散大夫，遷給事中，時年廿六。尋遷中書舍人、弘文館學士兼修國史。

〔註22〕周紹良、趙超主編《唐代墓誌彙編續集》，上海：上海古籍出版社，2001年，
第278～281頁。
〔註23〕《墓誌》所載薛元超諸事蹟多有比《行狀》晚一年之現象，故我們依據《舊
唐書》《墓誌》《行狀》皆記載之永徽五年（655），三十二歲，丁母憂之事，
前後推算其生平履歷。

永徽五年 （654）	32 歲	永徽五年，丁母憂解。	三十二，丁太夫人憂去職。	卅二，丁太夫人憂，哭輒歐血。
永徽六年 （655）	33 歲	明年，起授黃門侍郎，兼檢校太子左庶子。		
顯慶元年 （656）	34 歲		修《東殿新書》畢，進爵爲侯。公毀瘠過禮，多不視事，出爲饒州刺史。	修《東殿新書》成，進爵爲侯，賜物七百段……卅四，出爲饒州刺史。
龍朔三年 （663）	40 歲	三年，拜東臺侍郎。	四十，復爲東臺侍郎。	卌，帝夢公，追授右成務。

　　通過上文對薛元超的記載，可見此薛元超是備受唐太宗、唐高宗父子信任的，並且與皇室亦有姻親，而根據薛元超之履歷，我們可以清楚的知道《東殿新書》的完成時間，即顯慶元年（656），因爲薛元超三十四歲出爲饒州刺史之前，《東殿新書》已經完成，這也再次證明了上文我們對於《東殿新書》編纂完成時間的判斷。

　　王應麟《玉海》中記載了另外有可能參與《東殿新書》編纂的人。《玉海》卷五十四《藝文》載：「唐《東殿新書》……《劉禕之傳》：遷右史、弘文館直學士。上元中，與元萬頃等偕召入禁中，論次新書，凡千餘篇。」〔註 24〕按照王應麟的記載，其大約是將劉禕之、元萬頃等人作爲《東殿新書》的可能編纂者，附列在諸記載之後，但是我們查閱《劉禕之傳》後發現，此人上元中（674～676）作爲學士直弘文館，而與《東殿新書》的編纂時間顯慶元年（656）差距較大，故王應麟《玉海》中的分析有誤。《舊唐書》卷八十七《劉禕之傳》載：「禕之少與孟利貞、高智周、郭正一俱以文藻知名，時人號爲劉、孟、高、郭。尋與利貞等同直昭文館。上元中，遷左史、弘文館直學士，與著作郎元萬頃，左史范履冰、苗楚客，右史周思茂、韓楚賓等皆召入禁中，共撰《列女傳》《臣軌》《百僚新誡》《樂書》，凡千餘卷。時又密令參決，以分宰相之權，時人謂之『北門學士』。」〔註 25〕總之，在《東殿新書》的編纂中，我們認爲劉禕之諸人或許還沒有機會參與進來，但是，等到《瑤山玉彩》等類書編纂之時，他們就陸續參與了進來。

〔註 24〕（宋）王應麟《玉海》卷五十四《藝文》，揚州：廣陵書社，2003 年，第 1029頁；（宋）王應麟撰，武秀成、趙庶洋校證《玉海藝文校證》卷二十《承詔撰述‧類書》，南京：鳳凰出版社，2013 年，第 964 頁。
〔註 25〕《舊唐書》卷八十七《劉禕之傳》，北京：中華書局，1975 年，第 2846 頁。

　　對於《東殿新書》的編纂地點，前文亦有明確的記載，即武德內殿。《玉海》卷一百五十九《宮室》亦載：「唐武德殿。《高祖紀》：高祖入關，義寧元年十一月甲子，以武德殿爲丞相府。《會要》：武德四年八月，賜五品已上射於武德殿。貞觀五年三月三日，賜文武五品以上射於武德殿。六年三月三日，賜群臣大射於武德殿。《魏王泰傳》：太宗命泰入居武德殿，侍中魏徵言，王爲愛子，不可使居嫌疑之地，帝悟乃止。《許敬宗傳》：待詔太極殿西闈，顯慶元年奉詔於武德內殿，撰《東殿新書》。《百官志》：永徽中命弘文館學士一人，日待制於武德西門。《玄宗紀》：延和元年七月壬辰，睿宗制皇太子宜即皇帝位，皇太子乃御武德殿，八月庚子即位。《六典》：太極殿左曰虔化門，虔化門之東曰武德，西門其內有武德殿、延恩殿。《兩京記》：武德殿在西內乾化門東北。《長安志》：西內乾化之東曰武德西門，其內則武德殿，在甘露殿之東。」〔註26〕武德殿屬於太極宮內廷東南隅的一處宮殿，並且武德殿是太極宮裏一處具有濃厚政治色彩的宮殿。陳揚《唐太極宮與大明宮布局研究》言：「高宗前期，武德殿政治地位依舊十分重要，這裡是皇帝每日視朝的場所。『永徽中，命弘文館學士一人，日待制於武德殿西門』。大臣天天在武德殿門外待詔，皇帝必然每日都要在這裡辦公。由此可見，武德殿具有類似兩儀殿『常日聽朝而視事』的功能。」〔註27〕唐高宗在繼位後的第七個年頭，在極富政治色彩的武德殿，令其舊部許敬宗、李義府、薛元超等人編纂出了一部二百卷的《東殿新書》，這無疑是年輕皇帝的新嘗試，而如上文我們所說，鬥志昂揚的唐高宗必然要在其父祖的基業上寫下濃墨重彩的一筆。

（四）結　語

　　《東殿新書》在諸書中的記載其實比較模糊，並且由於其早已散佚殆盡，更是無法開展全面的考察，筆者不揣淺陋，利用相關線索，對之進行了推測與考察，旨在將此書的編纂時間、主要內容、基本性質、編纂人員、編纂地點等問題考察清楚，或許，目前的考察仍有不令人滿意的地方，但是，我們已經初步弄清了《東殿新書》的部分情況，即《東殿新書》是唐高宗敕令編纂的一部官修類書，其編纂完成時間在顯慶元年（656）五月，其編纂地點是

〔註26〕（宋）王應麟《玉海》卷一百五十九《宮室》，揚州：廣陵書社，2003 年，第2917～2918 頁。
〔註27〕陳揚《唐太極宮與大明宮布局研究》，陝西師範大學碩士學位論文，2010 年，第 67 頁。

武德內殿，其主要的編纂者有許敬宗、李義府、薛元超等人，其主要內容來自於從《史記》到《晉書》之諸正史，其性質是有類抄撮之類書，故其無疑又具有雜史之性質。

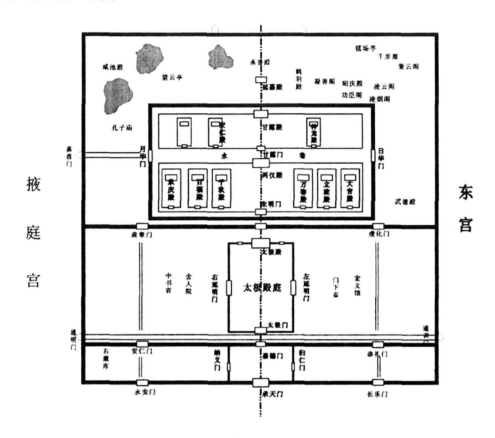

太極宮總布局圖〔註28〕

〔註28〕陳揚《唐太極宮與大明宮布局研究》，陝西師範大學碩士學位論文，2010年，第 48 頁。

三、《累璧》編纂研究

　　《累璧》是唐高宗時期編纂的一部重要類書,《舊唐書》《新唐書》對他皆有記載。《舊唐書》卷四《高宗上》載:「龍朔元年……六月庚寅,中書令許敬宗等進《累璧》六百三十卷,目錄四卷。」〔註1〕《舊唐書》卷四十七《經籍下》子部「類事類」載:「《累璧》四百卷。許敬宗撰。」〔註2〕《舊唐書》中兩次出現關於《累璧》的記載,內容有巨大差異,首先是卷帙不同,《高宗上》記載爲「六百三十卷,目錄四卷」,《經籍下》記載爲「四百卷」,差距還是很大的。

　　《新唐書》卷五十九《藝文三》子部「類書類」載:「《累璧》四百卷。又《目錄》四卷。許敬宗等撰,龍朔元年上。」〔註3〕可見,《新唐書》之《藝文志》與《舊唐書》之《經籍志》所記載的卷帙是相同的,皆爲「四百卷」,《新唐書》之《藝文志》增加了「《目錄》四卷」等信息。《通志二十略·藝文略第七》子部「類書類」載:「《累璧》四百卷。又目錄,四卷。」〔註4〕《通志》的記載與《新唐書》同。《唐會要》卷三十六《修撰》載:「龍朔元年六月二十六日,許敬宗等撰《累璧》六百三十卷,上之。」〔註5〕《唐會要》的記載則明顯與《舊唐書》卷四《高宗上》相同。

〔註1〕 《舊唐書》卷四《高宗上》,北京:中華書局,1975 年,第 82 頁。
〔註2〕 《舊唐書》卷四十七《經籍下》,北京:中華書局,1975 年,第 2046 頁。
〔註3〕 《新唐書》卷五十九《藝文三》,北京:中華書局,1975 年,第 1563 頁。
〔註4〕 (宋)鄭樵撰,王樹民點校《通志二十略·藝文略第七》,北京:中華書局,1995 年,第 1732 頁。
〔註5〕 (宋)王溥撰《唐會要》卷三十六《修撰》,北京:中華書局,1955 年,第 657 頁。

雖然對於《累璧》有兩種不同的卷帙記載，但是很顯然，這兩種記載無疑都是記載的《累璧》，不會是其他典籍，而此書爲何會有如此大差別的卷帙記載，只能存疑。其中緣由，的確需要考察，但是目前來看，在沒有新材料的情況下，還是很難做出判斷，只能猜測，或許此《累璧》編纂完成時爲六百三十卷，而在流傳中成了四百卷？或者是後世的學者對此四百卷的《累璧》做了增補？但是這種猜測是沒有道理的，因爲同是《舊唐書》，對《累璧》卷帙的記載就是不一樣的，即《舊唐書》卷四《高宗上》言「六百三十卷，目錄四卷」，《舊唐書》卷四十七《經籍下》言「四百卷」，至於其中緣由，只能存疑，因爲關於《累璧》的材料實在太少。

上述諸典籍，即《舊唐書》卷四《高宗上》與《新唐書》卷五十九《藝文三》及《唐會要》卷三十六《修撰》皆言《累璧》完成於龍朔元年（661），可見《累璧》完成於龍朔元年的記載是可信的，具體日期則是龍朔元年六月二十六日，而開始編纂時間不知。

對於《累璧》的作者，上述文獻中只提及了一個人，即許敬宗，前文已是多有提及，許敬宗是唐初編纂類書的高手，多部類書在其領銜下完成，此《累璧》亦是在其領導下完成。《舊唐書》卷八十二《許敬宗傳》載：「然自貞觀已來，朝廷所修《五代史》及《晉書》《東殿新書》《西域圖志》《文思博要》《文館詞林》《累璧》《瑤山玉彩》《姓氏錄》《新禮》，皆總知其事，前後賞賚，不可勝紀。」〔註6〕但是《累璧》一書肯定是唐高宗時期諸學士共同編纂完成的，肯定不是許敬宗一人的作品，但是史料的缺失，我們卻不能找到其他參與編纂者的任何信息，只能留待資料的新發現。

對於《累璧》之性質，我們亦是可以猜測一二，因爲諸《經籍志》《藝文志》多將之列入類書類，故其體例無疑是對隋唐以來官修類書體例的繼承與發展，而其名爲「累璧」，應爲璧玉之累積、累聚，歷代類書之命名，多有此類，如「採璧」「編珠」「玉屑」「珠叢」之類，形象生動且蘊含詩意，納蘭性德《淥水亭雜識》中即有十分精闢的分析。「原昔人好取華麗字以名類事之書，如編珠、合璧、雕金、玉英、玉屑、金鑰、寶匱、寶海、寶車、龍筋、鳳髓、麟角、天機錦、五色線、萬花谷、青囊、錦帶、玉連環、紫香囊、珊瑚木、金鑾香蕊、碧玉芳林之屬，未能悉數。聞國學鏤版向有玉浮屑，不知何書，當亦屬類家也。又有孟四元賦。孟名宗獻，字友之，自號虛靜居士，金時魁

〔註6〕《舊唐書》卷八十二《許敬宗傳》，北京：中華書局，1975 年，第 2764 頁。

於鄉、於府、於省、於御前，故號四元，其律賦爲學者法，然金史不入文苑之列，唯見於劉京叔《歸潛志》耳。《涑水亭雜識》。」〔註7〕

《隋書》卷三十四《經籍三》子部「雜家類」載：「《採璧》三卷。梁中書舍人庾肩吾撰。」〔註8〕《舊唐書》卷四十七《經籍下》子部「雜家類」載：「《採璧記》三卷。庾肩吾撰。」〔註9〕《新唐書》卷五十九《藝文三》載：「庾肩吾《採璧》三卷。」〔註10〕《通志・藝文略第六》雜家類載：「《採璧》三卷。梁中書舍人庾肩吾撰。」〔註11〕《通志・藝文略第七》類書類下載無名氏：「《採璧》十五卷。」〔註12〕《日本國見在書目錄》載：「《採璧》六，梁庾肩吾撰。」〔註13〕《宋史》卷二百七《藝文六》載：「庾肩吾《採璧》五卷。」〔註14〕《採璧》一書必然是庾肩吾平時讀書積累起來的麗辭嘉言集，且是一部採摘璧玉的麗辭嘉言集，只可惜，《採璧》在流傳中散佚殆盡，連隻字片語我們也沒有找到。〔註15〕而《累璧》之狀況亦是如是，應是一個擴大版的《採璧》。

對於《累璧》的流傳，我們猜測其流傳亦是不廣，因爲他甚至於連隻言片語也沒有流傳下來，後世學者對他的記載更是稀少，他應該僅僅是唐高宗時代被編纂出來的眾多類書中的一部，在完成了他的政治使命之後，就被束之高閣了。

〔註7〕 （清）于敏中等編纂《日下舊聞考》卷六十六《官署五》，《北京古籍叢書》，北京：北京古籍出版社，1983 年，第 1105 頁。

〔註8〕 《隋書》卷三十四《經籍三》，北京：中華書局，1973 年，第 1007 頁。

〔註9〕 《舊唐書》卷四十七《經籍下》，北京：中華書局，1975 年，第 2033 頁。

〔註10〕 《新唐書》卷五十九《藝文三》，北京：中華書局，1975 年，第 1535 頁。

〔註11〕 （宋）鄭樵撰，王樹民點校《通志二十略・藝文略第六》，北京：中華書局，1995 年，第 1654 頁。

〔註12〕 （宋）鄭樵撰，王樹民點校《通志二十略・藝文略第七》，北京：中華書局，1995 年，第 1735 頁。

〔註13〕 宮內廳書陵部所藏室生寺本《日本國見在書目錄》，東京：名著刊行會，1996 年，第 52～54 頁。

〔註14〕 《宋史》卷二百七《藝文六》，北京：中華書局，1985 年，第 5295 頁。

〔註15〕 劉全波《魏晉南北朝類書編纂研究》，蘭州大學博士學位論文，2012 年，第 174 頁；劉全波《魏晉南北朝類書編纂研究》，北京：民族出版社，2018 年。

四、《瑤山玉彩》編纂研究

　　《瑤山玉彩》是一部什麼性質的書，一直有爭論，我們認爲他首先是一部類書，因爲後世的《經籍志》《藝文志》多將之稱爲類書，但是，亦有不少學者尤其是近代學者，又總是將之歸入總集類。〔註1〕

（一）《瑤山玉彩》的編纂時間與編纂者

　　《舊唐書》卷四《高宗上》載：「（龍朔）三年……二月……太子弘撰《瑤山玉彩》成，書凡五百卷。」〔註2〕《新唐書》卷五十九《藝文三》子部「類書類」亦載：「許敬宗《瑤山玉彩》五百卷。孝敬皇帝令太子少師許敬宗、司議郎孟利貞、崇賢館學士郭瑜、顧胤、右史董思恭等撰。」〔註3〕根據《舊唐書》卷四《高宗上》的記載，我們可知太子李弘在龍朔三年（663）二月編纂了《瑤山玉彩》一書，但是此時的太子後來的孝敬皇帝李弘是不可能完成如此一部大書的編纂的，因爲此時的李弘還是個十二歲的孩子。對於李弘的年齡，趙文潤《武則天與太子李弘、李賢的關係考釋》言：「可以推斷出李弘是永徽三年（652 年）生於感業寺內。」「龍朔元年（661 年）太子李弘領銜撰成《瑤山玉彩》500 卷。時年 10 歲。」〔註4〕很顯然，李弘只是《瑤山玉彩》

〔註 1〕盧燕新、楊明剛《初唐編纂的詩歌總集考論》載：「初唐編纂的詩歌總集，可補考者尚有《歌錄集》《金輪萬歲集》《瑤山玉彩》《送并州旻上人詩》等。」盧燕新、楊明剛《初唐編纂的詩歌總集考論》，《山西大學學報（哲學社會科學版）》2011 年第 6 期，第 25～30 頁。
〔註 2〕《舊唐書》卷四《高宗上》，北京：中華書局，1975 年，第 84 頁。
〔註 3〕《新唐書》卷五十九《藝文三》，北京：中華書局，1975 年，第 1562 頁。
〔註 4〕趙文潤《武則天與太子李弘、李賢的關係考釋》，杜文玉主編《唐史論叢》，

的敕修者，而主要編纂者應該是許敬宗等人。

趙文潤等先生之所以將《瑤山玉彩》的編纂完成時間定在龍朔元年，是因爲典籍中果然有《瑤山玉彩》成書於龍朔元年的記載。《舊唐書》卷八十六《高宗中宗諸子》載：「孝敬皇帝弘，高宗第五子也。永徽四年，封代王。顯慶元年，立爲皇太子，大赦改元……龍朔元年，命中書令、太子賓客許敬宗，侍中兼太子右庶子許圉師，中書侍郎上官儀，太子中舍人楊思儉等於文思殿博採古今文集，摘其英詞麗句，以類相從，勒成五百卷，名曰《瑤山玉彩》，表上之。制賜物三萬段，敬宗已下加級、賜帛有差。」〔註5〕《唐會要》卷二《雜錄》載：「龍朔元年，孝敬命太子賓客許敬宗等，於文思殿博採古今集，摘其英詞麗句，以類相從，勒成五百卷，名曰《瑤山玉彩》。表上之，制賜物三萬段。」〔註6〕《冊府元龜》卷二百五十八《儲宮部》載：「唐高宗太子弘，初入東宮，請於崇賢館置學，並置生徒，詔許之。始置學生二十員，東宮三師三少、賓客詹事、少詹事、左右庶子、左右衛卒率及崇賢館三品學士子孫亦宜通取。弘嘗受《春秋左氏傳》於率更令郭瑜，又讀《禮記》。龍朔元年，命中書令兼太子賓客許敬宗、侍中兼太子右庶子許圉師、中書侍郎上官儀、太子中書舍人楊思儉等，於文思殿博探古今文集，擿其英詞麗句，以類相從，勒成五百卷，名曰《瑤山玉彩》。表上之，制賜物三萬段，敬宗以下加級，賜帛有差。」〔註7〕可見，《舊唐書》卷八十六《高宗中宗諸子》，《唐會要》卷二《雜錄》與《冊府元龜》的確是將《瑤山玉彩》的編纂時間記載於龍朔元年（651），但是這個龍朔元年究竟是開始編纂的時間，還是編纂完成的時間，還有待考察。

杜希德著，黃寶華譯《唐代官修史籍考》言：「《瑤山玉彩》的編纂過程非常有趣。此書原非奉高宗之命而是應太子李弘之請修纂的。李弘請求在崇賢閣建立他自己的二十人的學士班子，從他們研讀《春秋》《左傳》與《禮記》。

總第 9 輯，西安：三秦出版社，2007 年，第 29～40 頁。雖然我們對於趙文潤先生將《瑤山玉彩》成書時間定爲龍朔元年有不同意見，但是我們據其研究可知，龍朔元年（661）李弘的年齡是十歲，而龍朔三年（663）李弘的年齡是十二歲。

〔註5〕 《舊唐書》卷八十六《高宗中宗諸子》，北京：中華書局，1975 年，第 2828～2829 頁。

〔註6〕 （宋）王溥撰《唐會要》卷二《雜錄》，北京：中華書局，1955 年，第 20 頁。

〔註7〕 （宋）王欽若等編纂，周勳初等校訂《冊府元龜》卷二百五十八《儲宮部》，南京：鳳凰出版社，2006 年，第 2936 頁。

661 年，他府中的若干成員，太子賓客許敬宗，太子右庶子許圉師，中書侍郎上官儀，太子中舍人楊思儉等受命編製了五百卷的《瑤山玉彩》。此書進呈於朝廷，許敬宗等纂修者獲得升遷並『賜帛有差』。」〔註8〕可見，《唐代官修史籍考》一書亦是採納了《瑤山玉彩》成書於龍朔元年的觀點，但是我們前文所見之《舊唐書》卷四《高宗上》卻明明將《瑤山玉彩》的編纂完成時間繫於龍朔三年二月，這是怎麼回事？就需要我們繼續考察。

對於《瑤山玉彩》的撰成時間，《新唐書》之《李弘傳》直接沒有說。《新唐書》卷八十一《三宗諸子》載：「孝敬皇帝弘，永徽六年始王代，與潞王同封。顯慶元年，立為皇太子……四年，加元服。又命賓客許敬宗、右庶子許圉師、中書侍郎上官儀、中舍人楊思儉即文思殿摘採古今文章，號《瑤山玉彩》，凡五百篇。書奏，帝賜物三萬段，餘臣賜有差。」〔註9〕可見，對於《瑤山玉彩》的編纂完成時間，有龍朔元年與龍朔三年兩種說法並存。

對於《瑤山玉彩》的參與編纂人員，根據上文記載可知，有許敬宗、許圉師、上官儀、楊思儉、孟利貞、郭瑜、顧胤、董思恭諸人。許敬宗此人，是唐初編纂類書的大家，多部類書在其領銜下完成，其本傳亦有記載。《舊唐書》卷八十二《許敬宗傳》載：「然自貞觀已來，朝廷所修《五代史》及《晉書》《東殿新書》《西域圖志》《文思博要》《文館詞林》《累璧》《瑤山玉彩》《姓氏錄》《新禮》，皆總知其事，前後賞賚，不可勝紀。」〔註10〕《舊唐書》卷八十二《許敬宗傳》又載：「顯慶元年，加太子賓客，尋冊拜侍中，監修國史。三年，進封郡公，尋贈其父善心為冀州刺史……其年，代李義府為中書令，任遇之重，當朝莫比。龍朔二年，從新令改為右相，加光祿大夫。三年，冊拜太子少師、同東西臺三品，並依舊監修國史。乾封初，以敬宗年老，不能行步，特令與司空李勣，每朝日各乘小馬入禁門至內省。」〔註11〕根據《許敬宗傳》之記載，我們可以發現，其在龍朔元年的任職是「中書令、太子賓客」，與《舊唐書》之《李弘傳》所載相同，故可知《瑤山玉彩》編纂開始時間就是在許敬宗取代李義府為中書令之後。並且《舊唐書》卷四《高宗上》

〔註 8〕 〔英〕杜希德著，黃寶華譯《唐代官修史籍考》，上海：上海古籍出版社，2015年，第 87 頁。
〔註 9〕 《新唐書》卷八十一《三宗諸子》，北京：中華書局，1975 年，第 3588～3589頁。
〔註 10〕 《舊唐書》卷八十二《許敬宗》，北京：中華書局，1975 年，第 2764 頁。
〔註 11〕 《舊唐書》卷八十二《許敬宗》，北京：中華書局，1975 年，第 2764 頁。

載：「龍朔元年……六月庚寅，中書令許敬宗等進《累璧》六百三十卷，目錄四卷。」〔註12〕可見，龍朔元年（661）六月之前，許敬宗等人在編纂《累璧》一書，故可猜測《瑤山玉彩》的編纂開始時間在龍朔元年六月之後。再者，因爲龍朔元年是《累璧》的完成之年，故其不大可能也是《瑤山玉彩》的完成之年。而到了龍朔三年，許敬宗被冊拜爲太子少師、同東西臺三品，我們猜測此事應在《瑤山玉彩》完成之後，或許就是由於《瑤山玉彩》的編纂完成，許敬宗才由太子賓客被拜爲太子少師。

孟利貞在唐初亦是編纂了多部類書，而此時他的身份是參編。《舊唐書》卷一百九十上《文苑上·孟利貞傳》載：「孟利貞者，華州華陰人也。父神慶，高宗初爲沁州刺史，以清介著名。利貞初爲太子司議郎，中宗在東宮，深懼之。受詔與少師許敬宗、崇賢館學士郭瑜、顧胤、董思恭等撰《瑤山玉彩》五百卷，龍朔二年奏上之，高宗稱善，加級賜物有差。利貞累轉著作郎，加弘文館學士。垂拱初卒。又撰《續文選》十三卷。」〔註13〕此處所說之《瑤山玉彩》的完成時間是龍朔二年（662），也不失爲一新觀點，而此龍朔二年奏上的記載，亦可見前文《瑤山玉彩》編纂完成於龍朔元年的記載或有問題。

《唐會要》卷三十六《修撰》載：「龍朔元年六月二十六日，許敬宗等撰《累璧》六百三十卷，上之。三年十月二日，皇太子弘遣司元太常伯竇德元，進所撰《瑤山玉彩》五百卷上之，詔藏書府。」〔註14〕此處《唐會要》之記載非常重要，他給我們提出了兩個新的問題，第一，此處《唐會要》言《瑤山玉彩》的編纂完成時間是龍朔三年，與《唐會要》卷二《雜錄》所載不一樣，與《舊唐書》卷四《高宗上》近似，即《瑤山玉彩》的編纂完成時間皆是龍朔三年，但是二者所載具體月份卻不一樣，《舊唐書》卷四《高宗上》認爲是「二月」，而《唐會要》卷三十六《修撰》則說是「十月」。第二，按照記載，《瑤山玉彩》的進上者是司元太常伯竇德玄，他受皇太子李弘的委託，將此書獻給皇帝，並被藏於書府。此外，通過竇德玄獻書之事來看，或許竇德玄亦可能參與了《瑤山玉彩》的編纂工作。

《舊唐書》卷四《高宗上》載：「（龍朔）二年……二月甲子，改京諸司

<hr>

〔註12〕《舊唐書》卷四《高宗上》，北京：中華書局，1975年，第82頁。
〔註13〕《舊唐書》卷一百九十上《文苑上·孟利貞傳》，北京：中華書局，1975年，第4997頁。
〔註14〕（宋）王溥撰《唐會要》卷三十六《修撰》，北京：中華書局，1955年，第657頁。

及百官名：尚書省爲中臺，門下省爲東臺，中書省爲西臺，左右僕射爲左右匡政，左右丞爲肅機，侍中爲左相，中書令爲右相，自餘各以義訓改之。」〔註15〕《舊唐書》卷四十二《職官一》載：「龍朔二年二月甲子，改百司及官名。改尚書省爲中臺，僕射爲匡政，左右丞爲肅機，左右司郎中爲丞務，吏部爲司列，主爵爲司封，考功爲司績，禮部爲司禮，祠部爲司禋，膳部爲司膳，主客爲司蕃，戶部爲司元，度支爲司度，倉部爲司倉，金部爲司珍，兵部爲司戎，職方爲司域，駕部爲司輿，庫部爲司庫，刑部爲司刑，都官爲司僕，比部爲司計，工部爲司平，屯田爲司田，虞部爲司虞，水部爲司川，餘司依舊。尚書爲太常伯，侍郎爲少常伯，郎中爲大夫。中書門下爲東西臺。侍中爲左相，黃門侍郎爲東臺侍郎，給事中爲東臺舍人，散騎常侍爲左右侍極，諫議大夫爲正諫大夫。中書令爲右相，侍郎爲西臺侍郎，舍人爲西臺舍人。」〔註16〕可見，司元太常伯這一官職其實就是戶部尚書，唐高宗龍朔二年改京諸司及百官名，所以才有了司元太常伯的官職，而司元太常伯竇德玄的奏上，更可證明《瑤山玉彩》之完成時間必定在龍朔二年之後，更可見前文《瑤山玉彩》成書於龍朔元年的記載是有問題的。

總之，我們目前可知的《瑤山玉彩》編纂完成時間有四種說法，即《舊唐書》卷八十六《高宗中宗諸子》及《唐會要》卷二《雜錄》與《冊府元龜》所言「龍朔元年」，《舊唐書》卷一百九十上《文苑上・孟利貞傳》所言「龍朔二年」，《舊唐書》卷四《高宗上》所言「龍朔三年二月」，《唐會要》卷三十六《修撰》言「龍朔三年十月」，而通過上文的考察，特別是許敬宗在龍朔三年，被冊拜爲太子少師之事來看，我們認爲《瑤山玉彩》成書於龍朔三年的記載應該是最可信的，究竟是「二月」還是「十月」，待考。而《瑤山玉彩》編纂開始時間肯定在《累璧》編纂完成之後，即龍朔元年六月之後。

對於其他《瑤山玉彩》的編纂者，我們也略作考察，首先是許圉師。許圉師官至宰相，《舊唐書》《新唐書》皆沒有立傳，故他的事蹟前後不連貫，散處諸書。《舊唐書》卷四《高宗上》載：「（龍朔二年）十一月辛未左相許圉師下獄……左相許圉師解見任。」「（龍朔）三年春……二月，前左相許圉師左遷虔州刺史。太子弘撰《瑤山玉彩》成，書凡五百卷。」〔註17〕可見，此許圉師在龍朔二年

〔註15〕《舊唐書》卷四《高宗上》，北京：中華書局，1975年，第83頁。
〔註16〕《舊唐書》卷四十二《職官一》，北京：中華書局，1975年，第1786～1787頁。
〔註17〕《舊唐書》卷四《高宗上》，北京：中華書局，1975年，第84頁。

十一月至龍朔三年二月之間，遭受了牢獄之災，之後被左遷虔州刺史，其在下獄乃至被貶期間，必然無法參與《瑤山玉彩》的編纂，可見，其必然是在下獄之前的龍朔二年十一月之前，參與過《瑤山玉彩》的編纂。

上官儀亦是大唐名臣，史書多有記載，但是對於其參與編纂《瑤山玉彩》一事，其本傳未有記載。《舊唐書》卷八十《上官儀傳》：「上官儀，本陝州陝人也。父弘，隋江都宮副監，因家於江都……太宗聞其名，召授弘文館直學士，累遷祕書郎。時太宗雅好屬文，每遣儀視草，又多令繼和，凡有宴集，儀嘗預焉。俄又預撰《晉書》成，轉起居郎，加級賜帛。高宗嗣位，遷祕書少監。龍朔二年，加銀青光祿大夫、西臺侍郎、同東西臺三品，兼弘文館學士如故。本以詞采自達，工於五言詩，好以綺錯婉媚爲本。儀既貴顯，故當時多有效其體者，時人謂爲上官體。儀頗恃才任勢，故爲當代所嫉。麟德元年，宦者王伏勝與梁王忠抵罪，許敬宗乃構儀與忠通謀，遂下獄而死，家口籍沒。」〔註18〕上官儀麟德元年（664）下獄而死，《瑤山玉彩》應該是他參與編纂的最後的典籍，再者，許敬宗進言上官儀與梁王忠通謀，可見許敬宗與上官儀之間的關係是不融洽的，但是他們卻曾是《瑤山玉彩》同撰人員，可見這些人如上官儀或許圉師等，或許僅僅是掛名而已，並未眞正的參與到《瑤山玉彩》的編纂之中，而許敬宗應該是《瑤山玉彩》的眞正領修者，因爲《通志》等書直接將許敬宗記載爲《瑤山玉彩》的作者。《通志二十略・藝文略第七》子部「類書類」載：「許敬宗《瑤山玉彩》五百卷。」〔註19〕

郭瑜的事蹟散處諸書，其本是太子李弘的老師，當時的官職是太子洗馬。《舊唐書》卷八十六《高宗中宗諸子》載：「弘嘗受《春秋左氏傳》於率更令郭瑜，至楚子商臣之事，廢卷而歎曰：『此事臣子所不忍聞，經籍聖人垂訓，何故書此？』瑜對曰：『孔子修《春秋》，義薦褒貶，故善惡必書。褒善以示代，貶惡以誡後，故使商臣之惡，顯於千載。』太子曰：『非唯口不可道，故亦耳不忍聞，請改讀餘書。』瑜再拜賀曰：『里名勝母，曾子不入；邑號朝歌，墨子回車。殿下誠孝冥資，睿情天發，凶悖之跡，黜於視聽。循奉德音，實深慶躍。臣聞安上理人，莫善於禮，非禮無以事天地之神，非禮無以辨君臣之位，故先王重焉。孔子曰：「不學《禮》，無以立。」請停《春秋》而讀《禮

〔註18〕《舊唐書》卷八十《上官儀傳》北京：中華書局，1975 年，第 2743～2744 頁。
〔註19〕（宋）鄭樵撰，王樹民點校《通志二十略・藝文略第七》，北京：中華書局，1995 年，第 1732 頁。

記》。』太子從之。」〔註20〕

　　對於郭瑜此人，史書中還有許多記載。《舊唐書》卷一百九十一《方伎傳》載：「顯慶元年，高宗又令左僕射于志寧、侍中許敬宗、中書令來濟李義府杜正倫、黃門侍郎薛元超等，共潤色玄奘所定之經，國子博士范義碩、太子洗馬郭瑜、弘文館學士高若思等，助加翻譯。凡成七十五部。奏上之。」〔註21〕可見，早在顯慶元年（656），太子李弘五歲之時，郭瑜已經是太子的老師，而此時他受命與諸人幫助玄奘法師翻譯佛經。《新唐書》卷五十九《藝文三》載：「郭瑜《修多羅法門》二十卷。」〔註22〕此《修多羅法門》的編纂，應該與郭瑜助玄奘法師翻譯佛經有關。

　　《新唐書》卷六十《藝文四》集部「總集類」載：「《芳林要覽》三百卷。許敬宗、顧胤、許圉師、上官儀、楊思儉、孟利貞、姚璹、竇德玄、郭瑜、董思恭、元思敬集。」〔註23〕杜希德著，黃寶華譯《唐代官修史籍考》言：「《芳林要覽》三百卷幾乎由同一個班子編集而成：許敬宗、顧胤、許圉師、上官儀、楊思儉、孟利貞、姚璹（他也是一位史官，之後他開始撰修《時政記》）、竇德玄、郭瑜、董思恭、元思敬。」〔註24〕由此可見，郭瑜諸人在編纂《瑤山玉彩》之時，還編纂過一部《方林要覽》。〔註25〕《新唐書》卷六十《藝文四》集部「總集類」又載：「郭瑜《古今詩類聚》七十九卷。」〔註26〕通過郭

〔註20〕　《舊唐書》卷八十六《高宗中宗諸子》，北京：中華書局，1975年，第2828～2829頁。

〔註21〕　《舊唐書》卷一百九十一《方伎傳》，北京：中華書局，1975年，第5109頁。

〔註22〕　《新唐書》卷五十九《藝文三》，北京：中華書局，1975年，第1525頁。

〔註23〕　《新唐書》卷六十《藝文四》，北京：中華書局，1975年，第1621～1622頁。

〔註24〕　〔英〕杜希德著，黃寶華譯《唐代官修史籍考》，上海：上海古籍出版社，2015年，第87頁。

〔註25〕　《芳林要覽》與《瑤山玉彩》《碧玉芳林》《玉藻瓊林》之間的關係，應該是比較密切的，但是目前還沒有更多的材料，能夠將他們之間的關係解釋清楚，我們猜測《芳林要覽》與《碧玉芳林》或有關係，但是卻沒有證據，且二者在《新唐書》中明顯的分處不同類別，所以我們目前只能將他們分開對待，但是此《芳林要覽》在書目中是與《文館詞林》相鄰的，可見其性質是偏向於總集的，或者至少是純正的類文類書，而此《芳林要覽》的編纂時間從其與《瑤山玉彩》之編纂者人員相同這一點來看，只可能是比《瑤山玉彩》早，不可能比《瑤山玉彩》晚，因爲後來許圉師被貶，上官儀被殺，已經不可能參與編纂工作，或者就是二書或許果真是同時編纂的，但是取向略有不同，故一個被置於類書，一個被置於總集。

〔註26〕　《新唐書》卷六十《藝文四》，北京：中華書局，1975年，第1622頁。

瑜此人的著作《古今詩類聚》可見其在參與《瑤山玉彩》《芳林要覽》之外，自己還曾編纂過具有類文類書性質的新著作，即《古今詩類聚》，而隋唐時代多有人編纂此等類文類書之類的著作。

董思恭史書多有提及，但是其本傳卻十分簡短，未有關於編纂《瑤山玉彩》的記載。《舊唐書》卷一百九十上《文苑上・董思恭傳》載：「董思恭者，蘇州吳人。所著篇詠，甚爲時人所重。初爲右史，知考功舉事，坐預泄問目，配流嶺表而死。」〔註27〕宋計敏夫撰《唐詩紀事》卷三《董思恭》載：「思恭高宗時中書舍人，同撰《瑤山玉彩》。」〔註28〕

楊思儉無傳，故事蹟不明。《舊唐書》卷一百八十三《外戚傳》載：「又司衛少卿楊思儉女有殊色，高宗及則天自選以爲太子妃，成有定日矣，敬之又逼而淫焉。」《玉海》卷一百二十八《官制・儲宮》載：「唐中舍人二員，掌侍從令書奏疏。虞世南、王珪、韋琨、崔弘武、楊思儉、賀德仁爲之。」〔註29〕通過上述記載我們可以知道，此楊思儉曾做過中舍人、司衛少卿等官職，而其參與《瑤山玉彩》編纂時的官職就是中舍人。

顧胤亦曾參與過《瑤山玉彩》的編纂，此顧胤是位良史，曾編纂過《太宗實錄》等典籍，龍朔三年（663）去世。《舊唐書》卷七十三《令狐德棻傳》載：「自武德已後，有鄧世隆、顧胤、李延壽、李仁實前後修撰國史，頗爲當時所稱。」〔註30〕《舊唐書》卷七十三《顧胤傳》載：「胤，永徽中歷遷起居郎，兼修國史。撰《太宗實錄》二十卷成，以功加朝散大夫，授弘文館學士。以撰武德、貞觀兩朝國史八十卷成，加朝請大夫，封餘杭縣男，賜帛五百段。龍朔三年，遷司文郎中。尋卒。胤又撰《漢書古今集》二十卷，行於代。」〔註31〕顧胤早年還曾參與過《括地志》的編纂。《舊唐書》卷七十六《太宗諸子》載：「濮王泰，字惠褒，太宗第四子也……十二年，司馬蘇勗以自古名王多引賓客，以著述爲美，勸泰奏請撰《括地志》。泰遂奏引著作郎蕭德言、秘書郎顧胤、記室參軍蔣亞卿、功曹參軍謝偃等就府修撰。十四年，太宗幸泰延康

〔註27〕《舊唐書》卷一百九十八《文苑上・孟利貞傳》，北京：中華書局，1975年，第4997頁。

〔註28〕（宋）計敏夫撰《唐詩紀事》卷三《董思恭》，《文淵閣四庫全書》，第1479冊，上海：上海古籍出版社，2003年，第300頁。

〔註29〕（宋）王應麟撰《玉海》卷一百二十八《官制・儲宮》，揚州：廣陵書社，2003年，第2375頁。

〔註30〕《舊唐書》卷七十三《令狐德棻傳》，北京：中華書局，1975年，第2599頁。

〔註31〕《舊唐書》卷七十三《顧胤傳》，北京：中華書局，1975年，第2600頁。

坊宅，因曲赦雍州及長安大辟罪已下，免延康坊百姓無出今年租賦，又賜泰府官僚帛有差。十五年，泰撰《括地志》功畢，表上之，詔令付秘閣，賜泰物萬段，蕭德言等咸加給賜物。」〔註 32〕《新唐書》卷五十八《藝文二》史部「地理類」載：「《括地志》五百五十卷。又《序略》五卷。魏王泰命著作郎蕭德言、秘書郎顧胤、記室參軍蔣亞卿、功曹參軍謝偃蘇勖撰。」〔註 33〕

《新唐書》卷五十八《藝文二》史部「正史類」載：「顧胤《漢書古今集義》二十卷。」〔註 34〕「《武德貞觀兩朝史》八十卷。長孫無忌、令狐德棻、顧胤等撰。」〔註 35〕《新唐書》卷五十八《藝文二》史部「實錄」載：「《今上實錄》二十卷。敬播、顧胤撰，房玄齡監修。」〔註 36〕通過顧胤的著述，我們可知此人對唐初歷史是十分熟悉的，因為他參與編纂了《武德貞觀兩朝史》與《太宗實錄》等重要典籍。而通過顧胤「龍朔三年，遷司文郎中」來看，或許顧胤在《瑤山玉彩》編纂完成之後，遷司文郎中，不幸的是，此後不久他就去世了。

高智周是前文不曾提及的參與編纂《瑤山玉彩》的又一人，或許由於當時其官職不顯，故不被記載，而其本傳則記載了其參與編纂《瑤山玉彩》之事。《舊唐書》卷一百八十五上《良吏上·高智周傳》載：「高智周，常州晉陵人。少好學，舉進士。累補費縣令，與丞、尉均分俸錢，政化大行，人吏刊石以頌之。尋授秘書郎、弘文館直學士，預撰《瑤山玉彩》《文館詞林》等。三遷蘭臺大夫。時孝敬在東宮，智周與司文郎中賀凱、司經大夫王眞儒等，俱以儒學詔授為侍讀。總章元年，請假歸葬其父母，因謂所親曰：『知進而不知退，取患之道也。』乃稱疾去職。」〔註 37〕《冊府元龜》卷六百七《學校部》亦載：「高智周為秘書郎，弘文直學士。預撰《瑤山玉彩》《文館詞林》，三遷蘭臺大夫。」〔註 38〕可見，與高智周俱以儒學詔授為侍讀的司文郎中賀凱、司經大夫王眞儒，也極有可能參與了李弘的《瑤山玉彩》等典籍的編纂。

姚璹亦是如此，當時官職不顯的姚璹，亦是沒有被記載進入《瑤山玉彩》

〔註 32〕《舊唐書》卷七十六《太宗諸子》，北京：中華書局，1975 年，第 2653～2654 頁。
〔註 33〕《新唐書》卷五十八《藝文二》，北京：中華書局，1975 年，第 1506 頁。
〔註 34〕《新唐書》卷五十八《藝文二》，北京：中華書局，1975 年，第 1456 頁。
〔註 35〕《新唐書》卷五十八《藝文二》，北京：中華書局，1975 年，第 1458 頁。
〔註 36〕《新唐書》卷五十八《藝文二》，北京：中華書局，1975 年，第 1471 頁。
〔註 37〕《舊唐書》卷一百八十五上《良吏上·高智周傳》，北京：中華書局，1975 年，第 4792 頁。
〔註 38〕（宋）王欽若等編纂，周勳初等校訂《冊府元龜》卷六百七《學校部十一·撰集》，南京：鳳凰出版社，2006 年，第 7000 頁。

的編纂者之列，但是其本傳則記載了其參與編纂《瑤山玉彩》的事情。《舊唐書》卷八十九《姚璹傳》載：「姚璹字令璋，散騎常侍思廉之孫也。少孤，撫弟妹以友愛稱。博涉經史，有才辯。永徽中明經擢第。累補太子宮門郎。與司議郎孟利貞等奉令撰《瑤山玉彩》書，書成，遷秘書郎。」〔註39〕《冊府元龜》卷六百七《學校部》載：「姚璹，永徽中爲太子宮門郎。博涉經史，有才辯。與司議郎孟利貞等，奉令修《瑤山玉彩》，書成，遷秘書郎。」〔註40〕

宋人吳縝發現《瑤山玉彩》的編纂者，《新唐書》之《孝敬皇帝傳》與《藝文志》所載不同。《新唐書糾謬》卷九載：「修《瑤山玉彩》人不同。《孝敬皇帝傳》云：命賓客許敬宗、右庶子許圉師、中書侍郎上官儀、中書舍人楊思儉，即文思殿，摛採古今文章，號《瑤山玉彩》。今案《藝文志》：《搖山玉彩》注云：孝敬皇帝令太子少師許敬宗、司議郎孟利貞、崇賢館學士郭瑜、顧胤、右史董思恭等撰其姓名，惟許敬宗同，外皆與傳不同，未知孰是。」〔註41〕至於記載不同的原因，我們猜測應該與這些人當時的官職尊卑高低有關，這些人應該都曾參與過《瑤山玉彩》的編纂，只是由於官職不顯，有的就沒有被史書記載下來，《孝敬皇帝傳》所載許圉師、上官儀、楊思儉皆是相當於領修之人，他們官高位顯，而《藝文志》所載孟利貞、郭瑜、董思恭諸人應該是實際負責編纂的文學之士。

總之，目前可知的《瑤山玉彩》的編纂者主要有許敬宗、許圉師、上官儀、孟利貞、郭瑜、楊思儉、顧胤、董思恭、高智周、姚璹等人。龍朔年間，許敬宗、許圉師、上官儀等人的官職是比較高，且在當時政治中的地位亦是比較重要的，或許他們並未全力的投入到《瑤山玉彩》的編纂之中，其間許圉師就被下獄貶官，上官儀亦在麟德元年被殺，但是他們的出現，或者短時間的參與，無疑展現了唐政府對《瑤山玉彩》編纂的重視。

（二）《瑤山玉彩》的命名與輯佚

宋吳縝撰《新唐書糾謬》卷九載：「《搖山玉彩》字。《孝敬皇帝傳》云：摛採古今文章，號《搖山玉彩》，凡五百篇……又云：《搖山玉彩》五百卷，其搖

〔註39〕 《舊唐書》卷九十三《姚璹傳》，北京：中華書局，1975年，第2902頁。

〔註40〕 （宋）王欽若等編纂，周勳初等校訂《冊府元龜》卷六百七《學校部十一‧撰集》，南京：鳳凰出版社，2006年，第7000頁。

〔註41〕 （宋）吳縝撰《新唐書糾謬》卷九，《文淵閣四庫全書》，第276冊，上海：上海古籍出版社，2003年，第692頁。

字在傳則皆從木，而藝文志皆從手，未知孰是。」〔註42〕宋人吳縝早就發現，歷代典籍對《瑤山玉彩》的「瑤」字，有不同寫法，有「橋」與「搖」之分，但是目前多寫作「瑤」。《續通志》卷一百八十四《宗室傳》載：「又命賓客許敬宗，右庶子許圉師，中書侍郎上官儀，中舍人楊思儉，即文思殿摘採古今文章，號《橋山玉彩》，凡五百篇，書奏，帝賜物三萬段，餘臣賜有差。」可見，「橋」字應該是正字，而「搖」或許是有點問題的，但是目前我們多寫作「瑤」字。

袁珂校注《山海經校注》卷十一《大荒西經（山海經第十六）》載：「西海之外，大荒之中，有方山者，上有青樹，名曰櫃格之松，日月所出入也。西北海之外，赤水之西，有先民之國。食穀，使四鳥。有北狄之國。黃帝之孫曰始均，始均生北狄。有芒山。有桂山。有榣山。號曰太子長琴。顓頊生老童，老童生祝融，祝融生太子長琴，是處榣山，始作樂風。」〔註43〕郭郛《山海經注證》對上述文字有注釋與翻譯，其言：「有芒山，有桂山，有榣山。郭璞注：此山多桂及榣木，因名云耳。郝注：《初學記》引此經作搖山，餘同。郭郛注：芒山，山多芒草，故名；桂山，山多桂樹；榣山，山多鍾乳洞穴，榣似爲瑤之誤，瑤山是多玉石、鍾乳石的山。」〔註44〕「始作樂風。郭璞注：創製樂風曲也。郝注：《太平御覽》卷565引此經無風字。西次三經騩山云：『老童發音如鍾磬。』故知長琴解作樂風，其道亦有所受也。」〔註45〕「有芒山，有桂山，有榣山——玉石和鍾乳石洞穴多的山，山上有居住氏族，稱號是太子長琴。顓頊龍鳥圖騰族分出老童族，老童族又產生西方祝融管理火的氏族，祝融族又產生太子長琴，他們居住在榣山。太子長琴愛好音樂，開始創作出樂曲。」〔註46〕通過《山海經》的記載，我們可以知道，此「榣山」是有來源的，並且此榣山是多玉石、鍾乳石的山，而《瑤山玉彩》由此得名，並且此榣山是太子長琴所居住的山，與當時李弘爲太子之事相合。

《瑤山玉彩》與唐初很多著名類書一樣，編纂完成之後就被藏於書府了，故其流傳情況如何，我們只能通過後世的目錄學著作來考察。《玉海》卷五十

〔註42〕（宋）吳縝撰《新唐書糾謬》卷九，《文淵閣四庫全書》，第276冊，上海：上海古籍出版社，2003年，第688頁。

〔註43〕袁珂校注《山海經校注（增補修訂本）》，成都：巴蜀書社，1993年，第451～452頁。

〔註44〕郭郛《山海經注證》，北京：中國社會科學出版社，2004年，第832頁。

〔註45〕郭郛《山海經注證》，北京：中國社會科學出版社，2004年，第833頁。

〔註46〕郭郛《山海經注證》，北京：中國社會科學出版社，2004年，第833頁。

四《藝文》載：「唐《瑤山玉彩》。《志‧類書類》：許敬宗《瑤山玉彩》五百卷。孝敬皇帝令太子少師許敬宗，司議郎孟利貞，崇賢館學士郭瑜、顧胤，右史董思恭等撰。《孝敬皇帝傳》：名弘，顯慶元年爲皇太子，四年加元服。龍朔元年，命賓客許敬宗、右庶子許圉師、中書侍郎上官儀、中舍人楊思儉，即文思殿採摘古今文章，英詞麗句，以類相從，號《瑤山玉彩》，凡五百篇，奏之。帝賜帛三千段，餘臣賜有差。《會要》：龍朔三年十月一日，遣司元大常伯竇德玄進，詔藏書府。」〔註47〕《玉海》同時羅列了《新唐書》與《唐會要》的記載，未作出考辨。《玉海》之後的目錄學著作，對《瑤山玉彩》的記載不多，可見此書的流傳必然不廣。而通過下文所見之《瑤山玉彩》的兩則佚文，又可見此《瑤山玉彩》並不是被藏於秘府，無人知曉的。

唐段公路撰，崔龜圖注《北戶錄》卷三載：

> 羅州多棧香，樹身如櫃柳，其華繁白，其葉似橘皮，堪搗爲紙，土人號爲香皮紙，作灰白色，文如魚子箋，今羅辨州皆用之。《三輔故事》云：衛太子以紙蔽鼻，前漢已有之，非蔡倫造也，此蓋言其著，不云創也。又，和熹鄧后貢獻悉斷，歲時但供紙筆而已，然則其用久矣，但不知何物爲之。按王隱《晉書》曰：王隱答華恆云：魏太和六年，河間張楫上《古今字詁》，其中部云：紙今帋也，古以素帛，依書長短，隨事裁之，其數重沓，即名幡紙，字從系，此形聲也，貧者無之，故路溫舒裁蒲寫書也。和帝元興元年，中常侍蔡倫剉搗故布網，造作帋，字從巾義，是其聲雖同，系巾則殊，不得言古帋爲今帋。又，山謙之《丹陽記》曰：平準署有紙官造帋，古以縑素爲書記，又以竹爲簡牘，其貧諸生，或用蒲爲牒也。《瑤山玉彩》亦具。小不及桑根竹膜紙。睦州出之。松皮紙。日本國出。側理紙也。側理，陟釐也。後人訛呼陟釐爲側理，即苔也。事見張華。又《爾雅》曰：苔石衣也。郭璞注，水苔也。一名石發。江東食之。**又，《瑤山玉彩》載：薛道衡《詠苔紙詩》云：昔時應春色，引綠泛清流。今來承玉管，布字轉銀鉤。**〔註48〕

〔註47〕 （宋）王應麟撰《玉海》卷五四《藝文》，揚州：廣陵書社，2003 年，第 1019～1020 頁；（宋）王應麟撰，武秀成、趙庶洋校證《玉海藝文校證》卷二十《總集文章》，南京：鳳凰出版社，2013 年，第 939 頁。
〔註48〕 （唐）段公路撰，（唐）崔龜圖注《北戶錄》卷三《香皮紙》，《叢書集成初編》，第 3021 冊，北京：中華書局，1985 年，第 42 頁。

　　通過僅存的《瑤山玉彩》的佚文，我們來推測《瑤山玉彩》的內容，看看唐初這些古人到底編纂了一部什麼樣的古籍，他的性質是類書還是總集？並且他們編纂這部大書的意圖是什麼？當我們認真的研讀《瑤山玉彩》的這兩則佚文的時候，很顯然會發現，一則是出於子部的山謙之《丹陽記》，一則是出於集部的薛道衡《詠苔紙詩》，如果我們對上述佚文的斷定不錯的話，很顯然的是，此《瑤山玉彩》並不是僅僅的只收錄詩詞歌賦的總集。由此可見，此《瑤山玉彩》的內容至少是子部與集部並列的，有沒有收錄經部與史部之內容，我們暫且不論，但是很顯然是有子部與集部的，故我們認為此《瑤山玉彩》之性質是屬於類事類書+類文類書的，與《藝文類聚》有點相似，但是其取向亦是明顯的，即摘其英詞麗句。

（三）結　語

　　《瑤山玉彩》的名字是富有詩意的，此前的唐代類書之題名還沒有這般充滿詩意，而此後的類書題名漸漸變得詩意盎然且多姿多彩，這是一個值得注意的問題，這反映了唐代類書編纂的一個新特點，一個向著繁縟多彩發展的新特點，而與這個特點相伴隨的就是類書編纂的新特點，即越來越重視詩文在類書中的地位，越來越傾向於文章總集，而此趨勢發展到極致就是產生了我們所認為的類文類書。類文類書是介於總集與一般類書之間的一種形態，當然類文類書仍然是類書，絕對不是總集，只是詩文在其中變得比較受重視，而這個受重視亦是相對於原來的類事類書而言的。但是，《瑤山玉彩》還不是純粹的類文類書，通過對其佚文的考察，我們還可以見到類事類書部分的存在，故我們認為此時的《瑤山玉彩》仍然是類事類書與類文類書的組合體，只不過類文部分漸漸變得更為重要，且更多的受到編纂者的重視與關照，這應該就是唐初類書編纂的實際情況或者真實模式，而隋唐時代，諸如此類具有類文類書性質的類書典籍極多，如《碧玉芳林》《玉藻瓊林》等，他們的出現是時代的產物，是初唐時期的學術風氣、文化風氣與實際創作需求共同塑造出來的。

五、《碧玉芳林》《玉藻瓊林》編纂研究

　　《碧玉芳林》與《玉藻瓊林》皆是署名孟利貞所編纂的類書，前者四百五十卷，後者一百卷，但是關於他們的具體情況，我們其實所知不多，需要做深入考察。《舊唐書》卷四十七《經籍下》子部「類事」載：「《碧玉芳林》四百五十卷。孟利貞撰。」〔註1〕《新唐書》卷五十九《藝文三》子部「類書類」載：「孟利貞《碧玉芳林》四百五十卷。」〔註2〕《通志二十略·藝文略第七》子部「類書類」載：「《碧玉芳林》四千五十卷。」〔註3〕《舊唐書》《新唐書》皆言《碧玉芳林》爲「四百五十卷」，而《通志》所載之《碧玉芳林》則爲「四千五十卷」，應該是《通志》有誤。概而言之，明代以前的類書編纂，卷帙達到千餘卷，就已經是最大規模了，如《皇覽》一千卷，《華林遍略》六百餘卷，《修文殿御覽》三百六十卷，《文思博要》一千二百卷，《三教珠英》一千三百卷，《太平御覽》一千卷，《冊府元龜》一千卷，《秘府略》一千卷，可見，整個中古時期，所有的類書編纂，千餘卷已經是極致，而此《碧玉芳林》恐怕不會達到四千五十卷之巨。

　　對於《通志》所載之《碧玉芳林》爲「四千五十卷」之事，明人胡應麟有過評論，胡應麟的觀點有兩個，第一個，相信《通志》所載爲眞，言類書卷帙之多；第二個，認爲《通志》所載爲假，不足爲據。《少室山房筆叢》卷二《甲部經籍會通二》載：「凡經籍緣起，皆至簡也，而其卒歸於至繁。

〔註1〕《舊唐書》卷四十七《經籍下》，北京：中華書局，1975年，第2046頁。
〔註2〕《新唐書》卷五十九《藝文三》，北京：中華書局，1975年，第1563頁。
〔註3〕（宋）鄭樵撰，王樹民點校《通志二十略·藝文略第七》，北京：中華書局，1995年，第1732頁。

經解昉自毛、韓，馬融、鄭玄浸盛，至梁武《三禮質疑》一千卷極矣。編年昉自《春秋》，荀悅、袁宏浸盛，至李燾《長編》一千六十三卷極矣。世史昉自《尚書》，司馬、班固浸盛，至脫脫《宋史》五百卷極矣。實錄昉自周穆，魏、晉浸盛，至《開元起居注》三千六百八十二卷極矣。譜牒昉自《世本》，梁、唐浸盛，至王僧孺《十八州譜》七百十二卷極矣。地志昉自《山海》，陸澄、任昉浸盛，至蕭德言等五百五十五卷極矣。字學昉自三蒼，許愼、周研浸盛，至顏眞卿《字海鏡源》三百六十五卷極矣。字法昉自《四體》（晉衛恆撰），周越、袁昂浸盛，至唐文皇《晉人書跡》一千五百一十卷極矣。方書昉自張機，葛洪、褚澄浸盛，至隋煬帝《類聚方》二千六百卷極矣。文選昉自摯虞，孔逭、虞綽浸盛，至許敬宗《文館詞林》一千卷極矣。文集昉自屈原，蕭衍、沈約浸盛，至《樊宗師總集》二百九十三卷極矣。小說昉自《燕丹》，東方朔、郭憲浸盛，至洪邁《夷堅志》四百二十多卷極矣。類書昉自《皇覽》，歐陽、虞氏浸盛，至孟利貞《碧玉芳林》四千五十卷極矣（孟書舊唐志作四百五十爲近，今從《通志》。然《三教珠英》同時，亦一千三百也。）。」〔註4〕《少室山房筆叢》卷四《甲部經籍會通四》載：「中和堂隨筆云：隋煬帝命虞世南等四十人選文章，自楚辭迄大業，共五千卷，此恐未然，自六朝《文選》，靡過五百卷者，非必當時選擇之嚴，實以文字尚希故也。至唐許敬宗《文館詞林》一千卷，可謂古今極盛，宋《文苑英華》，加以唐一代文，亦不能過千卷，隋煬以前，何得如許之多。唐類書惟孟利貞《碧玉芳林》四千五十卷，類書事蹟本繁，非文章比，然余猶疑非一人所辦，舊唐孟書止四百五十卷，蓋鄭氏通志之誤，今世南所選，不見諸藝文志中，大率記載之訛也。」〔註5〕

歷代典籍中，關於《玉藻瓊林》的記載更少，但是《舊唐書》《新唐書》《通志》皆有記載。《舊唐書》卷四十七《經籍下》子部「類事」載：「《玉藻瓊林》一百卷。孟利貞撰。」〔註6〕《新唐書》卷五十九《藝文三》子部「類書類」載：「《玉藻瓊林》一百卷。」〔註7〕《通志二十略·藝文略第七》子部

〔註4〕 （明）胡應麟《少室山房筆叢》卷二《甲部經籍會通二》，北京：中華書局，
　　　 1958年，第27～28頁。

〔註5〕 （明）胡應麟《少室山房筆叢》卷四《甲部經籍會通四》，北京：中華書局，
　　　 1958年，第63頁。

〔註6〕 《舊唐書》卷四十七《經籍下》，北京：中華書局，1975年，第2046頁。

〔註7〕 《新唐書》卷五十九《藝文三》，北京：中華書局，1975年，第1563頁。

「類書類」載：「《玉藻瓊林》一百卷。」〔註8〕可見，此《玉藻瓊林》的編纂
是果眞發生過的事情，不然上述諸典籍之記載從何而來？但是由於流傳不
廣，後世典籍對他的記載就很稀少了。

關於《碧玉芳林》與《玉藻瓊林》的編纂者孟利貞，《舊唐書》《新唐書》
皆有傳記，前文已有簡單的介紹。《舊唐書》卷一百九十上《文苑上·孟利貞
傳》載：「孟利貞者，華州華陰人也。父神慶，高宗初爲沁州刺史，以清介著
名。利貞初爲太子司議郎，中宗在東宮，深懼之。受詔與少師許敬宗、崇賢
館學士郭瑜、顧胤、董思恭等撰《瑤山玉彩》五百卷，龍朔二年奏上之，高
宗稱善，加級賜物有差。利貞累轉著作郎，加弘文館學士。垂拱初卒。又撰
《續文選》十三卷。」〔註9〕孟利貞在當時的文壇，是很有名的，他雖然是《碧
玉芳林》與《玉藻瓊林》的署名人，但是他的本傳卻沒有記載這個事情，倒
是記載了他與諸學士一起編纂《瑤山玉彩》的事情，這就很奇怪，《碧玉芳林》
與《玉藻瓊林》也是卷帙較大的類書，他們的編纂在當時肯定也是較爲重要
的大事，爲何沒有記載清楚，且署名人孟利貞好像是被署名。

孟利貞在上述著作之外，還有《續文選》《封禪錄》二書傳世。《新唐書》
卷六十《藝文四》載：「孟利貞《續文選》十三卷。」〔註10〕《舊唐書》卷四
十六《經籍上》載：「《封禪錄》十卷。孟利貞撰。」〔註11〕《新唐書》卷五
十八《藝文二》載：「孟利貞《封禪錄》十卷。」〔註12〕在古代，修撰圖書是
很榮耀的事情，署名之事也是很嚴格的，所以上述《碧玉芳林》與《玉藻瓊
林》二書肯定與孟利貞有著密切關係，但是其本傳不載，又說明《碧玉芳林》
與《玉藻瓊林》二書不是孟利貞的得意之作，或者不是孟利貞的一人之作。

薛元超的事蹟前文《東殿新書》一章中，我們有過考察，此人是備受唐
太宗、唐高宗父子信任的，並且與皇室亦有姻親，此外，薛元超作爲高級官
員，曾舉薦過許多文學之士，這些文學之士中的佼佼者即有孟利貞，此外還
有任希古、高智周、郭正一、王義方、鄭祖玄、鄧玄挺、崔融等。《舊唐書》

〔註8〕（宋）鄭樵撰，王樹民點校《通志二十略·藝文略第七》，北京：中華書局，
　　　　1995 年，第 1732 頁。
〔註9〕《舊唐書》卷一百九十八《文苑上·孟利貞傳》，北京：中華書局，1975 年，
　　　　第 4997 頁。
〔註10〕《新唐書》卷六十《藝文四》，北京：中華書局，1975 年，第 1622 頁。
〔註11〕《舊唐書》卷四十七《經籍下》，北京：中華書局，1975 年，第 2009 頁。
〔註12〕《新唐書》卷五十八《藝文二》，北京：中華書局，1975 年，第 1490 頁。

卷七十三《薛元超傳》載：「元超既擅文辭，兼好引寒俊，嘗表薦任希古、高智周、郭正一、王義方、孟利貞等十餘人，由是時論稱美。」〔註13〕《新唐書》卷九十八《薛元超傳》載：「所薦豪俊士，若任希古、高智周、郭正一、王義方、孟利貞、鄭祖玄、鄧玄挺、崔融等，皆以才自名於時。」〔註14〕上述諸人是被薛元超推薦過的人，他們之間肯定有著千絲萬縷的聯繫，這群文學之士更是當時文壇的風雲人物，劉禕之、孟利貞、高智周、郭正一諸人號稱劉、孟、高、郭，並且這些文士多是幫助皇帝編纂各類典籍，其中類書編纂是當時的潮流，他們必然毫無置疑的參與到其中。

　　《舊唐書》卷八十七《劉禕之傳》載：「禕之少與孟利貞、高智周、郭正一俱以文藻知名，時人號為劉、孟、高、郭。尋與利貞等同直昭文館。上元中，遷左史、弘文館直學士，與著作郎元萬頃，左史范履冰、苗楚客，右史周思茂、韓楚賓等，皆召入禁中，共撰《列女傳》《臣軌》《百僚新誡》《樂書》，凡千餘卷。時又密令參決，以分宰相之權，時人謂之「北門學士」。禕之兄懿之，時為給事中，兄弟並居兩省，論者美之。」〔註15〕正如前文所言，這群文士是聚攏在皇帝身邊的謀士集團，他們編纂了多部著述，如《列女傳》《臣軌》《百僚新誡》《樂書》，並且，孟利貞、高智周早年還參與過《瑤山玉彩》的編纂的，關係如此緊密的一個文學集團，或許在編纂上述諸書之外，還曾一起編纂過《碧玉芳林》與《玉藻瓊林》，但是，最後二書為何會署名孟利貞一人，也讓我們懷疑。我們認為《碧玉芳林》與《玉藻瓊林》的編纂絕不可能是孟利貞一人所為，必然是一個團隊的功勞，而在武則天稱帝之前的某一段時間裏，也就是《三教珠英》編纂之前的某一個時間裏，這群文士們在參與政治活動之餘，集體編纂了大量的如《碧玉芳林》與《玉藻瓊林》之類的典籍。這些典籍為什麼沒有流傳下來，是一個很奇怪的問題，要麼是編纂質量差，沒有可流傳的價值，但是，這些文學之士在當時都是有真才實學的，後來也多被收到《文苑傳》之中，一群有才學的人編纂了卷帙浩繁的無用之書，也是令我們不能理解的，或許是，諸書編纂完成之後，被當做王朝文治興盛的代表，炫耀一番之後，就被藏入秘府，故不得流傳。當然，這僅僅是我們的猜測。

〔註13〕《舊唐書》卷七十三《薛元超傳》，北京：中華書局，1975年，第2590頁。
〔註14〕《新唐書》卷九十八《薛元超傳》，北京：中華書局，1975年，第3892頁。
〔註15〕《舊唐書》卷八十七《劉禕之傳》，北京：中華書局，1975年，第2846頁。

對於《碧玉芳林》與《玉藻瓊林》二書之內容，我們沒有找到佚文，只能從他們的名字上來猜測其內容，二書的名字中皆有「玉」「林」，可見其題名應有寶玉之林的含義。王應麟《玉海》對《碧玉芳林》《玉藻瓊林》二書的性質做了一些推論，想必在王應麟時代，《碧玉芳林》與《玉藻瓊林》也是已經失傳了，但是，王應麟還是做出了簡單的推斷。《玉海》卷五十四《藝文》載：「唐《詞圃》。《志》類書：張仲素《詞圃》十卷。《書目》：張仲素編經傳，以字數虛實等類相從，為十篇，為詞賦之備。《志》：孟利貞《碧玉芳林》四百五十卷，《玉藻瓊林》一百卷。劉綺莊《集類》一百卷。集傳記雜事一類者。」〔註16〕所謂「集傳記雜事一類者」的意思是彙集事類而成的類事之書，對於《詞圃》功能的推斷，說是為詞賦之備，而卷帙較大的《碧玉芳林》與《玉藻瓊林》是不是也是為詞賦之備，權做一說，還有待證明。

〔註16〕（宋）王應麟撰《玉海》卷五十五《藝文》，揚州：廣陵書社，2003 年，第1047 頁；（宋）王應麟撰，武秀成、趙庶洋校證《玉海藝文校證》卷二十《總集文章》，南京：鳳凰出版社，2013 年，第 944 頁。

六、《策府》編纂研究

　　我們認爲《策府》亦是一部大型官修類書，他的卷帙達五百八十二卷，且諸目錄之記載皆是五百八十二卷。《舊唐書》卷四十七《經籍下》子部「類事」載：「《策府》五百八十二卷。張大素撰。」〔註1〕《新唐書》卷五十九《藝文三》子部「類書類」載：「張大素《策府》五百八十二卷。」〔註2〕《通志二十略·藝文略第七》子部「類書類」載：「《冊府》五百八十二卷。」〔註3〕

　　對於《策府》的作者，有的文獻記載爲張大素，有的文獻記載爲張太素，我們認爲應該是張大素，因爲《舊唐書》《新唐書》皆有張大素家族之傳記，張大素是唐初名臣張公謹的兒子，而此張公謹是唐太宗圖形淩煙閣的功臣之一，張公謹的兒子都是「大」字輩，如張大象、張大安，張大安後來位至宰相，可見此敦煌張氏家族在唐初是極顯赫的。《舊唐書》卷六十八《張公謹傳》載：「張公謹字弘愼，魏州繁水人也……長子大象嗣，官至戶部侍郎。次子大素、大安，並知名。大素，龍朔中歷位東臺舍人，兼修國史，卒於懷州長史，撰《後魏書》一百卷、《隋書》三十卷。大安，上元中歷太子庶子、同中書門下三品。時章懷太子在春宮，令大安與太子洗馬劉訥言等注范曄《後漢書》。宮廢，左授普州刺史。光宅中，卒於橫州司馬。大安子涗，開元中爲國子祭酒。」〔註4〕《新唐書》卷八十九《張公謹傳》載：「張公謹字弘愼，魏州繁

〔註1〕　《舊唐書》卷四十七《經籍下》，北京：中華書局，1975年，第2046頁。
〔註2〕　《新唐書》卷五十九《藝文三》，北京：中華書局，1975年，第1563頁。
〔註3〕　（宋）鄭樵撰，王樹民點校《通志二十略·藝文略第七》，北京：中華書局，1995年，第1732頁。
〔註4〕　《舊唐書》卷六十八《張公謹傳》，北京：中華書局，1975年，第2506～2508頁。

水人……子大素，龍朔中，歷東臺舍人，兼修國史，著書百餘篇，終懷州長史。次子大安，上元中，同中書門下三品。章懷太子令與劉訥言等共注范曄《漢書》。太子廢，故貶爲普州刺史，終橫州司馬。子俳，仕玄宗時爲集賢院判官，詔以其家所著《魏書》《說林》入院，綴修所闕，累擢知圖書、括訪異書使，進國子司業，以累免官。」〔註5〕張大素作爲家中次子，官職雖未能升至宰相，但是此張大素卻是一個著書立說的高手，他的著作極多，《策府》之外有《後魏書》一百卷，《隋書》三十卷，還有《說林》一書，另有《敦煌張氏家傳》二十卷。〔註6〕

張大素兒子張恒的墓誌，也沒有記載張大素編纂《策府》時的情況，但是對於張大素的任官情況，記載的更多一點。《張恒墓誌》載：

> 君諱恒，字承寂，魏州昌樂縣人也。其先軒轅帝之後即漢趙王耳之裔，□居燉煌，鬱爲冠族……曾祖□儒，唐使持節深州諸軍事深州刺史諡曰昭。祖公謹……唐朝授公右武候長史，隨、鄧、虞三州別駕太子右内率，右武候將軍，定遠郡開國公，泉州、慶州、定襄三總管，雍州道安撫大使，代、襄二州都督鄖國公，食邑五千戶，別食綿州實封一千戶，贈左驍衛大將軍鄖國公，諡曰哀……父大素，珪璋蘊德，冠冕士林，□□編詞，笙簧藝苑，唐任秘書□校左千牛蜀王府記室參軍事，遷越州都督府戶曹參軍事、著作佐郎、司文郎左史，除朝散大夫，守東臺舍人、幽州司馬、懷州長史。君……唐弘文□明經對冊甲科，授霍王府記室參軍事、恆州司兵參軍事、趙州司倉參軍事、并州士曹參軍事、朝散大夫、行益州郫縣令……以萬歲登封元年三月五日寢疾彌留，卒於私第，春秋五十有二……以大周神功元年歲次丁酉十月甲子朔廿二日乙酉，遷葬於合宮縣平樂鄉馬村東北二里邙山之原禮也。〔註7〕

明胡應麟撰《少室山房筆叢》卷二十九丙部《九流緒論下》載：

> 今世傳大類書，如《太平御覽》《冊府元龜》，皆千卷，可謂富矣。然貞觀中編《文思博要》一千二百卷，金輪朝編《三教珠英》

〔註5〕 《新唐書》卷八十九《張公謹傳》，北京：中華書局，1975年，第3755～3756頁。

〔註6〕 劉全波、吳園《〈敦煌張氏家傳〉小考》，《文津學誌》，總第11輯，北京：國家圖書館出版社，2018年。

〔註7〕 周紹良編《唐代墓誌彙編》，上海：上海古籍出版社，1992年，第915頁。

一千三百卷，簡帙皆多於宋。又許敬宗編《瑤山玉彩》五百卷，張
太素編《冊府》五百八十二卷，視今傳《合璧事類》等書，亦皆過
之。其始蓋昉於六朝，何承天《皇覽》一百二十二卷，劉孝標《類
苑》一百二十卷，徐勉《華林要略》六百卷，祖珽《修文御覽》三
百六十卷，然諸書惟孝標一二出自獨創，自餘皆聚集一時文學之士，
奉詔編輯者，非一人手裁也。今《博要》《珠英》等書，俱久廢不傳，
惟唐人《初學記》三十卷，《藝文類聚》一百卷行世，二書採摭頗精，
第不備耳，中收錄詩文事蹟，往往出今史傳文集外，使諸大部傳，
必各有可觀，惜哉。〔註8〕

　　胡應麟所言非虛，歷代編纂的諸多類書，皆不能長久的流傳下來，我們
今天只知道他們的名字而已，而內容就只能靠想像或者猜測了。此《冊府》
即《策府》，亦是如此，我們甚至連此《策府》的體例也不能做出判斷，但是
我們認爲此《策府》雖然署名張大素所作，但是很顯然，不是張大素一人所
作，應是成於眾人之手，且其時代應在龍朔（661～663）前後的某一時間裏。
此外，《策府》的署名人爲何會是張大素，也讓我們不解，遍觀張大素的履歷，
其好像不會是領銜修書之人，難道不是集體撰述，而是張大素自己的獨纂，
但是我們更傾向於認爲此書是出於眾人之手，但是爲何張大素成爲了署名
人，則需要繼續考察。

　　敦煌文獻中有《兔園策府》一書，與此書或有淵源，我們只能猜測一二。
《兔園策府》又作《兔園冊府》《兔園策》《兔園冊》，唐杜嗣先奉蔣王李惲之
命撰，原書早已散佚，敦煌寫本《兔園策府》共有 5 個殘卷，保存了該書的
序文及第一卷。敦煌寫本《兔園策府》的 5 個殘卷散藏於英國倫敦博物館（編
號分別爲 S.614、S.1086、S.1722）、法國巴黎國家圖書館（編號爲 P.2573）、
俄羅斯科學院東方研究所聖彼得堡分所（編號爲 Дх.05438），其中略抄本有
S.614、S.1722、P.2573、Дх.05438 共 4 個寫卷，雙行小注本僅 S.1086 號 1 個
寫卷，且 P.2573 與 S.1722 可綴合。〔註9〕《兔園策府》是一部記敘自然名物、
社會事物、人文禮儀、政事征討等掌故的賦體類書，《兔園策府》最初的用途

〔註8〕（明）胡應麟《少室山房筆叢》卷二十九丙部《九流緒論下》，北京：中華書
　　　　局，1958 年，第 379～380 頁。
〔註9〕屈直敏《敦煌寫本〈兔園策府〉敘錄及研究回顧》，《敦煌學輯刊》2016 年第
　　　　3 期，第 22～32 頁。

是應對試策，與當時的科舉制度有著深厚的聯繫，後來的流傳中，由於其本身的特點，切中時務，引經據典，以古爲鑒，並且，《兔園策府》的篇幅也不大，便於學習、攜帶與使用，所以在很長一段時間裏極受讀書人重視並得到廣泛的流傳，甚至傳到了日本等周邊國家。再後來，由於政治環境的轉變，《兔園策府》中的文章漸漸失去了他的政治性，失去了他所依賴的歷史背景，於是《兔園策府》變得不「實用」了。所幸的是，《兔園策府》那些華麗秀美的辭藻，旁徵博引的資料還在，沒有了政治性的《兔園策府》知識性開始凸顯，無形中變成了一本教人知識、禮儀的蒙學教材，這也正是特定歷史背景下產生的《兔園策府》在新的歷史背景下的功能轉變。

在考察了《兔園策府》之後，我們對於《策府》一書的性質也做些推測，此書究竟是類事類書，還是賦體類書？是我們關注的焦點。如果此書果眞與《兔園策府》一樣是賦體類書？那可是十分豐富的寶庫，是當時科舉與時事的匯合，令我們感到可惜的是，這一切都是我們的猜想，沒有證據。《策府》有的時候還被稱爲《冊府》，與宋初之《冊府元龜》略有神似，如果果眞是這樣的，那麼此《策府》還有可能是一部類事類書，因爲《冊府元龜》是類事類書，並且唐初官修大類書多是類事類書或類事類書與類文類書之組合體，當然這還是我們的猜測，沒有證據。此外，我們判斷諸如此類的官修類書甚至是唐代私纂類書的流傳情況的另外一個指標就是《日本國見在書目錄》有沒有收錄？如果有，是很好的一個證據，證明此書非但在中國流傳，而且流傳到了日本，並且在火災之後仍然有幸留存下來。而當我們去看《日本國見在書目錄》的時候，我們卻沒有找到這些典籍，如《策府》《碧玉芳林》《玉藻瓊林》《東殿新書》，只能如前文所說，此類唐高宗時代編纂的大型官修類書之流傳是不廣的，甚至是極少的，抑或是僅僅作爲唐高宗時代整理典籍的一個階段性產物，被束之高閣了，但是，《舊唐書》《新唐書》之《經籍志》《藝文志》等書目對他們記載又是明確無疑的，就是說，他們肯定是毫無置疑的存在過，所以官方藏書目錄中對他們進行了記載，但是，由於某種我們不知道的原因，他們只是被藏於秘府，而不是流傳於天下。

七、《三教珠英》編纂研究

　　《三教珠英》是有唐一代編纂的卷帙最大的類書，卷帙達一千三百卷，此後幾百年也無人能出其右，但是，由於此書是張昌宗等人領銜編纂的，且是在剿襲《文思博要》的基礎上成書的，故一直不被重視，甚至有些被人看不起。但是，目前來看，此《三教珠英》的流傳好像卻比《文思博要》要廣，也就是說，通過目前的輯佚情況來看，《三教珠英》是有過較爲廣的流傳的，而《文思博要》的流傳還不如《三教珠英》，但是，在《文思博要》之編纂質量高下難定的情況下，此《三教珠英》究竟有沒有在《文思博要》的基礎上更上一層樓，或者此《三教珠英》與《文思博要》相比到底有哪些進步就需要我們進行一個考察。前輩學者對《三教珠英》的專門研究是很少的，目前僅可見論文兩篇，即桂羅敏〈《三教珠英》考辨〉，〔註1〕王蘭蘭〈《三教珠英》考補與發微〉，〔註2〕這兩篇論文對《三教珠英》進行了較爲詳細的考察，我們計劃在他們研究的基礎上再做考索，以求加深對《三教珠英》的認知。

（一）《三教珠英》的編纂者

　　《舊唐書》卷四十七《經籍下》子部「類事類」載：「《三教珠英》並目一千三百一十三卷。張昌宗等撰。」〔註3〕《新唐書》卷五十九《藝文三》子部「類書類」載：「《三教珠英》一千三百卷。《目》十三卷。張昌宗、李嶠、崔湜、閻朝隱、徐彥伯、張說、沈佺期、宋之問、富嘉謨、喬侃、員半千、

〔註1〕　桂羅敏〈《三教珠英》考辨〉，《圖書館雜誌》2008年第6期，第75～78、52頁。
〔註2〕　王蘭蘭〈《三教珠英》考補與發微〉，《唐史論叢》2013年第2期，總第17輯，西安：陝西師範大學出版總社，2014年，第114～130頁。
〔註3〕　《舊唐書》卷四十七《經籍下》，北京：中華書局，1975年，第2046頁。

薛曜等撰。」〔註4〕《通志二十略‧藝文略第七》子部「類書類」載：「《三教珠英》一千三百卷。又《目》十二卷。」〔註5〕以上三目錄書，對於《三教珠英》的記載是較爲簡單的，但是對於卷帙與目錄的記載則是一致的，《新唐書》所記載的作者信息最多，有張昌宗等12人。

宋王溥撰《唐會要》卷三十六《修撰》載：「大足元年十一月十二日，麟臺監張昌宗，撰《三教珠英》一千三百卷成。上之，初，聖曆中，以上《御覽》及《文思博要》等書，聚事多未周備，遂令張昌宗召李嶠、閻朝隱、徐彥伯、薛曜、員半千、魏知古、於季子、王無競、沈佺期、王適、徐堅、尹元凱、張說、馬吉甫、元希聲、李處正、高備、劉知幾、房元陽、宋之問、崔湜、常元旦、楊齊哲、富嘉謨、蔣鳳等二十六人同撰，於舊書外更加佛道二教，及親屬姓名方域等部。」〔註6〕《唐會要》對於《三教珠英》編纂者的記載最爲詳細，其將張昌宗、李嶠等26人姓名記載了下來，是我們瞭解《三教珠英》作者最重要的記載。

宋李昉等撰《太平御覽》卷六百一《文部十七‧著書上》載：「又曰天后聖曆中，上以《御覽》及《文思博要》等書，聚事多未備，令麟臺監張昌宗與麟臺少監李嶠，廣召文學之士，給事中徐彥伯、水部郎中員半千等二十六人，增損《文思博要》，勒成一千三百卷。於舊書外更加佛教道流及親屬姓氏方域等部，至是畢功，上親製名曰《三教珠英》，彥伯已下，改官加級賜物。」〔註7〕宋王欽若等撰《冊府元龜》卷六百七《學校部‧撰集》載：「張昌宗爲麟臺監。聖曆中，則天以《御覽》及《文思博要》等書，多未周備，令昌宗與麟臺少監李嶠，廣召文學之士。給事中徐彥伯、水部郎中員半千等二十六人，增損《文思博要》，勒成一千三百卷，於舊書外更加佛教、道教及親屬、姓氏、方域等部，至是畢功，帝親製名曰《三教珠英》。時左補闕崔湜同修。」〔註8〕總之，通過以上諸書的記載，我們可以清楚的知道此《三教珠英》的編

〔註4〕《新唐書》卷五十九《藝文三》，北京：中華書局，1975年，第1563頁。

〔註5〕（宋）鄭樵撰，王樹民點校《通志二十略‧藝文略第七》，北京：中華書局，1995年，第1732頁。

〔註6〕（宋）王溥撰《唐會要》卷三十六《修撰》，北京：中華書局，1955年，第657頁。

〔註7〕（宋）李昉等撰《太平御覽》卷六百一《文部十七著書上》，《文淵閣四庫全書》，第898冊，上海：上海古籍出版社，2003年，第530頁。

〔註8〕（宋）王欽若等撰《冊府元龜》卷六百七《學校部‧撰集》，南京：鳳凰出版社，2006年，第7000頁。

纂情況，卷帙爲一千三百卷，不可謂不大，且有隨書目錄十三卷，更爲重要的是，按照《太平御覽》《冊府元龜》的記載，此《三教珠英》之得名是武則天所定，下面我們就針對《三教珠英》的編纂者做一個詳細的梳理。

　　《舊唐書》卷七十八《張行成族孫易之昌宗》載：「以昌宗醜聲聞于外，欲以美事掩其跡，乃詔昌宗撰《三教珠英》於內。乃引文學之士李嶠、閻朝隱，徐彥伯、張說、宋之問、崔湜、富嘉謨等二十六人，分門撰集，成一千三百卷，上之。加昌宗司僕卿，封鄴國公，易之爲麟臺監，封恆國公，各實封三百戶。俄改昌宗爲春官侍郎。易之、昌宗皆粗能屬文，如應詔和詩，則宋之問、閻朝隱爲之代作。」〔註9〕《新唐書》卷一百四《張行成族子易之、昌宗》載：「后每燕集，則二張諸武雜侍，撍博爭道爲笑樂，或嘲詆公卿，淫蠱顯行，無復羞畏。時無檢輕薄者又詔言昌宗乃王子晉後身，后使被羽裳、吹簫、乘寓鶴，裴回庭中，如仙去狀，詞臣爭爲賦詩以媚后。后知醜聲甚，思有以掩覆之，乃詔昌宗即禁中論著，引李嶠、張說、宋之問、富嘉謨、徐彥伯等二十有六人撰《三教珠英》。加昌宗司僕卿、易之麟臺監，權勢震赫。皇太子、相王請封昌宗爲王，后不聽，遷春官侍郎，封鄴國公，易之恆國公，實封各三百戶。」〔註10〕《資治通鑑》卷二百六載：「（久視元年）六月，改控鶴爲奉宸府，以張易之爲奉宸令。太后每內殿曲宴，輒引諸武、易之及弟秘書監昌宗飲博嘲謔。太后欲掩其跡，乃命易之、昌宗與文學之士李嶠等修《三教珠英》於內殿。武三思奏昌宗乃王子晉後身。太后命昌宗衣羽衣，吹笙，乘木鶴於庭中；文士皆賦詩以美之。」〔註11〕史書中總是說，武則天爲了掩蓋二張的醜行，所以讓他們領銜修書，欲以美事掩其跡，好像主動權或者發起人是武則天，其實，或許事實恰好相反，或許是二張等人主動請纓，因爲此前的唐代歷史中，編纂圖書典籍是一件很有榮光的事情，即上文所說「美事」，且從唐高祖、唐太宗、唐高宗三任君主來看，皆有大規模的編纂典籍的故事，尤其是唐高宗時代，皇帝、太子、諸王都在孜孜不倦的編纂典籍，成萬世之功，而此時甚得武則天寵幸的二張，必然也想做些事情，他們雖然

〔註9〕　《舊唐書》卷七十八《張行成族孫易之昌宗》，北京：中華書局，1975 年，第2707 頁。

〔註10〕　《新唐書》卷一百四《張行成族子易之、昌宗》，北京：中華書局，1975 年，第 4014～4015 頁。

〔註11〕　《資治通鑑》卷二百六「則天順聖皇后中之下」條，北京：中華書局，1956年，第 6544 頁，第 6546 頁。

才學不甚高，但也不是一點才學都沒有，雖然，後世的史家多說二張無才無德，這或許是因人廢事的表現。總之，在武則天的支持下，二張等人很快組織了一個編纂班子，除了二張，皆是當時的才學之士，甚至是當時的世家子弟，他們都參與到了《三教珠英》的編纂之中，編纂之盛況空前，亦是當時政壇、文壇之盛事，此外，通過後文對考察者情況的分析，我們認爲此次編纂的另外一個特點就是一批中青年才俊在其中起了較大作用。

《舊唐書》卷九十四《李嶠傳》載：「李嶠，趙州贊皇人，隋內史侍郎元操從曾孫也。代爲著姓，父鎮惡，襄城令。嶠早孤，事母以孝聞。爲兒童時，夢有神人遺之雙筆，自是漸有學業。弱冠舉進士，累轉監察御史……則天深加接待，朝廷每有大手筆，皆特令嶠爲之……聖曆初，與姚崇偕遷同鳳閣鸞臺平章事，俄轉鸞臺侍郎，依舊平章事，兼修國史……有文集五十卷。」〔註12〕《新唐書》卷一百二十三《李嶠傳》載：「李嶠字巨山，趙州贊皇人。早孤，事母孝。爲兒時，夢人遺雙筆，自是有文辭，十五通《五經》，薛元超稱之。二十擢進士第，始調安定尉。舉制策甲科，遷長安。時畿尉名文章者，駱賓王、劉光業，嶠最少，與等夷。……嶠富才思，有所屬綴，人多傳諷。武后時，汜水獲瑞石，嶠爲御史，上《皇符》一篇，爲世譏薄。然其仕前與王勃、楊盈川接，中與崔融、蘇味道齊名，晚諸人沒，而爲文章宿老，一時學者取法焉。」〔註13〕從唐高宗時期直至武則天時代，李嶠皆有功業，在武則天時代位列宰相，唐中宗時代更是朝廷之謀主，總之，李嶠在武則天時代是一位非常重要的人物。李嶠的學問與文章亦是很出色，所謂文思神敏，詩賦典麗，與杜審言、崔融、蘇味道並稱「文章四友」，與同鄉蘇味道並稱「蘇李」，並且李嶠詩歌在唐代以及後世，均有相當大的影響，而此李嶠參與到《三教珠英》的編纂中，必然是此編纂團隊的學術帶頭人，故我們猜測，在二張之外，李嶠應該是最重要的編纂者之一，其一李嶠的地位高，其二李嶠是文章宿老。李嶠修《三教珠英》時的年齡，我們以公元 700 年爲基點，〔註14〕判斷諸編

〔註12〕《舊唐書》卷九十四《李嶠傳》，北京：中華書局，1975 年，第 2992～2995頁。

〔註13〕《新唐書》卷一百二十三《李嶠傳》，北京：中華書局，1975 年，第 4367～4371 頁。

〔註14〕王蘭蘭《〈三教珠英〉考補與發微》，杜文玉主編《唐史論叢》2013 年第 2 期，總第 17 輯，西安：陝西師範大學出版社，2014 年，第 114～130 頁。王蘭蘭認爲《三教珠英》的始撰時間是聖曆三年（700）改元久視前，撰成時間是長安元年（701）十一月。

纂者之年齡，李嶠的生卒年是 645 與 714 年，〔註 15〕可見，編纂《三教珠英》之時，李嶠的年齡是 55 歲左右。

　　《新唐書》卷一百一十四《徐彥伯傳》載：「徐彥伯，兗州瑕丘人，名洪，以字顯。七歲能爲文。結廬太行山下。薛元超安撫河北，表其賢，對策高第。調永壽尉、蒲州司兵參軍。時司戶韋皓善判，司士李亙工書，而彥伯屬辭，時稱『河東三絕』。遷職方員外郎，奉迎中宗房州，進給事中。武后撰《三教珠英》，取文辭士，皆天下選，而彥伯、李嶠居首。遷宗正卿，出爲齊州刺史。帝復位，改太常少卿。以修《武后實錄》勞，封高平縣子。爲衛州刺史，政善狀，璽書嘉勞。移蒲州，以近畿，會郊祭，上《南郊賦》一篇，辭致典縟。擢修文館學士、工部侍郎。歷太子賓客。以疾乞骸骨，許之。開元二年卒。」〔註 16〕徐彥伯《舊唐書》本傳沒有記載其參與編纂《三教珠英》的事情，但是，《新唐書》本傳記載了他參與編纂《三教珠英》的事情，並且，選天下文辭之士，徐彥伯與李嶠居首，可見，徐彥伯之學識文章。《白孔六帖》卷七十三載：「撰三教珠英。徐彥伯進給事中，武后撰《三教珠英》，取文辭士，皆天下選，而彥伯、李嶠居首。」〔註 17〕另外，通過此記載，我們亦可見到《三教珠英》的編纂在當時絕對是文壇盛事，並不像後世學者譏諷的那樣淺薄不經，因爲除了二張兄弟之外，還是有一些文壇高手參與其中，但是，這也會帶來另外的問題，就是高手太多的情況下，縱橫捭闔高談闊論的多，踏踏實實勤勤懇懇做事的人少，而在這些文壇高手如李嶠、徐彥伯不操刀的情況下，那個時代的年輕人就要幹些事情了。對於徐彥伯編纂《三教珠英》時的年齡，我們也做一個補充。楊玉鋒《徐彥伯考》言：「薛元超舉薦事在儀鳳二年（677），史載徐彥伯七歲能文，以此前推 30 年作爲其生年參照，則可大致判斷其生於太宗貞觀二十一年（647）。徐彥伯官位顯要，新舊唐書載其卒年爲開元二年（714），當無誤。」〔註 18〕可見編纂《三教珠英》之時，徐彥伯的年齡是 53 歲左右。徐彥伯在部分典籍中，名字位列李嶠之前，可見，在編纂《三教珠英》這個事情上，徐彥伯之地位、

〔註 15〕馬茂元《李嶠生卒年辨證》，《馬茂元說唐詩》，上海：上海古籍出版社，1999年，第 98 頁。

〔註 16〕《新唐書》卷一百一十四《徐彥伯傳》，北京：中華書局，1975 年，第 4201～4202 頁。

〔註 17〕（唐）白居易原本，（宋）孔傳續撰《白孔六帖》卷七十三，《文淵閣四庫全書》，第 892 冊，上海：上海古籍出版社，2003 年，第 207 頁。

〔註 18〕楊玉鋒《徐彥伯考》，《天中學刊》2017 年第 3 期，第 127～135 頁。

作用與李嶠不相上下，他們二人是二張之外的真正的領修人。

　　《舊唐書》卷九七《張說傳》載：「張說字道濟，其先范陽人，代居河東，近又徙家河南之洛陽。弱冠應詔舉，對策乙第，授太子校書，累轉右補闕，預修《三教珠英》……長安初，修《三教珠英》畢，遷右史、內供奉，兼知考功貢舉事，擢拜鳳閣舍人。時臨臺監張易之與其弟昌宗構陷御史大夫魏元忠，稱其謀反，引說令證其事。說至御前，揚言元忠實不反，此是易之誣構耳。元忠由是免誅，說坐忤旨配流欽州。在嶺外歲餘。中宗即位，召拜兵部員外郎，累轉工部侍郎。景龍中，丁母憂去職，起復授黃門侍郎，累表固辭，言甚切至，優詔方許之。是時風教頹紊，多以起復爲榮，而說固節懇辭，竟終其喪制，大爲識者所稱。服終，復爲工部侍郎，俄拜兵部侍郎，加弘文館學士。」〔註19〕《新唐書》卷一百二十五《張說傳》載：「永昌中，武后策賢良方正，詔吏部尚書李景諶糊名較覆，說所對第一，后署乙等，授太子校書郎，遷左補闕……久視中，后逅暑三陽宮，汔秋未還。說上疏……后不省。擢鳳閣舍人。張易之誣陷魏元忠也，援說爲助。說廷對『元忠無不順言』，忤后旨，流欽州。中宗立，召爲兵部員外郎，累遷工部、兵部二侍郎，以母喪免。既期，詔起爲黃門侍郎，固請終制，祈陳哀到。時禮俗衰薄，士以奪服爲榮，而說獨以禮終，天下高之。除喪，復爲兵部，兼修文館學士。睿宗即位，擢中書侍郎兼雍州長史……明年，皇太子即皇帝位，太平公主引蕭至忠、崔湜等爲宰相，以說不附己，授尚書左丞，罷政事，爲東都留守。說知太平等懷逆，乃因使以佩刀獻玄宗，請先決策，帝納之。至忠等已誅，召爲中書令，封燕國公，實封二百戶。」〔註20〕張說後來亦是官至宰相，爲大唐名臣，文壇領袖，張說與徐堅等人，後來還編纂有《初學記》，而編纂《三教珠英》的參與人裏面亦有此張說，雖然，此時的張說還沒有達到政治上的高度，亦是有文名的才俊。對於張說的年齡仕宦履歷等，前輩學者多有探究，我們以周睿《張說研究》爲主要依據，考察張說編纂《三教珠英》時的年齡，唐高宗乾封二年（667）張說出生，開元十八年（730）張說病逝，〔註21〕而張說修《三教珠英》時的年齡是 33 歲左右。

〔註19〕　《舊唐書》卷九七《張說傳》，北京：中華書局，1975 年，第 3049～3051 頁。
〔註20〕　《新唐書》卷一百二十五《張說傳》，北京：中華書局，1975 年，第 4404～4406 頁。
〔註21〕　周睿《張說研究》，四川大學博士學位論文，2007 年，第 19～23 頁。

　　《舊唐書》卷一百二《徐堅傳》載：「徐堅，西臺舍人齊聃子也。少好學，遍覽經史，性寬厚長者。進士舉，累授太子文學。聖曆中，車駕在三陽宮，御史大夫楊再思、太子左庶子王方慶爲東都留守，引堅爲判官，表奏專以委之。方慶善《三禮》之學，每有疑滯，常就堅質問，堅必能征舊說，訓釋詳明，方慶深善之。又賞其文章典實，常稱曰：『掌綸誥之選也。』再思亦曰：『此鳳閣舍人樣，如此才識，走避不得。』堅又與給事中徐彥伯、定王府倉曹劉知幾、右補闕張說同修《三教珠英》。時麟臺監張昌宗及成均祭酒李嶠總領其事，廣引文詞之士，日夕談論，賦詩聚會，歷年未能下筆。堅獨與說構意撰錄，以《文思博要》爲本，更加《姓氏》《親族》二部，漸有條流。諸人依堅等規制，俄而書成，遷司封員外郎。則天又令堅刪改《唐史》，會則天遜位而止。」〔註22〕《新唐書》卷一百九十九《儒學中・徐堅》載：「堅字符固，幼有敏性。沛王聞其名，召見，授紙爲賦，異之。十四而孤，及壯，寬厚長者。舉秀才及第，爲汾州參軍事，遷萬年主簿……聖曆中，東都留守楊再思、王方慶共引爲判官。方慶善《禮》學，嘗就質疑晦，堅爲申釋，常得所未聞。屬文典厚，再思每目爲鳳閣舍人樣。與徐彥伯、劉知幾、張說與修《三教珠英》，時張昌宗、李嶠總領，彌年不下筆，堅與說專意撰綜，條匯粗立，諸儒因之乃成書。累遷給事中，封慈源縣子。」〔註23〕通過《徐堅傳》我們得到了新的認知，麟臺監張昌宗及成均祭酒李嶠總領編纂《三教珠英》的事情，他們廣引文詞之士，日夕談論，賦詩聚會，卻歷年未能下筆，徐堅與張說構意撰錄，以《文思博要》爲本，更加《姓氏》《親族》二部，漸有條匯，由此可見徐堅與張說是《三教珠英》編纂的核心人物，是體例設定的中心人物，而此時的徐堅與張說皆是中年才俊。徐堅的生卒年爲660年至729年，編纂《三教珠英》之時徐堅40歲左右。再者，我們要補充的一個問題是，武則天、張昌宗、李嶠諸人心中對編纂一部什麼樣的書，心中有底沒有，如果心中有底，編纂班子組建之後，直接開工就可以，爲何要討論歷年，而不能下筆，這就是說，主要決策人員如武則天、張昌宗、李嶠等人，只是計劃編纂一部大書，成就他們的功業與文名，而具體編纂一部什麼樣的書，他們還是處於朦朧的想像狀態，而徐堅、張說等人在主要決策人員猶豫不定之時，提出了一個依據《文思博要》而成新書的計劃，最終這個計劃得到了肯定並付諸實施。

〔註22〕《舊唐書》卷一百二《徐堅傳》，北京：中華書局，1975年，第3175頁。
〔註23〕《新唐書》卷一百九十九《儒學中・徐堅傳》，北京：中華書局，1975年，第5662頁。

　　《舊唐書》卷一百二《劉子玄傳》載：「劉子玄，本名知幾，楚州刺史胤之族孫也。少與兄知柔俱以詞學知名，弱冠舉進士，授獲嘉主簿。證聖年，有制文武九品已上各言時政得失，知幾上表陳四事，詞甚切直。是時官爵僭濫而法網嚴密，士類競為趨進而多陷刑戮，知幾乃著《思慎賦》以刺時，且以見意。鳳閣侍郎蘇味道、李嶠見而歎曰：『陸機《豪士》所不及也。』……自幼及長，述作不倦，朝有論著，必居其職。預修《三教珠英》《文館詞林》《姓族系錄》，論《孝經》非鄭玄注、《老子》河上公注，修《唐書實錄》，皆行於代，有集三十卷。後數年，玄宗敕河南府就家寫《史通》以進，讀而善之，追贈汲郡太守；尋又贈工部尚書，諡曰文。」〔註24〕《新唐書》卷一百三十二《劉子玄傳》載：「與兄知柔俱以善文詞知名。擢進士第，調獲嘉主簿……子玄與徐堅、元行沖、吳兢等善，嘗曰：『海內知我者數子耳。』……累遷鳳閣舍人，兼修國史……會子貺為太樂令，抵罪，子玄請於執政，玄宗怒，貶安州別駕。卒，年六十一。」〔註25〕劉知幾亦是史學名家，與徐堅、元行沖、吳兢等善，可見，劉知幾在參與《三教珠英》編纂之時，是徐堅的好助手，並且相對於李嶠、徐彥伯而言，張說、徐堅、劉知幾諸人在當時皆是中青年才俊，而《三教珠英》的真正編纂人員，肯定就是他們無疑，當然，參與編纂《三教珠英》的絕不僅僅是他們。劉知幾的生卒年是 661 年至 721 年，可見其參與編纂《三教珠英》之時的年齡為 39 歲左右。〔註26〕

　　《舊唐書》卷七四《崔湜傳》載：「崔仁師，定州安喜人。武德初，應制舉，授管州錄事參軍。五年，侍中陳叔達薦仁師才堪史職，進拜右武衛錄事參軍，預修梁、魏等史。貞觀初，再遷殿中侍御史……二十二年，遷中書侍郎，參知機務。時仁師甚承恩遇，中書令褚遂良頗忌嫉之……永徽初，起授簡州刺史，尋卒，年六十餘。神龍初，以子挹為國子祭酒，恩例贈同州刺史。挹子湜。」「湜少以文辭知名，舉進士，累轉左補闕，預修《三教珠英》，遷殿中侍御史……湜美姿儀，早有才名。弟液、滌及從兄蒞並有文翰，居清要，每宴私之際，自比東晉王導、謝安之家。」〔註27〕《新唐書》卷九十九《崔

〔註24〕《舊唐書》卷一百二《劉子玄傳》，北京：中華書局，1975 年，第 3168 頁，第 3173～3174 頁。

〔註25〕《新唐書》卷一百三十二《劉子玄傳》，北京：中華書局，1975 年，第 4519～4520 頁，第 4522 頁。

〔註26〕許凌雲《劉知幾評傳》，南京：南京大學出版社，1994 年，第 314、330 頁。

〔註27〕《舊唐書》卷七四《崔湜傳》，北京：中華書局，1975 年，第 2620、2622、2624 頁。

湜傳》載：「湜字澄瀾。少以文詞稱。第進士，擢累左補闕，稍遷考功員外郎。時桓彥範等當國，畏武三思樂構，引湜使陰汋其奸。中宗稍疏功臣，三思日益寵，湜反以彥範等計告三思，驟遷中書舍人。彥範等被徙，又說三思速殺之以絕人望。三思問誰可使者，乃進其外兄周利貞。利貞往，彥範等皆死。擢利貞御史中丞。湜附託昭容上官氏，數與宣淫於外。景龍二年，遷兵部侍郎，而挹爲禮部侍郎。武德以來，父子同爲侍郎，惟挹、湜云。俄拜中書侍郎、檢校吏部侍郎、同中書門下平章事，與鄭愔同典選。納賂遺，銓品無序，爲御史李尚隱劾奏，貶江州司馬。上官與安樂公主從中申護之，改襄州刺史。未幾，入爲尚書左丞。韋氏稱制，復以吏部侍郎同中書門下三品。睿宗立，出爲華州刺史。俄除太子詹事……玄宗在東宮，數至其第申款密。湜陰附主，時人危之，爲寒毛……初，在襄州，與譙王數相問遺。王敗，湜當死，賴劉幽求、張說護免。及爲宰相，陷幽求嶺表，密諷廣州都督周利貞殺之，不克。又與太平公主逐張說。其猜毒詭險殆天性，雖蠆虺不若也。」〔註28〕崔湜此人出身名門，是世家子弟，自比東晉王導、謝安之家，可見其家族之勢力，崔湜學問亦佳，後來在唐中宗、唐睿宗時代，崔湜官至宰相，一直處於權力的核心中，與武三思、上官婉兒、太平公主、安樂公主以及後來的唐玄宗皆有交集，而他早年亦曾參與過《三教珠英》的編纂，並且由其後來當死之時，劉幽求、張說護免他的事情來看，此人與張說的關係亦是很好，而在參與編纂《三教珠英》之時，張說、徐堅、劉知幾、崔湜四人應是關係較爲緊密的一個小群體。崔湜的生卒年史書亦有記載，即生於 671 年，卒於 713 年，而其參與編纂《三教珠英》時的年齡是 29 歲左右，是上述四人中最爲年輕的。

《舊唐書》卷一百九十中《文苑中‧閻朝隱傳》載：「閻朝隱，趙州欒城人也。少與兄鏡幾、弟仙舟俱知名。朝隱文章雖無《風》《雅》之體，善構奇，甚爲時人所賞。累遷給事中，預修《三教珠英》。張易之等所作篇什，多是朝隱及宋之問潛代爲之。聖曆二年，則天不豫，令朝隱往少室山祈禱。朝隱乃曲申悅媚，以身爲犧牲，請代上所苦。及將康復，賜絹綵百匹、金銀器十事。俄轉麟臺少監。易之伏誅，坐徙嶺外。尋召還。先天中，復爲秘書少監。又坐事貶爲通州別駕，卒官。朝隱修《三教珠英》時，成均祭酒李嶠與張昌宗爲修書使，盡收天下文詞之士爲學士，預其列者，有王無競、李适、尹元凱，

〔註28〕《新唐書》卷九十九《崔湜傳》，北京：中華書局，1975 年，第 3921～3922 頁。

並知名於時。自餘有事蹟者，各見其本傳。」〔註29〕《新唐書》卷二百二《文藝中・閻朝隱傳》載：「閻朝隱字友倩，趙州欒城人，少與兄鏡幾、弟仙舟皆著名。連中進士、孝悌廉讓科，補陽武尉。中宗為太子，朝隱以舍人幸。性滑稽，屬辭奇詭，為武后所賞。累遷給事中、仗內供奉。后有疾，令往禱少室山，乃沐浴，伏身俎盤為犧，請代后疾。還奏，會后亦愈，大見褒賜。其資佞諂如此。景龍初，自崖州遇赦還，累遷著作郎。先天中，為秘書少監，坐事貶通州別駕，卒。」〔註30〕閻朝隱年齡不詳，亦是當時的文學名士，但是他與上文所提的文學才俊相比，應是不同類型的人，他與二張兄弟關係更密切，因為史書中說二張兄弟的表章多是他代寫的。

《舊唐書》卷一百九十中《文苑中・王無競傳》載：「王無競者，字仲烈，其先琅邪人，因官徙居東萊，宋太尉弘之十一代孫。父侃，棣州司馬。無競有文學，初應下筆成章舉及第，解褐授趙州欒城縣尉，歷秘書省正字，轉右武衛倉曹、洛陽縣尉，遷監察御史，轉殿中。舊例，每日更直於殿前正班。時宰相宗楚客、楊再思常離班偶語，無競前曰：『朝禮至敬，公等大臣，不宜輕易以慢恆典。』楚客等大怒，轉無競為太子舍人。神龍初，坐訶詆權倖，出為蘇州司馬。及張易之等敗，以嘗交往，再貶嶺外，卒於廣州，年五十四。」〔註31〕王無競是位不甚得志的文學之士，他在值班時斥責宰相宗楚客，可見此人之性格，但是，他與張易之亦有交往，甚至在二張被殺之後，受到牽連，被貶嶺外，死於廣州。

《舊唐書》卷一百九十中《文苑中・李適傳》載：「李適者，雍州萬年人。景龍中，為中書舍人，俄轉工部侍郎。睿宗時，天台道士司馬承禎被徵至京師。及還，適贈詩，序其高尚之致，其詞甚美，當時朝廷之士，無不屬和，凡三百餘人。徐彥伯編而敘之，謂之《白雲記》，頗傳於代。尋卒。」〔註32〕《新唐書》卷二百二《文藝中・李適傳》載：「李適子至，京兆萬年人。舉進士，再調猗氏尉。武后脩《三教珠英》書，以李嶠、張昌宗為使，取文學士

〔註29〕《舊唐書》卷一百九十中《文苑中・閻朝隱傳》，北京：中華書局，1975年，第5026頁。
〔註30〕《新唐書》卷二百二《文藝中・閻朝隱傳》，北京：中華書局，1975年，第5751～5752頁。
〔註31〕《舊唐書》卷一百九十中《文苑中・王無競傳》，北京：中華書局，1975年，第5026～5027頁。
〔註32〕《舊唐書》卷一百九十中《文苑中・李適傳》，北京：中華書局，1975年，第5027頁。

綴集，於是適與王無競、尹元凱、富嘉謨、宋之問、沈佺期、閻朝隱、劉允濟在選。書成，遷戶部員外郎，俄兼脩書學士。景龍初，又擢脩文館學士。睿宗時，待詔宣光閣，再選工部侍郎。卒，年四十九，贈貝州刺史。」〔註33〕李適亦是名臣，文辭優美，而其參與編纂《三教珠英》之時，亦屬青年才俊。

　　《舊唐書》卷一百九十中《文苑中‧尹元凱傳》載：「尹元凱者，瀛州樂壽人。初爲磁州司倉，坐事免，乃棲遲山林，不求仕進，垂三十年。與張說、盧藏用特相友善，徵拜右補闕。卒於并州司馬。」〔註34〕《新唐書》卷二百二《文藝中‧尹元凱傳》「尹元凱，瀛州樂壽人。由慈州司倉參軍坐事免，棲遲不出者三十年。與張說、盧藏用厚，詔起爲右補闕。」〔註35〕尹元凱本傳沒有記載其參與編纂《三教珠英》的事情，但是史書記載他與張說關係友善。

　　《舊唐書》卷一百九十中《文苑中‧富嘉謨傳》載：「富嘉謨，雍州武功人也。舉進士。長安中，累轉晉陽尉，與新安吳少微友善，同官。先是，文士撰碑頌，皆以徐、庾爲宗，氣調漸劣；嘉謨與少微屬詞，皆以經典爲本，時人欽慕之，文體一變，稱爲富吳體。嘉謨作《雙龍泉頌》《千蠋谷頌》，少微撰《崇福寺鐘銘》，詞最高雅，作者推重。并州長史張仁亶待以殊禮，坐必同榻。嘉謨後爲壽安尉，預修《三教珠英》。中興初，爲左臺監察御史，卒。有文集五卷。」〔註36〕《新唐書》卷二百二《文藝中‧富嘉謨傳》載：「嘉謨，武功人，舉進士。長安中，累轉晉陽尉；少微，新安人，亦尉晉陽，尤相友善；有魏谷倚者，爲太原主簿，並負文辭，時稱「北京三傑」。天下文章尚徐、庾，浮俚不竞，獨嘉謨、少微本經術，雅厚雄邁，人爭慕之，號「吳富體」。豫修《三教珠英》。韋嗣立薦嘉謨、少微並爲左臺監察御史。已而嘉謨死，少微方病，聞之爲慟，亦卒。」〔註37〕富嘉謨本傳記載了他參與編纂《三教珠

〔註33〕《新唐書》卷二百二《文藝中‧李適傳》，北京：中華書局，1975年，第5747頁。

〔註34〕《舊唐書》卷一百九十中《文苑中‧尹元凱傳》，北京：中華書局，1975年，第5027頁。

〔註35〕《新唐書》卷二百二《文藝中‧尹元凱傳》，北京：中華書局，1975年，第5752頁。

〔註36〕《舊唐書》卷一百九十中《文苑中‧富嘉謨傳》，北京：中華書局，1975年，第5013頁。

〔註37〕《新唐書》卷二百二《文藝中‧富嘉謨傳》，北京：中華書局，1975年，第5752頁。

英》的事情，並且，富嘉謨之文章是當時之經典，爲時人所欽慕，由此來看，參與編纂《三教珠英》之文士中，亦是有不少眞才實學之人。

《舊唐書》卷一百九十中《文苑中·宋之問傳》載：「宋之問，虢州弘農人。父令文，有勇力，而工書，善屬文。高宗時，爲左驍衛郎將、東臺詳正學士。之問弱冠知名，尤善五言詩，當時無能出其右者。初征令與楊炯分直內教，俄授洛州參軍，累轉尚方監丞、左奉宸內供奉。易之兄弟雅愛其才，之問亦傾附焉。預修《三教珠英》，常扈從遊宴。則天幸洛陽龍門，令從官賦詩，左史東方虯詩先成，則天以錦袍賜之。及之問詩成，則天稱其詞愈高，奪虯錦袍以賞之。」〔註38〕宋之問此人，亦是文采出眾，但是，宋之問與二張兄弟相依附，二張兄弟之表章亦是多由宋之問代作。

《舊唐書》卷一百九十中《文苑中·沈佺期傳》載：「沈佺期，相州內黃人也。進士舉。長安中，累遷通事舍人，預修《三教珠英》。」〔註39〕沈佺期的傳記很簡單，仍然記載了其參與編纂《三教珠英》的事情，可見，編纂《三教珠英》對當時人來說，亦是有榮耀的「美事」一椿。

《舊唐書》卷一百九十中《文苑中·劉允濟傳》載：「劉允濟，洛州鞏人，其先自沛國徙焉。南齊彭城郡丞巘六代孫也。少孤，事母甚謹。博學善屬文，與絳州王勃早齊名，特相友善。弱冠本州舉進士，累除著作佐郎。允濟嘗採摭魯哀公後十二代至於戰國遺事，撰《魯後春秋》二十卷。表上之，遷左史，兼直弘文館。垂拱四年，明堂初成，允濟奏上《明堂賦》以諷，則天甚嘉歎之，手製褒美，拜著作郎。天授中，爲來俊臣所構，當坐死，以其母老，特許終其餘年，仍留繫獄。久之，會赦免，貶授大庾尉。長安中，累遷著作佐郎，兼修國史。未幾，擢拜鳳閣舍人。中興初，坐與張易之款狎，左授青州長史，爲吏清白，河南道巡察使路敬潛甚稱薦之。尋丁母憂，服闋而卒。」〔註40〕劉允濟與王勃齊名，亦是博學之人，後來，爲酷吏所構，當死未死，肯定是武則天暗中保護的結果，從他後來與二張關係密切，並因此被貶可知，此劉允濟與二張乃至武則天的關係是較爲緊密的。

〔註38〕《舊唐書》卷一百九十中《文苑中·宋之問傳》，北京：中華書局，1975年，第5025頁。

〔註39〕《舊唐書》卷一百九十中《文苑中·沈佺期傳》，北京：中華書局，1975年，第5017頁。

〔註40〕《舊唐書》卷一百九十中《文苑中·劉允濟傳》，北京：中華書局，1975年，第5012～5013頁。

　　《舊唐書》卷一百九十中《文苑中‧員半千傳》載：「員半千，本名餘慶，晉州臨汾人。少與齊州人何彥先同師事學士王義方，義方嘉重之，嘗謂之曰：『五百年一賢，足下當之矣！』因改名半千。及義方卒，半千與彥先皆制服，喪畢而去……長安中，五遷正諫大夫，兼右控鶴內供奉。半千以控鶴之職，古無其事，又授斯任者率多輕薄，非朝廷進德之選，上疏請罷之。由是忤旨，左遷水部郎中，預修《三教珠英》。」〔註41〕員半千是王義方的學生，關於王義方後文還有介紹，由員半千上疏請罷控鶴監之事，可見此人之品行，雖然忤旨，其仍然參與了《三教珠英》的編纂。

　　《舊唐書》卷一百九十中《文苑中‧喬知之傳》載：「喬知之，同州馮翊人也。父師望，尚高祖女廬陵公主，拜駙馬都尉，官至同州刺史。知之與弟侃、備，並以文詞知名。知之尤稱俊才，所作篇詠，時人多諷誦之。則天時，累除右補闕，遷左司郎中……備，預修《三教珠英》，長安中卒於襄陽令。」〔註42〕喬備兄弟，是唐高祖李淵的外孫，其父喬師望亦是一代名將，他們作爲皇親國戚，在武則天時代也參與到了《三教珠英》的編纂之中。

　　《舊唐書》卷一百九十中《文苑中‧王適傳》載：「初則天時，敕吏部糊名考選人判，以求才彥，憲與王適、司馬鍠、梁載言相次判入第二等。」「王適，幽州人。官至雍州司功。」〔註43〕王適本傳沒有記載其參與編纂《三教珠英》的事情，但是《唐會要》記載了他，並且其排名很靠前。

　　《舊唐書》卷七十三《薛元超傳》載：「子曜，亦以文學知名，聖曆中，修《三教珠英》，官至正諫大夫。」〔註44〕薛元超前文我們有提及，此人是皇親國戚，曾參與編纂《東殿新書》，並且他發現、提拔了諸多文學之士，而在編纂《三教珠英》之時，他的兒子薛曜也參與進來了。

　　《舊唐書》卷九十八《魏知古傳》載：「魏知古，深州陸澤人也。性方直，早有才名。弱冠舉進士，累授著作郎，兼修國史。長安中，歷遷鳳閣舍人、衛尉少卿。時睿宗居藩，兼檢校相王府司馬。神龍初，擢拜吏部侍郎，仍並

〔註41〕《舊唐書》卷一百九十中《文苑中‧員半千傳》，北京：中華書局，1975年，第5014～5015頁。

〔註42〕《舊唐書》卷一九百中《文苑中‧喬知之傳》，北京：中華書局，1975年，第5011～5012頁。諸書言修《三教珠英》者有「高備」，而王蘭蘭考證「高備」當是「喬備」。

〔註43〕《舊唐書》卷一九百中《文苑中‧王適傳》，北京：中華書局，1975年，第5017頁。

〔註44〕《舊唐書》卷七十三《薛元超傳》，北京：中華書局，1975年，第2591頁。

依舊兼修國史，尋進位銀青光祿大夫。明年，丁母憂去職，服闋授晉州刺史。睿宗即位，以故吏召拜黃門侍郎，兼修國史。」〔註45〕「開元元年，官名改易，改爲黃門監。二年，還京，上屢有顧問，恩意甚厚，尋改紫微令。姚崇深忌憚之，陰加讒毀，乃除工部尚書，罷知政事。三年卒，時年六十九。」〔註46〕開元三年（715）年，魏知古69歲，而聖曆三年（700），此編纂《三教珠英》時，魏知古的年齡是54歲，算是編纂團隊中的年齡較大者。

元希聲沒有傳記傳世，故其參與編纂《三教珠英》的情況不明。《舊唐書》卷一百八十四《宦官‧李輔國傳》載：「肅宗又爲輔國娶故吏部侍郎元希聲侄擢女爲妻。」〔註47〕通過這個記載，我們可知元希聲曾經官至吏部侍郎，而李輔國娶其侄孫女是其去世後的事情。

常元旦，無傳記資料，《新唐書》載有「韋元旦」，王蘭蘭考證此「常元旦」當是「韋元旦」。《新唐書》卷二百二《文藝中‧韋元旦傳》載：「韋元旦，京兆萬年人。祖澄，越王府記室，撰《女誡》傳于時。元旦擢進士第，補東阿尉，遷左臺監察御史。與張易之有姻屬，易之敗，貶感義尉。俄召爲主客員外郎，遷中書舍人。舅陸頌妻，韋后弟也，故元旦憑以復進云。」〔註48〕王蘭蘭《〈三教珠英〉考補與發微》言：「與韋元旦並列的均爲《三教珠英》編寫人員，韋元旦又與張易之有姻親關係，參與編寫的可能性極大。」〔註49〕

蔣鳳、于季子、馬吉甫、李處正、房元陽、楊齊哲六人必然也是參與了《三教珠英》的編纂，並被史書記載下來，但是由於沒有找到他們的傳記資料，對他們的生平事蹟不清楚，待查。

《新唐書》卷六十《藝文四》載：「《珠英學士集》五卷。崔融集。武后時修《三教珠英》學士李嶠、張說等詩。」〔註50〕宋晁公武撰《郡齋讀書志》卷二十《總集類》載：「《珠英學士集》五卷。右唐武后朝，嘗詔武三思等修《三教珠英》一千三百卷，預修書者凡四十七人，崔融編集其所賦詩，各題爵里，

〔註45〕《舊唐書》卷九十八《魏知古傳》，北京：中華書局，1975年，第3061頁。
〔註46〕《舊唐書》卷九十八《魏知古傳》，北京：中華書局，1975年，第3064頁。
〔註47〕《舊唐書》卷一百八十四《宦官‧李輔國傳》，北京：中華書局，1975年，第4760頁。
〔註48〕《新唐書》卷二百二《文藝中‧韋元旦傳》，北京：中華書局，1975年，第5749頁。
〔註49〕王蘭蘭《〈三教珠英〉考補與發微》，《唐史論叢》2013年第2期，總第17輯，西安：陝西師範大學出版總社，2014年，第114～130頁。
〔註50〕《新唐書》卷六十《藝文四》，北京：中華書局，1975年，第1623頁。

以官班爲次，融爲之序。」〔註51〕馬端臨《文獻通考》卷二百四十八載：「《珠英學士集》五卷。晁氏曰：唐武后朝嘗詔武三思等修《三教珠英》一千三百卷，預修書者凡四十七人，崔融編集其所賦詩，各題爵里，以官班爲次，融爲之序。」〔註52〕崔融作爲當時與李嶠、蘇味道、盧藏用等齊名的文章大家，他極有可能也參與了《三教珠英》的編纂。《舊唐書》卷九十四《崔融傳》載：「崔融，齊州全節人。初，應八科舉擢第。累補宮門丞，兼直崇文館學士。中宗在春宮，制融爲侍讀，兼侍屬文，東朝表疏，多成其手。聖曆中，則天幸嵩嶽，見融所撰《啓母廟碑》，深加歎美，及封禪畢，乃命融撰朝覲碑文。自魏州司功參軍擢授著作佐郎，尋轉右史。聖曆二年，除著作郎，仍兼右史內供奉。四年，遷鳳閣舍人。久視元年，坐忤張昌宗意，左授婺州長史。頃之，昌宗怒解，又請召爲春官郎中，知制誥事。長安二年，再遷鳳閣舍人。三年，兼修國史。」「四年，除司禮少卿，仍知制誥。時張易之兄弟頗招集文學之士，融與納言李嶠、鳳閣侍郎蘇味道、麟臺少監王紹宗等俱以文才降節事之。及易之伏誅，融左授袁州刺史。尋召拜國子司業，兼修國史。神龍二年，以預修《則天實錄》成，封清河縣子，賜物五百段，璽書褒美。融爲文典麗，當時罕有其比，朝廷所須《洛出寶圖頌》《則天哀冊文》及諸大手筆，並手敕付融。撰哀冊文，用思精苦，遂發病卒，時年五十四。以侍讀之恩，追贈衛州刺史，諡曰文。有集六十卷。」〔註53〕神龍二年（706），崔融撰哀冊文，用思精苦，遂發病卒，時年54歲，而聖曆三年（700）之時，編纂《三教珠英》之時，崔融的年齡是48歲。

《新唐書》卷一一五《朱敬則》載：「朱敬則字少連，亳州永城人。以孝義世被旌顯，一門六闕相望。敬則志尚恢博，好學，重節義然諾，善與人交，振其急難，不責報於人。與左史江融、左僕射魏元忠善。咸亨中，高宗聞其名，召見，異之，爲中書令李敬玄所毀，故授洹水尉。久之，除右補闕……以老疾還政事，俄改成均祭酒、冬官侍郎。易之等集名儒撰《三教珠英》，又繪武三思、李嶠，蘇味道、李迥秀、王紹宗等十八人像以爲圖，欲引敬則，固辭不與，世潔其爲人。出爲鄭州刺史，遂致仕。侍御史冉祖雍誣奏與王同皎善，貶涪州刺史。既明其非罪，改廬州。代還，無淮南一物，所乘止一馬，

〔註51〕（宋）晁公武撰，孫猛校證《郡齋讀書志校證》卷二十《總集類》，北京：中華書局，2011年，第1059頁。

〔註52〕（元）馬端臨《文獻通考》卷二百四十八《經籍考七十五集總集》，北京：中華書局，1986年，第1954頁。

〔註53〕《舊唐書》卷九十四《崔融傳》，北京：中華書局，1975年，第2996～3000頁。

子曹步從以歸。卒年七十五。」〔註54〕宋王欽若等撰《冊府元龜》卷三百十七《宰輔部正直第二》載：「朱敬則，爲鳳閣鸞臺平章事。時御史大夫魏元忠爲張易之兄弟所謗，將陷重辟，當時宰相無敢言者，敬則獨抗疏理之，頗得明白。麟臺監張昌宗廣集當時學者，刪補《文思博要》，撰爲《三教珠英》，又命畫工圖寫梁王武三思、納言李嶠、麟臺少監王紹宗等十八人形象，號爲『高士圖』，每引敬則預其事，固辭不就。其高潔守正如此。」〔註55〕朱敬則是個特例，朱敬則本來是可以參與《三教珠英》編纂的，但是朱敬則一直以來，對二張兄弟之所作所爲不屑一顧，故堅決不予他們同流，並且不時上疏抨擊二張，故我們也將朱敬則附於此處，表明在《三教珠英》編纂之時，也是有反對聲音的，也是有不同意見的。但是朱敬則必然是個例，更多的文人學士、王公宰相則是在迎合二張，迎合武則天，當然這其中不乏陽奉陰違，出淤泥而不染的正直之士，他們中的很多人在後來的唐玄宗時代，仍然是做出來不少的功業，如我們所多次提及的張說、徐堅等人。

（二）《三教珠英》的流傳

宋王溥撰《唐會要》卷三十五《學校》載：「開元三年，右散騎常侍褚無量、馬懷素侍宴，言及內庫及秘書墳籍。上曰：內庫書，皆是太宗高宗前代舊書，省比日，常令宮人主掌，所有殘缺，未能補緝，篇卷錯亂，尋檢甚難，卿試爲朕排比之。至七年五月，降勅於秘書省、昭文館、禮部、國子監、太常寺及諸司、并官及百姓等。就借善寫之，及整比四部書成，上令百姓官人入乾元殿東廊觀書，無不驚駭。七年九月勅，比來書籍缺亡及多錯亂，良由簿歷不明，綱維失錯，或須披閱，難可校尋。令麗正殿寫四庫書，各於本庫每部爲目錄，其有與四庫書名目不類者，依劉歆七略，排爲七志。其經史子集，及人文集，以時代爲先後，以品秩爲次第。其《三教珠英》既有缺落，宜依舊目，隨文修補。」〔註56〕根據這個記載，可見在開元三年（715）唐玄宗曾下令整理圖書典籍，至開元七年（719）令百姓、官人入乾元殿觀書，無

〔註54〕　《新唐書》卷一百一十五《朱敬則傳》，北京：中華書局，1975 年，第 4218 頁，第 4220 頁。

〔註55〕　（宋）王欽若等編纂，周勳初等校訂《冊府元龜》卷三百十七《宰輔部・正直第二》，南京：鳳凰出版社，2006 年，第 3585 頁。

〔註56〕　（宋）王溥撰《唐會要》卷三十五《學校》，北京：中華書局，1955 年，第 644 頁。

不驚駭，可見此次整理典籍的成果之多，唐玄宗在此基礎上，再接再厲，於開元七年九月下令繼續整理圖書，而在詔令的最後提到了《三教珠英》，此時距離《三教珠英》編纂完成之時，不到二十年，而《三教珠英》竟然出現了缺落等現象，故唐玄宗派人修補《三教珠英》。此時，當年編纂《三教珠英》的人員尚在，修補工作應該較爲容易，但是修補的結果如何，史書沒有記載。

到了唐文宗時期，也就是開成二年（837），唐文宗下令將《三教珠英》的名字改爲《海內珠英》。《舊唐書》卷十七下《文宗下》載：「（開成二年）冬十月辛卯朔，詔改天后所撰《三教珠英》爲《海內珠英》。」〔註57〕《新唐書》卷五十九《藝文三》子部「類書類」亦載：「開成初改爲《海內珠英》，武后所改字並復舊。」〔註58〕宋王溥撰《唐會要》卷三十六《修撰》亦載：「二年⋯⋯其年十月，勅改天后朝所撰《三教珠英》爲《海內珠英》。」〔註59〕可見，唐文宗開成年間不僅僅將《三教珠英》的名字改爲《海內珠英》，還將武后所改字並復舊，而如此的動作，必然需要對整部書都作核查與檢閱，不然如何將所有改字復舊。唐文宗對《三教珠英》一番整理之後，兩《唐書》中，沒有了對這部大書的記載，不知唐末的戰亂中，這部大書的命運如何，而通過編纂《太平御覽》時，提及《文思博要》，不提《三教珠英》來看，此《三教珠英》的命運或許好不到哪裏去！並且歷代文人墨客對此書也不大看好，主要是二張的緣故，如果我們拋棄此種鄙視之觀念，單純思考這部大書的質量，再看其流傳，或許會更好一點。

《郡齋讀書志校證》卷十四《類書類》載：「《三教珠英》三卷（袁本後志卷二類書類第四）。右唐張昌宗等撰，按唐志一千三百卷，今所存者止此。」〔註60〕按照這個記載可知，到了南宋，《三教珠英》尚有三卷流傳。馬端臨《文獻通考》卷二百二十八《經籍考五十五‧類書》載：「《三教珠英》三卷。晁氏曰：唐張昌宗撰，按唐志一千三百卷，今所存者止此。」〔註61〕馬端臨的記載肯定是因襲前書而來，到元代此書之亡佚與否，已不可知。

〔註57〕《舊唐書》卷十七下《文宗下》，北京：中華書局，1975年，第571頁。

〔註58〕《新唐書》卷五十九《藝文三》，北京：中華書局，1975年，第1563頁。

〔註59〕（宋）王溥撰《唐會要》卷三十六《修撰》，北京：中華書局，1955年，第662頁。

〔註60〕（宋）晁公武撰，孫猛校證《郡齋讀書志校證》卷十四《類書類》，北京：中華書局，2011年，第655頁。

〔註61〕（元）馬端臨《文獻通考》卷二百二十八《經籍考五十五‧類書》，北京：中華書局，1986年，第1828頁。

　　明胡應麟撰《少室山房筆叢正集》卷四甲部《經籍會通四》載：「洪景盧云：國初承五季亂離之後，所在書籍印板至少，宜其焚蕩，了無孑遺。然太平興國中，編次《御覽》，引用一千六百九十種，其綱目並載於首卷，而雜書古詩賦，又不能具錄，以今考之，無傳者十之七八矣。此論未然，《太平御覽》蓋因襲唐諸類書《文思博要》《三教珠英》等，仍其前引書目，非必宋初盡存也，亦有宋世不存而近時往往迭出者，又以鈔拾類書得之，此皆余所自驗，故知之最眞。洪以博洽名，而早列清華，或未曉此曲折，諸家亦鮮論及，漫爾識之。」〔註62〕胡應麟對古今典籍的流傳之事所論甚多，而此處我們或可得到一點啓發，就是雖然前文說，《太平御覽》編纂之時，提及《文思博要》，不提《三教珠英》，也不能說明編纂《太平御覽》之時就沒有參考《三教珠英》，南宋之時尚有三卷《三教珠英》，北宋之時或許有更多卷帙可供參閱，只是由於二張之醜名，使人不願提及此書而已。

　　王士禎撰《居易錄》卷二載：「後村云：張易之、昌宗目不識字，手不知書，謝表及和御製，皆依附者爲之。所進《三教珠英》，乃崔融、張說輩爲之，而易之竊名爲首。（見《詩話》）適見李日華《紫桃軒雜綴》云：張昌宗粉面膏脣，以媚女主，其人疑優伶不齒然，亦名擅文翰之譽，有《三教珠英》一千三百餘卷，其所著，恐亦未可以人廢也。則以編著果出昌宗之手，亦愚矣。」〔註63〕王士禎之評論亦是自說自話，自以爲是，古今學者沒有人會認爲《三教珠英》是張昌宗、張易之所著，這是極其簡單的道理，故李日華不會犯這樣的錯誤。李日華的可取之處是，承認古今學者皆有以人廢書之偏見，即以二張之鄙陋廢《三教珠英》之價值。《三教珠英》之編纂質量不敢說很高，但是其基本的質量還是可以相信的，爲何？《文思博要》的編纂質量是可以信賴的，而《三教珠英》就是《文思博要》的升級版，且有張說、徐堅、徐彥伯諸人在，他們這些英才的存在，難道不能保證《三教珠英》的質量？

（三）《三教珠英》的輯佚

　　宋陸佃撰《埤雅》卷十《釋蟲》載：

　　　《三教珠英》曰：蜈蚣見蛇能以氣禁之，蓋土勝水，故蚰蛆搏

〔註62〕　（明）胡應麟《少室山房筆叢》卷四甲部《經籍會通四》，北京：中華書局，1958年，第61頁。
〔註63〕　（明）王士禎撰《居易錄》卷二，《文淵閣四庫全書》，第869冊，上海：上海古籍出版社，2003年，第330頁。

蛇。舊說蟾蜍食蝍蛆，蝍蛆食蛇，蛇食蟾蜍，三物相值，莫敢先動，
是亦騎虎之義，不得下也。〔註64〕

《三教珠英》曰：蒿成蠣蛬。〔註65〕

宋陸佃撰《埤雅》卷十一《釋蟲》載：

《三教珠英》云：守宮鱗，色如蛇，而四足亦與魚合。〔註66〕

吳陸機撰，明毛晉廣要《陸氏詩疏廣要》卷下之下《胡為虺蜴》載：

《三教珠英》云：守宮鱗，色如蛇，而四足亦與魚合。〔註67〕

明馮復京撰《六家詩名物疏》卷三十八《小雅節南山之什一》載：

《三教珠英》云：守宮鱗，色如蛇，而四足亦與魚合。〔註68〕

通過僅有的幾條佚文，我們還是可以看到《三教珠英》的體例的，如《太平御覽》，是典型的類事類書，這也再次證明我們對唐前期官修類書的整體認知，即官修類書還是沿著類事類書的體例在向前發展，而發展的極致就是此《三教珠英》，故我們認為此《三教珠英》的質量也是不容小覷或者不容置疑的。

（四）結　語

王蘭蘭《〈三教珠英〉考補與發微》認為《三教珠英》的始撰時間是聖曆三年（700）改元久視前，撰成時間是長安元年（701）十一月，可見，如此卷帙浩瀚的《三教珠英》編纂時間僅一年多。王蘭蘭還從《三教珠英》與武則天時期的政治關係方面，對《三教珠英》的編纂做了深入的分析，其言：「武則天欲以編修掩飾自己內心的轉折與無奈。」「《三教珠英》的始撰與書成時間恰在聖曆三年至長安元年，其底本又是太宗朝高士廉編寫的《文思博要》，這恐怕並不能如《新唐書》所說，僅僅用武則天為面首改善形象來解釋吧。

〔註64〕　（宋）陸佃撰《埤雅》卷十《釋蟲》，《文淵閣四庫全書》，第222冊，上海：上海古籍出版社，2003年，第144頁。

〔註65〕　（宋）陸佃撰《埤雅》卷十《釋蟲》，《文淵閣四庫全書》，第222冊，上海：上海古籍出版社，2003年，第145頁。

〔註66〕　（宋）陸佃撰《埤雅》卷十一《釋蟲》，《文淵閣四庫全書》，第222冊，上海：上海古籍出版社，2003年，第157頁。

〔註67〕　（吳）陸機撰，（明）毛晉廣要《陸氏詩疏廣要》卷下之下《胡為虺蜴》，《文淵閣四庫全書》，第70冊，上海：上海古籍出版社，2003年，第157頁。

〔註68〕　（明）馮復京撰《六家詩名物疏》卷三十八《小雅節南山之什一》，《文淵閣四庫全書》，第80冊，上海：上海古籍出版社，2003年，第413頁。

是否可以理解成武則天回歸李唐的心理在文化活動方面的折射？抑或可以理解爲武則天通過思想文化方面的活動傳遞出的改周歸唐的信號？」「回歸李唐需要調和矛盾，做好充分的思想和輿論準備，編寫《三教珠英》正是其中一個重要組成部分。」〔註69〕誠然，王蘭蘭的論斷是很有意義的，很有啓發，與當時的政治局勢做關聯，可以稱爲一家之言。但是，誠如上文我們所說，主要決策人員武則天、張昌宗、李嶠等人在編纂初期，對於編纂一部什麼樣的大書是沒有計劃的，他們只是要編纂一部大書，而具體編纂一部怎麼樣的大書，心中沒底，又哪來如此多的政治意味的暗示，就算武則天真要暗示什麼，立太子一事已經是明白無誤的昭告天下了，而《三教珠英》的暗示作用好像比較弱。但是，《三教珠英》的編纂無疑是武則天時代的大事，尤其是文化上的大事，集合了如此多的文人學士，並且是各個不同政治立場的文人學士，對當時政治生態的影響肯定是比較大的。

《舊唐書》卷六《則天皇后》載：

> 聖曆元年……春三月，召盧陵王哲於房州……八月……魏王承嗣卒。庚子，梁王三思爲內史，狄仁傑爲納言。九月……丙子，盧陵王哲爲皇太子，令依舊名顯，大赦天下，大酺五日……辛巳，皇太子謁太廟……冬十月，夏官侍郎姚元崇、麟臺少監李嶠並同鳳閣鸞臺平章事。

> 二年春二月，封皇嗣旦爲相王。初爲寵臣張易之及其弟昌宗置控鶴府官員，尋改爲奉宸府，班在御史大夫下……秋七月，上以春秋高，慮皇太子、相王與梁王武三思、定王武攸寧等不協，令立誓文於明堂。

> 三年正月戊寅，梁王三思爲特進，天官侍郎吉頊配流嶺表。臘月辛巳，封皇太子男重潤爲邵王……春三月，李嶠爲鸞臺侍郎，知政事如故。夏四月戊申，幸三陽宮。五月癸丑，上以所疾康復，大赦天下，改元爲久視，停金輪等尊號，大酺五日。……秋七月，至自三陽宮。天官侍郎張錫爲鳳閣侍郎、同鳳閣鸞臺平章事；其甥鳳閣鸞臺平章事李嶠爲成均祭酒，罷知政事。……九月，內史狄仁傑卒。冬十月甲寅，復舊正朔，改一月爲正月，仍以爲歲首，正月依

〔註69〕王蘭蘭《〈三教珠英〉考補與發微》，杜文玉主編《唐史論叢》2013年第2期，總第17輯，西安：陝西師範大學出版社，2014年，第114～130頁。

舊為十一月，大赦天下……十二月，開屠禁，諸祠祭令依舊用牲牢。

大足元年……九月，邵王重潤為易之讒構，令自死。冬十月，幸京師，大赦天下，改元為長安。

二年……十一月，相王旦為司徒。

三年……夏四月庚子，相王旦表讓司徒，許之。改文昌臺為中臺。李嶠知納言事。……秋九月，正諫大夫朱敬則同鳳閣鸞臺平章事。戊申，相王旦為雍州牧。是月，御史大夫兼知政事、太子右庶子魏元忠為張昌宗所譖，左授端州高要尉……冬十月丙寅，駕還神都。乙酉，至自京師。

四年春正月……朱敬則請致仕，許之。三月，進封平恩郡王重福為譙王，夏官侍郎宗楚客同鳳閣鸞臺平章事。夏四月，韋安石知納言事，李嶠知內史事……李嶠為國子祭酒，知政事如故……冬十月，秋官侍郎張柬之同鳳閣鸞臺平章事。十一月，李嶠為地官尚書，張柬之為鳳閣鸞臺平章事。

神龍元年春正月，……癸亥，麟臺監張易之與弟司僕卿昌宗反，皇太子率左右羽林軍桓彥範、敬暉等，以羽林兵入禁中誅之。甲辰，皇太子監國，總統萬機，大赦天下。是日，上傳皇帝位於皇太子，徙居上陽宮。〔註70〕

通過對《則天皇后本紀》的考察，我們可以發現從聖曆元年（698），武則天已經開始有了新的政治轉向，召盧陵王哲於房州就是最大的決定，不久盧陵王哲為皇太子，很顯然，這一年中，武則天已經做了最重要的政治安排，但是，情況如何呢？好像效果並不好，武氏與李氏好像都不買帳，武氏諸人是不滿，李氏諸人是不敢，但是，都不能表現出來，內心卻都是不滿的，並且，武則天也發現了這個問題，所以，聖曆二年秋七月，上以春秋高，慮皇太子、相王與梁王武三思、定王武攸寧等不協，令立誓文於明堂，讓他們在明堂發誓，這個肯定是要調和二者之間的矛盾，而這個矛盾調和的結果好像還不錯，聖曆三年的年初，梁王武三思為特進，封皇太子男李重潤為邵王，雙方皆有封賞，緊張關係得到緩和，而在這樣的形勢下，聖曆三年武則天果然採取了很多積極措施，即恢復李唐原來的政策。

〔註70〕《舊唐書》卷六《則天皇后》，北京：中華書局，1975年，第127～132頁。

　　而編纂《三教珠英》與其說是武則天的表演，倒不如說是張昌宗、張易之兄弟的表演，試看聖曆元年，立李顯爲皇太子之後的大周朝局，很顯然，各方都在沉默中聚集力量，大局已定，當然，接班人無論是誰，李氏或者武氏？二張之結局都不會好到哪裏去！而在此時，尤其是定了接班人之後，二張兄弟難道沒有察覺出變化，所以，聖曆元年之後的二張兄弟，當然也包括武則天，一方面，變得更爲積極與活躍，一方面，又表現爲沉淪與沉溺，二張兄弟要在武則天還活著的時候瘋狂一下，他們此時之囂張乃至跋扈，可從不斷的陷害、排擠、拉攏朝臣看出來，而大足元年，張易之進讒言害死邵王李重潤之事，則是二張之跋扈最爲顯著的表現。李重潤是唐中宗李顯嫡長子，當時的嫡長孫，韋皇后所生，而在《三教珠英》編纂的第二年，李重潤還有妹妹李仙蕙、妹夫武延基，卻因爲議論二張兄弟，被武則天賜死，很明顯，這是二張對武則天接班人的進攻，是二張跋扈乃至陰毒的集中表現，此時如此有權勢，如此有影響力的二張，要做點可以炫耀一下的事情，難道不是常理，他們難道沒有立功業的需求與想法？而給他們增光添彩的修書「美事」，恰在此時前後開啓與完成，難道說不是他們的刻意謀劃，難道還有其他緣由，並且，此時張昌宗的官職就是麟臺監。武則天在最後的歲月中，尤其是立李顯爲皇太子之後，變得更加的沉淪與沉溺，其對二張的偏信也達到頂峰，這是二張跋扈的根源，而二張修書與其說是爲了自己，不如說是爲了討好武則天，他們是爲大周的文化事業在做貢獻，而不是爲大唐，從其卷帙非要超過《文思博要》一百卷，即可看出其用意。當然，在武則天的支持下，被二張網羅的皆是天下才俊，而當時敢與他們唱反調的只有一個朱敬則，幾十位朝廷官員，既有宰相王公，更有文士大夫，一起參與到如此規模的集會中，不會是簡單的事情，必然有整個王朝的虛榮心在裏面作怪，他們必然知曉他們的使命，他們必然在不斷的高唱，他們是在爲大周的輝煌文化事業做貢獻，而一旦上升到這個境界，所有的人都要爲完成這個事業做出自己的努力，而實際的情況亦是如此，後來張說、徐堅、劉知幾哪個不是名垂青史的人中龍鳳、傑出俊才，而在此時，他們亦是不自覺的加入這場大周文采秀的比試之中，只不過這些參與編纂人員，一部分是眞心投靠，一部分是假意逢迎，還有一部分是等待觀望。

八、《筆海》編纂研究

　　關於《筆海》的創作年代及內容，史書中留存下來的資料很少，僅有《新唐書》《通志》記載了其卷帙情況。《新唐書》卷五十九《藝文三》子部「類書類」載：「王義方《筆海》十卷。」〔註1〕《通志二十略・藝文略第七》子部「類書類」載：「《筆海》，十卷。王義方撰。」〔註2〕王義方此人是生活在唐太宗、唐高宗時代的人，與前文我們所說的任希古、高智周、郭正一、孟利貞諸人處於相同時代。《舊唐書》卷七十三《薛元超傳》載：「元超既擅文辭，兼好引寒俊，嘗表薦任希古、高智周、郭正一、王義方、孟利貞等十餘人，由是時論稱美。」〔註3〕

　　《舊唐書》卷一百八十七上《忠義上・王義方傳》載：「王義方，泗州漣水人也。少孤貧，事母甚謹，博通《五經》，而騫傲獨行。初舉明經，因詣京師，中路逢徒步者，自云父爲潁上令，聞病篤，倍道將往焉，徒步不前，計無所出。義方解所乘馬與之，不告姓名而去。俄授晉王府參軍，直弘文館。特進魏徵甚禮之，將以姪女妻之。義方竟娶徵之姪女，告人曰：『昔不附宰相之勢，今感知己之言故也。』轉太子校書。」「貞觀二十三年，改授洹水丞。時張亮兄子皎，配流在崖州，來依義方而卒。臨終託以妻子及致屍還鄉。義方與皎妻自誓於海神，使奴負柩，令皎妻抱其赤子，乘義方之馬，身獨步從而還。先之原武葬皎，告祭張亮，送皎妻子歸其家而往洹水。轉雲陽丞，擢

〔註1〕　《新唐書》卷五十九《藝文三》，北京：中華書局，1975年，第1563頁。
〔註2〕　（宋）鄭樵撰，王樹民點校《通志二十略・藝文略第七》，北京：中華書局，1995年，第1732頁。
〔註3〕　《舊唐書》卷七十三《薛元超傳》，北京：中華書局，1975年，第2590頁。

為著作佐郎。顯慶元年，遷侍御史……左遷萊州司戶參軍。秩滿，家于昌樂，聚徒教授。母卒，遂不復仕進。總章二年卒，年五十五。撰《筆海》十卷、文集十卷。門人何彥光、員半千為義方制師服，三年喪畢而去。」〔註4〕通過王義方的傳，我們可知此人是位忠義之士，在學問方面，博通五經，歷任太子校書、著作佐郎等官職，後來家於昌樂，聚徒教授，總章二年（669）去世。

《舊唐書》卷一百九十中《文苑中‧員半千傳》載：「員半千，本名餘慶，晉州臨汾人。少與齊州人何彥先同師事學士王義方，義方嘉重之，嘗謂之曰：『五百年一賢，足下當之矣！』因改名半千。及義方卒，半千與彥先皆制服，喪畢而去。」〔註5〕而通過門人何彥光、員半千為王義方制師服，三年喪畢而去，更可見，王義方之學問人品是極其受到學生的信任與尊敬的。

此外，跟從王義方學習過的初唐文士還有許多，其中最有名氣的是盧照鄰。《舊唐書》卷一百九十上《文苑上‧盧照鄰傳》載：「盧照鄰，字升之，幽州范陽人也。年十餘歲，就曹憲、王義方授《蒼》《雅》及經史，博學善屬文。」〔註6〕

後來員半千參與了《三教珠英》的編纂，而王義方早年編纂的《筆海》，員半千必然是可以見到的，或許此《筆海》就成為員半千參與編纂新類書的材料來源之一。《舊唐書》卷一百九十中《文苑中‧員半千傳》載：「長安中，五遷正諫大夫，兼右控鶴內供奉。半千以控鶴之職，古無其事，又授斯任者率多輕薄，非朝廷進德之選，上疏請罷之。由是忤旨，左遷水部郎中，預修《三教珠英》。」〔註7〕

《筆海》的內容很早就散佚殆盡了，《通志》的記載也是必然是因襲《新唐書》而來，而目前所見的目錄學著作中，沒有再提及《筆海》，可見此書是徹底的佚失了。其具體編纂時間我們也無法考證，或許是王義方教授生徒之時編纂的。

〔註4〕 《舊唐書》卷一百八十七上《忠義上‧王義方傳》，北京：中華書局，1975年，第4874頁，第4876頁。

〔註5〕 《舊唐書》卷一百九十中《文苑中‧員半千傳》，北京：中華書局，1975年，第5014頁。

〔註6〕 《舊唐書》卷一百九十中《文苑中‧員半千傳》，北京：中華書局，1975年，第5000頁。

〔註7〕 《舊唐書》卷一百九十中《文苑中‧員半千傳》，北京：中華書局，1975年，第5015頁。

　　焦竑《國史經籍志》卷四《子類》：「《筆海》十卷。王義方。」〔註8〕焦
竑所記載的《筆海》無疑就是我們考察的《筆海》，難道明代還有此書傳世，
恐怕不真，應該是焦竑從其他書目中因襲抄錄而來。《宋史》卷四百三十八《儒
林八·王應麟傳》載：「《筆海》四十卷。」〔註9〕可見，王應麟的著作中亦有
名《筆海》者，當是同名異書。

〔註 8〕　（明）焦竑《國史經籍志》卷四下《類家》，《叢書集成初編》，第 27 冊，北
　　　　京：中華書局，1985 年，第 235 頁。
〔註 9〕　《宋史》卷四百三十八《儒林八·王應麟傳》，北京：中華書局，1977 年，第
　　　　12991 頁。

九、《翰苑》編纂研究

　　《翰苑》是唐高宗顯慶五年（660）張楚金編纂的一部賦體類書。《翰苑》
在我國早已失傳，1917 年，日本學者黑滿勝美博士調查古籍時，在日本九州
福岡市太宰府天滿宮發現了抄本《翰苑·蕃夷部》殘卷，是碩果僅存的海內
外孤本。1922 年，日本學者內藤湖南博士將其收入日本京都帝國大學文學部
影印唐抄本第一集中面世，1934 年，金毓黻先生將其收入《遼海叢書》中，
1977 年，吉川弘文館出版了竹內理三博士校訂解說的《翰苑》，1983 年，日
本國書刊行會又出版了湯淺幸孫先生的《翰苑校釋》。《翰苑》書中的雙行夾
註並不是訓詁學的語譯，而是客觀地抄錄或節錄有關文獻資料的原文，正文
則是用一兩句駢體文賦概括夾注文的內容大意。

（一）《翰苑》的編纂

　　《新唐書》卷五十九《藝文三》子部「類書類」載：「張楚金《翰苑》七
卷。」〔註1〕《通志二十略·藝文略第七》子部「類書類」載：「《翰苑》七卷。」
〔註2〕《新唐書》卷六十《藝文四》集部「總集類」載：「張楚金《翰苑》三
十卷。」〔註3〕《宋史》卷二百七《藝文六》載：「雍公叡注張楚金《翰苑》
十一卷。」〔註4〕對於《翰苑》的卷帙，諸書之記載不一。宋吳縝撰《新唐書
糾謬》卷十二亦言：「張楚金《翰苑》。《藝文志》第四十九卷，類書中有張楚

〔註1〕《新唐書》卷五十九《藝文三》，北京：中華書局，1975 年，第 1564 頁。
〔註2〕（宋）鄭樵撰，王樹民點校《通志二十略·藝文略第七》，北京：中華書局，
　　　　1995 年，第 1732 頁。
〔註3〕《新唐書》卷六十《藝文四》，北京：中華書局，1975 年，第 1623 頁。
〔註4〕《宋史》卷二百七《藝文六》，北京：中華書局，1985 年，第 5297 頁。

金《翰苑》七卷。今案第五十卷，總集中又有張楚金《翰苑》三十卷。未知何者爲是？」〔註5〕可見，吳縝早就發現了《翰苑》卷帙不一的問題，但是由於資料的散佚，並沒有做出分析考察。

《舊唐書》卷一百八十七上《忠義上・張楚金傳》載：「楚金少有志行，事親以孝聞。初與兄越石同預鄉貢進士，州司將罷越石而薦楚金，辭曰：『以順則越石長，以才則楚金不如。』固請俱退。時李勣爲都督，歎曰：『貢士本求才行，相推如此，何嫌雙居也。』乃俱薦擢第。楚金，高宗時累遷刑部侍郎。儀鳳年，有妖星見，楚金上疏，極言得失，高宗優納，賜帛二百段。則天臨朝，歷位吏部侍郎、秋官尙書，賜爵南陽侯。爲酷吏周興所陷，配流嶺表，竟卒於徙所。著《翰苑》三十卷、《紳誡》三卷，並傳於時。」〔註6〕根據《舊唐書》之張楚金本傳，其著作《翰苑》爲三十卷，而前文之《翰苑》「三十卷」的記載，必然根據於此，並且由於認識的不同，《新唐書》的編纂者將賦體類書《翰苑》當做總集，錄入了集部。如此來看，「三十卷」的記載倒是更加可信了，那麼「七卷」「十一卷」的記載又是怎麼來的呢？待考。

張楚金撰，雍公叡注《翰苑敍》載：

> 敍曰：余以大唐顯慶五年三月十二日癸丑，晝寢於并州太原縣之廉平里焉。夢先聖孔丘被服坐於堂皇之上，余伏於座前而問之曰：夫子胡爲而製《春秋》乎？余兄越石在側曰：夫子感麟而作耳。余曰：夫子徒以感麟爲名耳，其深旨何必在麟耶。子曰：然於時政道陵夷，禮樂交喪，故因時事襃善貶過，以示一王之法，豈專在於麟乎。余又問《論語》云：浴乎沂風乎，舞雩詠而歸，敢問何謂也？子曰：亦各言其志也。余又問曰：人之生也有天壽乎？子曰：爾謂古之聖，今之愚，爲壽乎？爲天乎？對曰：古今一死也，孰知其天壽。子曰：然，夫不死不生者，自絕云住在生死之域，則彭祖與殤子亦無以異也。余又問曰：夫子周人也，奚爲尙也存乎。夫子矍然而笑曰：非爾所及也。余又問曰：夫子聖者也，亦有居止之所乎？乃指東牖下曰：吾居是矣。余顧東牖前有玄縵朱裏，床上以鋪緋褥，

〔註5〕（宋）吳縝撰《新唐書糾謬》卷十二，《文淵閣四庫全書》，第276冊，上海：上海古籍出版社，2003年，第725頁。

〔註6〕《舊唐書》卷一百八十七上《忠義上・張楚金》，北京：中華書局，1975年，第4870頁。

有二侍者立於前。言終而寤，懼焉而興，喟然而歎曰：昔夫子大聖
也，尚稱曰吾衰也，久矣不復夢見周公。余小子何知焉，而神交於
將聖，感而有述，遂著是書焉。〔註7〕

張楚金之《翰苑敘》交代了張楚金編纂《翰苑》的緣由，可惜的是，關
於卷帙等問題，未做說明。而此《翰苑敘》最為重要的記載是，告訴了我們
《翰苑》的編纂時間，即顯慶五年（660）。雍公叡生卒年代與事蹟未詳，據
日本學者湯淺幸孫先生考證，當是宋代人，湯淺先生認為《翰苑》的正文和
夾註引文皆為張楚金所撰，雍公叔只是對某些原注文作了些說明性的補充。
其實，雍公叡對《翰苑》的貢獻到底有多大，不是很清楚，目前的狀況是，
關於《翰苑》的注文，分不清楚哪些是張楚金原注，哪些是雍公叡補注。

《新唐書》卷一百九十一《忠義上·張楚金傳》載：「族孫楚金有至行，
與兄越石皆舉進士。州欲獨薦楚金，固辭，請俱罷。都督李勣歎曰：『士求才
行者也。既能讓，何嫌皆取乎？』乃並薦之。累進刑部侍郎。儀鳳初，彗見
東井，上疏陳得失。高宗欽納，賜物二百段。武后時，歷秋官尚書，爵南陽
侯。有清概，然尚文刻，當時亦少之。為酷吏所構，流死嶺表。」〔註8〕《新
唐書》卷四《則天皇后中宗》載：「天授元年……八月……甲子，殺流人張楚
金。戊辰，殺流人元萬頃、苗神客。」〔註9〕《新唐書》卷一百六《郭正一》
載：「武后專國，罷為國子祭酒，出檢校陝州刺史。與張楚金、元萬頃皆為周
興所誣構，殺之，籍入其家，妻息流放。文章無存者。」〔註10〕由上文的記
載可知，張楚金在唐高宗、武則天時代的為官是較為順達的，曾官職秋官尚
書，爵南陽侯，可惜的是，被酷吏所構陷，流放而死。

《大唐新語》卷六載：「張楚金年十七與族兄越石同以茂才應舉，所司以
兄弟不可兩收，將罷越石。楚金辭曰：『以順則越石長，以才則楚金不如，請
某退。』時李勣為州牧，歎曰：『貢才本求才行，相推如此，可雙舉也。』令
兩人同赴上京，俱擢第。遷刑部尚書。後為周興所陷，將刑，仰天歎曰：『皇
天后土，豈不查忠臣乎？奈何以無辜獲罪。』因泣下。市人為之噓唏……旋

〔註7〕 張中澍、張建宇《〈翰苑·蕃夷部〉校譯》，長春：吉林文史出版社，2015年，
　　　　第337～340頁。
〔註8〕 《新唐書》卷一百九十一《忠義上·張楚金》，北京：中華書局，1975年，第
　　　　5503～5504頁。
〔註9〕 《新唐書》卷四《則天皇后中宗》，北京：中華書局，1975年，第89～90頁。
〔註10〕 《新唐書》卷一百六《郭正一》，北京：中華書局，1975年，第4043頁。

降敕免刑」〔註11〕《全唐詩》卷一百載：「張楚金。張楚金年十七，與兄越石同以茂才擢第，歷秋官尙書。詩一首。《逸人歌贈李山人》。上有堯兮下有由，眠松陽兮漱穎流。其貌古其心幽，浩歌一曲兮林壑秋。道險可驚兮人莫用，樂天知命兮守岩洞。時擊磬兮嗟鳴鳳，吾欲知往古之不可追，自悠悠於凡夢。」〔註12〕總之，由上文之記載，讓我們更多的瞭解張楚金的人品與履歷，而他在高宗時代編纂一部賦體類書的含義或者意義又是什麼呢？

（二）《翰苑》的佚文

張中澍、張建宇《〈翰苑·蕃夷部〉校譯》對《翰苑》之佚文做了校譯，我們據其書後之影印本，摘錄《翰苑》之正文部分，試圖對唐代賦體類書的編纂情況做一個初步的分析判斷。

匈奴。周稱獫狁，焦獲致三捷之功。漢曰匈奴，平城表七重之圍。涇陽晝晦，爲掩胡塵。甘泉夜明，由通朔燧。百金成列，李牧收勳於雁門。二部分駈，耿譚馳聲於塵塞。連題上望，帶十角以飛名。須卜豪宗，參四姓而標稱。和親結好，事籍劉敬之謀。備塞勸農，本資晁錯之策。戰車臨塞，驗九伐之逾強。文馬伏閒，知五侯之慕化。西河置部，骨都之陣猶長。朔方列隊，溫愚之氣氛自解。逢侯縱暴，取敗於滿夷。莫鞬抗衡，延凶於美稷。柏城有備，社崇之劾克宣。漾邪懷疑，龐奮之功攸著。句龍傳首，方申馬寔之威。單于跣足，始驗韓琮之策。攣鞮乘統，寔標廣大之名。屠耆繼體，允屬賢良之寄。繞林課校，龍城之敬逾深。候月稱兵，烏集之機無爽。駏驢迭躍，結蟻眾於白登。金貝駢羅，叶蕃情於新望。眩雷爲徼，陸梁之跡已衰。濬稽且登，款附之誠允著。侯應十策，利害之旨攸陳。嚴尤五難，得失之機斯在。〔註13〕

烏桓。崇基凤樹，疏遠係施於強胡，餘類尚南，創雄名於桓嶠。穹廬寢息，資拜日以訓恭。邑落徵科，因刻木而昭信。刺達成繡，爰示女功，鍛鐵爲丘，用標男伎。饋馬牛以交二族。觀鳥獸而別四時。

〔註11〕（唐）劉肅撰《大唐新語》，北京：古典文學出版社，1957年，第108頁。

〔註12〕（清）彭定求等編《全唐詩》卷一百《張楚金》，北京：中華書局，1960年，第1075頁。

〔註13〕張中澍、張建宇《〈翰苑·蕃夷部〉校譯》，長春：吉林文史出版社，2015年，第337～340頁。

族茂白山，假修蛇而示譴。魂遊赤嶺，資護犬以攘耶。建武之中，郝且詣闕。永初之際，無何獻誠。耿曄申威，翻致蘭池之窘。劉虞購募，遂摧居力之謀。魏武揚旌，先梟蹋頓，孫康枝節，遽斬樓班。〔註14〕

鮮卑。依山構緒接，流東胡之源。附塞疏枝，嗣德左賢之胄。地鄰遼碣，境接敦煌。方貴角端，裒珍羆羱。結歡饒浦，素尚髡之姿。背役長城，仍傳赭衣之俗。烏飛寇椋，猶歸建武之仁。蟻聚貪殘，尚感永平之化。祭肜作鎮，納誠款而收功。張顯臨邊，違直言而致敗。永初之築二部，醜類猶述。建光之分兩路，重圍僅解。慶隆吞雹方，循彈嶺之儀。績表觀魚，自頓泰池之網。〔註15〕

夫餘。氣降清旻，入橐離而結孕，祥流穢地，躍淹水以開疆。南接驪，東鄰肅慎。四加在列，五穀盈疇，赤玉可珍，黑貂斯貴。樂崇近鼓，舞詠之趣方遙。北叶占蹄，吉凶之旨斯見。占風入貢，增印綬之榮。沐化來朝，預歌鍾之會。〔註16〕

三韓。境連鯷壑，地接鼇波。南居倭人，壯鄰穢貊。職標臣智，都號目支。飾重綴珠，不珍金鐵之美。居崇仰戶，詎資城郭之華。尚勇標能，貫脊之風猶扇。矜容表麗，扁首之俗仍存。鈴鼓既懸，用展接神之禮。鳥羽彼設，方盡送往之儀。居城識秦人之風，髡髮驗州胡之俗。〔註17〕

高麗。靈河演眖，照日影以含胎，伏鱉摛祥，叩骨城而闢壤。境連穢貊，地接夫餘。帶玄菟，以開疆。括黏蟬而命色。仁隨萬物，自扇九種之風。俗異三方，猶祖八條之教。官崇九等。部貴五宗。饗帝列東盟之祠，延神宗褋穴之醮。南蘇表戍，驗客恪之先鳴。平郭開疆，紀馮弘之失策。王頹逐北，銘勳不耐之城。燕晃長驅，表績丸都之嶠。淪碑尚在，耿夔播美於遼城。冠石存，公孫創基於延里。馬戳薛洞穴，

〔註14〕 張中澍、張建宇《〈翰苑·蕃夷部〉校譯》，長春：吉林文史出版社，2015年，第337～340頁。
〔註15〕 張中澍、張建宇《〈翰苑·蕃夷部〉校譯》，長春：吉林文史出版社，2015年，第337～340頁。
〔註16〕 張中澍、張建宇《〈翰苑·蕃夷部〉校譯》，長春：吉林文史出版社，2015年，第337～340頁。
〔註17〕 張中澍、張建宇《〈翰苑·蕃夷部〉校譯》，長春：吉林文史出版社，2015年，第337～340頁。

以霏雲。焉骨巉岩，竦二峰而功漢。珣玕挺耀，授色重巒。銀鑠涵輝，凝鮮迭崿。波騰碧激，驚天險以浮刀。浪接黃川，藹樓雉而驚箭。獸珍文豹，器重良弓。佩刀礪而見等威，金羽以明貴賤。〔註18〕

新羅。開源祐構，肇基金水之年。宅壤疏疆，創趾下辰之域。國苞資路。地總任那。擁叛辛以稱強，永附金而得姓。〔註19〕

百濟。國鎮馬韓地，苞狗素。陵楚山而廓宇，帶桑水□疆。奉仇臺之祠，纂夫餘之曹。八族殊胤，五部分司。西據安城，南鄰巨海。雞山東峙，貫四序以同華。熊水西流，侶百川而濟鷲。因四仲而昭敬，隨六甲以標年。文吏兼能碁射雙美。〔註20〕

肅慎。彎弧縱毒，帶臣鑿以偷安逸，御吹塗膏，穴幽岩而自逸。北窮弱水，南界沃沮。插羽申交，婚姻之旨爰適。灌繩知止，送終之禮攸陳。周業斯隆，姬誦銘其入賀。漢風尚阻，劉徹嗟其未通。馬首知歸，明大邦之可謁。雉常入用，驗聖道之逾隆。〔註21〕

倭國。憑山負海，鎮馬臺以建都。分職命官，統女王而列部。卑彌妖惑翻叶群情，臺與幼齒，方諧眾望。文身點面，猶稱太伯之苗。阿輩雞彌，自表天兒之禰。因禮義而標秩，即智信以命官。邪屆伊都，傍連斯馬。中元之際，膺紫綬之榮。景初之辰，恭文錦之獻。〔註22〕

南蠻。大戎縱暴，克展盤瓠之功，帝女降嬪，仍構蠻方之緒。獺冠表飾，精夫之號斯傳。賨布申誠，武陵之部爰置。武威鞠旅，阻危徑以亡軀。伏波臨式，因炎雲而致命。詹山振拒，尚銜應奉之恩。象林趑趄，猶感祝良之惠。雕題列徼，傍帶甘人之鄉。交趾開邊，前瞻獻雉之國。玄犀鷹社，通譯元始之年。白菟初祥，懷仁建武之歲。征側叛渙合浦，申馬援之功。朱達憑凌日南，著侯方之績。

〔註18〕 張中澍、張建宇《〈翰苑‧蕃夷部〉校譯》，長春：吉林文史出版社，2015年，第337～340頁。
〔註19〕 張中澍、張建宇《〈翰苑‧蕃夷部〉校譯》，長春：吉林文史出版社，2015年，第337～340頁。
〔註20〕 張中澍、張建宇《〈翰苑‧蕃夷部〉校譯》，長春：吉林文史出版社，2015年，第337～340頁。
〔註21〕 張中澍、張建宇《〈翰苑‧蕃夷部〉校譯》，長春：吉林文史出版社，2015年，第337～340頁。
〔註22〕 張中澍、張建宇《〈翰苑‧蕃夷部〉校譯》，長春：吉林文史出版社，2015年，第337～340頁。

土舟既驚，用興己氏之宋。鹽神且亡，寔啓夷城之祚。登樓騁伎，方呈白獸之功，刻石銘勳，爰表黃龍之誓。〔註23〕

　　西南夷。夜郎啓構，爰契浮竹之靈。哀牢創基，寔符沉木之胤。三侯並建，既配饗於牂柯。十子分曹，竟馳誠於越巂。莊豪之將楚卒，遂王滇池。長貴之戮枝根乃居印澤。仇池沒部，飡和仇池沒部，飡和於元歇之年。盤木白狼，慕化於永平之祭。懷仁動詠，覃帝澤於夷都。沐德興謠，漸皇猷於倉水。楊竦高績，託像於丹青。張翕深仁，表靈於祠宇。〔註24〕

　　兩越。南浦開基，趙他構其遙緒。東甌闢壤，句踐疏其濬源。陸子馳軒，僭擬之名斯替。〔註25〕

　　眩人入獻表，安息遐通。女氏降烏孫，泣對旃裘之俗。夢傳天竺，欣覩金色之容。綏撫有方，龜茲以之入賀。招攜以禮，疏勒於是來王。〔註26〕

　　首先，我們認爲殘存的《翰苑・蕃夷部》仍然是《蕃夷部》的殘卷，不是全部，因爲其內容明顯是詳略失宜的，其對於高麗、百濟、新羅、倭國的記載明顯多於西方諸國，安息、天竺、龜茲、疏勒等之記載更少。在大唐顯慶五年（660），此時的大唐王朝逐步走向全盛，與西方的交往亦是很頻繁與緊密，而張楚金此時就算還未進入朝廷爲官，其作爲一個普通讀書人，必然也是知曉唐王朝之西邊的諸多情況的，且《漢書》等書之《西域傳》之內容亦是記載了極其多的西方內容，此《翰苑・蕃夷部》爲何如此詳細的記載東方而忽略了西方，很是令人不解，故我們猜測，此殘卷僅僅是《翰苑・蕃夷部》的一部分，爲何會出現這種情況，應該是日本學者在抄錄此書時的省略所致，因爲抄寫此殘卷的日本古代學者，更希望瞭解的是日本與朝鮮半島等地的知識。通過《翰苑・蕃夷部》卷首的部類，亦可證明上文我們的推測。

〔註23〕 張中澍、張建宇《〈翰苑・蕃夷部〉校譯》，長春：吉林文史出版社，2015年，第337～340頁。

〔註24〕 張中澍、張建宇《〈翰苑・蕃夷部〉校譯》，長春：吉林文史出版社，2015年，第337～340頁。

〔註25〕 張中澍、張建宇《〈翰苑・蕃夷部〉校譯》，長春：吉林文史出版社，2015年，第337～340頁。

〔註26〕 張中澍、張建宇《〈翰苑・蕃夷部〉校譯》，長春：吉林文史出版社，2015年，第337～340頁。

其二級部類有：「匈奴。烏桓。鮮卑。夫餘。三韓。高麗。新羅。百濟。肅慎。倭國。南蠻。西南夷。兩越。西羌。西域。後敘。」而細細查看上面錄文部分，很顯然，「西羌」與「西域」部分是沒有的，當然「西域」部分還保留了一個尾巴，這個尾巴被結在了「兩越」的後面，這個明顯的斷裂痕跡，就再次證明了此《翰苑·蕃夷部》的不完整。

其次，《翰苑》的史料來源，就是張楚金是根據哪些典籍編纂了這部賦體類書，我們猜想，顯慶五年（660）大唐已經滅亡了百濟，後來的總章元年（668）再滅高句麗，如此情況之下，張楚金知曉不知曉，在知曉的情況下，還要將高麗、百濟、新羅重點介紹，又是爲了什麼？我們猜測，或許不能過分的將當時的時政與《翰苑》的成書聯繫起來，更多的情況，或許是張楚金讀書的過程中，爲了自己的記憶，或者是爲了科舉考試的需求，編纂了此《翰苑》，而他所依賴的資料就是此前諸正史之《西域志》《外國傳》《四夷傳》《地理志》《郡國志》等。而當我們對此《翰苑·蕃夷部》的引書情況做認眞分析時，果然可以得到這樣的認知，即此《翰苑·蕃夷部》的材料主要來源於《後漢書》等典籍。

經　書	引用數量	正　史	引用數量	諸　子	引用數量
《毛詩》	3	《史記》	2	《山海經》	1
《周禮》	1	《漢書》	27	《漢名臣奏》	1
		《後漢書》	83	應劭《風俗通》	2
		《魏志》	6	司馬彪《續漢書》	2
		《魏書》	3	《魏略》	13
		《宋書》	2	《十六國春秋》	2
		《南齊書》	3	王琰《宋春秋》	1
				《梁元帝職貢圖》	1
				陸翽《鄴中記》	1
				郭義恭《廣志》	1
				《括地志》	11
				《高麗記》	8
				《東藩風俗記》	1
				《東夷記》	1
				《肅慎國記》	4

第三，《翰苑・蕃夷部》的引書體例，此《翰苑・蕃夷部》的正文多是四六文賦體，只有少數例外，正文主要是濃縮引文而成，一條正文一般是一條注文的濃縮，亦有二條、三條、四條注文合成一句正文的情況，可見此《翰苑》主要是對一條引文內容的濃縮，其主要功用是便於記憶。這是賦體類書與賦最大的不同，賦體類書是對事類的濃縮，而賦則是經過大腦加工而成的有個性的文，賦體類書離開所引事類，亦可以作為賦流傳，但是這樣的賦，經常被學者不屑，因為他沒有靈氣，沒有自我，所以賦體類書與賦的界限還是很清晰的。而《翰苑》就是一部賦體類書，一部唐初編纂的賦體類書，比我們所公認的賦體類書之代表《事類賦》早幾百年，可見類書在隋唐時代的發展與成熟。

第四，張楚金對此《翰苑》的自我評價問題，通過其所作之「敘」，尤其是「余小子何知焉，而神交於將聖，感而有述，遂著是書焉」一句，可見，張楚金是在與孔子進行了一番交談後，才開始著述《翰苑》的，但是，我們猜想，其必然是先著述《翰苑》，而後才與孔子神交的，並且，這個神交應該也是他自己杜撰出來的，究竟為何杜撰這樣的故事？可見，張楚金對其所編纂的《翰苑》一書是自視甚高的，至少是自視不低的，不然，也不用把孔夫子搬出來。而當我們認真的分析此《翰苑・蕃夷部》的佚文時，用後世人的眼光來看，也沒有發現此《翰苑》高明到何種程度，不過是讀書之餘，對相關事類做了濃縮昇華，而其所引材料，主要是《後漢書》，此外就是此時期所能見到的其他關於異域故事的典籍，而如此的內容，恐怕並無多少新奇之處，而張楚金竟然要與孔夫子做一個對話，給其《翰苑》做宣傳。《翰苑》究竟有何過人之處？或許就是此書的編排體例，或許就是此書的賦體類書模式，因為在唐初，人們所能見到的賦體類書還是極少的，而此書雖不是賦體類書的首創者，亦是早期賦體類書之卓有成就者。

敦煌文獻中有《兔園策府》，亦是賦體類書，對於《兔園策府》的成書時間，前輩學者多有探究。屈直敏《敦煌本〈兔園策府〉考辨》認為其成書年代最晚不遲於貞觀十七年（643）。〔註27〕王璐《敦煌寫本類書〈兔園策府〉探究》認為《兔園策府》撰成年代在唐高宗顯慶三年（658）至麟德元年（664）之間。〔註28〕王璐《敦煌寫本類書〈兔園策府〉考證》一文對《兔園策府》

〔註27〕屈直敏《敦煌本〈兔園策府〉考辨》，《敦煌研究》2001 年第 3 期，第 126～129 頁。

〔註28〕王璐《敦煌寫本類書〈兔園策府〉探究》，西北師範大學碩士學位論文，2006 年。

的成書時間再做考察，其認為杜嗣先所撰《兔園策府》是相對於張大素撰《策府》之「舊策」而成的「新策」，其寫成年代為公元 661 至 664 年間。〔註 29〕葛繼勇《〈兔園策府〉的成書及東傳日本》一文指出杜嗣先撰寫《兔園策府》的時間當在其任蔣王僚佐期間，即顯慶三年（658）至麟德元年（664）之間。〔註 30〕郭麗《〈兔園策府〉考論──兼論唐代童蒙教育的應試性傾向》一文認為《兔園策府》成書年代約在龍朔二年（662）至麟德元年（664）年之間。〔註 31〕總之，通過以上諸先生之研究，我們大致可以知道《兔園策府》之成書年代，諸學者多言《兔園策府》是較早的賦體類書之代表，而當我們將此《兔園策府》與《翰苑》作比較時，我們會發現，與《兔園策府》同時期，甚至是稍前一點，《翰苑》已經應時而出，如前文所言，就算《翰苑》不是最早的賦體類書，亦是比較早的賦體類書之一，而張楚金最為得意的或許就是此《翰苑》之編纂體例，而《翰苑》能夠流傳至日本，並被保存至今，必然亦是得益於其優良的體例。總之，試看《兔園策府》之流傳之被接受情況，即可見《翰苑》之流傳與被接受情況，他們是唐初賦體類書編纂的姊妹篇。

〔註 29〕 王璐《敦煌寫本類書〈兔園策府〉考證》，《唐都學刊》2008 年第 4 期，第 81～85 頁。

〔註 30〕 葛繼勇《〈兔園策府〉的成書及東傳日本》，《甘肅社會科學》2008 年第 5 期，第 196～199、204 頁。

〔註 31〕 郭麗《〈兔園策府〉考論──兼論唐代童蒙教育的應試性傾向》，《敦煌研究》2013 年第 4 期，第 93～100 頁。

十、《備舉文言》編纂研究

　　陸贄出生於唐玄宗天寶十三載（754），卒於順宗永貞元年（805），他一生經歷豐富，唐德宗時期官至宰相。姜書閣《駢文史論》「陸贄奏議之駢體」言：「早在唐德宗李适的貞元年間，有一位政治家雖不以文學知名，卻以其極真摯而曲暢的駢體奏議為當代所稱，對後世影響也非常深遠，這就是陸贄。」〔註1〕後世學者對陸贄之評價亦是很高，比之賈誼。《舊唐書》卷一百三十九《陸贄傳》載：「史臣曰：近代論陸宣公，比漢之賈誼，而高邁之行，剛正之節，經國成務之要，激切仗義之心，初蒙天子重知，末塗淪躓，皆相類也。而誼止中大夫，贄及臺鉉，不為不遇矣。」〔註2〕

　　《新唐書》卷五十九《藝文三》子部「類書類」載：「陸贄《備舉文言》二十卷。」〔註3〕《通志二十略・藝文略第七》子部「類書類」載：「《備舉文言》二十卷。陸贄撰。」〔註4〕宋王堯臣等撰《崇文總目》卷三亦載：「《備舉文言》二十卷。陸贄撰。」〔註5〕《宋史》卷二百七《藝文六》載：「陸贄《備舉文言》三十卷。」〔註6〕宋尤袤撰《遂初堂書目・類書類》亦載：「《備

〔註1〕　姜書閣《駢文史論》，北京：人民文學出版社，1986年，第468頁。
〔註2〕　《舊唐書》卷一百三十九《陸贄傳》，北京：中華書局，1975年，第3817～3818頁。
〔註3〕　《新唐書》卷五十九《藝文三》，北京：中華書局，1975年，第1563頁。
〔註4〕　（宋）鄭樵撰，王樹民點校《通志二十略・藝文略第七》，北京：中華書局，1995年，第1732頁。
〔註5〕　（宋）王堯臣等編次，錢東垣等輯釋《崇文總目》卷三《類書類上》，《叢書集成初編》，第22冊，北京：中華書局，1985年，第178頁。
〔註6〕　《宋史》卷二百七《藝文六》，北京：中華書局，1985年，第5295頁。

舉文言》。」〔註7〕

《郡齋讀書志》後志卷二：「《備舉文言》二十卷。右唐陸贄撰。總四百五十餘門，議者謂大類《六帖》而文辭過焉。《崇文總目》中有之。」〔註8〕宋王應麟撰《玉海》卷五十五《藝文》載：「唐《備舉文言》。《志》類書：陸贄《備舉文言》二十卷。《崇文目》同。《書目》：三十卷。摘經史爲偶對類事，共四百五十二門。」〔註9〕馬端臨《文獻通考》卷二百二十八《經籍考五十五·子類書》：「《備舉文言》二十卷。晁氏曰：唐陸贄撰，總四百五十餘門，議者謂大類《六帖》，而文辭過焉。《崇文總目》有之。」〔註10〕

清陸隴其撰《三魚堂日記》卷四載：「初二查唐書藝文志類書類，有宣公《備舉文言》二十卷，蓋宣公應舉之底本也。卷帙不若《北堂書鈔》《藝文類聚》之多，必精而約，惜不傳。又查宰相世系表，目續至宣公世次，俱可考，若賈若遜則係旁支。」〔註11〕于景祥《陸贄研究》載：「《汾湖陸氏族譜》說：『《備舉文言》乃類書也，總四百五十餘門，凡二十卷，大類《白孔六帖》，而文詞過之。』」〔註12〕

《舊唐書》卷一百三十九《陸贄傳》載：「陸贄字敬輿，蘇州嘉興人。父侃，溧陽令，以贄貴，贈禮部尚書。贄少孤，特立不群，頗勤儒學。年十八登進士第，以博學宏詞登科，授華州鄭縣尉。罷秩，東歸省母，路由壽州，刺史張鎰有時名，贄往謁之。鎰初不甚知，留三日，再見與語，遂大稱賞，請結忘年之契。及辭，遺贄錢百萬，曰：『願備太夫人一日之膳？』贄不納，唯受新茶一串而已，曰：『敢不承君厚意。』又以書判拔萃，選授渭南縣主簿，遷監察御史。德宗在東宮時，素知贄名，乃召爲翰林學士，轉祠部員外郎。贄性忠盡，既居近密，感人主重知，思有以傚報，故政或有缺，鉅細必陳，

〔註7〕 （宋）尤袤撰《遂初堂書目·類書類》，《叢書集成初編》，第 32 冊，北京：中華書局，1985 年，第 25 頁。

〔註8〕 （宋）晁公武撰，孫猛校證《郡齋讀書志校證》卷十四《類書類》，北京：中華書局，2011 年，第 656 頁。

〔註9〕 （宋）王應麟撰《玉海》卷五十五《藝文》，揚州：廣陵書社，2003 年，第 1047 頁；（宋）王應麟撰，武秀成、趙庶洋校證《玉海藝文校證》卷二十一《著書別集》，南京：鳳凰出版社，2013 年，第 1010 頁。

〔註10〕 （元）馬端臨撰《文獻通考》卷二百二十八《經籍考五十五·類書》，北京：中華書局，1986 年，第 1828 頁。

〔註11〕 （清）陸隴其撰《三魚堂日記》卷四，北京：中華書局，2016 年，第 100 頁。

〔註12〕 于景祥《陸贄研究》，瀋陽：遼寧人民出版社，1998 年，第 124 頁。

由是顧待益厚。」〔註13〕陸贄亦是唐代名宰相，作為名宰相的陸贄，文賦寫的極好，而看其《備舉文言》，再通過諸書之介紹，可以想見其內容，摘經史為偶對類事，是其體例，共四百五十二門，是其內容，如此來看，此《備舉文言》是陸贄應對科舉考試而編纂的類句類書。

〔註13〕《舊唐書》卷一百三十九《陸贄傳》，北京：中華書局，1975 年，第 3791 頁。

十一、《白氏六帖事類集》編纂研究

　　《白氏六帖事類集》又名《白氏經史事類》《白氏六帖》《白帖》《六帖》《白樸》《事類集要》《經史事類》等，是白居易早年私纂的一部類句類書，由於白居易對唐代文學影響極大，故白居易之著述多被奉為經典，而此《白氏六帖事類集》亦是如此，雖不如其文學作品流傳廣泛，但仍然在讀書人中間廣泛的流傳。

（一）《白氏六帖事類集》的編纂與流傳

　　《新唐書》卷五十九《藝文三》子部「類書類」載：「《白氏經史事類》三十卷。白居易。一名《六帖》。」〔註1〕《通志二十略・藝文略第七》子部「類書類」載：「《元氏類集》三百卷。《白氏經史事類》三十卷。《六帖》三十卷。唐于政立編。」〔註2〕通過《新唐書》《通志》之記載，可見《白氏六帖事類集》早期之名為《白氏經史事類》，望文生義，可知，此書主要是從經史典籍中摘錄事類，彙集成書，而考察其體例，則是屬於類句類書。此外，《通志》所載有諸多不明之處，即「《六帖》三十卷」「唐于政立編」兩句如何理解？「于政立」人名有誤，應為「于立政」，難道此人亦有「《六帖》」？應是舛誤，《六帖》之名當自白居易《白氏六帖事類集》始！

　　《玉海》卷四十二《藝文》載：「唐《白氏經史事類》。《志》類書：《白氏經史事類》三十卷，白居易撰，一名《六帖》。居易著《事類集要》三十部，合一千一百三十門，時人目為《六帖》。盛均《十三家帖》。以白氏《六帖》

〔註1〕《新唐書》卷五十九《藝文三》，北京：中華書局，1975年，第1564頁。
〔註2〕（宋）鄭樵撰，王樹民點校《通志二十略・藝文略第七》，北京：中華書局，1995年，第1732頁。

未備而廣之。卷亡。元積《類集》三百卷。集古今刑政之書。《中興書目》：居易採經傳百家之語，摘其英華，以類分門，悉注。所出卷帙名氏於其下。孔傳亦有《六帖》，合爲一書。皇朝陳紹《重廣六帖學林》三十卷。紹興中，陳天麟類班史爲《前漢六帖》十二卷。」〔註3〕《玉海》卷五十四《藝文》載：「唐《白氏經史事類》。《志》：三十卷，白居易。一名《六帖》。《書目》：白居易以天地事分門類爲聲偶，而不載所出。」〔註4〕王應麟《玉海》所記亦是雜糅諸書而來，但是，有一點很重要，就是王應麟將《六帖》之影響做了清晰的闡釋，即後世以「六帖」爲名，模倣其體例而出的續作很多。《新唐書》卷五十九《藝文三》子部「類書類」亦載：「盛均《十三家貼》。均，字之材，泉州南安人，終昭州刺史。以《白氏六帖》未備而廣之，卷亡。」〔註5〕

　　《直齋書錄解題》卷十四《類書類》載：「《六帖》三十卷。唐太子少傅太原白居易撰。唐志作《白氏經史事類》，一名《六帖》。《醉吟先生墓誌》云：又著《事類集要》三十部，時人目爲《白氏六帖》。」〔註6〕陳振孫之解釋亦是雜糅諸書而來，其引用白居易之墓誌言《白氏六帖事類集》之本名爲《事類集要》，而「事類」是類書之基礎。

　　《文獻通考》卷二百二十八《經籍考五十五·子類書》載：「《六帖》三十卷。晁氏曰：唐白居易撰。以天地事物分門類爲聲偶，而不載所出書。曾祖父秘閣公爲之注，行於世。世傳居易作《六帖》，以陶家辭數十，各題名目，置齋中，命諸生採集其事類，投辭內，倒取之抄錄成書故，所記時代多無次序云。陳氏曰：唐志作《白氏經史事類》，一名《六帖》。程氏《演繁露》曰：白樂天取凡書精語，可備詞賦制文採用者，各以門目類，萃而總名其書爲《六帖》，既不自釋，所以名後人，亦無辨偶。閱唐制，其時取士凡六科，別其所試條件，每一事名一帖，其多者明經試至十帖，而說文極於六帖，白之書爲應科第設，則以帖爲名，其取此矣。又曰：唐制開元中，舉行課試之法，帖經者以所習經

〔註3〕　（宋）王應麟撰《玉海》卷四十二《藝文》，揚州：廣陵書社，2003 年，第802 頁；（宋）王應麟撰，武秀成、趙庶洋校證《玉海藝文校證》卷八《經解·總六經》，南京：鳳凰出版社，2013 年，第 384 頁。

〔註4〕　（宋）王應麟撰《玉海》卷五十四《藝文》，揚州：廣陵書社，2003 年，第1030 頁；（宋）王應麟撰，武秀成、趙庶洋校證《玉海藝文校證》卷二十《承詔撰述·類書》，南京：鳳凰出版社，2013 年，第 967 頁。

〔註5〕　《新唐書》卷五十九《藝文三》，北京：中華書局，1975 年，第 1564 頁。

〔註6〕　（宋）陳振孫撰，徐小蠻、顧美華點校《直齋書錄解題》卷十四《類書類》，上海：上海古籍出版社，1987 年，第 424 頁。

掩其兩端，中間惟開一行，裁紙爲帖，凡帖三字，視時增損，可否不一，或得四得五得六者爲通，六帖之名所由起，取中帖之多者，以名其書，期必中選也。」〔註7〕馬端臨對《白氏六帖事類集》的記載最爲豐富，而通過馬端臨的記載，《白氏六帖事類集》性質發生了變化，此書原本應是白居易讀書之餘所作之文學類書，如今轉變爲科舉類書，其實，文學類書與科舉類書之間的距離並不大，但是這個性質的被轉變，卻是顯而易見的，並被後世學者所接受。

　　《欽定天祿琳琅書目》卷九載：「《白孔六帖》。十函。五十冊。唐白居易纂，宋孔傳續編，共成一百卷。宋韓駒序。此書槧印精良，紙墨亦出上選，係明版之最佳者。孔傳，《宋史》無傳。淩迪知《萬姓統譜》載：傳字世文，兗州人。孔子五十世孫，精於易學。建炎初，與孔端友南渡，寓居衢州，率族人拜疏於闕下，敍家門故事。歷知邠州、陝州、撫州，改知建昌。進《續白氏六帖》《文樞要覽》，詔送秘書省。所著有《東家雜記》《杉溪集》，官至中散大夫。《宋史》：韓駒，字子蒼，仙井監人，政和中賜進士出身，累官中書舍人兼權直學士院，贈中奉大夫。考《唐書‧藝文志》：作《白氏經史事類》，一名《六帖》。程大昌《演繁露》謂：開元課試之法，裁紙爲帖白書，爲制科特設，故以帖爲名。其載於《宋史‧藝文志》者，則稱《白氏六帖》三十卷，《前後六帖》三十卷；注云：前白居易撰，後宋孔傳撰。所云《前後六帖》三十卷者，蓋謂前、後皆三十卷，共六十卷也。故陳氏《書錄解題》及馬氏《文獻通考》，皆先列《六帖》三十卷，後列《六帖》三十卷，合之皆止六十卷。今本分爲百卷，乃明人所更，與宋槧卷目異焉。」〔註8〕「《白孔六帖》。四函，三十二冊。篇目同前。」〔註9〕「《白孔六帖》。十函，一百二冊。篇目同前。」〔註10〕「以上二書，皆與前部同時槧印之本，收藏二印，未詳其人。」〔註11〕《天祿琳琅書目》所載之情況，是清代所見到的《白孔六帖》的情況，

〔註7〕 （元）馬端臨撰《文獻通考》卷二百二十八《經籍考五十五‧類書》，北京：中華書局，1986年，第1827頁。

〔註8〕 （清）于敏中等著，徐德明標點《天祿琳琅書目》卷九，上海：上海古籍出版社，2007年，第317～318頁。

〔註9〕 （清）于敏中等著，徐德明標點《天祿琳琅書目》卷九，上海：上海古籍出版社，2007年，第318頁。

〔註10〕 （清）于敏中等著，徐德明標點《天祿琳琅書目》卷九，上海：上海古籍出版社，2007年，第318頁。

〔註11〕 （清）于敏中等著，徐德明標點《天祿琳琅書目》卷九，上海：上海古籍出版社，2007年，第318頁。

此時之《白氏六帖事類集》已經被合併入《白孔六帖》，可見，已無單行本傳世了。

　　胡應麟《少室山房筆叢》卷二十九《九流緒論下》載：「歐虞皆有類書，今惟歐《類聚》傳，元白皆有類書，今惟白《六帖》傳，元《類集》三百卷至宋已亡，虞《北堂書鈔》見《通考》，閱今藏書家時有此本，然非完書。」「白氏書見唐《藝文志》，止名《經史事類》，而不名《六帖》，於立政乃有《六帖》三十卷，而世不復傳，孔氏書《通志》所無，今合白刻，然精不若徐歐，備不如《合璧》也，孔帖見馬氏《通考》。」〔註12〕胡應麟慨歎諸類書之流傳不易，最後是對《白孔六帖》的評價，其言《白孔六帖》精不若《藝文類聚》《初學記》，備不如《合璧事類》，這是對《白氏六帖事類集》的批評，有道理，但是也不能一味的否定，《白氏六帖事類集》是類句類書，與《藝文類聚》《初學記》相比，在體例上是不佔優勢的，並且會讓人覺得雜亂無章，這是類句類書的通病，《北堂書鈔》亦是如此，多而雜；而與《合璧事類》相比，《白氏六帖事類集》亦不佔優勢，因為幾百年之後的宋代類書必然比唐代類書詳備，這也不算缺點。錢曾《讀書敏求記》言：「唐人類書，大都為一己採用而作，如《白樸》之類……非若宋人取盈卷帙，瞞讕詆欺，殊不足援據也。」〔註13〕錢曾對《白氏六帖事類集》的評價還是較高的，這是看清了唐宋類書之區別之後的高論。

　　《舊唐書》卷一百六十六《白居易傳》載：

　　　　白居易字樂天，太原人……居易幼聰慧絕人，襟懷宏放。年十五六時，袖文一編，投著作郎吳人顧況。況能文，而性浮薄，後進文章無可意者。覽居易文，不覺迎門禮遇，曰：「吾謂斯文遂絕，復得吾子矣。」貞元十四年，始以進士就試，禮部侍郎高郢擢升甲科，吏部判入等，授秘書省校書郎。元和元年四月，憲宗策試制舉人，應才識兼茂、明於體用科，策入第四等，授周至縣尉、集賢校理。居易文辭富豔，尤精於詩筆自雠校至結綬幾旬，所著歌詩數十百篇，皆意存諷賦，箴時之病，補政之缺，而士君子多之，而往往流聞禁中。章武皇帝納諫思理，渴聞讜言，二年十一月，召入翰林為學士。

〔註12〕　（明）胡應麟《少室山房筆叢》卷二十九丙部《九流緒論下》，北京：中華書局，1958 年，第 287 頁。

〔註13〕　（清）錢曾《讀書敏求記》，北京：書目文獻出版社，1984 年，第 118 頁。

三年五月，拜左拾遺。居易自以逢好文之主，非次拔擢，欲以生平所貯，仰酬恩造……會昌中，請罷太子少傅，以刑部尚書致仕。與香山僧如滿結香火社，每肩輿往來，白衣鳩杖，自稱香山居士。大中元年卒，時年七十六，贈尚書右僕射。有文集七十五卷，《經史事類》三十卷，並行於世。〔註14〕

《醉吟先生墓誌銘並序》載：

先生姓白，名居易，字樂天，其先太原人也，秦將武安君起之後。高祖諱志善，尚衣奉御；曾祖諱溫，檢校都官郎中；王父諱，侍御史河南府鞏縣令；先大父諱季庚，朝奉大夫襄州別駕大理少卿，累贈刑部尚書右僕射；先大父夫人陳氏，贈潁川郡太夫人；妻楊氏，宏農郡君；兄幼文，皇浮梁縣主簿；弟行簡，皇尚書膳部郎中；一女，適監察御史談宏謨；三侄，長曰味道，盧州巢縣丞，次曰景回，淄州司兵參軍，次曰晦之，舉進士；樂天無子，以侄孫阿新爲之後。樂天幼好學，長工文，累進士、拔萃、制策三科，始自校書郎，終以少傅致仕，前後歷官二十任，食祿四十年。外以儒行修其身，中以釋教治其心，旁以山水風月、歌詩琴酒樂其志。前後著《文集》七十卷，合三千七百二十首，傳於家；又著《事類集要》三十部，合一千一百三十門，時人目爲《白氏六帖》，行於世。凡平生所慕、所感、所得、所喪、所經、所逼、所通，一事一物已上，佈在文集中，開卷而盡可知也，故不備書。大曆六年正月二十日，生於鄭州新鄭縣東郭宅，以會昌六年月日，終於東都履道里私第，春秋七十有五。〔註15〕

縱觀白居易的生平履歷，的確是豐富異常，白居易之仕宦，亦是順達，官至少傅，而其春秋七十五，更是高壽，而在其幾十年的仕宦生涯裏，白居易逐漸成爲文壇、政壇之宗主，後進之士亦多以他爲榜樣。而在其本傳與墓誌中皆記載了《白氏六帖事類集》，一言《經史事類》，一言《事類集要》，可見，白居易自己與後世學者對《白氏六帖事類集》的重視，而所謂的「並行於世」「行於世」，更可見此書在當時即有大量的流傳。

〔註14〕《舊唐書》卷一百六十六《白居易傳》，北京：中華書局，1975 年，第 4340 ～4356 頁。
〔註15〕（唐）白居易著，謝思煒校注《白居易文集校注》卷三十四《醉吟先生墓誌銘並序》，北京：中華書局，2011 年，第 2031 頁。

劉軻的小說《牛羊日曆》約成於大和九年（835），書中提到當時人以白居易《六帖》為不語先生。

> 大和九年七月一日甲辰，貶京兆尹楊虞卿為虔州司馬。虞卿字師皇，祭酒寧之子。弟，漢公。兄弟元和中並登進士第。二十年來，上撓宰政，下干有司。若黨附者，朝為布衣，暮拾青紫。其或能輸金袖璧，可以不讀書為名儒，不識字為博學、傳業。乃白居易《六帖》以為「不語先生。」常曰：「人生一世，成童之後，精氣方壯，遽能結客交遊，識時知變，傾心面北，事三五要人，可以不下床，使名譽若轉丸走阪，又何必如老書生輩，矻矻於筆硯間，暗記六經，思溺詩賦，髮白齒落，曾不沾寸祿，而饑窮不暇？如此，豈在讀書業文乎？」由是，輕薄奔走，以關節緊慢為甲乙，而三史六經曾不一面。風俗頹靡，波及舉子，分鑣竟路，爭趨要害，故有東甲、西甲之說。主司束手，公道盡矣！其或遇文儒之士，則拱默峭揖，深作城池；其私約束，自知不以文學進取，有敢出書論文者，罰之無赦。常嫉不附己者，令其黨赤舌而攻之。輦下謂三楊為「通天狐」。三十餘年為朝廷之陰蠹。〔註16〕

唐代李匡文的考證筆記《資暇集》成書於大中年間（847～860），也曾提到《白帖》。

> 柏臺烏。御史臺有柏及烏，固在朱博之前也。《漢書》敘朱博請罷大司農復置御史大夫云，是時御史府，吏舍百餘區，井水皆竭。又府中列柏樹，常有野鳥數千棲宿其上，晨去暮來，號曰：朝夕鳥。鳥去不來者數月，長老異之。蓋史言御史大夫之職休廢也，井竭鳥去。後二年，朱博為大司空，慮久廢御史大夫職業，無以典正法度，固請罷所任大司空，得為大夫，願盡力為百僚率。哀帝從之，正史甚明。今多以為柏自博栽，鳥自博集。職由《蒙求》：朱博鳥集而復。《白家六帖》注引不盡然也。〔註17〕

《白氏六帖事類集》為何會有如此多的簡稱或俗名呢？通過考察，我們

〔註16〕（宋）晁載之《續談助》卷三，北京：中華書局，1985年，第51頁。

〔註17〕（唐）李匡文《資暇集》卷上，北京：中華書局，2012年，第173頁；張固也《〈資暇集〉作者李匡文的仕履與著述》，《文獻》2000年第4期，第101～105頁。

認爲之所以會有如此多的簡稱或俗名，正是由於《白氏六帖事類集》的流傳極爲廣泛，所以才會產生如此多的簡稱與俗名，要是流傳不廣，直接被藏於秘府，後人見不得、讀不到，無從傳抄，無從閱讀，也就不會產生各種舛誤，而在大量的傳抄中必然是魚龍混雜，必然是俗名蜂起，如此情景，正可見《白氏六帖事類集》的流傳廣，而流傳如此之廣的情況下，補注者、續編者、校定者、刻印者必然更是蜂擁而至，於是也就產生了諸多同源異本，而哪個版本流傳的好，哪個版本被後來的刻書者選中，哪個版本也就可以長久的流傳下來。張雯《〈白氏六帖事類集〉研究》亦言：「白居易自撰的墓誌並非僞作，《白帖》成書之時的書名就應以白居易所記爲準，名爲《事類集要》，並沒有『六帖』之稱，依《事類集要》的書名也可知此書大體上是分門別類記載史事，只是被當時的人俗稱作『白氏六帖』，『六帖』『白帖』和『白氏六帖』在最初並非眞正的書名，也不是作者所命名的，只是時人俗稱，但後來隨著俗稱的廣泛流行，《白氏六帖》《白帖》就從約定俗成的書名成爲眞正的書名，且對各家書錄記載影響極大。而《白氏六帖事類集》是現存宋以後刊本的題名，白居易最初的《白帖》抄本已經經過了長時間的轉抄和流傳，最初的書名與後來的俗名合爲《白氏六帖事類集》。」〔註18〕

現今所能見到的《白氏六帖事類集》有多個版本，暫依前輩所論，轉述如下。一是陸心源舊藏，現存於日本靜嘉堂文庫的北宋版《白氏六帖事類集》，已經由日本汲古書院出版，〔註19〕共十二冊，分十二帖，行款與傅增湘舊藏略有差異，並非同一版刻，內容基本相同，僅有一些小區別以及避諱上的不同。二是傅增湘舊藏的南宋紹興刻本《白氏六帖事類集》，分帖冊一至帖冊六，共三十卷。陳乃乾付印此版時，發現前三冊紙背有嘉定六年至八年鄞江鹽稅酒稅公牘文字，所以認爲此本初刻在高宗朝，但嘉定初年有過補刻，文物出版社〔註20〕和臺灣正光書局〔註21〕都是據此版本影印。三是大約在南宋時期與孔傳續六帖合在一起的《唐宋白孔六帖》中《白帖》部分，現存南宋建刊本十行本，並非全本，存四十二卷，十六冊，此南宋建刊本現藏於國立臺灣

〔註18〕 張雯《〈白氏六帖事類集〉研究》，上海社會科學院碩士學位論文，2015 年，第 25 頁。

〔註19〕 （唐）白居易撰，〔日〕神鷹德治、山口謠司解題《白氏六帖事類集》，東京：汲古書院，2008 年。

〔註20〕 （唐）白居易撰《白氏六帖事類集》，北京：文物出版社，1987 年。

〔註21〕 （唐）白居易撰《白氏六帖事類集》，臺北：正光書局，1976 年。

體例，已經被類書編纂者創造了出來。類句類書比類事類書、類文類書簡潔明瞭，知識點也更加凸顯，比較適用於私人使用，其典型代表是《北堂書鈔》《白氏六帖事類集》等，但是，我們認爲《北堂書鈔》之前的南北朝時期已經有類句類書在流行，而由於散佚，典型文本找不到，到了隋朝，虞世南在《長洲玉鏡》編纂完成之後，吸取了類事類書編纂之經驗教訓，最終編纂出一部類句類書之典範，即《北堂書鈔》。類句類書的特點是摘引經典語句，且沒有經過刻意的修飾，部分語句注有簡單的出處，部分語句甚至沒有出處，今天我們見到的《北堂書鈔》之較爲詳細的注釋、出處是陳禹謨等後人補入的，所以《北堂書鈔》的原樣我們不好判斷。《白孔六帖》亦是如此，即被後人多次增補之後，不易看清其原始面貌，故而我們不能依據今本《北堂書鈔》《白孔六帖》對類句類書做出特別清晰的闡釋。好在《白氏六帖事類集》的出現，我們可以據之考察唐代類句類書編纂中的體例問題。

　　張雯《〈白氏六帖事類集〉研究》一文對《白氏六帖事類集》的體例和部類做了考察，其所關注的焦點主要是諸類書的部類比較。其言：「現存的大多數類書都採用《修文殿御覽》的部類劃分，依照天、地、人、事、物的結構，如《藝文類聚》《兔園策府》《初學記》《太平御覽》等。只有《北堂書鈔》有所區別，將帝王與政術放於首位，這一體系被《冊府元龜》沿襲。另有其他一些私撰的小類書，因其用途不同在分部上各有差別。《白帖》的分類也基本沿襲天、地、人、事、物的結構，《白帖》凡三十卷，卷下分部。《白帖》作爲一個私人撰寫和使用的類書，採用了主流正統的分類觀念而有改易。」「《白帖》基本沿襲了《藝文類聚》和《初學記》這一系列類書的分部格局。《白帖》與《初學記》均爲三十卷規模，在門類和大體順序上呈現出諸多的相似之處，但在具體的小類分合和前後順序之間是有些差異的，這種差異體現了兩書在編撰背景和目的上的差別。《白帖》與《藝文類聚》的差異主要源於卷帙的規模，《藝文類聚》一百卷的分類使得其在人事、雜器物等門類中可以比《白帖》三十卷分類更加詳細。與《太平御覽》相比這種卷帙差異所帶來的分類簡與略就更加明顯。」「《白帖》的分類的重點主要集中於人、事。雖然《白帖》與《藝文類聚》《初學記》一樣，都有爲詩文創作的功能，但是《白帖》的門類分部更具有針對性，針對具體的人事，同時也更具有作者個人的閱讀和寫作的色彩。」〔註24〕其實，張雯《〈白氏六帖事類集〉研究》的思路是極好的，

〔註24〕張雯《〈白氏六帖事類集〉研究》，上海社會科學院碩士學位論文，2015 年，第 25 頁。

他對《白氏六帖事類集》的部類做了較好的分析，便於我們加深對《白氏六帖事類集》的認知。

我們這裡所關注的是《白氏六帖事類集》的體例問題，即類句類書的問題，前文我們多次說過，目前諸學者對類書的分類有多種分法，但是，我們主張按照類事類書、類文類書、類句類書、類語類書、賦體類書五種體例來考察類書，第六種就是組合體。〔註25〕而類句類書其實是相對於類事類書與類文類書的創新與發展，因爲類事類書與類文類書太過龐雜，而類句類書就很靈活，類句類書只是將重要的句子與詞語摘錄出來，而這樣的句子與詞語就足以應對所見不廣、所知不多的問題。

> 天第一
>
> 高明柔克。高明，天也。柔克，寒暑不干。
>
> 陰隲下人。言天默定下民之命。
>
> 天尊。地卑。
>
> 成象。在天成象。
>
> 觀天之道。而四時不忒。
>
> 天垂象。見吉凶聖人則之。
>
> 天行健。
>
> 資始。至哉乾元，萬物資始。
>
> 上浮爲天。
>
> 下降。天氣下降。
>
> 高遠。窮高極遠。
>
> 貞觀。天地之道。
>
> 無私不息。者天。
>
> 清明。象天。
>
> 天何言哉。四時行焉。
>
> 不可階而升。
>
> 天秉陽。垂日星。

〔註25〕當然，我們沒有把韻體類書考慮進來，如《韻海鏡源》，因爲我們對韻體類書的熟悉度不夠，亦未做深入考察，故先將之單獨出來，不做考辨。其實，《韻海境源》既是類書，又是韻書、字書，後世亦有其流，但是唐代類書之體例純粹者，主要是文中所述六種體例。

　　無私覆高也明也愍也久也。天之道。

　　昭昭。今夫天昭昭之多，及其無窮，日月星辰繫焉，萬物覆焉。

注云，昭昭小明也，本生小而成大。

　　覆盆。之狀。

　　圓蓋。之形。

　　轉轂。之狀。

　　設位石補。女媧氏鍊五色石補天。

　　惡盈。天道。

　　易知立天之道。曰陰與陽。

　　倬彼昭迴天步。艱難。

　　焉知。禪灶焉知天道。

　　恆象。天事恆象。〔註26〕

　　試看《白氏六帖事類集》的部分內容，我們對類句類書就有了較多的瞭解，此種體例對於博學多聞的讀書人來說，是十分重要的，第一，此種類句類書的知識量極大，讀後可以讓人博學，第二，此等知識量極大的博學書籍是供有一定知識儲備的讀書人使用的，因為知識儲備不夠的人是讀不了這樣的博學之書的。也就是說，如《白氏六帖事類集》之類的類句類書是高等級讀書人使用的博學讀物，其一可以被遺忘，其二可以供詩文之發興，其三就是可以應對科舉考試。而與《北堂書鈔》相比，此書的特點是卷帙少而針對性強，白居易生活在科舉盛行二百年之後的中唐，其對於科舉本身就是行家，故其編纂的《白氏六帖事類集》與科舉之間的關係就會緊密一些，而《北堂書鈔》是虞世南隋代編纂的，其與科舉之間的關係，尤其是應對性、適用性就會差一點，故《白氏六帖事類集》被後世的讀書人大量使用以備科舉。

〔註26〕　（唐）白居易撰，〔日〕神鷹德治、山口謠司解題《白氏六帖事類集》，東京：
　　　　汲古書院，2008年，第10頁。

十二、《元氏類集》編纂研究

　　《新唐書》卷五十九《藝文三》子部「類書類」載：「《元氏類集》三百卷。元稹。」〔註1〕《通志二十略・藝文略第七》子部「類書類」載：「《元氏類集》三百卷。」〔註2〕宋王應麟撰《玉海》卷五十四《藝文》載：「唐志：《元氏類集》三百卷，稹集古今刑政之書。」《元氏類集》卷帙達三百卷，應是一部大書，切實元稹一人所著的大類書，關於《元氏類集》的內容，《新唐書》與《通志》沒有記載清楚，而通過《玉海》所言，稹集古今刑政之書，可知此《元氏類集》之內容與性質，是一部彙集刑政資料的類書，元稹是唐代名學者，其著作多流傳於世，為何此部大書不見流傳，甚至連隻言片語亦難得見？

　　前文已述，隋虞綽有《類集》一書，《舊唐書》《新唐書》皆有記載，但是虞綽之書肯定是收集文辭之書，甚至還有可能是類文類書，因為《舊唐書》《新唐書》將之列入了「總集類」。《舊唐書》卷四十七《經籍下》之「總集」載：「《類集》一百一十三卷。虞綽等撰。」〔註3〕《新唐書》卷六十《藝文四》之「總集」亦載：「虞綽等《類集》一百一十三卷。」〔註4〕而《元氏類集》若是收集古今刑政材料的類書，應該是類事類書性質，再或者就是如《白氏六帖事類集》一樣是類句類書性質，因為元稹與白居易關係深厚，所以《元

〔註1〕　《新唐書》卷五十九《藝文三》，北京：中華書局，1975年，第1564頁。
〔註2〕　（宋）鄭樵撰，王樹民點校《通志二十略・藝文略第七》，北京：中華書局，1995年，第1732頁。
〔註3〕　《舊唐書》卷四十七《經籍下》，北京：中華書局，1975年，第2080頁。
〔註4〕　《新唐書》卷六十《藝文四》，北京：中華書局，1975年，第1621頁。

氏類集》與《白氏六帖事類集》之間的關係肯定不淺。

《舊唐書》卷一百六十六《元稹傳》載：「元稹字微之，河南人。後魏昭成皇帝，稹十代祖也。兵部尚書、昌平公岩，六代祖也。曾祖延景，岐州參軍。祖悱，南頓丞。父寬，比部郎中、舒王府長史，以稹貴，贈左僕射。稹八歲喪父。其母鄭夫人，賢明婦人也，家貧，為稹自授書，教之書學。稹九歲能屬文。十五兩經擢第。二十四調判入第四等，授秘書省校書郎。二十八應制舉才識兼茂、明於體用科，登第者十八人，稹為第一，元和元年四月也。制下，除右拾遺……所著詩賦、詔冊、銘誄、論議等雜文一百卷，號曰《元氏長慶集》。又著古今刑政書三百卷，號《類集》，並行於代。」〔註5〕《元稹傳》對《類集》亦有記載，此《類集》之所以加上「元氏」，肯定是為了避免與前人《類集》混淆的緣故。

再者，為何此《元氏類集》流傳不廣，或許與其內容有是關係的，中古時期的科舉、學術、文學、蒙學乃至日常生活都與「文」「文辭」密切相關，故《白氏六帖事類集》可以流傳天下乃至日本、朝鮮、越南等地，而此《元氏類集》卻是收錄古今刑政資料的類書，刑政雖亦是古今要事，但是畢竟還是專門學問，並不是所有人都需要的知識，故《元氏類集》的流傳是不廣的。按照《白氏六帖事類集》的體例，我們猜測此《元氏類集》之體例應該與《白氏六帖事類集》相差不大，屬於類句類書，因為類事類書此時已經不那麼受歡迎，而與白居易關係如此親密的元稹，必然會採用與白居易相同的體例來整理一類典籍，當然這是個猜測。

〔註5〕《舊唐書》卷一百六十六《元稹傳》，北京：中華書局，1975年，第4327～4336頁。

十三、《瀛類》《應用類對》編纂研究

　　對於《瀛類》《應用類對》我們所知不多，諸《藝文志》僅僅記載了簡單的信息。《新唐書》卷五十九《藝文三》子部「類書類」載：「韋稔《瀛類》十卷。《應用類對》十卷。」〔註1〕《通志二十略・藝文略第七》子部「類書類」載：「《瀛類》十卷。唐韋稔編。《應用類對》十卷。唐韋稔編。」〔註2〕

　　《崇文總目》卷三載：「《瀛類》十卷。韋稔撰。原釋闕。見天一閣鈔本。」〔註3〕「《應用類對》十卷。韋稔撰。」「侗按宋志注云，一名《筆語類對》。」〔註4〕《崇文總目》對所有典籍皆有「闕」否的記載？此二書在《崇文總目》中皆是「闕」，可見北宋初年已經佚失。

　　《宋史》卷二百七《藝文六》子部「類事類」載：「韋稔《筆語類對》十卷。又《應用類對》十卷。一名《筆語類對》。」〔註5〕《宋史》的記載給我們帶來了混亂，此《應用類對》變成了《筆語類對》，而按照前面諸目錄的記載，此《筆語類對》應該是《瀛類》，而由於記載的混亂，我們不知道此《筆語類對》究竟是誰的別名？通過此記載，亦可見二書在流傳中恐怕早已佚失，以至於對他們的記載出現了混亂。

〔註1〕　《新唐書》卷五十九《藝文三》，北京：中華書局，1975年，第1564頁。
〔註2〕　（宋）鄭樵撰，王樹民點校《通志二十略・藝文略第七》，北京：中華書局，1995年，第1732頁。
〔註3〕　（宋）王堯臣等編次，錢東垣等輯釋《崇文總目》卷三《類書類上》，《叢書集成初編》，第22冊，北京：中華書局，1985年，第178頁。
〔註4〕　（宋）王堯臣等編次，錢東垣等輯釋《崇文總目》卷三《類書類下》，《叢書集成初編》，第22冊，北京：中華書局，1985年，第180頁。
〔註5〕　《宋史》卷二百七《藝文六》，北京：中華書局，1985年，第5295頁。

對於韋稔，史書中的記載亦是不多，即使出現了多次，其實都是對一件事情的記載。《舊唐書》卷三十七《五行》載：「大曆十三年，郴州黃芩山崩震，壓殺數百人。建中初，魏州魏縣西四十里，忽然土長四五尺數畝，里人駭異之。明年，魏博田悅反，德宗命河東馬燧、潞州李抱眞討之，營於陘山。幽州朱滔、恆州王武俊帥兵救田悅，王師退保魏縣西。朱滔、武俊、田悅引軍與王師對壘。三年十一月，朱滔僭稱冀王，武俊稱趙王，田悅稱魏王。悅時壘正當土長之所，及僭署告天，乃因其長土爲壇以祭。魏州功曹韋稔爲《益土頌》以媚悅。馬燧聞之，笑曰：『田悅異常賊也。』」〔註6〕《舊唐書》卷一百四十一《田悅傳》載：「悅感朱滔救助，欲推爲盟主。滔判官李子牟、武俊判官鄭儒等議曰：『古有戰國連衡誓約以抗秦，請依周末七雄故事，並建國號爲諸侯，用國家正朔，今年號不可改也。』於是朱滔稱冀王，悅稱魏王，武俊稱趙王，又請李納稱齊王。十一月一日，築壇於魏縣中，告天受之。滔爲盟主，稱孤；武俊、悅、納稱寡人。滔以幽州爲范陽府，恆州爲眞定府，魏州爲大名府，鄆州爲東平府，皆以長子爲元帥。僭冊之日，其軍上有雲物稍異，馬燧等望而笑曰：『此雲無知，乃爲賊瑞。』又其營地前三年土長高三尺餘，魏州戶曹韋稔爲《土長頌》曰：『益土之兆也。』」〔註7〕《新唐書》卷二百一十二《藩鎮盧龍》載：「悅德滔援，欲尊而臣之，滔讓武俊，曰：『篋山之勝，王大夫力也。』於是，滔、武俊官屬共議：『古有列國連衡共抗秦。今公等在此，李大夫在鄆，請如七國，並建號，用天子正朔。且師在外，其動無名，豈長爲叛臣，士何所歸？宜擇日定約，順人心，不如盟者共伐之。』滔等從之。滔以祿山、思明皆起燕，俄覆滅，惡其名，以冀堯所都，因號冀，武俊號趙，悅號魏，納號齊。建中三年冬十月庚申，爲壇魏西，祀天，各僭爲王，與武俊等三讓乃就位。滔爲盟主，稱孤；武俊、悅及納稱寡人。是日，三叛軍上有雲氣頗異，燧望笑曰：『是雲無知，乃爲賊瑞邪！』先是，其地土息高三丈，魏人韋稔佞悅，以爲益土之兆。後二年，滔等冊壇，正值其所。」〔註8〕

以上三處記載，皆是建中三年（782），朱滔稱冀王，田悅稱魏王，武俊

〔註6〕 《舊唐書》卷三十七《五行志》，北京：中華書局，1975年，第1351頁。
〔註7〕 《舊唐書》卷一百四十一《田悅傳》，北京：中華書局，1975年，第3844～3845頁。
〔註8〕 《新唐書》卷二百一十二《藩鎮盧龍》，北京：中華書局，1975年，第5970頁。

稱趙王，又請李納稱齊王。十一月一日，築壇於魏縣中，告天受之。滔爲盟主，稱孤；武俊、悅、納稱寡人。滔以幽州爲范陽府，恆州爲眞定府，魏州爲大名府，鄆州爲東平府，皆以長子爲元帥。此時的韋稔是魏州戶曹作《益土頌》《土長頌》。

　　宋趙明誠撰《金石錄》卷九《目錄九》載：「第一千六百二十九。唐幽州復舜廟頌，韋稔撰，顏頵正書並篆。貞元十二年閏八月。」〔註9〕崑山顧炎武撰《金石文字記》卷四載：「范陽郡新置文宣王廟碑。韋稔撰，張澹行書。貞元五年二月，今在涿州。」〔註10〕可見，此韋稔所作之碑文，後來被金石學家收錄書中，這個韋稔應該就是上文作《瀛類》《應用類對》的韋稔。

　　通過韋稔撰，顏頵正書並篆可知，此韋稔與顏頵是同時代的人，顏頵是大書法家顏眞卿的兒子，其書法必然亦是高手，而韋稔撰文，顏頵正書，則是一個絕配，亦可見韋稔之才學。《舊唐書》卷一百二十八《顏眞卿傳》載：「故光祿大夫、守太子太師、上柱國、魯郡公顏眞卿，器質天資，公忠傑出，出入四朝，堅貞一志。屬賊臣擾亂，委以存諭，拘脅累歲，死而不撓，稽其盛節，實謂猶生。朕致貽斯禍，慚悼靡及，式崇嘉命，兼延爾嗣。可贈司徒，仍賜布帛五百端。男頵、碩等喪制終，所司奏超授官秩。貞元六年十一月南郊，赦書節文授眞卿一子五品正員官，故頵得錄用。」〔註11〕總之，通過顏頵我們大致可以判斷此韋稔的生活時代，而通過上文其官職爲魏州戶曹、功曹，乃至說其爲魏人之記載可知，韋稔的生活範圍。

　　《瀛類》《應用類對》二書之具體情況，不得而知。但是通過書名，亦可猜測此二書，尤其是《應用類對》，應該亦是類語類書，而在此時代，越來越多的文人投入藩鎮幕府，並成爲藩鎮幕府之重要文士，他們在替藩鎮撰寫文書乃至參加科舉考試之時，都需要積累必要的知識乃至辭藻，以便於日常的文章撰寫工作，而編纂便於自己使用的小類書就成了必需。

〔註9〕 （宋）趙明誠撰《金石錄》卷九《目錄九》，《文淵閣四庫全書》，第681冊，上海：上海古籍出版社，2003年，第218頁。
〔註10〕（清）顧炎武撰《金石文字記》卷四，《文淵閣四庫全書》，第683冊，上海：上海古籍出版社，2003年，第784頁。
〔註11〕《舊唐書》卷一百二十八《顏眞卿傳》，北京：中華書局，1975年，第3597頁。

十四、《學海》編纂研究

　　溫庭筠《學海》亦是溫庭筠詩文之餘編纂的一部類書，但是關於《學海》的佚文，沒有找見，只能通過相關圖書目錄的記載考察一二。《新唐書》卷五十九《藝文三》子部「類書類」載：「溫庭筠《學海》三十卷。」〔註1〕《宋史》卷二百七《藝文六》子部「類事類」載：「溫庭筠《學海兩字》三十卷。」〔註2〕《通志二十略·藝文略第七》子部「類書類」載：「《學海》三十卷。唐溫庭筠撰。」〔註3〕《玉海》卷五十五《藝文》載：「《元祐重校學海》。《書目》：三十卷。馬共以唐溫庭筠《學海》未盡。《唐志》類書：庭筠《學海》三十卷。因總括諸書，損益去取，分類爲一千二百八十餘門。《崇文目》：《學海》三十卷，《史海》十卷。」〔註4〕《宋史》卷二百七《藝文六》子部「類事類」載：「馬共《元祐學海》三十卷。」〔註5〕諸圖書目錄對於《學海》的記載還是比較多的，這或許要歸功於溫庭筠的文名之盛，但是諸書所記載之內容不夠豐富，尤其是便於我們認知《學海》的記載其實不多。《玉海》所言因總括諸書，損益去取，分類爲一千二百八十餘門，可知，此《學海》之內容是很豐富的，或者分門別類是很細緻的，因爲其分門有一千二百八十餘。

〔註1〕　《新唐書》卷五十九《藝文三》，北京：中華書局，1975年，第1564頁。
〔註2〕　《宋史》卷二百七《藝文六》，北京：中華書局，1985年，第5295頁。
〔註3〕　（宋）鄭樵撰，王樹民點校《通志二十略·藝文略第七》，北京：中華書局，1995年，第1732頁。
〔註4〕　（宋）王應麟撰《玉海》卷五十五《藝文》，揚州：廣陵書社，2003年，第1052～1053頁；（宋）王應麟撰，武秀成、趙庶洋校證《玉海藝文校證》卷二十一《著書·別集》，南京：鳳凰出版社，2013年，第1027頁。
〔註5〕　《宋史》卷二百七《藝文六》，北京：中華書局，1985年，第5295頁。

《少室山房筆叢》卷二十九《九流緒論下》載：「世傳極淺陋書，若《錦繡萬花谷》《韻府群玉》《群書淵海》之類，其名亦起自前代。唐孫翰有《錦繡谷》五卷，是所居山名，錢昌宗《韻類題選》一百卷，陳鄂《四庫韻對》九十八卷，武氏《字海》一百卷，溫庭筠《學海》三十卷，曹化《史海》十卷，王博古《修文海》十七卷，王義方《筆海》十卷，又北朝人有《文海》四十卷，張融有《玉海》四十卷，俱係已集，與宋江氏《文海》，王氏《玉海》名同而實異也。」〔註6〕胡應麟是在評價以「海」題名的諸書之優劣，恐怕亦是只知道《學海》之名，未見《學海》之實。

《舊唐書》卷一百九十下《文苑下·溫庭筠傳》載：「溫庭筠者，太原人，本名岐，字飛卿。大中初，應進士。苦心硯席，尤長於詩賦。初至京師，人士翕然推重。然士行塵雜，不修邊幅，能逐弦吹之音，為惻豔之詞，公卿家無賴子弟裴誠、令狐縞之徒，相與蒱飲，酣醉終日，由是累年不第。徐商鎮襄陽，往依之，署為巡官。咸通中，失意歸江東，路由廣陵，心怨令狐綯在位時不為成名。既至，與新進少年狂遊狹邪，久不刺謁。又乞索於楊子院，醉而犯夜，為虞候所擊，敗面折齒，方還揚州訴之。令狐綯捕虞候治之，極言庭筠狹邪醜跡，乃兩釋之。自是污行聞於京師。庭筠自至長安，致書公卿間雪冤。屬徐商知政事，頗為言之。無何，商罷相出鎮，楊收怒之，貶為方城尉。再遷隋縣尉，卒。子憲，以進士擢第。弟庭皓，咸通中為徐州從事，節度使崔彥魯為龐勳所殺，庭皓亦被害。庭筠著述頗多，而詩賦韻格清拔，文士稱之。」〔註7〕《唐才子傳校箋》卷八《溫庭筠》載：「庭筠，字飛卿，舊名岐，并州人，宰相彥博之孫也。少敏悟，天才雄贍，能走筆成萬言……今有《漢南真稿》十卷，《握蘭集》三卷，《金荃集》十卷，詩集五卷，及《學海》三十卷。」〔註8〕試看，溫庭筠之傳記，其為人與品行，與其文名亦是不相符，但是，其所編纂之《學海》必然是其讀書作文之隨身卷子，至少，是其早年讀書即類抄，看溫庭筠之文，或許亦可猜想其《學海》之內容。

《舊唐書》卷一百九十下《文苑下·李商隱傳》載：「李商隱字義山，懷

〔註6〕 （明）胡應麟《少室山房筆叢》卷二十九《九流緒論下》，北京：中華書局，1958年，第287頁。

〔註7〕 《舊唐書》卷一百九十下《文苑下·溫庭筠傳》，北京：中華書局，1975年，第5078～5079頁。

〔註8〕 （元）辛文房撰，傅璇琮整理《唐才子傳校箋》卷八《溫庭筠》，北京：中華書局，1990年，第433～446頁。

州河內人……商隱能爲古文，不喜偶對。從事令狐楚幕，楚能章奏，遂以其道授商隱，自是始爲今體章奏。博學強記，下筆不能自休，尤善爲誄奠之辭。與太原溫庭筠、南郡段成式齊名，時號『三十六』。文思清麗，庭筠過之。而俱無持操，恃才詭激，爲當塗者所薄，名宦不進，坎壈終身。」〔註9〕再看，齊名之溫庭筠、李商隱，皆是後世之有大文名的才子，而此等文士亦是喜歡編纂類書以備用，李商隱有《金鑰》，溫庭筠有《學海》，必然相互呼應之作，或者是同時代的同類作品。

〔註 9〕 《舊唐書》卷一百九十下《文苑下·李商隱傳》，北京：中華書局，1975 年，第 5077～5078 頁。

十五、《記室新書》編纂研究

（一）《記室新書》的編纂

　　李途所作《記室新書》諸目錄記載良多，可見，此書是一部極其重要的唐代私纂類書。《新唐書》卷五十九《藝文三》子部「類書類」載：「李途《記室新書》三十卷。」〔註1〕《崇文總目》卷三《類書類下》載：「《記室新書》三十卷。李途撰。」〔註2〕《通志二十略・藝文略第七》子部「類書類」載：「《記室新書》三十卷。」〔註3〕《宋史》卷二百七《藝文六》子部「類事類」載：「李途《記室新書》三卷。」〔註4〕《新唐書》《崇文總目》《通志》皆言《記室新書》卷帙爲三十卷，只有《宋史》言其卷帙爲三卷，難道是，流傳中有了散佚，但是，我們認爲更大的可能性是，《宋史》之記載有問題。

　　其他重要的文獻目錄書籍對《記室新書》的記載更爲的豐富詳細，讓我們可以得到更多信息。《郡齋讀書志校證》卷十四《類書類》載：「《記室新書》三十卷。右唐李途撰。採摭故事，綴爲偶儷之句，分四百門。途，中和中爲東川掌記，因以名其書云。」〔註5〕《玉海》載：「唐《記室新書》。《志》：李

〔註1〕　《新唐書》卷五十九《藝文三》，北京：中華書局，1975年，第1564頁。
〔註2〕　（宋）王堯臣等編次，錢東垣等輯釋《崇文總目》卷三《類書類下》，《叢書集成初編》，第22冊，北京：中華書局，1985年，第181頁。
〔註3〕　（宋）鄭樵撰，王樹民點校《通志二十略・藝文略第七》，北京：中華書局，1995年，第1732頁。
〔註4〕　《宋史》卷二百七《藝文六》，北京：中華書局，1985年，第5293頁。
〔註5〕　（宋）晁公武撰，孫猛校證《郡齋讀書志校證》卷十四《類書類》，北京：中華書局，2011年，第654頁。

途《記室新書》三十卷。《崇文目》同。《中興書目》：唐東川節度掌書記李途撰。纂集諸書事蹟爲對語，列四百餘，職方郎中孫樵爲之序。」〔註6〕《文獻通考》卷二百二十八《經籍考五十五・類書》載：「《記室新書》三十卷。晁氏曰：唐李途撰，採摭故事，綴爲偶儷之句，分四百門，途中和中爲東川掌記，因以名其書云。」〔註7〕可見，《郡齋讀書志》《玉海》《文獻通考》對《記室新書》的內容與性質皆有較爲詳細的記載，其中，《文獻通考》是因襲《郡齋讀書志》而來，但是，關於《記室新書》性質的記載，《郡齋讀書志》《文獻通考》與《玉海》有明顯的區別，《郡齋讀書志》《文獻通考》言「採摭故事，綴爲偶儷之句，分四百門」，《玉海》言「纂集諸書事蹟爲對語，列四百餘門」，很顯然，《郡齋讀書志》《文獻通考》所言之綴爲偶儷之句，是說此《記室新書》是賦體類書，而《玉海》所言之纂集諸書事蹟爲對語，是說此《記室新書》是類語類書，究竟何者爲是？暫時沒有答案，但是，這個問題還是比較重要的，因爲他關乎《記室新書》的性質。

《文淵閣書目》卷二《子雜・荒字號第一廚書目》載：「李途《記室新書》一部三冊。闕。」〔註8〕《文淵閣書目》卷三《類書・盈字號第六廚書目》載：「《記室新書》一部一冊。闕。」〔註9〕根據《文淵閣書目》的記載，李途《記室新書》在明初已經闕失。

清人所記載的《記室新書》已經不是李途之《記室新書》了，而是方龜年所編的《翰苑新書》。《四庫全書總目》卷一百三十七《子部四十七・類書類存目一》載：「《記室新書》七十卷。兩江總督採進本。」〔註10〕《續通志》卷一百六十一《藝文略》亦載：「《記室新書》七十卷。舊本題宋方龜年撰。」「以上見《四庫全書存目》。類書類凡一百七十八部。」〔註11〕杜澤遜撰《四

〔註6〕 （宋）王應麟撰《玉海》卷五十五《藝文》，揚州：廣陵書社，2003年，第1047頁；（宋）王應麟撰，武秀成、趙庶洋校證《玉海藝文校證》卷二十一《著書・別集》，南京：鳳凰出版社，2013年，第1010頁。

〔註7〕 （元）馬端臨撰《文獻通考》卷二百二十八《經籍考五十五・類書》，北京：中華書局，1986年，第1827頁。

〔註8〕 （明）楊士奇等編《文淵閣書目》，《叢書集成初編》，第30冊，北京：中華書局，1985年，第86頁。

〔註9〕 （明）楊士奇等編《文淵閣書目》，《叢書集成初編》，第30冊，北京：中華書局，1985年，第147頁。

〔註10〕 （清）永瑢等撰《四庫全書總目》卷一百三十七《子部四十七・類書類存目一》，北京：中華書局，1965年，第891頁。

〔註11〕 （清）嵇璜、曹仁虎等奉敕撰《欽定續通志》卷一百六十一《藝文略》，《文

庫存目標注》言：「《記室新書》七十卷。舊本題宋方龜年編。四一七七。兩
江總督採進本（總目）。《兩江第二次書目》：『《記室新書》，舊題宋方龜年輯，
二十本。』《提要》云：『考世傳抄本《翰苑新書》，有明沔陽陳文燭序，謂是
宋人書，抄自秘閣者。無撰人姓氏，凡分四集。其別集十二卷即此書之前十
二卷。其前集七十卷，此書割去前十二卷，以十三卷以下五十八卷續別集後，
仍足七十卷之數。蓋坊賈得殘闕《翰苑新書》，並兩集爲一集，改此名以售欺
也。』按：《翰苑新書》前集七十卷後集三十二卷別集十二卷續集四十二卷，
《四庫全書》收錄。北圖藏有宋刻本，存前集卷三十九至四十六。上海圖書
館藏有明鈔本全帙。」〔註12〕如此來看，《翰苑新書》與《記室新書》之間出
現了糾紛，即有人將殘缺的《翰苑新書》，改頭換面之後，稱爲《記室新書》，
此《記室新書》不是唐人李途所編纂的原本，而是宋人方龜年所編的《翰苑
新書》，當然，杜澤遜先生已經做了考察，指出清人所言之《記室新書》當爲
《翰苑新書》，此《翰苑新書》被收入了《四庫全書存目叢書》。

　　關於《記室新書》的作者李途，諸書皆言其爲東川節度掌書記，但是，
其具體生活之年代諸書都沒有說清楚，《文獻通考》加了「中和中」這一時間
限定，中和是唐僖宗之年號，即公元881年至885年，由此可見《記室新書》
的大體創作時代。《記室新書》成書後，職方郎中孫樵爲之序，孫樵《舊唐書》
《新唐書》記載皆不詳。《新唐書》卷六十《藝文四》載：「孫樵《經緯集》
三卷。字可之，大中進士第。」〔註13〕孫樵大中時期（847～859）中進士，
再過二三十年，官至職方郎中時爲《記室新書》做序，倒是極有可能。這裡
還有一個問題，就是由於孫樵爲《記室新書》做序，後世典籍尤其是《翰苑
新書》等類書，竟然將孫樵當做了《記室新書》的編纂者，直接題爲「孫樵
《記室新書》」，很顯然是錯誤的，孫樵只是給《記室新書》做序之人。總之，
通過李途與孫樵的生平事蹟，我們大致知曉了《記室新書》編纂的時代。

　　有學者認爲李途東川幕府府主疑爲楊師立，〔註14〕關於楊師立史書亦有
記載。《新唐書》卷九《僖宗紀》載：「（中和）四年……三月甲子，劍南東川
節度副大使楊師立反，西川節度使陳敬瑄爲西川、東川、山南西道都指揮招

　　　淵閣四庫全書》，第394冊，上海：上海古籍出版社，2003年，第540頁。
〔註12〕杜澤遜撰《四庫存目標注》，上海：上海古籍出版社，2007年，第2148頁。
〔註13〕《新唐書》卷六十《藝文四》，北京：中華書局，1975年，第1608頁。
〔註14〕李翔《中晚唐五代藩鎮文職幕僚研究》，南開大學博士學位論文，2014年，第
　　　192頁。

討使……癸酉，高仁厚爲劍南東川節度使以討楊師立……六月乙卯，赦劍南三川。瘞京畿骸骨。七月辛酉，楊師立伏誅。壬午，黃巢伏誅。」〔註15〕中和四年（884），楊師立反，不久伏誅，故李途爲楊師立東川幕府掌書記的時間在中和早期，而楊師立被誅，李途有沒有受到影響亦不可知。

　　對於李途的生平事蹟，史書中還有記載。唐昭宗乾寧二年（895）有李途參加科舉考試的記載。《全唐詩》卷七百五《黃滔二》載：「昭宗乾寧二年，崔凝考定進士張貽憲等二十五人，覆命所司覆試，內出四題，乃曲直不相入賦、良弓獻問賦、詢於芻蕘詩、品物咸熙詩。趙觀文、程晏、崔賞、崔仁寶等四人，並盧瞻、韋說、封渭、韋希震、張蠙、黃滔、盧鼎、王貞白、沈崧、陳曉、李龜禎等十一人，並與及第。其張貽憲、孫溥、李光序、李樞、李途等五人，且令落下，許後再舉。其崔礪、蘇楷、杜承昭、鄭稼等四人，不令再舉。內一人盧贇稱疾不至，宣令舁入，又雲華陰省親，其父渥進狀乞落下。故就試止二十四人也。」〔註16〕此李途運氣不夠好，在科舉考試的最後環節被責令落地，但是，此李途還不是最糟糕的，雖然此次考試不合格，但是，允許下次再考，而其中四人就因爲不合格，不再舉薦。中和年間做過掌書記的李途，是否就是此次昭宗乾寧二年的李途，雖然還有些懷疑，但是，二者爲一人的可能性還是有的。

　　《寶刻類編》卷七《名臣十九‧前蜀》載：「楊玢。李途。唐公神道碑。張格撰，玢書，途篆額。永平四年立。同上（成都）。」〔註17〕此永平四年（914）是前蜀之年號，這個在蜀地成都的李途很有可能就是前面做掌書記，並編纂了《記室新書》的李途。

　　後唐時期，同光三年（925），亦有名李途者，爲京兆少尹，充修奉諸陵使。《舊五代史》卷三十二《唐書‧莊宗紀六》載：「同光三年……六月……己丑，以工部郎中李途爲京兆少尹，充修奉諸陵使。」〔註18〕《資治通鑑》卷二百七十三載：「庚申，以工部郎中李途爲長安按視諸陵使。」〔註19〕宋王

〔註15〕　《新唐書》卷九《僖宗紀》，北京：中華書局，1975年，第275～276頁。

〔註16〕　（清）彭定求等編《全唐詩》卷七百五《黃滔二》，北京：中華書局，1960年，第8112頁。

〔註17〕　（宋）不著撰人《寶刻類編》卷七《名臣十九‧前蜀》，《文淵閣四庫全書》，第682冊，上海：上海古籍出版社，2003年，第693頁。

〔註18〕　《舊五代史》卷三十二《唐書‧莊宗紀六》，北京：中華書局，1976年，第444頁，448～449頁。

〔註19〕　《資治通鑑》卷二百七十三「後唐紀二莊宗光聖神閔孝皇帝中」條，北京：

溥撰《五代會要》卷四《雜錄》載：「後唐同光二年三月，以尚書工部郎中李
途爲長安兩路檢視諸陵使……三年六月……仍授尚書工部郎中李途京兆少
尹，充奉修諸陵使。」〔註20〕此李途是否是編纂《記室新書》的李途，我們
仍然有點懷疑，此李途如果果眞是彼李途，那麼，此時的李途年齡可就比較
大了。

　　唐憲宗（805～820 在位）時期，亦有名李途者，此人肯定不是《記室新
書》的作者李途，應該分別對待。《古今合璧事類備要後集》卷三十三《九卿
門·宗正卿》載：「長以才行。憲宗法堯睦族，深惟本支，乃詔執事曰：伯父
叔季，幼子童孫，在屬籍者，必命卿長以才行聞。唐元積行，李途制。」〔註
21〕《翰苑新書前集》卷二十二《宗正寺》載：「卿長以才行聞。元積行，李途
制云：憲宗法堯睦族，深惟本枝，乃詔執事曰：伯父叔季，幼子童孫，在屬
籍者，必命卿長以才行聞。」〔註22〕《御定淵鑒類函》卷九十一《宗正卿四》
載：「以才行聞。元積行，李途制曰：憲宗法堯睦族，深維本支，乃詔執事曰：
伯父叔季，幼子童孫，在屬籍者，必命卿長以才行聞。」〔註23〕

　　對於李途所任之掌書記一職，歷代學者多有關注。《唐六典》卷二十九《諸
王府公主邑司》載：「記室參軍事二人，從六品上。」「漢三公及大將軍皆有
記室令史，主上章表，奏報書記。魏太祖輔漢，以陳琳、阮瑀管記室，軍國
書檄，多二人所作。晉氏諸公及位從公以上並有記室員，宋諸公府有記室參
軍事，梁、陳公府及王府皆有記室參軍，北齊因之。隋親王府及嗣王府有記
室參軍，皇朝因之。」〔註24〕「記室掌表、啓、書、疏。」〔註25〕《韓昌黎
文集校注》卷二《徐泗壕三州節度掌書記廳石記》載：「書記之任亦難矣！元

　　中華書局，1956 年，第 8918 頁。
〔註20〕（宋）王溥撰《五代會要》卷四《雜錄》，上海：上海古籍出版社，1978 年，
　　　　第 60～61 頁。
〔註21〕（宋）謝維新撰《古今合璧事類備要後集》卷三十三《九卿門·宗正卿》，《文
　　　　淵閣四庫全書》，第 940 冊，上海：上海古籍出版社，2003 年，第 79 頁。
〔註22〕（宋）不著撰人《翰苑新書前集》卷二十二《宗正寺》，《文淵閣四庫全書》，
　　　　第 949 冊，上海：上海古籍出版社，2003 年，第 176 頁。
〔註23〕（清）張英、王士禎等奉敕纂《御定淵鑒類函》卷九十一《宗正卿四》，《文
　　　　淵閣四庫全書》，第 984 冊，上海：上海古籍出版社，2003 年，第 386 頁。
〔註24〕（唐）李林甫等撰，陳仲夫點校《唐六典》卷二十九《諸王府公主邑司》，北
　　　　京：中華書局，1992 年，第 730 頁。
〔註25〕（唐）李林甫等撰，陳仲夫點校《唐六典》卷二十九《諸王府公主邑司》，北
　　　　京：中華書局，1992 年，第 731 頁。

戎整齊三軍之士，統理所部之士，以鎮守邦國，贊天子施教化，而又外與賓客四鄰交，其朝覲、聘問、慰薦、祭祀、祈祝之文，與所部之政，三軍之號令升黜，凡文辭之事，皆出書記。非閎辨通敏兼人之才，莫宜居之。」〔註26〕《全唐文》卷五四三《薦齊孝若書》載：「某官至，辱垂下問，令公舉一人，可管記之任者。愚以爲軍中之書記，節度使之喉舌。指事立言而上達，思中天心；發號出令以下行，期悅人意。諒非容易，而可專據。」〔註27〕節度使之稱號始於睿宗朝，而「掌書記」眞正脫離原有職事含義走向固定化的幕職，也正是始於此時，天寶年間，掌書記作爲幕職已經逐步確立起來，後世藩鎮幕府中多設有此職。

賴瑞和《唐代基層文官》言：「這時期的幕職大增，對士人來說多了一條出路。幕主常爲僚佐奏請各種中央官銜，對唐代官制造成新的變化。朝廷對幕府的辟署，也多了一些規定。不少士人在幕府任職後，可以回到朝中仕至高官。幕職變成一種尊貴職位。」〔註28〕賴瑞和所言之這個時期主要是安史之亂之後，也就是說，安史之亂之後，士人入仕方面出現了微妙的變化，越來越多的士人加入到藩鎮的幕府之中。賴瑞和《唐代基層文官》又言：「安史亂前，士人多不願遠赴邊疆幕府任職，皇帝不得不下詔獎勵。安史亂後，安西、河西、隴右等邊區相繼被吐蕃佔領。此後，幕府主要設於內地，甚至在東南沿海富饒地區。幕職俸錢等待遇豐厚，將來的出路也很好，結果變成了士人競求的要津。」〔註29〕「一般士人到方鎮使府任職，通常先出任巡官、再升任爲推官和掌書記。這是使府中最常見也最重要的三種基層文官。」〔註30〕「中晚唐政壇或文壇上的名人，許多年輕時都曾經在各種使府中擔任過掌書記。」〔註31〕「掌書記的入仕資歷要求極高。史料中所見的掌書記，絕大部分都有進士或明經，如上引各案例。少部分甚至在考過進士或明經後，再考中更艱難的書判拔萃或博學宏詞，始出任掌書記。」〔註32〕由於掌書記專

〔註26〕（唐）韓愈撰，馬其昶校注，馬茂元整理《韓昌黎文集校注》卷二《徐泗濠三州節度掌書記廳石記》，上海：上海古籍出版社，1986 年，第 84 頁。
〔註27〕（清）董誥等編《全唐文》卷五四三《薦齊孝若書》，北京：中華書局，1983年，第 5506 頁。
〔註28〕賴瑞和《唐代基層文官》，北京：中華書局，2008 年，第 207 頁。
〔註29〕賴瑞和《唐代基層文官》，北京：中華書局，2008 年，第 208 頁。
〔註30〕賴瑞和《唐代基層文官》，北京：中華書局，2008 年，第 208～209 頁。
〔註31〕賴瑞和《唐代基層文官》，北京：中華書局，2008 年，第 257 頁。
〔註32〕賴瑞和《唐代基層文官》，北京：中華書局，2008 年，第 258 頁。

掌表、啓、書、疏，有科名又有文辭者，不但會成爲受辟的對象，更會成爲被爭奪的人才。李翔《中晚唐五代藩鎮文職幕僚研究》認爲：「掌書記遷轉部分，以地方官和中央官遷入幕府任掌書記的情形較多，而遷出大多以入朝爲第一去向，就算第一遷出官非中央官，但日後絕大多數還是能入朝，不少官至給、舍，入翰林，出將入相，前途值得看好。另外，掌書記所帶檢校官多循制度嚴格規定，以八、九品中央官爲主。」「掌書記雖爲藩鎮幕僚體制內下層文職幕僚，但『精英』色彩較濃。進士科、士族背景、清要官、將相之任，一系列醒目詞匯都與掌書記有密切聯繫，其地位實際不低，仕途前景也被看好。」〔註33〕總之，雖然掌書記是基層文官，但是，由於此官職的前途較好，故此官職受到士人的青睞，而作爲青年才俊出任此官者極多，李途能夠出任此官，必然是在其年輕時期，必然因爲他的才能學識。

最後，李途爲何要編纂一部《記室新書》，這應該和藩鎮時代的幕府公文寫作有關。翟景運《晚唐政局與幕府公文的演變》言：「《新唐書》卷 59《藝文志》三子部類書類有李途《記室新書》30 卷……此書同李商隱等人所纂輯的類書在性質上有近似之處，只是規模稍大，仍是幕府掌書記等官寫作公文的參考書。除此以外，《新唐書》卷 59 子部類書類尙有溫庭筠《學海》三十卷，庭筠嘗爲襄陽節度使巡官，且以善於使事用典而著稱，《學海》很可能也是同箋表寫作相關的類書。」〔註34〕「通過以上資料，大致可以看出晚唐類書的某些特點：一，晚唐類書多出於私人編纂，卷帙較輕、篇幅較小，同初盛唐類書多爲國家組織文人集體編撰、而且卷帙浩大有所不同；二，晚唐私人類書多同幕府公文寫作直接相關，作者本身即是幕府中掌管箋表寫作的文職僚佐。以上兩個特點，可以在很大程度上說明晚唐時代驅駕典故這一環節同幕府公文寫作之間較之前代更爲密切的關係。」〔註35〕誠然，翟景運先生的論斷很準確，藩鎮時代幕府公文寫作的需求，催生了《記室新書》等一系列的類書。藩鎮割據之後的結果是什麼呢？首先是一個個的國中之國的出現，而這些具有部分獨立性的「國」亦是有大量的公文需要處理，因爲在建

〔註33〕李翔《中晚唐五代藩鎮文職幕僚研究》，南開大學博士學位論文，2014 年，第 192 頁。

〔註34〕翟景運《晚唐政局與幕府公文的演變》，《古代文明》2017 年第 1 期，第 82～89 頁。

〔註35〕翟景運《晚唐政局與幕府公文的演變》，《古代文明》2017 年第 1 期，第 82～89 頁。

置上，中央政府有的他都有，只是小一些或者簡單一些，而藩鎮與中央、藩鎮之間的交往，也有大量的公文需要處理，故任職於藩鎮之文士，就需要依據新的情況，掌握一套適應藩鎮需求的公文格式，於是，書儀、類書之類的作品成爲必需，於是李途等文士編纂了《記室新書》等類書。其實，對於擔任幕府文士的文人來說，他們自己所編纂的類書就是書奏表章的底稿，就是他們所依賴的利器，他們憑藉這個利器，可以熟練並快速的完成文字的綴連，書奏表章的撰寫，不然，難免苦思而無所得。

（二）《記室新書》的輯佚

《祖庭事苑》卷五載：

> 金雞。人間本無金雞之名，以應天上金雞星故也，天上金雞鳴，則人間亦鳴。見《記室新書》〔註36〕

《記纂淵海》卷二十八《職官部》載：

> 晉號五兵，周稱九法。《記室新書》〔註37〕

> 掌其三典，詰彼四方。《記室新書》〔註38〕

> 五材是宜，百工惟敘，城郭都邑合其規，士農工商得其所。《記室新書》〔註39〕

《記纂淵海》卷四十八《性行部》載：

> 無忘半面。《記室新書》〔註40〕

> 集。許允之爲吏部，多用鄉黨里人。《記室新書》〔註41〕

《記纂淵海》卷八十三《襟懷部》載：

> 傳記。夫子生有麟降於庭，孔鯉生有人饋金鯉。《記室新書》〔註42〕

〔註36〕（宋）善卿編正《祖庭事苑》卷五，《卍續藏經》，第 113 冊，臺北：新文豐出版公司，1995 年，第 133 頁。

〔註37〕（宋）潘自牧《記纂淵海》卷二十八《職官部》，《文淵閣四庫全書》，第 930 冊，上海：上海古籍出版社，2003 年，第 625 頁。

〔註38〕（宋）潘自牧《記纂淵海》卷二十八《職官部》，《文淵閣四庫全書》，第 930 冊，上海：上海古籍出版社，2003 年，第 629 頁。

〔註39〕（宋）潘自牧《記纂淵海》卷二十八《職官部》，《文淵閣四庫全書》，第 930 冊，上海：上海古籍出版社，2003 年，第 634 頁。

〔註40〕（宋）潘自牧《記纂淵海》卷四十八《性行部》，《文淵閣四庫全書》，第 931 冊，上海：上海古籍出版社，2003 年，第 306 頁。

〔註41〕（宋）潘自牧《記纂淵海》卷四十八《性行部》，《文淵閣四庫全書》，第 931 冊，上海：上海古籍出版社，2003 年，第 306 頁。

《古今合璧事類備要後集》卷三十一《六部門・刑部》載：

詰彼四方。掌其三典，詰彼四方。《記室新書》〔註43〕

《古今合璧事類備要後集》卷三十二《六部門・工部》載：

惟敘百工。五材是宜，百工惟敘，城郭都鄙定其規，士農工商

得其所。《記室新書》〔註44〕

《古今合璧事類備要後集》卷四十四《東宮官・總東宮官》載：

機雲秀望。《晉中興書》：吳王入洛，唯陸機、陸雲、顧榮而已，

以南土秀望，遷太子舍人。《記室新書》〔註45〕

《古今合璧事類備要後集》卷四十五《東宮官門・太子少傅》載：

賜輻車。漢桓榮之賜輻車。詳見後。乘小輦。晉山濤之乘小輦。

並《記室新書》〔註46〕

《古今合璧事類備要後集》卷六十《節相門・太尉》載：

錦被梁肉。後漢宋寵爲太尉，朝廷賜錦被梁肉、雲母屏風。《記

室新書》注〔註47〕

務重統兵。孫樵《記室新書》云：務重統兵。《注後漢百官志》

云：太尉一人，掌四方兵事。〔註48〕

《古今合璧事類備要後集》卷七十一《守臣門・京尹》載：

枹鼓稀鳴。張敞爲京兆，長安市偷盜尤多，一日捕數百人，枹

鼓稀鳴，市無偷盜。又《記室新書》：赭衣盡獲，枹鼓稀鳴。〔註49〕

〔註42〕　（宋）潘自牧《記纂淵海》卷八十三《襟懷部》，《文淵閣四庫全書》，第932
冊，上海：上海古籍出版社，2003年，第540頁。

〔註43〕　（宋）謝維新撰《古今合璧事類備要後集》卷三十一《六部門・刑部》，《文
淵閣四庫全書》，第940冊，上海：上海古籍出版社，2003年，第58頁。

〔註44〕　（宋）謝維新撰《古今合璧事類備要後集》卷三十二《六部門・工部》，《文
淵閣四庫全書》，第940冊，上海：上海古籍出版社，2003年，第63頁。

〔註45〕　（宋）謝維新撰《古今合璧事類備要後集》卷四十四《東宮官・總東宮官》，
《文淵閣四庫全書》，第940冊，上海：上海古籍出版社，2003年，第147頁。

〔註46〕　（宋）謝維新撰《古今合璧事類備要後集》卷四十五《東宮官門・太子少傅》，
《文淵閣四庫全書》，第940冊，上海：上海古籍出版社，2003年，第151頁。

〔註47〕　（宋）謝維新撰《古今合璧事類備要後集》卷六十《節相門・太尉》，《文淵
閣四庫全書》，第940冊，上海：上海古籍出版社，2003年，第214頁。

〔註48〕　（宋）謝維新撰《古今合璧事類備要後集》卷六十《節相門・太尉》，《文淵
閣四庫全書》，第940冊，上海：上海古籍出版社，2003年，第214頁。

〔註49〕　（宋）謝維新撰《古今合璧事類備要後集》卷七十一《守臣門・京尹》，《文
淵閣四庫全書》，第940冊，上海：上海古籍出版社，2003年，第297頁。

京兆之號。名存內史之榮，寵貴京兆之號。《記室新書》〔註50〕

《古今合璧事類備要後集》卷七十二《守臣門・太守上》載：

雙旌。雙旌五馬。《記室新書》〔註51〕

《古今合璧事類備要後集》卷七十九《縣官門・知縣》載：

宓琴。《記室新書》〔註52〕

《景定建康志》卷十六《疆域志二》載：

《記室新書》云：高橋羈旅之士。〔註53〕

《景定建康志》卷十九《山川志三》載：

《記室新書》云：西苑內有太子池，孫權子和所築。〔註54〕

《景定建康志》卷二十一《城闕志二》載：

《記室新書》云：殿閉赤烏，空留往事。〔註55〕

《景定建康志》卷四十二《風土志一》載：

隋初總《還宅詩》云：悒然想泉石，驅駕出臺城。玩竹春前筍，

驚花雪後春。《記室新書》云：江總之泉石依然，謂此也。〔註56〕

《方輿勝覽》卷二十八《湖北路・鄂州》載：

扼束江、湖。《記室新書》：云云，襟帶吳、楚。〔註57〕

《古今事文類聚前集》卷四十四《樂聲部》載：

饋鯉。孔鯉生有人饋金鯉。《記室新書》〔註58〕

〔註50〕　（宋）謝維新撰《古今合璧事類備要後集》卷七十一《守臣門・京尹》，《文淵閣四庫全書》，第 940 冊，上海：上海古籍出版社，2003 年，第 298 頁。

〔註51〕　（宋）謝維新撰《古今合璧事類備要後集》卷七十二《守臣門・太守上》，《文淵閣四庫全書》，第 940 冊，上海：上海古籍出版社，2003 年，第 305 頁。

〔註52〕　（宋）謝維新撰《古今合璧事類備要後集》卷七十九《縣官門・知縣》，《文淵閣四庫全書》，第 940 冊，上海：上海古籍出版社，2003 年，第 368 頁。

〔註53〕　（宋）周應合撰《景定建康志》卷十六《疆域志二》，《文淵閣四庫全書》，第 489 冊，上海：上海古籍出版社，2003 年，第 31 頁。

〔註54〕　（宋）周應合撰《景定建康志》卷十九《山川志三》，《文淵閣四庫全書》，第 489 冊，上海：上海古籍出版社，2003 年，第 91 頁。

〔註55〕　（宋）周應合撰《景定建康志》卷二十一《城闕志二》，《文淵閣四庫全書》，第 489 冊，上海：上海古籍出版社，2003 年，第 130 頁。

〔註56〕　（宋）周應合撰《景定建康志》卷四十二《風土志一》《文淵閣四庫全書》，第 489 冊，上海：上海古籍出版社，2003 年，第 526 頁。

〔註57〕　（宋）祝穆撰《方輿勝覽》卷二十八《湖北路・鄂州》，北京：中華書局，2003 年，第 495 頁。

〔註58〕　（宋）祝穆撰《古今事文類聚》前集卷四十四《樂聲部》，《文淵閣四庫全書》，

《古今事文類聚新集》卷十五《六曹部・刑部尙書》載：

    掌其三典，詰彼四方。《記室新書》〔註59〕

《古今事文類聚新集》卷十六《六曹部・工部尙書》載：

    五材是宜，百工惟敘，城郭都鄙定其規，士農工商得其所。《記室新書》〔註60〕

《古今事文類聚新集》卷十八《御史臺部》載：

    群書要語。榮服繡衣，寵簪白筆。孫樵《記室新書》〔註61〕

《古今事文類聚外集》卷一《東宮官部》載：

    寵極腰銀，榮深佩玉。《記室新書》〔註62〕

《古今事文類聚外集》卷一《東宮官部》載：

    漢桓榮之賜輜車，晉山濤之秉小輦。《記室新書》〔註63〕

《古今事文類聚外集》卷十《路官部》載：

    雙旌五馬。《記室新書》

    隼飛旗上，熊伏軾前，皂蓋分輝，彤幨耀彩。《記室新書》〔註64〕

《古今事文類聚遺集》卷四《東宮官部》載：

    群書要語。秀從南土，德在東宮。《記室新書》〔註65〕

《翰苑新書前集》卷十三《御史臺》載：

    糾察與侍御同。孫樵《記室新書》云：按職源令，掌駕出於鹵

    第 925 冊，上海：上海古籍出版社，2003 年，第 724 頁。

〔註59〕（元）富大用撰《古今事文類聚》新集卷十五《六曹部・刑部尚書》，《文淵閣四庫全書》，第 928 冊，上海：上海古籍出版社，2003 年，第 244 頁。

〔註60〕（元）富大用撰《古今事文類聚》新集卷十六《六曹部・工部尚書》，《文淵閣四庫全書》，第 928 冊，上海：上海古籍出版社，2003 年，第 256 頁。

〔註61〕（元）富大用撰《古今事文類聚》新集卷十八《御史臺部》，《文淵閣四庫全書》，第 928 冊，上海：上海古籍出版社，2003 年，第 312 頁。

〔註62〕（元）富大用撰《古今事文類聚》外集卷一《東宮官部》，《文淵閣四庫全書》，第 929 冊，上海：上海古籍出版社，2003 年，第 5 頁。

〔註63〕（元）富大用撰《古今事文類聚》外集卷一《東宮官部》，《文淵閣四庫全書》，第 929 冊，上海：上海古籍出版社，2003 年，第 10 頁。

〔註64〕（元）富大用撰《古今事文類聚》外集卷十《路官部》，《文淵閣四庫全書》，第 929 冊，上海：上海古籍出版社，2003 年，第 131 頁。

〔註65〕（元）富大用撰《古今事文類聚》遺集卷四《東宮官部》，《文淵閣四庫全書》，第 929 冊，上海：上海古籍出版社，2003 年，第 390 頁。

簿，内糾察與侍御同，惟不判事。〔註66〕

望威憲府，名重法冠。孫樵《記室新書》：望威憲府，名重法冠。
〔註67〕

内榮獨坐，外總百僚。孫樵《記室新書》云云〔註68〕

榮服繡衣，寵簪白筆。孫樵《記室新書》云云〔註69〕

《翰苑新書前集》卷十九《刑部》載：

掌三典，詰四方。孫樵《記室新書》：掌其三典，詰彼四方。
〔註70〕

《翰苑新書前集》卷二十《工部》載：

五材是宜，百官惟敍。孫樵《記室新書》：五材是宜，百官惟敍，
城郭都邑合其規，士農工商得其所。〔註71〕

《翰苑新書前集》卷二十八《太子太傅》載：

群書精語。寵極腰銀，榮深佩玉。《記室新書》云云〔註72〕

《翰苑新書前集》卷三十六《開府儀同三司》載：

群公精語。務重統兵，事先掌武。孫樵《記室新書》云云。《注
後漢百官志》云：太尉一人，掌統四方兵事。掌武事，見金印紫綬
注。〔註73〕

恩加錦被，寵賜雲屏。《記室新書》云云。注。後漢宋寵爲太尉，

〔註66〕（宋）不著撰人《翰苑新書前集》卷十三《御史臺》，《文淵閣四庫全書》，第
949冊，上海：上海古籍出版社，2003年，第103頁。

〔註67〕（宋）不著撰人《翰苑新書前集》卷十三《御史臺》，《文淵閣四庫全書》，第
949冊，上海：上海古籍出版社，2003年，第108頁。

〔註68〕（宋）不著撰人《翰苑新書前集》卷十三《御史臺》，《文淵閣四庫全書》，第
949冊，上海：上海古籍出版社，2003年，第108頁。

〔註69〕（宋）不著撰人《翰苑新書前集》卷十三《御史臺》，《文淵閣四庫全書》，第
949冊，上海：上海古籍出版社，2003年，第108頁。

〔註70〕（宋）不著撰人《翰苑新書前集》卷十九《刑部》，《文淵閣四庫全書》，第949
冊，上海：上海古籍出版社，2003年，第157頁。

〔註71〕（宋）不著撰人《翰苑新書前集》卷二十《工部》，《文淵閣四庫全書》，第949
冊，上海：上海古籍出版社，2003年，第162頁。

〔註72〕（宋）不著撰人《翰苑新書前集》卷二十八《太子太傅》，《文淵閣四庫全書》，
第949冊，上海：上海古籍出版社，2003年，第230頁。

〔註73〕（宋）不著撰人《翰苑新書前集》卷三十六《開府儀同三司》，《文淵閣四庫
全書》，第949冊，上海：上海古籍出版社，2003年，第284頁。

朝廷賜錦被梁肉。雲屏事見前雲母屏風注。〔註74〕

《翰苑新書前集》卷四十二《京尹》載：

　　赭衣盡獲。《記室新書》：名存內史之榮，寵貴京兆之號，赭衣盡獲，枹鼓稀鳴。〔註75〕

《翰苑新書前集》卷五十二《太守上》載：

　　雙旌五馬。《記室新書》云〔註76〕

《翰苑新書前集》卷六十三《慶賀》載：

　　群書精語。歸休數畝之中，游泳江湖之上。《記室新書》云〔註77〕

《橘山四六》卷十二《遠迎寧國太守王大卿》載：

　　龍章寓直，熊軾改臨。《記室新書》：隼飛旟上，熊伏軾前，皂蓋分輝，彤帷耀彩。〔註78〕

《至大金陵新志》卷五下《山川志二·池塘》載：

　　《記室新書》云：西苑內有太子池，孫權子和所築。〔註79〕

《唐音》卷三《同張侍御宴北樓》載：

　　雙旗。《記室新書》曰：太守之車，五馬雙旌。〔註80〕

《山堂肆考》卷五十三《臣職·總東宮官》載：

　　秀望。《記室新書》：陸機陸雲，以南土秀望，遷太子舍人。〔註81〕

《山堂肆考》卷七十三《臣職·太守》載：

〔註74〕（宋）不著撰人《翰苑新書前集》卷三十六《開府儀同三司》，《文淵閣四庫全書》，第949冊，上海：上海古籍出版社，2003年，第284頁。

〔註75〕（宋）不著撰人《翰苑新書前集》卷四十二《京尹》，《文淵閣四庫全書》，第949冊，上海：上海古籍出版社，2003年，第310頁。

〔註76〕（宋）不著撰人《翰苑新書前集》卷五十二《太守上》，《文淵閣四庫全書》，第949冊，上海：上海古籍出版社，2003年，第362頁。

〔註77〕（宋）不著撰人《翰苑新書前集》卷六十三《慶賀》，《文淵閣四庫全書》，第949冊，上海：上海古籍出版社，2003年，第460頁。

〔註78〕（宋）李廷忠撰，（明）孫雲翼注《橘山四六》卷十二《遠迎寧國太守王大卿》，《文淵閣四庫全書》，第1169冊，上海：上海古籍出版社，2003年，第317頁。

〔註79〕（元）張鉉撰《至大金陵新志》卷五下《山川志二·池塘》，《文淵閣四庫全書》，第492冊，上海：上海古籍出版社，2003年，第293頁。

〔註80〕（元）楊士弘撰，（明）張震注《唐音》卷三《同張侍御宴北樓》，《文淵閣四庫全書》，第1368冊，上海：上海古籍出版社，2003年，第268頁。

〔註81〕（明）彭大翼撰，（明）張幼學增訂《山堂肆考》卷五十三《臣職·總東宮官》，《文淵閣四庫全書》，第975冊，上海：上海古籍出版社，2003年，第76頁。

熊軾。漢制郡守車畫熊於軾上，故云熊軾。《記室新書》：隼飛
旟上，熊伏軾前，皂蓋分輝，彤幰耀彩。〔註82〕

《天中記》卷三十四《刺史》載：

隼旗熊軾。隼飛旟上，熊伏軾前，皂蓋分輝，彤幰耀彩。《記室
新書》〔註83〕

《明一統志》卷十三《淮安府》載：

大江前流，長淮卻阻。《記室新書》〔註84〕

《明一統志》卷五十九《湖廣布政司》載：

扼束江湖，襟帶吳楚。《記室新書》〔註85〕

《御定淵鑒類函》卷八十二《設官部二十二》載：

惟敍百工，尤難六職。《記室新書》曰：五材是宜，百工惟敍，
城郭都鄙定其規，士農工商得其所。《唐大詔令》曰：程品之重有若
百工，號令之先尤難六職。〔註86〕

《御定淵鑒類函》卷八十八《設官部二十八》載：

內榮獨坐，外總百僚。孫樵《記室新書》〔註87〕

《御定佩文韻府》卷八十二之一《望》載：

秀望。《記室新書》：陸機陸雲以南土秀望，遷太子舍人。〔註88〕

《大清一統志》卷六十四《淮安府》載：

大江前流，長淮卻阻。唐李途《記室新書》〔註89〕

〔註82〕 （明）彭大翼撰，（明）張幼學增訂《山堂肆考》卷七十三《臣職・太守》，《文
　　　　淵閣四庫全書》，第975冊，上海：上海古籍出版社，2003年，第388頁。

〔註83〕 （明）陳耀文撰《天中記》卷三十四《刺史》，《文淵閣四庫全書》，第966冊，
　　　　上海：上海古籍出版社，2003年，第574頁。

〔註84〕 （明）李賢等奉敕撰《明一統志》卷十三《淮安府》，《文淵閣四庫全書》，第
　　　　472冊，上海：上海古籍出版社，2003年，第301頁。

〔註85〕 （明）李賢等奉敕撰《明一統志》卷五十九《湖廣布政司》，《文淵閣四庫全
　　　　書》，第473冊，上海：上海古籍出版社，2003年，第199頁。

〔註86〕 （清）張英、王士禛等奉敕纂《御定淵鑒類函》卷八十二《設官部二十二》，
　　　　《文淵閣四庫全書》，第984冊，上海：上海古籍出版社，2003年，第162頁。

〔註87〕 （清）張英、王士禛等奉敕纂《御定淵鑒類函》卷八十八《設官部二十八》，
　　　　《文淵閣四庫全書》，第984冊，上海：上海古籍出版社，2003年，第289頁。

〔註88〕 （清）張玉書、陳廷敬等奉敕撰《御定佩文韻府》卷八十二之一《望》，《文
　　　　淵閣四庫全書》，第1024冊，上海：上海古籍出版社，2003年，第610頁。

〔註89〕 （清）和珅等奉敕撰《大清一統志》卷六十四《淮安府》，《文淵閣四庫全書》，
　　　　第475冊，上海：上海古籍出版社，2003年，第290頁。

《湖廣通志》卷五《疆域志》載：

> 武昌府。吳趙諮使魏，對江漢爲池。《記室新書》：扼束江湖，襟帶吳楚。晉左思《吳都賦》：郊圻之内奥，都邑之綱紀。〔註90〕

《陳檢討四六》卷三《方素伯集序》載：

> 入記室之詩評已多上品。《梁書》：鍾嶸作《詩品》，分上中下位，終諸王記室。《唐書》：中和中，李途爲東州掌記，採摭故事爲偶儷之句，分四百門名。《記室新書》附注。〔註91〕

（三）結　語

《記室新書》顧名思義是記室所編纂供記室之用的新書，既言新書，必有舊書，舊書是何書？待考。《記室新書》是唐代類書編纂的又一個代表，他不同於前期的官修類書，亦不同於爲科舉與文學所編纂的科舉類書和文學類書，他是中晚唐時代的產物，是藩鎮割據局面之下出現的新類書模式，雖然其體例仍然是延續了前期諸類書的模式，但是，他在内容方面必然有了變化，此時的類書有點與書儀合軌的味道，書儀是寫作的範文，而類書是辭藻的淵藪，總之，藩鎮時代編纂了諸多具有藩鎮割據色彩的新類書。對於《記室新書》的流傳，通過上述佚文，也可以得到清楚的認知，因爲，宋代編纂的諸類書如《記纂淵海》《古今合璧事類備要》《古今事文類聚》《翰苑新書》等多引用《記室新書》之内容，可見，此《記室新書》在兩宋時代是流傳較廣的，但是，究竟是僅有部分佚文在流傳，還是整部書都在流傳，不得而知。

具體到《記室新書》的體例，前文已有討論，而通過對諸佚文的考察，我們認爲其體例當是賦體類書，但是，《記室新書》部分佚文明顯還具有類語類書的意味，這讓我們很疑惑，《記室新書》究竟是一部什麼性質的類書呢？諸如「五材是宜，百工惟敘，城郭都邑合其規，士農工商得其所」「漢桓榮之賜輜車，晉山濤之乘小輦」「隼飛旜上，熊伏軾前，皀蓋分輝，彤幨耀彩」「扼束江湖，襟帶吳楚」之類，很顯然，屬於賦體類書無疑。諸如「秀望」「熊軾」「饋鯉」「雙旌」「五馬」「金雞」之類，又像是類語類書。這該如何解釋？我們有兩種推測，第一，或許此《記室新書》就是類語類書與賦體類書之組合

〔註90〕　（清）邁柱等監修，（清）夏力恕等編纂《湖廣通志》卷五《疆域志》，《文淵閣四庫全書》，第 531 冊，上海：上海古籍出版社，2003 年，第 179 頁。

〔註91〕　（清）陳維崧撰《陳檢討四六》卷三《方素伯集序》，《文淵閣四庫全書》，第 1322 冊，上海：上海古籍出版社，2003 年，第 47 頁。

體，但是，縱觀歷代類書，類語類書與賦體類書之組合體還是比較少見的；第二，就是《記室新書》是賦體類書，而在流傳中，賦體類書的正文與注文、附注被輾轉引用，尤其是被收入其他類書的時候，又被重新組織，於是部分正文、注文被改造成了類語、對語的樣子。並且，通過對《古今合璧事類備要後集》中「詰彼四方。掌其三典，詰彼四方」「惟敘百工。五材是宜，百工惟敘，城郭都鄙定其規，士農工商得其所」的考察，我們認爲這很顯然就是將原來的賦體類書轉化爲了類語類書，查閱上文之《記室新書》佚文，諸如次來的轉化，隨處可見，故我們堅信此《記室新書》是賦體類書無疑。再者，具體到藩鎮幕府的公文寫作上，賦體類書在適用性上效果更好，更能適應藩鎮時代幕府公文寫作的需要。

賦體類書作爲一種類書編纂模式，在整個中國類書編纂史、發展史上亦是比較受重視的，但是，因爲資料的散佚，學界原來以爲《事類賦》是賦體類書的開創之作，而隨著各類文獻的不斷湧現，尤其是敦煌類書《兔園策府》的出現，讓我們知曉了唐初即有賦體類書的事實，而日本藏《翰苑》殘卷的重現，更是給我們帶來了諸多的新的認知，即唐初編纂的賦體類書不僅有一個《兔園策府》，還有一個《翰苑》，這都是賦體類書的傑出代表，此外，張大素所編纂的《策府》亦有可能是一部卷帙極大的賦體類書，如此來看，唐初的賦體類書已經非常成熟，且廣爲流傳，西到敦煌，東到日本，皆有其蹤跡。而晚唐時代李途所編纂的《記室新書》向來不爲學界所重視，有時甚至認爲他是一部類語類書，而通過本文的研究，我們發現了他賦體類書的本質，可見，唐初就已經開始的賦體類書編纂並沒有停止，只是由於資料的散佚，讓我們產生了錯誤的認知，現在，我們將《記室新書》置入賦體類書的編纂史、發展史中，一個中古時期的賦體類書編纂史、發展史就逐漸顯現在我們眼前，這是一個從《兔園策府》《翰苑》《策府》到《記室新書》再到《事類賦》的完整的編纂史、發展史。

十六、《鹿門家鈔》編纂研究

　　皮日休是晚唐時期聲名顯赫的文學家，雖然正史沒有傳，但是對他的研究還是很多。《唐才子傳校箋》卷八《皮日休》載：

　　　　日休，字襲美，一字逸少，襄陽人也。隱居鹿門山，性嗜酒，癖詩，號「醉吟先生」，又自稱「醉士「，且傲誕，又號「閒氣布衣」，言已天地之間氣也。以文章自負，尤善箴銘。咸通八年，禮部侍郎鄭愚下及第。爲著作郎，遷太常博士。時值末年，虎狼放縱，百姓手足無措，上下所行，皆大亂之道，遂作《鹿門隱書》六十篇，多譏切謬政。有云：「毀人者自毀之，譽人者自譽之。」又曰：「不思而立言，不思而定交，吾其憚也。」又曰：「古之殺人也怒，今之殺人也笑。」又曰：「古之置吏也將以逐盜，今之置吏也將以爲盜」等，皆有所指云爾。日休性沖泊無營，臨難不懼。乾符喪亂，東出關，爲毗陵副使，陷巢賊中，巢惜其才，授以翰林學士。日休惶恐，局蹐欲死，未能劫，令作讖文以惑眾，曰：「欲知聖人姓，田八二十一；欲知聖人名，果頭三屈律。」賊疑其裏恨必譏己，遂殺之，臨刑神色自若，無知不知皆痛惋也。日休在鄉里，與陸龜蒙交擬金蘭，日相贈和。自集所爲文十卷，名《文藪》，及詩集一卷，《滑臺集》七卷，又著《皮氏鹿門家鈔》九十卷，並傳。〔註1〕

　　對於皮日休之詩文，前輩學者多有研究，成果豐碩，我們不再贅述，我們關注的是《皮氏鹿門家鈔》九十卷，此書卷帙較大，且被稱之爲「並傳」，

─────────────────

〔註1〕（元）辛文房撰，傅璇琮整理《唐才子傳校箋（第 3 冊）》卷八《皮日休》，
　　　　北京：中華書局，1990 年，第 497～506 頁。

可見亦是在世間流傳，但是諸典籍僅僅只是記載其書目卷帙，對於內容沒有任何記載！

　　《新唐書》卷五十九《藝文三》子部「類書類」載：「皮氏《鹿門家鈔》九十卷。皮日休，字襲美，咸通太常博士。」〔註2〕《崇文總目》卷三《類書類上》載：「《鹿門家抄》九十卷。皮日休撰。」〔註3〕《通志二十略・藝文略第七》子部「類書類」載：「《鹿門家抄》九十卷。唐皮日休編。作五言詩類事。」〔註4〕《御定佩文韻府》卷十八之一載：「《鹿門家鈔》。《唐書藝文志》：皮氏《鹿門家鈔》九十卷。注皮日休，字襲美，咸通中太常博士。」〔註5〕

　　通過上文的記載可知，此《皮氏鹿門家鈔》多半是被稱作《鹿門家抄》《鹿門家鈔》的，並且諸書皆言其為「九十卷」，可見此書的卷帙是不少的，作為私人編纂的類書，其規模還是較大的。我們沒有找到《鹿門家鈔》的佚文，對其性質只能猜測，通過諸書的記載，我們隱約可見其性質，或許亦是如《白氏六帖事類集》一樣，是皮日休讀書之餘的資料集，不然怎麼會有如此大的卷帙，此書號稱「並傳」，應該是在當時流通過，但是卻找不到他的任何的佚文，也是一件怪事。

　　皮日休有詩一首《送圓載上人歸日本國》言：「講殿談餘著賜衣，椰帆卻返舊禪扉。貝多紙上經文動，如意瓶中佛爪飛。颶母影邊持戒宿，波神宮裏受齋歸。家山到日將何入，白象新秋十二圍。」皮日休又作《重送》一首，其詩曰：「雲濤萬里最東頭，射馬臺深玉署秋。無限屬城為裸國，幾多分界是亶州。取經海底開龍藏，誦咒空中散蜃樓。不奈此時貧且病，乘桴直欲伴師遊。」陸龜蒙唱和皮日休此詩，題為《和重送圓載上人歸日本國》，其詩曰：「老思東極舊岩扉，卻待秋風泛舶歸。曉梵陽烏當石磬，夜禪陰火照田衣。見翻經論多盈篋，親植杉松大幾圍。遙想到時思魏闕，只應遙拜望斜暉。」陸龜蒙另有《聞圓載上人挾儒書泊釋典歸日本國更作一絕以送之》，其詩曰：「九流三藏一時傾，萬軸光淩渤澥聲。從此遺編東去後，卻應荒外有諸生。」

〔註2〕　《新唐書》卷五十九《藝文三》，北京：中華書局，1975年，第1564頁。
〔註3〕　（宋）王堯臣等編次，錢東垣等輯釋《崇文總目》卷三《類書類上》，《叢書集成初編》，第22冊，北京：中華書局，1985年，第178頁。
〔註4〕　（宋）鄭樵撰，王樹民點校《通志二十略・藝文略第七》，北京：中華書局，1995年，第1732頁。
〔註5〕　（清）孫岳頒等撰《御定佩文韻府》卷十八之一，《文淵閣四庫全書》，第1014冊，上海：上海古籍出版社，2003年，第556頁。

周裕鍇先生曾做《皮日休送圓載歸日本詩解讀》言：「大抵皮、陸、顏三位詩人送圓載詩均作於咸通十一年。據「白象新秋十二圍」「射馬臺深玉署秋」「卻待秋風泛舶歸」諸句，可判斷圓載回日本國應在是年秋季。」〔註6〕

咸通十一年（870），皮日休時年30歲，據馬丕環《皮日休年譜會箋（下）》可知：「春，結婚蘇州，龜蒙寄賀」「6月，將命禱於震澤，後遊太湖，賦詩二十章，龜蒙和之。」「7月，薦龜蒙入崔璞幕」「10月，軍事院霜菊盛開，邀刺史崔璞賞菊。」「11月，應新羅僧人請，爲撰碑文。」〔註7〕《唐才子傳校箋》卷八《皮日休》載：「咸通十一年（八七〇）三十歲，在蘇州幕。夏曾遊太湖。應新羅僧人請，爲撰碑文。」〔註8〕可見，在皮日休30歲的時候，曾與日本、新羅遣唐僧有過密切的接觸，我們推測此時《鹿門家鈔》已經編纂完成，因爲此類讀書之資料彙編的編纂時間適應是皮日休早年之作，而在日本、新羅僧人歸國之時，皮日休有沒有將自己的著作尤其是此《鹿門家鈔》贈送給他們，卻不得而知，並且目前還沒有見到日本、新羅之地有此《鹿門家鈔》傳世，《日本國見在書目錄》亦是沒有記載。

《宋史》卷二百七《藝文六》載：「皮文粲《鹿門家鈔》。」〔註9〕《直齋書錄解題》卷十四《類書類》載：「《鹿門家鈔詩詠》五十卷。鴻臚少卿襄陽皮文璨撰。以群書分類事，爲詩而注釋之，其祖日休有書名《鹿門家鈔》，故今述其名。」〔註10〕《文獻通考》卷二百二十八《經籍考五十五·類書》載：「《鹿門家鈔詩詠》五十卷。陳氏曰：鴻臚少卿襄陽皮文燦撰。以群書分類事，爲詩而注釋之，其祖日休有書名《鹿門家鈔》，故今述其名。」〔註11〕通過《直齋書錄解題》《文獻通考》可知，《宋史》所言之「皮文粲《鹿門家鈔》」必然是有問題的，要麼是「皮日休《鹿門家鈔》」，要麼是「皮文粲《鹿門家鈔詩

〔註6〕 周裕鍇《皮日休送圓載歸日本詩解讀》，《古典文學知識》2014年第1期，第145～148頁。

〔註7〕 馬丕環《皮日休年譜會箋（下）》，《寶雞文理學院學報（人文社會科學版）》1996年第2期，第45頁。

〔註8〕 （元）辛文房撰，傅璇琮整理《唐才子傳校箋（第3冊）》卷八《皮日休》，北京：中華書局，1990年，第505頁。

〔註9〕 《宋史》卷二百七《藝文六》，北京：中華書局，1977年，第5299頁。

〔註10〕 （宋）陳振孫撰，徐小蠻、顧美華點校《直齋書錄解題》卷十四《類書類》，上海：上海古籍出版社，1987年，第425頁。

〔註11〕 （元）馬端臨撰《文獻通考》卷二百二十八《經籍考五十五·類書》，北京：中華書局，1986年，第1829頁。

詠》」。可見，皮文粲在其祖皮日休《鹿門家鈔》的基礎上，做了《鹿門家鈔詩詠》，即將事類或類事變成了詩體。

《資治通鑑》卷二百六十九「均王上」條：「五月吳越王鏐遣浙西安撫判官皮光業，自建汀虔郴潭岳荊南道入貢。光業日休之子也。」〔註12〕

檢討吳任臣撰《十國春秋》卷八十六《吳越十·皮光業傳》載：

> 皮光業字文通，世爲襄陽竟陵人。父日休，有盛名，唐末爲蘇州軍事判官，太常博士，遂家焉。光業生於姑蘇，十歲能屬文，及長以所業謁武肅王與沈崧，林鼎同辟幕府，累署浙西節度推官，賜緋。天寶九年，王欲通誠于梁，而難其人，且中隔淮南，輒繞道爲苦，于是以光業爲才使，自建汀逾虔郴越潭岳荊南入貢梁均，王大喜，加王天下兵馬大元帥，開府置官屬，特賜光業進士及第，仍賜秘書郎，授右補闕，内供奉賜金紫。未幾，淮人來求好，王以光業報聘，及還，贈錢三百萬，復禁其出，且日可以市易。光業曰我使介也，豈賈豎也，乃委置而去，淮人亟載隨之，尋兼兩浙觀察使，文穆王嗣立，命知東府事。天福二年，國建，拜光業丞相，與曹仲達、沈崧，同日受命，凡教令儀注多所考定，光業美容儀，善談論，見者或以爲神仙，中人性嗜茗，常作詩以茗，爲苦口師，國中多傳其癖。八年二月丙辰卒，年六十七，諡曰貞敬，所撰《皮氏見聞錄》十三卷，行世。初光業微時，夢亭上偶人，皆列拜，覺而自負，又旅遊會稽，有神降於里巷，光業徃視之，神輒不語，及去，眾詰之曰，皮秀才此土地主，我小神不當遽見，梁選王子傳珎爲駙馬都尉，光業奉命如京師，及歸，經靖海山陰，令滕文規，故光業舅也，日暝見有黃衣吏報曰，皮補闕今已及靖海，俄失所在，其異徵多此。弟光鄴，官溫州刺史。子璨，或作文璨，官元帥府判官，著有《鹿門家鈔詩詠》。三世皆以文雄江東，識者榮之。〔註13〕

通過皮日休的兒子皮光業與孫子皮文粲的事蹟，我們可以想見，皮日休在晚唐五代時期是享有大名的，而如此有大名的文士的著作《鹿門家鈔》竟

〔註12〕 （宋）司馬光撰《資治通鑑》卷二百六十九「均王上」條，北京：中華書局，1956年，第8802頁。

〔註13〕 （清）吳任臣撰《十國春秋》卷八十六《吳越十·皮光業傳》，《文淵閣四庫全書》，第466冊，上海：上海古籍出版社，2003年，第145～146頁。

然不傳，更令我們奇怪，而其孫皮文粲所作之《鹿門家鈔詩詠》必然是依據《鹿門家鈔》而來，或許是《鹿門家鈔詩詠》將《鹿門家鈔》取代了，但是，《鹿門家鈔詩詠》也沒有佚文流傳下來，就是一個謎了。另外一種可能就是皮日休自己從來沒有將自己的《鹿門家鈔》當做著述，只是自己讀書的「隨身卷子」，故其不曾將此書贈與日本、新羅遣唐使、遣唐僧，而此種隨身卷子，後來被其孫子皮文粲做了修訂，即將之綴成詩篇，而真真正正的《鹿門家鈔》或許就沒有大範圍的流傳過，只不過由於皮日休在此時的名望、名聲極大，故此時此後的文人學者皆言《鹿門家鈔》並傳於世。

圖書館。此版本文字多闕，有近人楊守敬手書題記，楊氏認爲宋本白孔合刻本久已不見，後來刻本都是以明刻本爲祖本，明刻本的白孔合刻本存世很多。白孔合刻本中的「白帖」部分與傅本和陸本屬於同源的版本，被收入《四庫全書》得以廣泛流傳，但四庫本比臺灣所藏南宋建刊本更佳。另有《新雕白氏六帖事類添注出經》，現存兩個版本，一是存於北京圖書館的北宋仁宗時殘卷，存卷十七至卷二十。二是臺灣的國立中央圖書館藏的南宋坊刻本，現存二十八卷，卷一至卷二十八，共十五冊。〔註22〕

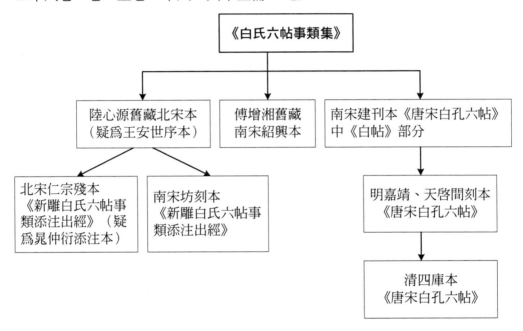

圖表引用自張雯《〈白氏六帖事類集〉研究》〔註23〕

（二）《白氏六帖事類集》的體例

　　《白氏六帖事類集》的體例問題是一個需要重點考察的問題，我們也計劃以此爲例將《白氏六帖事類集》爲代表的類句類書做一個重點的介紹。類句類書的出現時間我們還沒有搞清楚，但是，我們認爲他的出現時間是比較早的。南北朝時期，追求大知識量，追求博學多識的類句類書作爲新的類書

〔註22〕張雯《〈白氏六帖事類集〉研究》，上海社會科學院碩士學位論文，2015年，第15頁。
〔註23〕張雯《〈白氏六帖事類集〉研究》，上海社會科學院碩士學位論文，2015年，第15頁。

下編：類書比較研究

一、《初學記》與《藝文類聚》比較研究

　　《初學記》是唐玄宗敕令官修的著名類書，全書共 30 卷，分 23 部，313 個子目，其體例先爲「敘事」，次爲「事對」，最後是「詩文」。〔註1〕《初學記》編纂的緣由、經過，《大唐新語》等典籍多有記載。《大唐新語》載：「玄宗謂張說曰：『兒子等欲學綴文，須檢事及看文體。《御覽》之輩，部帙既大，尋討稍難。卿與諸學士撰集要事並要文，以類相從，務取省便，令兒子等易見成就也。』說與徐堅、韋述等，編此進上，詔以《初學記》爲名。賜修撰學士束帛有差，其書行於代。」〔註2〕《玉海》之《集賢注記》亦載：「若御覽、類文、博要、珠英之類，部秩廣大，卿與學士撰集要事要文，以類相從，務省便。」〔註3〕《四庫全書總目》之《初學記提要》又載：「其例前爲敘事，次爲事對，末爲詩文。其敘事……其所採摭，皆隋以前古書，而去取謹嚴，多可應用。在唐人類書中，博不及《藝文類聚》，而精則勝之。若《北堂書鈔》及《六帖》，則出此書下遠矣。」〔註4〕通過這些記載，我們可以知道《初學記》一書的編纂緣由等情況，並且可知《初學記》一書編纂質量之高，《藝文類聚》已經是比較經典的類書，而《初學記》還略勝一籌。此外，諸

〔註1〕 李玲玲《〈初學記〉引經考》言：「歷代編書，往往以領銜者題於書首。但《初學記》撰成不題張說之名，故可推斷其書成於張說貶官期間。那麼《初學記》的完成年份，（開元）十四年與十五年的可能性最大。」李玲玲《〈初學記〉引經考》，北京：中國社會科學出版社，2013 年，第 6～7 頁。

〔註2〕 （唐）劉肅撰，許德楠、李鼎霞點校《大唐新語》，北京：中華書局，1984 年，第 11 頁。

〔註3〕 （宋）王應麟編《玉海》，揚州：廣陵書社，2003 年，第 1093 頁。

〔註4〕 （清）永瑢等撰《四庫全書總目》，北京：中華書局，1965 年，第 1145 頁。

學者多依據唐玄宗的敕令認為，《初學記》編纂所依賴的底本主要是《修文殿御覽》《類文》《文思博要》《三教珠英》等，並且由於《修文殿御覽》被諸書多次提及，故諸學者多認為《修文殿御覽》與《初學記》關係密切。

《藝文類聚》一書是唐代開國初年由高祖李淵下令編修的，受詔參與編修的共十餘人，目前能考知姓名的有給事中歐陽詢、秘書丞令狐德棻、侍中陳叔達、太子詹事裴矩、詹事府主簿趙弘智、齊王文學袁朗，《藝文類聚》100卷，分46部，727子目，約百餘萬言。〔註5〕歐陽詢《藝文類聚序》載：「以為前輩綴集，各抒其意，《流別》《文選》，專取其文；《皇覽》《遍略》，直書其事。文義既殊，尋檢難一。爰詔撰其事且文，棄其浮雜，刪其冗長，金箱玉印，比類相從，號曰《藝文類聚》，凡一百卷。其有事出於文者，便不破之為事，故事居其前，文列于後，俾夫覽者易為功，作者資其用，可以折衷今古，憲章墳典云爾。」〔註6〕可見，《藝文類聚》的編纂也是空前絕後，因為他開創了一個新的類書編纂體例，即所謂的「事文並舉」模式，並且，《藝文類聚》對後世類書編纂的影響巨大，後世類書多以之為底本。但是，目前學界對於《初學記》與《藝文類聚》關係的研究還是較為薄弱，學界受上文所載之唐玄宗敕令的影響，多言《初學記》與《修文殿御覽》等書的關係密切，認為《初學記》與《藝文類聚》之間沒有關係，事實果真是這樣的嗎？當然不是，我們認為《初學記》與《藝文類聚》關係緊密，《初學記》對《藝文類聚》有繼承更有發展。

其實，已有學者注意到《初學記》與《藝文類聚》之間的關係。唐雯《〈藝文類聚〉〈初學記〉與唐初文學觀念》言：「作品入選《藝文類聚》最多者為梁簡文帝蕭綱，為310篇，以下依次為沈約228篇，曹植200篇，梁元帝175篇，庾信114篇，陸機113篇，郭璞101篇。收詩較多者還有庾肩吾96篇，江總83篇，曹丕80篇，傅玄80篇，謝靈運71篇，謝朓67篇，江淹66篇，潘岳60篇，鮑照60篇，徐陵59篇，李尤58篇，劉孝綽56篇，劉孝威54

〔註5〕韓建立《藝文類聚》編纂研究》認為：「將《藝文類聚》的始撰時間定為武德五年只是一種合理的推斷，在沒有權威性的資料發現之前，暫且定之。」「關於《藝文類聚》的纂修時間，學者已有辨正。見上引胡道靜、汪紹楹之說。兩位學者的結論是一致的，即根據這兩處記載，可以證明《藝文類聚》成書於武德七年。目前多數論著均持此說。」韓建立《〈藝文類聚〉編纂研究》，吉林大學博士學位論文，2008年，第65～66頁。

〔註6〕（唐）歐陽詢撰，汪紹楹校《藝文類聚序》，上海：上海古籍出版社，1999年第2版，第27頁。

篇，任昉 53 篇，王粲 51 篇，傅咸 51 篇。大多為齊梁及陳代作者。」「《初學記》收入作品最多之先唐為沈約（55 篇）、梁簡文帝（47 篇）、庾信（36 篇）、曹植（34 篇）、李尤（32 篇）、江總（30 篇）、張正見（30 篇）、梁元帝（27 篇）、傅玄（26 篇）、庾肩吾（24 篇）、郭璞（19 篇）、鮑照（18 篇）、謝靈運（17 篇）、劉孝綽（15 篇）、隋煬帝（15 篇）、薛道衡（15 篇）、李百藥（15 篇）、揚雄（14 篇）、摯虞（14 篇）、謝脁（14 篇）、傅咸（13 篇）、江淹（13 篇）、蔡邕（12 篇）、王褒（12 篇）、蕭愨（12 篇）、陸機（10 篇）、潘岳（10 篇）、謝莊（10 篇）。」「則編撰者偏重南朝文章的傾向尤為明顯。」〔註7〕由唐雯教授之研究我們可以知道《初學記》與《藝文類聚》之間的關係，即一個共同點，皆重南朝文章。唐雯《〈藝文類聚〉〈初學記〉與唐初文學觀念》亦言：「《初學記》中最受重視的北朝及隋代作家（王褒、庾信除外）為溫子升（7 首）、魏收（6 首）、邢子才（4 首）、隋煬帝（15 首）、薛道衡（15 首）、蕭愨（12 首）、盧思道（8 首）、虞茂（8 首）、魏彥深（7 首）、李德林（6 首）、許善心（4 首）、陽休之（4 首）。」「然則《初學記》於北朝、隋代作家中所重者固為南士或習染南風者可知。」〔註8〕可見，這是補充說明上面的這一個共同點的，即《初學記》與《藝文類聚》一樣，皆重南朝文章、南朝作者，即使其所收之北朝文章、北朝作者，亦是習染南風者。唐雯教授所言主要是對《初學記》與《藝文類聚》之文學理念的判斷，是對《初學記》與《藝文類聚》採文風格上的判斷，即偏重南朝文章、南朝作者。

　　但是，諸學者在《初學記》與《藝文類聚》之共同點之外，發現的更多的是《初學記》與《藝文類聚》之間的不同點。黎麗莎《〈初學記〉詩賦收錄分類研究》言：「《初學記》收錄的古書雖然不如《藝文類聚》廣博宏大，但卻勝在『精』，《初學記》所收錄的賦作品質量也是如此。值得注意的是，《初學記》還收錄了許多《藝文類聚》所沒有收錄的賦作品，如鄒陽《酒賦》、張子並《誚青衣賦》，芊勝《屏風賦》、鄧耽《郊祀賦》、繆襲《喜霽賦》《青龍賦》、曹植《述行賦》《娛賓賦》《槐樹賦》、孫該《三公山下祠賦》、盧元明《劇鼠賦》、庾儵《冰井賦》、江統《函谷關賦》、劉瑾《甘樹賦》、謝萬《春遊賦》、

〔註7〕 唐雯《〈藝文類聚〉〈初學記〉與唐初文學觀念》，《西安聯合大學學報》2003
　　　　年第 1 期，第 77〜80 頁。
〔註8〕 唐雯《〈藝文類聚〉〈初學記〉與唐初文學觀念》，《西安聯合大學學報》2003
　　　　年第 1 期，第 77〜80 頁。

－179－

王沉《正會賦》《宴嘉賓賦》、劉謐之《龐郎賦》、朱彥時《黑兒賦》、劉思眞《醜婦賦》、成伯陽《平樂市賦》、戴速《流火賦》、王彪之《水賦》《王彪之賦》、張鏡《觀象賦》、孔甯子《耗牛賦》、褚彥回《秋傷賦》、陸雲公《星賦》、甄玄成《車賦》、張率《繡賦》、徐勉《萱草花賦》、蕭和《螢火賦》、顧野王《舞影賦》《笙賦》《箏賦》《拂崖篠賦》、陸瑜《琴賦》、傅縡《笛賦》《博山香爐賦》、陸瓊《栗賦》、褚價《風裏蟬賦》、陳後主《棗賦》《夜亭度雁賦》、蕭愨《春賦》、杜臺卿《淮賦序》、薛道衡《宴喜賦》、蕭大園《竹花賦》、魏彥深《鷹賦》、江總《辭行李賦》等。這些賦的收錄彌補了《藝文類聚》收錄賦的一些疏忽和遺漏，與《藝文類聚》相互補充完善，對先唐賦的保存流傳作出了自己的貢獻。」〔註 9〕可見，《初學記》與《藝文類聚》之間的不同也是十分的明顯，且證據很多，故古今學者多言《初學記》之受《文選》《修文殿御覽》等的影響，少言其與《藝文類聚》之關係。黎麗莎《〈初學記〉詩賦收錄分類研究》亦言：「《文選》對《初學記》的影響是比較大的。首先，《初學記》『文』部分首先列『賦』，然後是『詩』，最後才是其他文體的作品，這受到了《文選》的影響。因爲《文選》是按照文體進行收錄的，共收錄了賦、詩、騷、七、詔、冊、令、教、策、表等三十多種文體的作品，把賦放在了最前面的位置，然後才是詩。」〔註 10〕

劉安志《關於中古官修類書的源流問題》言：「《初學記》引文與《藝文類聚》《太平御覽》之異同，尙有不少，限於篇幅，這裡僅引錄上揭數條。從中不難看出，《初學記》引文多與《太平御覽》同，而與《藝文類聚》存在較大差異，說明其與《藝文類聚》並非出自同一個源頭，而《藝文類聚》又主要依據南朝《華林遍略》而來，據此可知，《初學記》與南朝類書並沒有直接的淵源承襲關係。又因《太平御覽》所引隋以前的條文，主要依據北朝《修文殿御覽》，而《初學記》引文又多與《太平御覽》同，因此可以初步判斷，《初學記》所引隋以前條文，同樣依據《修文殿御覽》而來。」〔註 11〕劉安

〔註 9〕 黎麗莎《〈初學記〉詩賦收錄分類研究》，廣西師範大學碩士學位論文，2011年，第 10 頁。

〔註10〕 黎麗莎《〈初學記〉詩賦收錄分類研究》，廣西師範大學碩士學位論文，2011年，第 8 頁。其實，我們認爲依據《文選》《初學記》之收錄文體皆先列「賦」來看二者之間的親密關係，證據還是比較薄弱的。但是，唐代《文選》大盛，其與《初學記》必然會有關係，至於緊密程度，另行考察。

〔註11〕 劉安志《關於中古官修類書的源流問題》，《新資料與中古文史論稿》，上海：上海古籍出版社，2014 年，第 266～290 頁。

志教授對於《初學記》與《藝文類聚》之源流的論述很重要，是當前學術界比較主流的觀點，他認為《初學記》與《修文殿御覽》《太平御覽》關係密切，是一個源流，而《藝文類聚》與《華林遍略》關係密切，是一個源流。但是，我們需要做一個補充說明，劉安志教授的論述主要是針對諸類書之「敘事」「類事」部分展開討論的，針對「敘事」「類事」部分的考察，果然可以見到《修文殿御覽》《初學記》《太平御覽》之密切關係，但是也不能由此而否定《初學記》與《藝文類聚》乃至《華林遍略》之間的關係。我們認為《初學記》與《藝文類聚》之間必然是有關係的，唐玄宗時期《初學記》的編纂者們，必然是參考了《修文殿御覽》之外的其他古類書作為底本，而《藝文類聚》無疑就是那個被遺忘甚至是被隱藏起來的底本。

（一）《初學記》與《藝文類聚》「體例」比較研究

這裡首先有一個問題要說明，就是《藝文類聚》中的「事文並舉」模式與《修文殿御覽》兼錄四部、兼錄詩文之「事前文後」模式之異同。歐陽詢《藝文類聚序》載：「《流別》《文選》，專取其文；《皇覽》《遍略》，直書其事……其有事出於文者，便不破之為事，故事居其前，文列于後，俾夫覽者易為功，作者資其用。」〔註12〕汪紹楹《校藝文類聚序》言：「《藝文類聚》……創始以類事居前，列文於後，改善了以往類書的偏重類事，不重採文，以及隨意摘句，不錄片段的缺點。」〔註13〕胡道靜《中國古代的類書》言：「《藝文類聚》是中國古代類書發展中的一個轉折，他在輯存文獻的方法、方式上有一重大特點，和他以前的類書及以後的大多數類書非常不同，從而構成了他自己在類書群中的獨特之處，就是把『事』與『文』兩條龍並成了一條龍，變更了類書的常規體制。」〔註14〕以上是諸前輩學者對「事文並舉」模式的闡釋說明，或可稱之為「事文並舉」模式之定義。

劉安志《〈修文殿御覽〉佚文輯校》則言：「『事』『文』分列，開後世類書『事前文後』之先河。過去學界皆認為《藝文類聚》首創類書『事前文後』的編纂體例，現在看來，這一觀點大有修正之必要。因為北齊所撰《修文殿

〔註12〕（唐）歐陽詢撰，汪紹楹校《藝文類聚序》，上海：上海古籍出版社，1999年第2版，第27頁。
〔註13〕（唐）歐陽詢撰，汪紹楹校《校藝文類聚序》，上海：上海古籍出版社，1999年第2版，第17頁。
〔註14〕胡道靜《中國古代的類書》，北京：中華書局，2005年新1版，第107頁。

御覽》已率先採用了這一體例，如前揭『芸香』佚文 15 條，其中『事』11 條，『賦』4 條，『事』居前，『賦』處後；又『琉璃』13 條、『馬腦』8 條也是如此，這一編纂體例完全爲北宋《太平御覽》所承襲。」〔註 15〕劉安志《〈華林遍略〉乎？〈修文殿御覽〉乎？──敦煌寫本 P.2526 號新探》又言：「北朝高齊所編之《修文殿御覽》，則以《華林遍略》爲基礎，除增加《十六國春秋》《拾遺錄》《魏書》等內容外，還對《華林遍略》進行過刪改和調整，其體例謹嚴，文字簡潔、凝練，條目清楚，且首創『事』先『文』後這一類書編排體例，對南朝類書既有承襲，又有創新，帶有整合南北文化之興味，成爲北宋初編纂《太平御覽》一書的主要藍本。」〔註 16〕劉安志《關於中古官修類書的源流問題》亦言：「有趣的是，歐陽詢批評此前的類書，卻對北齊所編《修文殿御覽》隻字不提；而且，『事居其前，文列於後』，這種對後世影響極大的類書編纂體例，早在《修文殿御覽》編纂時就已產生，《藝文類聚》不過是沿襲並有所豐富、完善、發展而已，然歐陽詢對此並無任何交代與說明。」〔註 17〕竊以爲，劉安志教授所說《修文殿御覽》之「事先文後」與《藝文類聚》所言之「事文並舉」並非一事，故《修文殿御覽》雖然已經在《華林遍略》的基礎上，在「事文混雜」「事文不分」基礎上將體例調整爲「事先文後」，但是，他並沒有突破《藝文類聚》首創「事文並舉」之新體例的地位。所謂「事文並舉」之理解，應該重點考慮「其有事出於文者，便不破之爲事，故事居其前，文列於後」一句，《藝文類聚序》的意思是，以前編纂類書，也是要大量的引用「文」的，但是，爲了符合類事類書的模式，若有事出於文者，便要破之爲事，就是從「文」中節錄有關的片段使之成爲「事」，如汪紹楹先生所說，以往類書偏重類事，不重探文，隨意摘句，不錄片段，而從《藝文

〔註 15〕劉安志《〈修文殿御覽〉佚文輯校》，《魏晉南北朝隋唐史資料》，第 28 輯，武漢：武漢大學人文社會科學學報編輯部編輯出版，2012 年，第 281～302 頁；劉安志《〈修文殿御覽〉佚文輯校》，《新資料與中古文史論稿》，上海：上海古籍出版社，2014 年，第 291～317 頁。

〔註 16〕劉安志《〈華林遍略〉乎？〈修文殿御覽〉乎？──敦煌寫本 P.2526 號新探》，高田時雄主編《敦煌寫本研究年報》，第 7 號，京都：京都大學人文科學研究所，2013 年，第 167～202 頁；劉安志《〈華林遍略〉乎？〈修文殿御覽〉乎？──敦煌寫本 P.2526 號新探》，《新資料與中古文史論稿》，上海：上海古籍出版社，2014 年，第 227～265 頁。

〔註 17〕劉安志《關於中古官修類書的源流問題》，《新資料與中古文史論稿》，上海：上海古籍出版社，2014 年，第 266～290 頁。

類聚》開始，由於《藝文類聚》的編纂者認識到「破之爲事」的弊端，故他們在編纂《藝文類聚》時開啓了新的體例，不再破之爲事，而是將「文」列於「事」後，且這個「文」是傾向於「長文」的，至少是保持了基本文體的「長文」，或者是「大片段」，而不再是以往的「摘句」。我們可以去比較《藝文類聚》之「文」，與《修文殿御覽》《太平御覽》之「文」，完全不是一種體例，繼承了《修文殿御覽》體例的《太平御覽》之體例絕對是「事先文後」，但是，與《藝文類聚》之「事文並舉」模式，決然不同，故我們只能說《修文殿御覽》之編纂體例已經從「事文混雜」「事文不分」走向「事先文後」，但是，這時候的「事」與「文」其實都是「事」，「文」是沒有獨立地位的，「文」是依附於「事」的，而《藝文類聚》中的「事」與「文」則是分庭抗禮，是並列地位。

對於《藝文類聚》之「事文並舉」模式下的「文」，古今學者關注良多，因爲其保存了較多珍貴的文體資料，是文獻散佚之後的吉光片羽。林曉光《論〈藝文類聚〉存錄方式造成的六朝文學變貌》言：「《藝文類聚》有大量六朝文學文本僅賴此書得以保存，但其存錄方式卻並非忠實抄錄原文，而是有意識地加以刪略改造。通過對六朝作品在《藝文類聚》和其他文獻中所保存文本的對比，可以看到《藝文類聚》基於其「藝文」宗旨及類書功能、體例，而對原作進行了刪節縮略甚至必要的改寫，六朝文學文本因此發生構造性的變異，文體遭到破壞弱化，其中的歷史性內容及與類書條目無關的部分則往往被隱滅捨棄。在六朝文學研究中，不能直接將這些鏡中影像視同六朝文學本體，而應當充分考慮其存錄方式乃至規律，對「六朝文學」和「六朝文學鏡像」採取二重性的研究模式。」〔註 18〕林曉光教授的主要意思是《藝文類聚》之保存的文學資料，是「六朝文學鏡像」，而不是「六朝文學本體」，很有道理，精辟之論。但是，今人也不能過分苛刻的要求類書《藝文類聚》，《藝文類聚》爲什麼非要像總集《文選》那樣全文收錄「詩文」呢？類書體例本來就是如此，類書之文體學價值本來就與總集有天壤之別，不可以對總集之要求來苛求類書，不然，類書與總集何以區別？且我們將類書中的「詩文」是稱之爲「類文類書」的，這是與「類事類書」對應而來的，「事文並舉」之體例就是「類事類書」與「類文類書」之結合，且《藝文類聚》在當時的時

〔註 18〕林曉光《論〈藝文類聚〉存錄方式造成的六朝文學變貌》，《文學遺產》2014年第 3 期，第 34〜44 頁。

代，已經將之前的偏重類事，不重採文，隨意摘句，不錄片段的潮流做了力挽，在編纂之時，儘量收錄「全文」「長文」或大的「片段」，而不是以前的化「類文」爲「類事」，或者是簡單的「摘句」。

《藝文類聚》開創的這個「事文並舉」體例的最優秀繼承者就是《初學記》，《初學記》可以說是完美的繼承了《藝文類聚》的這個體例，並且有新發展、新創造，《初學記》在對「文」的追求上，有著比《藝文類聚》更大的熱情，《初學記》的卷帙本來就比《藝文類聚》小很多，但是，《初學記》並沒有因此割捨對「長文」的追求，《初學記》寧願將數量減少，也要追求更爲長的「文」，這個對「文」的刻意追求，是《初學記》對中國類書編纂史的貢獻，更是對《藝文類聚》的繼承與發展，因爲此前的類書編纂是不會如此重視「文」的。

前文我們多次提及類書的體例問題，這個問題前輩學者多有討論，觀點也不完全相同，我們傾向於利用類事類書、類文類書、類句類書、類語類書、賦體類書五種模式考察類書的體例問題，第六種模式就是組合體類書。〔註19〕其實，《初學記》編纂之時，類書的體例已經非常成熟，各種體例的類書已是代有新作，類事類書多不勝舉，類句類書如《北堂書鈔》，已是名譽南北，類語類書如《編珠》《語對》，賦體類書如《兔園策府》《翰苑》，亦是繁榮發展，但是，直至《初學記》才出現了目前所知的最早的「三體」組合體類書，故《初學記》在中國類書史上的地位也應該受到更多的重視與評價，他的「三體」模式，無疑是對《藝文類聚》「二體」模式的繼承與發展，是新時代的新創造，後世組合體類書的發展壯大，很大程度上是受到了《藝文類聚》《初學記》的影響。

《初學記》中「事對」的存在，看起來好像是使得《初學記》與《藝文類聚》之間的關係變得疏遠，但是，透過現象看本質，這是《初學記》在《藝文類聚》基礎上的新變，是爲了適應唐玄宗乃至王子們的需求量身定製的，不能因爲「事對」的有無判斷二書的關係親近與否。如果我們把中古時期的官修類書放在一起觀察，從《皇覽》《四部要略》《華林遍略》《類苑》到《修文殿御覽》《長洲玉鏡》，再到《文思博要》《三教珠英》《秘府略》《太平御覽》

〔註19〕劉全波《論敦煌類書的分類》，王三慶、鄭阿財主編《2013 敦煌、吐魯番國際學術研討會論文集》，臺南：成功大學中國文學系出版，2014 年，第 547～579 頁。

《冊府元龜》，很顯然，都是類事類書一統天下，而《初學記》的編纂並沒有採用一統天下的「類事類書」模式，而是採用了《藝文類聚》新創立的「事文並舉」模式，雖然《初學記》對「事文並舉」模式做了改變與升級，這難道不能說明，《初學記》的編纂中毫無置疑的參考、因襲了《藝文類聚》之體例嗎？只不過《初學記》的因襲是有節制的，他在《藝文類聚》的基礎上做了很多工作，繼承與創新同在，刪並與增補共存。再者，《初學記》之所以能夠成為比較經典的王子教科書，被後世認可與接收，與其體例的創新亦是關係密切的，如果《初學記》不進行體例的創新，他頂多就是《藝文類聚》的簡縮版，甚至是《修文殿御覽》的簡縮版，而如果僅僅如此，《初學記》肯定是不會如此的受歡迎、被接受，更不會成為經典的王子教科書，但是，話又說回來，我們也不能因為《初學記》的改變、創新就忽視、忽略他對《藝文類聚》的因襲、繼承。

（二）《初學記》與《藝文類聚》「目錄」比較研究

　　為了展現《初學記》與《藝文類聚》之間的關係，我們先對其目錄做比較研究，上文我們說過《初學記》分 23 部，《藝文類聚》分 46 部，恰是倍數關係，其中有什麼聯繫呢？但是，僅憑這個倍數關係也不能說明什麼，或許僅僅是巧合，暫且不論。下面我們就對《初學記》與《藝文類聚》一級類目與二級類目做全面分析。

《藝文類聚》一級類目	《初學記》一級類目〔註20〕
卷一《天部上》；卷二《天部下》	卷一《天部上》；卷二《天部下》
卷三《歲時上》；卷四《歲時中》；卷五《歲時下》	卷三《歲時部上》；卷四《歲時部下》
卷六《地部、州部、郡部》；卷七《山部上》；卷八《山部下、水部上》；卷九《水部下》	卷五《地部上》；卷六《地部中》；卷七《地部下》；卷八《州郡部》
卷十《符命部》	
卷十一《帝王部一》……卷十四《帝王部四》	卷九《帝王部》
卷十五《后妃部》；卷十六《儲宮部》	卷十《中宮部》《儲宮部》《帝戚部》
卷四十五《職官部一》……卷五十《職官部六》	卷十一《職官部上》；卷十二《職官部下》
卷三十八《禮部上》；卷三十九《禮部中》；卷四十《禮部下》	卷十三《禮部上》；卷十四《禮部下》

〔註20〕　本表格以《初學記》之目錄順序為中心，《藝文類聚》之目錄則圍繞初學記之目錄做對應。

卷四十一《樂部一》……卷四十四《樂部四》	卷十五《樂部上》；卷十六《樂部下》
卷十七《人部一》……卷三十七《人部二十一》	卷十七《人部上》；卷十八《人部中》；卷十九《人部下》
卷五十一《封爵部》	卷二十《政理部》〔註21〕
卷五十二《治政部上》；卷五十三《治政部下》	
卷五十四《刑法部》	
卷五十五《雜文部一》……卷五十八《雜文部四》	卷二十一《文部》
卷五十九《武部》；卷六十《軍器部》	卷二十二《武部》
卷七十六《內典上》；卷七十七《內典下》；卷七十八《靈異部上》；卷七十九《靈異部下》	卷二十三《道釋部》
卷六十一《居處部一》……卷六十四《居處部四》	卷二十四《居處部》
卷六十五《產業部上》；卷六十六《產業部下》	
卷六十七《衣冠部》	卷二十五《器物部》；卷二十六《器物部》〔註22〕
卷六十八《儀飾部》	
卷六十九《服飾部上》；卷七十《服飾部下》	
卷七十一《舟車部》	
卷七十二《食物部》	
卷八十《火部》	
卷七十三《雜器物部》	
卷七十四《巧藝部》	
卷七十五《方術部》	
卷八十一《藥、香、草部上》；卷八十二《草部下》	卷二十七《寶器部花草附》
卷八十三《寶玉部上》；卷八十四《寶玉部下》	
卷八十五《百穀部》《布帛部》	
卷八十六《果部上》；卷八十七《果部下》；卷八十八《木部上》；卷八十九《木部下》	卷二十八《果木部》
卷九十三《獸部上》；卷九十四《獸部中》；卷九十五《獸部下》	卷二十九《獸部》
卷九十《鳥部上》；卷九十一《鳥部中》；卷九十二《鳥部下》；卷九十六《鱗介部上》；卷九十七《鱗介部下、蟲豸部》	卷三十《鳥部、鱗介部、蟲部》
卷九十八《祥瑞部上》；卷九十九《祥瑞部下》	
卷一百《災異部》	

〔註21〕此處《政理部》之「政理」應爲「政治」，避唐高宗李治諱。

〔註22〕此處《器物部》無「上、下」之分，與前文格式不一。

　　通過《初學記》與《藝文類聚》一級類目之間的比較，我們可以隱約的看出二者之間的某種關係。第一，《初學記》之一級類目均可在《藝文類聚》中找到相似甚至相同的子目，當然，《藝文類聚》之「卷十《符命部》、卷七十三《雜器物部》、卷七十四《巧藝部》、卷七十五《方術部》、卷九十八《祥瑞部上》、卷九十九《祥瑞部下》、卷一百《災異部》」七卷除外，至於《藝文類聚》之符命部、雜器物部、巧藝部、方術部、祥瑞部、災異部，爲什麼被《初學記》所摒棄，需要我們認眞思考，或許此等如「圍棋、彈棋、博、樗蒲、投壺、塞、藏鉤、四維、象戲」之巧藝內容，是不利於諸王子之學習的，故在編纂《初學記》時，編纂者對這類內容做了摒棄。第二，《初學記》爲了更加簡潔，對《藝文類聚》的一級類目進行了歸併與省略。「歲時部」由三卷歸併爲二卷，「帝王部」由四卷歸併爲一卷，「后妃部、儲宮部」二卷歸併爲一卷，「職官部」六卷歸併爲二卷，「禮部」三卷歸併爲二卷，「樂部」四卷歸併爲二卷，「人部」二十一卷歸併爲三卷，「封爵部、治政部、刑法部」四卷被歸併爲「政理」一卷，「雜文部」四卷歸併爲「文部」一卷，「武部、軍器部」二卷被歸併爲「武部」一卷，「內典部、靈異部」四卷被歸併爲「道釋部」一卷，「居處部」四卷歸併爲一卷，「衣冠部、儀飾部、服飾部、舟車部、食物部、火部」七卷歸併爲「器物」二卷，「藥、香、草部、寶玉部、百穀部、布帛部」五卷歸併爲「寶器部花草附」一卷，「果部、木部」四卷歸併爲「果木部」一卷，「獸部」三卷歸併爲一卷，「鳥部、鱗介部、蟲豸部」五卷歸併爲一卷。爲了更進一步發現《初學記》與《藝文類聚》目錄之間的關係，我們計劃對《初學記》與《藝文類聚》二級類目進行新的比較研究，細看二者之間的繼承與發展關係。

《藝文類聚》		《初學記》〔註23〕	
一級目	二級目	一級目	二級目
卷一《天部上》；卷二《天部下》	天、日、月、星、雲、風；雪、雨、霽、雷、電、霧、虹。	卷一《天部上》；卷二《天部下》	天一、日二、月三、星四、雲五、風六、雷七；雨一、雪二、霜三、電四、露五、霧六、虹蜺七、霽晴八。〔註24〕

〔註23〕本表格以《初學記》之目錄順序爲中心，《藝文類聚》之目錄則圍繞初學記之目錄做對應。
〔註24〕《初學記》與《藝文類聚》二級目連續相同者：天一、日二、月三、星四、雲五、風六；霧六、虹蜺七。

卷三《歲時上》；卷四《歲時中》；卷五《歲時下》	春、夏、秋、多；元正、人日、正月十五日、月晦、寒食、三月三、五月五、七月七、七月十五、九月九；社、伏、熱、寒、臘、律、曆。	卷三《歲時部上》；卷四《歲時部下》	春一、夏二、秋三、多四；元日一、人日二、正月十五日三、月晦四、寒食五、三月三日六、五月五日七、伏日八、七月七日九、七月十五日十、九月九日十一、多至十二、臘十三、歲除十四。〔註25〕
卷六《地部、州部、郡部》；卷七《山部上》；卷八《山部下、水部上》；卷九《水部下》	地、野、關、岡、岩、峽、石、塵。	卷五《地部上》；卷六《地部中》；卷七《地部下》卷八《州郡部》	總載地一。
	總載山、崑崙山、嵩高山、華山、衡山、廬山、太行山、荊山、鍾山、北邙山、天台山、首陽山、燕然山、羅浮山、九疑山；虎丘山、蒜山、石帆山、石鼓山、石門山、太平山、岷山、會稽諸山、交廣諸山。		**總載**山二、泰山三、衡山四、華山五、恆山六、嵩高山七、終南山八、石九。〔註26〕
	冀州、揚州、荊州、青州、徐州、兗州、豫州、雍州、益州、幽州、并州、交州；河南郡、京兆郡、宣城郡、會稽郡。		總敘州郡一、河南道二、關內道三、河東道四、河北道五、隴右道六、山南道七、劍南道八、淮南道九、江南道十、嶺南道十一。〔註27〕
	總載水、海水、河水、江水、淮水、漢水、洛水；壑、四瀆、濤、泉、湖、陂、池、溪、谷、澗、浦、渠、井、冰、津、橋。		**總載**水一、海二、河三、江四、淮五、濟六、洛水七、渭水八、涇水九；湖一、漢水二、驪山湯三、昆明池四、冰五、井六、橋七、關八。〔註28〕
卷十《符命部》	符命。		
卷十一《帝王部一》……卷十四《帝王部四》	**總載**帝王、天皇氏、地皇氏、人皇氏、有巢氏、燧人氏、太昊庖犧氏、帝女媧氏、炎帝神農氏、黃帝軒轅氏、少昊	卷九《帝王部》	**總敘**帝王。

〔註25〕《初學記》與《藝文類聚》二級目連續相同者：春一、夏二、秋三、冬四；元日一、人日二、正月十五日三、月晦四、寒食五、三月三日六、五月五日七；七月七日九、七月十五日十、九月九日十一。

〔註26〕「總載」二字在《藝文類聚》與《初學記》之二級子目中皆有出現，《藝文類聚》出現過 6 次，《初學記》出現過 4 次。

〔註27〕「總敘」二字在《初學記》出現過 2 次，當是「總載」的替代詞，但是爲何會有不同的替代詞出現，下一步需要進行版本學考察。

〔註28〕《初學記》與《藝文類聚》二級目連續相同者：總載水、海水、河水、江水、淮水。

	金天氏、顓頊高陽氏、帝嚳高辛氏、帝堯陶唐氏、帝舜有虞氏、帝禹夏后氏；殷成湯、周文王、周武王、周成王、漢高帝、漢文帝、漢景帝、漢武帝、漢昭帝、漢宣帝、后漢光武帝、漢明帝、漢和帝；魏武帝、魏文帝、吳大帝、晉武帝、晉元帝、晉成帝、晉康帝、晉穆帝、晉簡文帝、晉孝武帝、宋武帝、宋孝武帝；齊高帝、齊武帝、齊明帝、梁武帝、梁元帝、北齊文宣帝、陳武帝、陳文帝、陳宣帝。		
卷十五《后妃部》；卷十六《儲宮部》	后妃；儲宮、太子妃、公主。	卷十《中宮部》《儲宮部》《帝戚部》	皇后一、妃嬪二；皇太子三、太子妃四；王五、公主六、駙馬七。
卷四十五《職官部一》……卷五十《職官部六》	總載職官、諸王、相國、丞相、冢宰；太尉、太傅、太保、祭酒、博士；大司馬、司徒、司空、儀同、特進；錄尚書、尚書令、僕射、吏部尚書、尚書、吏部郎、侍中、黃門侍郎、散騎常侍、給事中、中書令、中書侍郎、驃騎將軍；太常、衛尉、太僕、廷尉、鴻臚、司農、將作、光祿大夫、太子詹事、太子中庶子、太子舍人；刺史、尹、太守、令長。	卷十一《職官部上》；卷十二《職官部下》	太師太傅太保一、太尉司徒司空二、尚書令三、僕射四、諸曹尚書五、吏部尚書六、左右丞七、侍郎郎中員外郎八、中書令九、中書侍郎十、中書舍人十一；侍中一、黃門侍郎二、給事中三、散騎常侍四、諫議大夫五、御史大夫六、御史中丞七、侍御史八（殿中監察御史附）、秘書監九、秘書丞十、秘書郎十一、著作郎十二（著作佐郎附）、太常卿十三、司農卿十四、太府卿十五、光祿卿十六、鴻臚卿十七、宗正卿十八、衛尉卿十九、太僕卿二十、大理卿二十一。
卷三十八《禮部上》；卷三十九《禮部中》；卷四十《禮部下》	**禮**、**祭祀**、**郊丘**、**宗廟**、明堂、辟廱、學校、釋奠；巡守、籍田、社稷、**朝會**、**燕會**、封禪、親蠶；**冠**、**婚**、謚、弔、冢墓。	卷十三《禮部上》；卷十四《禮部下》	**總載禮**一、**祭祀**二、**郊丘**三、**宗廟**四、社稷五、明堂六、巡狩七、封禪八；籍田一、親蠶二、釋奠三、**朝會**四、**饗燕**五、冠六、**婚姻**七、死喪八、葬九、輓歌十。〔註29〕

〔註29〕 《初學記》與《藝文類聚》二級目連續相同者：禮、祭祀、郊丘、宗廟；朝會、燕會；冠、婚。

卷四十一《樂部一》……卷四十四《樂部四》	論樂；樂府；舞、歌；琴、箏、箜篌、琵琶、筍虡、簫、笙、笛、箛。	卷十五《樂部上》；卷十六《樂部下》	雅樂一、雜樂二、四夷樂三、歌四、舞五；琴一、箏二、琵琶三、箜篌四、鐘五、磬六、鼓七、簫八、笙九、笛十。〔註30〕
卷十七《人部一》……卷三十七《人部二十一》	頭、目、耳、口、舌、髮、髑髏、膽；美婦人、賢婦人、老；言語、謳謠、吟、嘯、笑；聖、賢、忠、孝；德、讓、智、性命、友悌、交友、絕交；公平、品藻、質文；鑒誡；諷、諫；說、嘲戲；言志；行旅；遊覽；別上；別下、怨；贈答；閨情；寵幸、遊俠、報恩、報讎、盟；懷舊、哀傷；妒、淫、愁、泣、貧、奴、婢、傭保；隱逸上；隱逸下。	卷十七《人部上》；卷十八《人部中》；卷十九《人部下》	聖一、賢二、忠三、孝四、友悌五、恭敬六、聰敏七；〔註31〕師一、交友二、諷諫三、貴四、富五、貧六、離別七；美丈夫一、美婦人二、丑人三、長人四、短人五、奴婢六。
卷五十一《封爵部》	總載封爵、親戚封、功臣封、遜讓封、外戚封、婦人封、尊賢繼絕封。	卷二十《政理部》	赦一、賞賜二、貢獻三、薦舉四、奉使五、假六、醫七、卜八、刑罰九、囚十、獄十一。
卷五十二《治政部上》；卷五十三《治政部下》	論政、善政、赦宥；錫命、薦舉、奉使。		
卷五十四《刑法部》	刑法。		
卷五十五《雜文部一》……卷五十八《雜文部四》	經典、談講、讀書、史傳、集序；詩、賦；七、連珠；書、檄、移、紙、筆、硯。	卷二十一《文部》	經典一、史傳二、文字三、講論四、文章五、筆六、紙七、硯八、墨九。
卷五十九《武部》；卷六十《軍器部》	將帥、戰伐；牙、劍、刀、匕首、鋏、弓、箭、弩、彈、槊。	卷二十二《武部》	旌旗一、劍二、刀三、弓四、箭五、甲六、鞍七、轡八、鞭九、獵十、漁十一。
卷七十六《內典上》；卷七十七《內典下》；卷七十八《靈異部上》；卷七十九《靈異部下》	內典；寺碑；仙道；神、夢、魂魄。	卷二十三《道釋部》	道一、仙二、道士三、觀四、佛五、菩薩六、僧七、寺八。

〔註30〕 《初學記》與《藝文類聚》二級目連續相同者：琴、箏；簫、笙、笛。
〔註31〕 《初學記》與《藝文類聚》二級目連續相同者：聖、賢、忠、孝。

卷六十一《居處部一》……卷六十四《居處部四》	總載居處；宮、闕、臺、殿、坊；門、樓、櫓、觀、堂、城、館；宅舍、庭、壇、室、齋、廬、道路。	卷二十四《居處部》	都邑一、城郭二、宮三、殿四、樓五、臺六、堂七、宅八、庫藏九、門十、牆壁十一、苑囿十二、園圃十三、道路十四、市十五。
卷六十五《產業部上》；卷六十六《產業部下》	農、田、園、圃、蠶織、針、市；田獵、釣、錢。		
卷六十七《衣冠部》	衣冠、貂蟬、玦佩、巾帽、衣裳、袍、裙襦、裘、帶。	卷二十五《器物部》；卷二十六《器物部》〔註32〕	漏刻一、帷幕二、屏風三、簾四、床五、席六、扇七、香爐八、鏡九、鏡臺十、舟十一、車十二、燈十三、燭十四、煙十五、火十六；冠一、弁二、印三、綬四、笏五、佩六、履七、裘八、衫九、裙十、酒十一、飯十二、粥十三、肉十四、羹十五、脯十六、餅十七。
卷六十八《儀飾部》	節、黃鉞、鼓吹、相風、漏刻。		
卷六十九《服飾部上》；卷七十《服飾部下》	帳、屏風、幔、簟、薦席、案、几、杖、扇、麈尾；枕、被、縟、如意、胡床、火籠、香爐、步搖、釵、梳枇、囊、鏡、襪。		
卷七十一《舟車部》	舟、車。		
卷七十二《食物部》	食、餅、肉、脯、醬、鮓、酪蘇、米、酒。		
卷八十《火部》	火、烽燧、燈、燭、庭燎、灶、薪炭灰、煙。		
卷七十三《雜器物部》	鼎、鎗、缽、甌、盤、樽、卮、杯、碗。		
卷七十四《巧藝部》	射、書、畫、圍棋、彈棋、博、樗蒲、投壺、塞、藏鉤、四維、象戲。		
卷七十五《方術部》	養生、卜筮、相、疾、醫。		
卷八十一《藥、香、草部上》；卷八十二《草部下》	藥、空青、芍藥、百合、兔絲、女蘿、款冬、天門多、茅苡、薯預、菖蒲、術；草（香附）、蘭、菊、杜若、蕙、蘪蕪、鬱金、迷迭、芸香、藿香、鹿蔥、蜀葵、薔薇、藍、慎火、卷施；芙蕖、	卷二十七《寶器部花草附》	金一、銀二、珠三、玉四、錢五、錦六、繡七、羅八、絹九、五穀十、蘭十一、菊十二、芙蓉十三、萱十四、萍十五、苔十六。

〔註32〕此處《器物部》無「上、下」之分，與前文格式不一。

	菱、蒲、萍、苔、菰、荻、蓍、茗、茅、蓬、艾、藤、茱蔬、葵、薺、蔥、蓼。		
卷八十三《寶玉部上》；卷八十四《寶玉部下》	寶、金、銀、玉、珪；璧、珠、貝、馬瑙、琉璃、車渠、玟瑰、銅。		
卷八十五《百穀部》《布帛部》	穀、禾、稻、秔、黍、粟、豆、麻、麥；素、錦、絹、綾、羅、布。		
卷八十六《果部上》；卷八十七《果部下》卷八十八《木部上》；卷八十九《木部下》	李、桃、梅、梨、甘橘、櫻桃、石榴、柿、楂、柰；棗、杏、栗、胡桃、林檎、甘薯、沙棠、椰、枇杷、燕薁、檖、蒟子、枳椇、柚、木瓜、杜梨、芋、楊梅、蒲萄、檳榔、荔支、益智、棋、芭蕉、甘蔗、瓜；木（花葉附）、松、柏、槐、桑、榆、桐；楊柳、樫、椒、梓、桂、楓、豫章、無患、朱樹、君子、樅、檜、茱萸、楠、柞、楸、櫟、梧、靈壽、女貞、長生、木槿、樗、木蘭、夫栘、楸、若木、合歡、杉、并閭、荊、棘、黃連、梔子、竹。	卷二十八《果木部》	李一、柰二、桃三、櫻桃四、棗五、栗六、梨七、甘八、橘九、梅十、石榴十一、瓜十二、松十三、柏十四、槐十五、桐十六、柳十七、竹十八。
卷九十三《獸部上》；卷九十四《獸部中》；卷九十五《獸部下》	馬、駒騄；牛、驢、駱駝、羊、狗、豕；象、犀、兕、駮、貔、熊、鹿、麞、兔、狐、猿、獼猴、果然、狌狌、貂、鼠。	卷二十九《獸部》	獅子一、象二、麟三、馬四、牛五、驢六、駝七、羊八、豕九、狗十、鹿十一、兔十二、狐十三、鼠十四、猴十五。〔註33〕
卷九十《鳥部上》；卷九十一《鳥部中》；卷九十二《鳥部下》；卷九十六《鱗介部上》；卷九十七	鳥、鳳、鸞、鴻、鶴、白鶴、黃鵠（玄鵠附）、雉、鷓；孔雀、鸚鵡、青鳥、雁、鵝、鴨、雞、山雞、鷹、鶚；烏、鵲、雀、燕、鳩、鴟、反舌、倉庚、鶺鴒、啄木、鴛	卷三十《鳥部、鱗介部、蟲部》	鳳一、鶴二、雞三、鷹四、烏五、鵲六、雁七、鸚鵡八、龍九、魚十、龜十一、蟬十二、蝶十三、螢十四。

〔註33〕《初學記》與《藝文類聚》二級目連續相同者：牛、驢、駱駝、羊。

《鱗介部下》《蟲豸部》	鶖、鴣鵲、鸑鷉、白鷺、鵁鶄、鷗、鵬、精衛、翡翠、鵬鳥；龍、蛟、蛇、龜、鱉、魚；螺、蚌、蛤、蛤蜊、烏賊、石劫；蟬、蠅、蚊、蜉蝣、蛺蝶、螢火、蝙蝠、叩頭蟲、蛾、蜂、蟋蟀、尺蠖、蟻、蜘蛛、螳螂。		
卷九十八《祥瑞部上》；卷九十九《祥瑞部下》	祥瑞、慶雲、甘露、木連理、木芝、龍、麟；鳳皇、鸞、比翼、烏雀、燕、鳩、雉、馬、白鹿、狐、兔、騶虞、白狼、比肩獸、龜、魚、鼎。		
卷一百《災異部》	旱、祈雨、蝗、螟、蟊、賊、蟘。		

　　黎麗莎《〈初學記〉詩賦收錄分類研究》言：「拿《藝文類聚》與《初學記》的部類進行比照，發現有許多相同之處，如天部、歲時部、地部、帝王部、職官部、禮部、樂部、武部、獸部等。在數量上，《藝文類聚》分為四十六部，《初學記》僅分為二十三部，整整是《初學記》的兩倍，所以《藝文類聚》分的部類更為細緻。比如《初學記》的「州郡部」《藝文類聚》分「州部」和「郡部」，「果木部」分為「果部」和「木部」，「器物部」分為「衣冠部」「儀飾部」「服飾部」「食物部」等；還有「靈異部」「祥瑞部」「災異部」等都是《初學記》所沒有的。」〔註34〕其實，黎先生的論述是有問題的，我們的觀點恰恰與其不同，黎先生說《藝文類聚》部類更為細緻，是不準確的，她其實沒有重視二者之間的前後關係，卻將二者放在了同一個時間點上做比較分析，不能由此而說《藝文類聚》更細緻，類目的數量其實不能全面的展現誰的體例更優良。

　　我們通過比較分析認為，《初學記》之二級類目明顯有因襲《藝文類聚》的嫌疑，二者之間部分類目的連續相同，就很能說明這個問題，此外，就是《初學記》的二級類目多是明顯的摘錄、歸併、節略自《藝文類聚》的，比如：

〔註34〕黎麗莎《〈初學記〉詩賦收錄分類研究》，廣西師範大學碩士學位論文，2011年，第8頁。

　　《初學記》卷一《天部上》與卷二《天部下》之「天、日、月、星、雲、風、雷；雨、雪、霧、虹霓、霽晴」，除「霜、雹、露」外，均可在《藝文類聚》卷一《天部上》與卷二《天部下》中找到對應子目。

　　《初學記》卷三《歲時部上》與卷四《歲時部下》之「春一、夏二、秋三、冬四；元日一、人日二、正月十五日三、月晦四、寒食五、三月三日六、五月五日七、伏日八、七月七日九、七月十五日十、九月九日十一、冬至十二、臘十三、歲除十四」，除「冬至、歲除」外，均可在《藝文類聚》卷三《歲時上》、卷四《歲時中》與卷五《歲時下》中找到對應子目。並且《初學記》很明顯對《藝文類聚》之二級目做了新的調整與改進，首先是按照時間順序排列諸節日，其次是將「熱、寒、律、曆」等內容調整出了歲時部。

　　《初學記》卷十三《禮部上》與卷十四《禮部下》之「總載禮一、祭祀二、郊丘三、宗廟四、社稷五、明堂六、巡狩七、封禪八；籍田一、親蠶二、釋奠三、朝會四、饗燕五、冠六、婚姻七」，除「死喪八、葬九、輓歌十」外，均可在《藝文類聚》卷三十八《禮部上》、卷三十九《禮部中》與卷四十《禮部下》中找到對應子目。

　　《初學記》卷十五《樂部上》與卷十六《樂部下》之「　歌四、舞五；琴一、箏二、琵琶三、箜篌四、簫八、笙九、笛十」，除「鍾五、磬六、鼓七」外，均可在《藝文類聚》卷四十一《樂部一》至卷四十四《樂部四》中找到對應子目。此外，《藝文類聚》中有「論樂」，《初學記》中則是「雅樂一、雜樂二、四夷樂三」，可見《初學記》對《藝文類聚》的發展情況。

　　《初學記》卷二十七《寶器部花草附》之「金一、銀二、珠三、玉四、錢五、錦六、繡七、羅八、絹九、五穀十、蘭十一、菊十二、芙蓉十三、萱十四、萍十五、苔十六」，除「錢五、萱十四」外，均可在《藝文類聚》卷八十一《藥、香、草部上》；卷八十二《草部下》、卷八十三《寶玉部上》；卷八十四《寶玉部下》卷八十五《百穀部》《布帛部》中找到對應子目。

　　《初學記》卷二十八《果木部》之「李一、柰二、桃三、櫻桃四、棗五、栗六、梨七、甘八、橘九、梅十、石榴十一、瓜十二、松十三、柏十四、槐十五、桐十六、柳十七、竹十八」均可在《藝文類聚》卷八十六《果部上》；卷八十七《果部下》卷八十八《木部上》；卷八十九《木部下》找到相對於的子目。

　　《初學記》卷二十九《獸部》　之「獅子一、象二、麟三、馬四、牛五、

驢六、駝七、羊八、豕九、狗十、鹿十一、兔十二、狐十三、鼠十四、猴十五。」除了「獅子一、麟三」外，均可在《藝文類聚》卷九十三《獸部上》；卷九十四《獸部中》；卷九十五《獸部下》中找到對應的子目。

《初學記》卷三十《鳥部、鱗介部、蟲部》之「鳳一、鶴二、雞三、鷹四、烏五、鵲六、雁七、鸚鵡八、龍九、魚十、龜十一、蟬十二、蝶十三、螢十四」就明顯是全部出自《藝文類聚》卷九十《鳥部上》；卷九十一《鳥部中》；卷九十二《鳥部下》；卷九十六《鱗介部上》；卷九十七《鱗介部下》《蟲豸部》，所有子目全部可以找到相應來源。

《初學記》在二級子目上因襲《藝文類聚》之痕跡亦是可尋，當然，《初學記》的編纂者重新對這些子目做了順序調整，也適當增補了部分子目，並且，我們可以看到《初學記》的編纂者，用心良苦，獸部的「獅子」，鳥部的「鳳」，皆被提升至本部類的首位，這肯定是編纂者刻意的安排，其他諸如此類的安排也有很多，《初學記》最大的特點就是精練與簡潔，但是又重點突出，有禮有節。總之，我們通過對《初學記》與《藝文類聚》一級子目與二級子目的比較分析，可以清晰的看到二者之間的諸多相同或者相似之處，雖然有些地方表現的並不鮮明，但是，我們仍然可以斷定二者之間曾經存在著緊密的關係。

最後，我們認為對《初學記》之定位，不應認為其與《藝文類聚》存在較大距離，就算我們果真可以發現二者之間在文本上的諸多不同，而當我們認真對比二者之「目錄」時，仍然可以發現他們之間的親密關係。《初學記》之「目錄」部分對《藝文類聚》的因襲，其實並不很鮮明，我們只能通過殘留的蛛絲馬跡去做出一些判斷與推斷，但是，我們仍然認為二者之間的關係亦是親密，不是沒有關係的彼此，從那些連續相同的子目上，即可得到證明，因為這絕不會是巧合。其實，我們很難相信，唐高祖時期所修《藝文類聚》到了唐玄宗時期編纂《初學記》之時，就被束之高閣，棄之不用，從感情上有點說不過去，並且《初學記》是極其重視唐代帝王的詩文的，唐太宗就是例子，大量詩文被收錄到《初學記》之中，而唐高祖敕令編纂的《藝文類聚》為何要棄而不用呢？當然，這種純屬感情上的猜測，或許有意氣用事之嫌，但是，當我們對《初學記》與《藝文類聚》進行較為詳細的比較研究時，我們果真能發現他們之間的繼承與發展關係，具體緊密到什麼程度，我們還需要進一步的考察。

（三）《初學記》與《藝文類聚》「詩文」比較研究

我們認爲《初學記》必然是在前代古類書基礎上經過重新加工而形成的一部新類書，且其體例精良，流傳廣泛，影響深遠，而編纂者徐堅等人究竟參考了哪些古類書就需要考察，《修文殿御覽》是公認的《初學記》的底本之一，已爲學界所熟知，《初學記》之「敘事」部分有前世《修文殿御覽》的痕跡，後世類書《太平御覽》亦有《初學記》的痕跡，而其他古類書尤其是唐朝初年編纂的《藝文類聚》《文思博要》《三教珠英》《瑤山玉彩》《碧玉瓊林》《東殿新書》《文館詞林》等究竟有沒有被使用作爲《初學記》的底本，還需要我們去考察，我們主要針對《初學記》與《藝文類聚》之「詩文」部分展開討論。

第一個例子，我們以《初學記》之《天部》與《藝文類聚》之《天部》作比較研究，我們這個比較主要是「詩文」出處及題名的比較，還未深入到「詩文」內容的比較上，〔註35〕主要看二者所選擇的「詩文」出處及題名究竟有多少相同部分，有多少不同的部分。

《藝文類聚》卷一《天部上》、卷二《天部下》			《初學記》卷一《天部上》、卷二《天部下》		
天	賦	晉成公綏《天地賦》	天第一	賦	晉成公綏《天地賦》
	詩	晉傅玄《兩儀詩》 又《天行篇》 又《歌》		詩	晉傅玄《兩儀詩》 又《歌天詩》 梁劉孝綽《三光篇》 陳張正見《賦得秋河曙耿耿詩》 宋之問《明河篇》
	贊	晉郭璞《釋天地圖贊》		贊	郭璞《釋天地圖贊》 宋何承天《天贊》
	表	宋顏延之《請立渾天儀表》			

〔註35〕前輩學者在二者之間的對比上，多認爲二者之詩文差距亦是較大，同樣題名之詩文，《藝文類聚》中多是四言，而《初學記》中變爲七言，故諸學者多認爲二者之間存在明顯的較大的差異。我們暫且不論這方面的差異，我們僅就其題名相同與否展開對比，如果題名相同且連續相同者極多，可見二者之間的關係。至於詩文之內容部分爲何會出現如此巨大的差異，我們只能暫時存疑，或許是《初學記》之編纂者依據《藝文類聚》之目錄做了新的修訂，重新核查了原文，或者重新徵引了原文，或者參考了其他典籍，或許唐玄宗時期的詩文意趣發生了重大的變化，導致了類書編纂者的順應潮流，但是，如此大規模的將四言改爲七言，還是不能解釋清楚的。故我們在詩文內容存疑的情況下，先對詩文的題名做比較。補充說明一點，以下表格中的對比順序並非完全按照原書之順序，爲了對比之方便，順序有前後移動。

日	詩	魏劉楨《詩》 晉張載《詩》 又《詩》 晉傅玄《詩》 梁李鏡遠《詩》 梁劉孝綽《詠日應令詩》	日第二	詩	太宗文皇帝《賦秋日懸清光賜房玄齡詩》 又《賦得白日半西山詩》 梁簡文帝《詠朝日詩》 梁李鏡遠《日詩》 梁劉孝綽《詠日應令詩》 陳徐陵《日華詩》 隋康孟《詠日應趙王教詩》 虞世南《奉和詠日午詩》 褚亮《奉和詠日午詩》 董思恭《日詩》
	歌	後漢李尤《九曲歌》 晉傅玄《日升歌詠》 又《三光篇》			
	贊	晉郭璞《十日贊》			
月	賦	宋周祗《月賦》 宋謝靈運《怨曉月賦》 宋謝莊《月賦》 梁沈約《八詠》	月第三	賦	宋謝靈運《怨曉月賦》 宋謝莊《月賦》
	詩	晉陸機《詩》 宋孝武帝《齋中望月詩》 宋鮑照《玩月詩》 齊虞羲《詠秋月詩》 梁簡文帝《望月詩》 又《望月詩》 梁孝元帝《望江中月影詩》 梁邵陵王蕭綸《詠新月詩》 梁沈約《詠月詩》 梁何遜《望初月詩》 梁庾肩吾《和徐主簿望月詩》 又《望月詩》 梁蕭子範《望秋月詩》 梁虞騫《視月詩》 梁劉瑗《在縣中庭看月詩》 梁劉孝綽《望月有所思詩》 又《林下映月詩》 又《望月詩》 梁鮑泉《江上望月詩》 周王褒《詠月贈人詩》 隋江總《賦得三五明月滿詩》		詩	太宗文皇帝《遼城望月詩》 梁元帝《望江中月詩》 梁沈約《詠月詩》 梁朱超《舟中望月詩》 梁庾肩吾《和望月詩》 又《和徐主薄望月詩》 梁戴嵩《月重輪行詩》 陳張正見《薄帷鑒明月詩》 周王褒《關山月詩》 隋庾信《舟中望月詩》 董思恭《詠月詩》

星			星第四	賦	宋張鏡《觀象賦》
					梁陸雲公《星賦》
	詩	晉傅玄《眾星詩》		詩	北齊邢子才《賀老人星詩》
		又《詩》			隋煬帝《月夜觀星詩》
		北齊邢子才《賀老人星詩》			諸葛穎《奉和月夜觀星詩》
					袁慶《奉和月夜觀星詩》
					蕭琮《奉和月夜觀星詩》
					虞世南《奉和月夜觀星應令詩》
					董思恭《詠星詩》
					陳張正見《星名從軍詩》
	贊	晉郭璞《星圖贊》			
	表	晉傅玄《賀老人星表》			
		晉卜壼《賀老人星表》			
		晉王述《慶老人星表》			
		北齊刑子才《賀老人星表》			
雲	賦	楚荀況《雲賦》	雲第四	賦	晉陸士衡《浮雲賦》
		晉陸機《浮雲賦》			晉成公綏《雲賦》
		又《白雲賦》			
		晉成公綏《雲賦》			
		晉楊乂《雲賦》			
	詩	魏文帝《浮雲詩》		詩	唐太宗《同賦含峰雲詩》
		魏劉楨《詩》			梁沈約《和王中書德充詠白雲》
		晉傅玄《詩》			陳張正見《賦得題新雲詩》
		梁簡文帝《詠雲詩》			又《賦得白雲臨酒詩》
		梁沈約《和王中書白雲詩》			陳蔡凝《賦得處處春雲生詩》
		又《詠雲詩》			隋孔範《賦得白雲抱幽石詩》
					于季子《詠雲》
					董思恭《詠雲》
	贊	魏陳王曹植《吹雲贊》			
風	賦	楚宋玉《風賦》	風	賦	楚宋玉《風賦》
		後漢趙壹《迅風賦》			晉湛方生《風賦》
		晉李充《風賦》			齊王融擬《風賦》
		晉陸沖《風賦》			
		晉湛方生《風賦》			
		晉江逌《風賦》			
		晉王凝之《風賦》			
		齊王融《擬風賦》			
		齊謝朓《擬風賦》			
		又《八詠》			

	詩	詩晉庾闡《江都遇風詩》 梁簡文帝《詠風詩》 梁孝元帝《詠風詩》 梁劉孝綽《詠風詩》 梁王臺卿《詠風詩》 梁何遜《詠風詩》 梁庾肩吾《詠風詩》 梁賀文摽《詠春風詩》 陳祖孫登《詠風詩》		詩	太宗皇帝《詠風詩》 梁孝元帝《詠風詩》 梁費昶《入幌風詩》 梁何遜《詠風詩》 陳張正見《風生翠竹裏應教詩》 陳祖孫登《詠風詩》 隋阮卓《賦得風詩》 虞世南《奉和詠風應魏王教詩》 王勃《詠風詩》 董思恭《詠風詩》
雷	賦	晉李顒《雷賦》 晉顧凱之《雷電賦》	雷第七	賦	晉夏侯湛《雷賦》 晉李顒《雷賦》 顧凱之《雷電賦》
	詩	詩晉傅玄《雜言詩》 又 又《驚雷歌》		詩	晉傅玄《雜言詩》 又《驚雷歌》
雨	賦	魏文帝《愁霖賦》 魏陳王曹植《愁霖賦》 又《愁霖賦》 魏應瑒《愁霖賦》 晉潘尼《苦雨賦》 晉陸雲《愁霖賦》 晉傅咸《患雨賦》 又《喜雨賦》 晉成公綏《陰霖賦》 又《時雨賦》 宋傅亮《喜雨賦》 梁張纘《秋雨賦》	雨第一	賦	晉潘尼《苦雨賦》 宋傅亮《喜雨賦》 盧照鄰《秋霖賦》
	詩	魏陳王曹植《喜雨詩》 魏阮瑀《詩》 晉張載《霖雨詩》 晉張協《苦雨詩》 又《雜詩》 又《雜詩》 晉傅玄《詩》 宋謝莊《喜雨詩》 宋謝惠連《喜雨詩》 宋鮑照《喜雨詩》 又《苦雨詩》 齊謝朓《觀雨詩》		詩	唐太宗《詠雨詩》 齊謝朓《觀朝雨詩》 梁孝元帝《詠細雨詩》 梁沈約《見庭雨應詔詩》 梁劉孝威《望雨詩》 梁朱超《對雨詩》 陳陰鏗《閒居對雨詩》 陳張正見《賦新題默林輕雨應教詩》 諸葛穎《賦得微雨東來應教詩》 虞世南《發營逢雨應詔詩》 魏知古《奉和春日途中喜雨詩》

		梁簡文帝《賦得入階雨詩》 **梁孝元帝《詠細雨詩》** 梁劉苞《望夕雨詩》 梁虞騫《擬雨詩》 梁劉孝綽《秋雨臥疾詩》 梁劉孝威《和皇太子春林晚雨詩》 梁庾肩吾《從駕喜雨詩》 **梁朱超《對雨詩》** 北齊劉逖《對雨有懷詩》 周庾信《和趙王喜雨詩》 又《喜雨詩》 又《對雨詩》 **陳陰鏗《閑居對雨詩》** 又《詩》				
雪			雪第二	賦	謝惠連《雪賦》 後周劉璠《雪賦》		
	詩	宋鮑照《詠雪詩》 齊虞羲《望雪詩》 梁簡文帝《雪朝詩》 又《詠雪詩》 又《詠雪顛倒使韻》 梁沈約《詠餘雪詩》 梁任昉《同謝朏花雪詩》 梁丘遲《望雪詩》 梁裴子野《上朝值雪詩》 **又《詠雪詩》** 梁《吳均詠雪詩》 又《詠雪詩》 **梁何遜《詠雪詩》** **梁劉孝綽《對雪詩》** 梁庾肩吾《詠花雪詩》 陳徐陵《詠雪詩》		詩	太宗皇帝《望雪詩》 宋鮑照《戲劉公幹詩》 梁沈約《詠雪應令詩》 **梁裴子野《詠雪詩》** **梁何遜《詠雪詩》** **梁吳均《詠雪詩》** **梁劉孝綽《對雪詩》** 陳張正見《玄圃觀春雪詩》 又《應衡陽王教詠雪詩》 隋王衡《玩雪詩》 陳子良《詠春雪詩》 上官儀《詠雪詩》 董思恭《詠雪詩》		
霧	詩	梁孝元帝《詠霧詩》 又《詩》 **梁伏挺《行舟值早霧詩》** 周王褒《詠霧應詔詩》	霧第六	詩	太宗皇帝《賦得花庭霧詩》 又《遠山澄碧霧詩》 **梁孝元帝《詠霧詩》** 又 **梁伏挺《行舟遇早霧詩》** 梁沈趨《賦得霧詩》 董思恭《詠霧詩》 蘇味道《詠霧詩》氤氳起洞壑		

| 虹 | 賦 | 梁江淹《赤虹賦》 | 虹霓第七 | 賦 | 梁江淹《赤虹賦》 |
| | 詩 | 董思恭《詠虹詩》
蘇味道《詠虹詩》 | | 詩 | 董思恭《詠虹詩》
蘇味道《詠虹詩》 |

第二個例子，以《初學記》之卷十《中宮部、儲宮部》與《藝文類聚》之卷十五《后妃部》、卷十六《儲宮部》作比較。〔註36〕

《藝文類聚》卷十五《后妃部》、 卷十六《儲宮部》			《初學記》卷十《中宮部、儲宮部》		
后妃	詩	晉成公綏《詩》 又	皇后 第一	詩	晉張華《中宮歌詩》 晉成公綏《中宮詩》
	頌	《賢明頌》 又晉劉柔妻王氏《姜嫄頌》 又《啓母塗山頌》 魏韋誕《皇后親蠶頌》 晉左九嬪《武帝納皇后頌》		頌	魏曹植《母儀頌》 又《賢明頌》
	贊	曹植《姜嫄簡狄贊》 又《禹妻贊》 晉傅玄《班婕妤畫贊》 又《明德馬皇后贊》 晉左九嬪《虞舜二妃贊》 又《周宣王姜后贊》 又《納楊後贊》 晉庾闡《二妃像贊》		贊	曹植《姜嫄簡狄贊》 又《禹妻贊》 晉左貴嬪《舜二妃贊》
	箴	後漢皇甫規《女師箴》 後漢傅幹《皇后箴》 晉裴頠《女史箴》		章	梁江淹《爲建平王慶皇后正位章》 後魏溫子升《魏帝納皇后群臣上禮章》
	誄	漢楊雄《皇后誄》 後漢崔瑗《竇貴人誄》 曹植《卞太后誄》 晉張華《章懷皇后誄》 晉左九嬪《元皇后楊氏誄》 宋謝莊《孝武帝宣貴妃誄》		論	宋范曄《皇后紀論》

〔註36〕 《初學記》卷十《中宮部》將《藝文類聚》卷十五《后妃部》之「后妃」分爲「皇后」和「妃嬪」，可見《初學記》的分類更爲精細，但是，《初學記》之「詩文」卻與《藝文類聚》之「詩文」有極多的重合之後，更可見到「后妃」之內容被認爲的分入「皇后」「妃嬪」之中，可見，《初學記》對《藝文類聚》的因襲與變化。

哀策	晉潘岳《景獻皇后哀策文》 晉張華《元皇后哀策文》 宋顏延之《元皇后哀策文》 **齊謝朓《敬皇后哀策文》** 梁任昉《王貴嬪哀策文》		文	齊謝朓《敬皇后哀冊文》
謚策	宋謝莊《殷貴妃謚策文》	妃嬪第二	賦	漢武帝《李夫人賦》 漢成帝《班婕妤自傷悼賦》
詔	梁沈約《梁武帝立內職詔》 陳徐陵《陳文帝登祚尊皇太后詔》		贊	曹植《班婕妤贊》
章	梁江淹《為建平王慶王后正位章》 **梁沈約《為六宮拜章》**		詔	梁武帝《立內職詔》
表	魏傅嘏《請立貴嬪為皇后表》 魏陳王曹植《上卞太后誄表》 晉左九嬪《上元皇后誄表》 後魏溫子升《魏帝納皇后群臣上禮文》 隋江總《為陳六宮謝表》		章	梁沈約《為六宮拜章》
論	宋范曄《皇后紀論》		陳	江總《為陳六宮謝章》
行狀	梁江淹《宋建平王太妃周氏行狀》		箴	晉張華《女史箴》
			冊文	**宋謝莊《殷貴妃謚冊文》**
儲宮部	賦	魏卞蘭《讚述太子賦》	皇太子第三	賦	魏卞蘭《讚述太子賦》
	詩	梁劉孝威《重光詩》 又《奉和簡文帝太子詩》		詩	梁劉孝威《奉和太子詩》 徐陵《同江詹事登宮城南樓詩》 江總《宴樂修堂應令詩》 虞世南《追從鑾輿夕頓戲下詩》 褚亮《奉和禁苑餞別應令詩》 韓王元嘉《奉和周太子監守違戀詩》 薛元超《和周太子監守違戀詩》
	詔	梁武帝《立皇太子詔》 梁沈約《立太子詔》 **後魏溫子升《魏莊帝生皇太子赦詔》**		詔	梁武帝《立昭明太子詔》 又《立晉安王為太子昭》 **後魏溫子升《莊帝生皇太子赦詔》**
	表	吳張儼《請立太子師傅表》 魏卞蘭《讚述太子表》 宋謝莊《慶皇太子元服上至尊表》 又《皇太子元服上皇太后表》		表	宋謝莊《慶太子元服上至尊表》 又《太子元服上太后表》 梁沈約《為太子謝初表》 梁簡文帝《上昭明太子文集別傳等表》

		梁簡文帝《謝爲皇太子表》 又《拜皇太子臨軒竟謝表》 又《上昭明太子集別傳等表》 梁任昉《爲皇太子求一日一入朝表》 梁沈約《爲皇太子謝初表》 梁蕭子範《求撰昭明太子集表》 梁陸倕《爲豫章王慶太子出宮表》 周王褒《爲百僚請立皇太子表》 周庾信《慶傳位於皇太子表》			周王褒《爲百僚請立太子表》
	箋	晉溫嶠《侍臣箋》 周王褒《皇太子箋》 隋戴逵《皇太子箋》		箋	周王褒《太子箋》
	誄	晉陸機《愍懷太子誄》			
	哀策	齊王融《皇太子哀策文》 梁王筠《昭明太子哀策文》			
	教	魏文帝《答卞蘭教》			
太子妃			太子妃第四	詩	胡元範《奉和太子納妃詩》 裴守眞《奉和太子納妃詩》
				詔	唐太宗《冊蘇亶女爲太子妃詔》
	哀策	宋謝莊《皇太子妃哀策文》 齊王儉《皇太子妃哀策文》		冊	唐太宗《冊太子妃文》 宋謝莊《太子妃哀冊文》
公主			公主第六	詩	李嶠《長寧公主東莊侍宴詩》 崔湜《長寧公主東莊侍宴詩》 李適《長寧公主東莊侍宴詩》 李乂《長寧公主東莊侍宴詩》 又《奉和幸長寧公主莊詩》 徐彥伯《奉和送金城公主詩》 閻朝隱《奉和送金城公主詩》
	誄	**魏陳王曹植《平原懿公主誄》** **晉潘岳《南陽長公主誄》** 晉左九嬪《萬年公主誄》		誄	**魏陳王曹植《平原懿公主誄》** **晉潘岳《南陽長公主誄》**
	碑	魏溫子升《常山公主碑》			
	墓誌	宋謝莊《豫章長公主墓誌銘》 齊王融《永嘉長公主墓誌銘》 齊謝朓《臨海公主墓誌銘》 又《新安長公主墓誌銘》			
	表	宋江敩《當尙世祖女表讓婚》			

第三個例子，以《初學記》之《禮部》與《藝文類聚》之《禮部》作比較。

《藝文類聚》卷三十八《禮部上》、卷三十九《禮部中》、卷四十《禮部下》			《初學記》卷十三《禮部上》、卷十四《禮部下》		
禮	賦	楚荀況《禮賦》	總載禮一	賦	楚荀況《禮賦》
				詔	李德林《爲隋文帝修定五禮詔》《貞觀年中頒禮樂詔》
祭祀			祭祀二	賦	魏孫該《三公山下祠賦》晉嵇含《祖道賦》
				詩	宋謝莊《烝齋應詔詩》陳弘讓《春夜醮五嶽圖文詩》陳叔達《州城西園八齋祠社詩》
				歌	梁江淹《牲出入歌辭》又《薦豆毛血歌辭》又《奏宣列之樂歌辭》
	文	魏武帝《祠太尉喬玄墓文》晉潘岳《爲諸婦祭庾新婦文》晉殷闡《祭王東亭文》晉殷允《祭徐孺子文》晉王珣《祭徐聘士文》晉周穎文《祭梁鴻文》宋王僧遠《祭顏延之文》宋陶潛《自祭文》宋謝延之《祭屈原文》齊卞伯玉《祭孫叔敖文》齊謝朓《爲諸娣祭阮夫人文》齊孔稚珪《祭外兄張長史文》梁簡文帝《祭戰亡者文》梁徐悱妻劉氏《祭夫文》陳沈炯《祭梁吳郡袁府君文》			
郊丘	賦	晉郭璞《南郊賦》	郊丘三	賦	後漢鄧耽《郊祀賦》晉郭璞《南郊賦》
				詩	梁傅昭《恭職北郊詩》周王褒《從駕北郊詩》隋盧思道《駕出圜丘詩》
				歌	宋顏延之《天地郊夕牲歌辭》隋庾信《方澤降神歌辭》

					隋牛弘《郊祀昊天上帝歌辭》
	頌	梁簡文帝《南郊頌》		頌	梁簡文帝《南郊頌》
	表	梁簡文帝《上南郊頌表》			
	啓	梁元帝《慶南郊啓》			
宗廟	詩	梁簡文帝《賽漢高廟詩》 庾信《至老子廟詩》 宋謝瞻《經張子房廟詩》 宋鄭鮮之《行經張子房廟詩》 齊謝朓《賽敬亭廟喜雨詩》 梁簡文帝《和蕭東陽祀七里廟詩》 又《漢高廟賽神詩》 梁元帝《祀伍相廟詩》 梁庾肩吾《漢高廟詩》 又《亂後經夏禹廟詩》 又《西門豹廟詩》 陳陽慎《從駕祀麓山廟詩》 陳張正見《行經季子廟詩》 隋江總《卞山楚廟詩》 又《攝官梁小廟詩》	宗廟四	詩	宋孔欣《祠太廟詩》 梁張率《太廟齋夜詩》
				歌	宋顏峻《七廟迎神辭》 隋庾信《太廟晨裸歌辭》 陳叔達《太廟裸地歌辭》 褚亮《宗廟九德之歌辭》
	頌	魏陳王曹植《孔子廟頌》		頌	後漢王粲《太廟頌》 又 又 王肅《宗廟頌》。 又
	文	宋謝惠連《祭禹廟文》 梁王僧孺《武帝祭禹廟文》			
社稷			社稷五	歌	隋牛弘《春祈社歌辭》 又《春祈稷歌辭》
	頌	**魏陳王曹植《社頌》** 宋何承天《社頌》		頌	**魏曹植《社頌》** 宋何承天《社頌》
	賦	晉張華《朽社賦》			
明堂			明堂六	賦	李尤《辟雝賦》 劉允濟《萬象明堂賦》
	詩	梁元帝《和劉尚書兼明堂齋宮詩》		詩	梁元帝《和劉尚書兼明堂齋宮詩》

				頌	宋虞通之《明堂頌》
	銘	後漢李尤《明堂銘》			
巡狩	詩	隋虞世基《和幸江都尉詩》 又曰	巡狩七	詩	唐太宗《重幸武功詩》 宋范曄《樂遊應詔詩》 梁沈約《侍遊方山應詔詩》 北齊袁奭《從駕遊仙詩》 周明帝《還舊宮詩》 隋煬帝《還京師詩》 隋李德林《從駕巡道詩》 又《從駕還京詩》 隋薛道衡《從駕天池應詔詩》 又《從駕幸晉陽詩》 隋虞茂《奉和幸太原輦上作應詔詩》 又《奉和幸江都應詔詩》 虞世南《和至壽春應令詩》 上官儀《和過舊宅應詔詩》
	頌	後漢班固《東巡頌》 又《南巡頌》 後漢崔駰《東巡頌》 後漢馬融《東巡頌》		頌	後漢班固《東巡頌》 又《南巡頌》 後漢崔駰《東巡頌》
	賦	漢楊雄《甘泉賦》 又《幸河東賦》			
	誥	後漢張衡《東巡誥》			
封禪			封禪八	詩	李義府《羨陪封禪詩》
				表	李百藥《勸封禪表》 朱子奢《請封禪表》 岑文本《勸封禪表》 高若思《勸封禪表》
籍田	賦	晉潘岳《籍田賦》 宋任豫《籍田賦》 隋江總《勞酒賦》	籍田一	賦	晉潘岳《籍田賦》
	詩	宋顏延之《侍東耕詩》 宋謝莊《侍東耕詩》 梁武帝《籍田詩》 梁簡文帝《和詩》 陳張正見《從籍田應衡陽王教作詩》		詩	梁武帝《籍田詩》 梁簡文帝《籍田詩》 陳張正見《籍田詩》
				頌	岑文本《籍田頌》

	文	齊謝朓《爲隨王粲東耕文》 梁元帝《祭東耕文》			
	啓	梁元帝《慶東耕啓》			
	論	魏陳王《曹植籍田論》 又			
親蠶			親蠶二	賦	晉閔鴻《親蠶賦》
				頌	魏韋誕《皇后親蠶頌》
釋奠	詩	宋顏延之《侍皇太子釋奠宴詩》 齊竟陵王蕭子良《侍皇太子釋奠宴詩》 齊王儉《侍皇太子釋奠宴詩》 梁任昉《侍皇太子釋奠宴詩》 梁沈約《侍皇太子釋奠宴詩》 又《爲南郡王侍太子釋奠宴詩》	釋奠三	詩	宋顏延之《侍皇太子釋奠》 齊王儉《侍皇太子釋奠宴詩》 梁任昉《爲王子侍皇太子釋奠宴詩》 梁沈約《侍皇太子釋奠宴詩》 《爲南郡王侍皇太子釋奠詩》
	頌	晉傅咸《皇太子釋奠頌》 晉潘尼《釋奠頌》		頌	晉傅咸《皇太子釋奠頌》 陳徐伯陽《皇太子釋奠頌》
	文	晉庾亮《釋奠祭孔子文》 梁元帝《釋奠祭孔子文》 又《祭顏子文》 梁陸倕《釋奠祭孔子文》			
朝會 詩			朝會四	賦	晉傅玄《朝會賦》
		魏陳王曹植《應詔詩》 梁簡文帝《守東平中華門開詩》 梁何遜《早朝詩》 周王褒《入朝守門開詩》 隋江總《答王均早朝守建陽門開詩》		詩	太宗皇帝《正月臨朝詩》 隋煬帝《冬至乾陽殿受朝詩》 陳江總《賦得謁帝承明廬詩》 隋牛弘《奉和冬至乾陽殿受朝應詔詩》 隋許善心同前詩 虞世南《凌晨早朝詩》 魏徵《奉和正日臨朝應詔詩》 顏師古同前詩 岑文本同前詩 楊師道同前詩 李百藥同前詩 張文琮《同潘屯田冬日早朝詩》
				頌	岑文本《三元頌》
	表	陳王曹植《請赴元正表》 又《謝得入表》			

燕會			饗燕五	賦	魏曹植《娛賓賦》 晉王沉《宴嘉賓賦》 晉成公綏《延賓賦》 隋薛道衡《宴喜賦》
	詩	《古詩》 **魏陳王曹植《公讌詩》** 又《侍太子坐詩》 又《與丁廙詩》 **魏應瑒《公讌詩》** 魏劉楨《公讌詩》 魏王粲《公宴會詩》 魏陳琳《宴會詩》 晉武帝《華林園詩》 晉陸機《擬今日良宴會詩》 又皇太子《賜宴詩》 又侍皇太子《宣猷堂詩》 晉王贊《侍皇太子宴始平王詩》 又《侍皇太子祖道楚淮南二王詩》 晉陸雲《侍大將軍宴詩》 宋鮑照《侍宴覆舟山應詔詩》 梁王僧孺《侍宴景陽樓詩》 又《侍宴詩》 又《侍宴詩》 梁庾肩吾《侍宴詩》 又《侍宴詩》 又《侍宣猷堂宴湘東王詩》 **梁劉孝綽《侍宴詩》** **又《侍宴詩》** 又《侍宴集賢堂應令詩》 又《陪徐僕射晚宴於兒宅詩》 梁江淹《擬魏帝遊宴詩》 **隋江總《賦得置酒殿上詩》**		詩	太宗皇帝《春日玄武門宴群臣詩》 又《置酒坐飛閣詩》 又《冬宵各爲四韻》 古詩曰 **漢應瑒詩** 魏文帝於講堂作詩 又於醮作詩 **魏曹植詩** **梁劉孝綽《陪徐僕射勉宴詩》** **又《侍宴同劉公幹應令詩》** 梁庾肩吾《侍宴宣猷堂應令詩》 北齊魏收《月下秋宴詩》 北齊楊訓《群公高宴詩》 陳後主《晚宴文思殿詩》 又《宴詹事陸繕省詩》 又《入隋侍宴應詔詩》 **陳江總《秋日侍宴婁湖苑應詔詩》** 隋沈君道《侍皇太子宴應令詩》 隋劉端和《初春宴東堂應令詩》 虞世南《侍宴賦韻得前應詔詩》 杜正倫《侍宴北門詩》 薛曜正《夜侍宴應詔詩》 魏元忠《侍宴銀潢宮應制詩》 杜審言《蓬萊三殿侍宴奉敕詠終南山應制詩》 蘇瑰《興慶池侍宴應制詩》 劉憲《奉和春幸望春宮應制詩》 馬懷素《興慶池侍宴應制詩》
冠			冠六	詩	後漢應亨《贈四王冠詩》
				頌	後漢黃香《天子冠頌》
				表	宋孝武帝《建平王宏冠表》 又廣陵王《誕冠表》
				文	梁沈約《冠子祝文》
	箴	蕭子範《子冠子箴》			

婚	賦	魏陳王曹植《感婚賦》 晉張華《感婚賦》	婚姻七	賦	後漢蔡邕《協和婚賦》 晉張華《感婚賦》
	詩	晉稽含《伉儷詩》 梁何遜《看新婚詩》 梁劉瑗《詠左右新婚詩》 陳周弘正《看新婚詩》		詩	唐高宗皇帝《太子納妃太平公主出降詩》 後漢秦嘉《述婚詩》 又曰 晉張華《感婚詩》 晉稽含《伉儷詩》 梁何遜《看新婚詩》 陳周弘正《看新婦詩》 楊師道《初宵看婚詩》 褚亮《詠花燭詩》 陳子良《七夕看新婦隔巷停車詩》 鄭翼《看新婦詩》 李百藥《戲贈潘徐城門迎兩新婦詩》 鄭軌《觀兄弟同夜成婚詩》 郭正一《奉和太子納妃公主出降詩》 劉禕之同前詩 元萬頃同前詩 任知古同前詩帝
	箴	晉摯虞《新婚箴》 晉潘岳《答新婚箴》 晉王廙《婦德箴》		箴	晉潘岳《答摯虞新婚箴》
	啓	梁劉孝儀《爲王儀同謝國姻啓》			
	教	梁簡文帝《資遣孔燾二女教》			

第四個例子，以《初學記》卷十七《人部上》與《藝文類聚》卷二十《人部四》作比較。

《藝文類聚》卷二十《人部四》			《初學記》卷十七《人部上》		
聖	頌	後漢張超《尼父頌》 晉孫楚《尼父頌》	聖第一	頌	張文琮《太宗文皇帝頌》 顏師古《聖德頌》 後漢張超《尼父頌》
	贊	晉陸機《孔子贊》 晉湛方生《孔公贊》		贊	晉湛方生《孔公贊》

	碑	後漢禰衡《魯夫子碑》			
	論	後漢孔融《聖人優劣論》 梁沈約《辯聖論》		論	後漢孔融《聖人優劣論》 梁沈約《辨聖論》 晉華譚《新論》 殷仲堪《天聖論》
賢	頌	漢王褒《聖主得賢臣頌》	賢第二		
	贊	晉夏侯湛《顏子贊》 又《左丘明贊》 晉戴逵《顏回贊》 晉孫楚《顏回贊》		贊	晉夏侯湛《左丘明贊》 後漢王粲《正考父贊》 西晉嵇康《原憲贊》 晉摯虞《左丘明贊》 東晉謝萬《七賢·嵇中散贊》
	碑	後漢禰衡《顏子碑》		碑	後漢禰衡《顏子碑》
	論	魏高貴鄉公《顏子論》		論	魏高貴鄉公《顏子論》
忠	贊	梁元帝《忠臣傳記託篇贊》 又《忠臣傳諫爭篇贊》 又《忠臣傳執法篇贊》	忠第三	贊	周庾信《袁盎諫文帝贊》 梁元帝《忠臣傳受託篇贊》 《忠臣傳諫爭篇贊》
	表	梁元帝《上忠臣傳表》		表	梁元帝《上忠臣傳表》
	序	梁元帝《忠臣傳序》 又《忠臣傳死節篇序》		序	梁元帝《忠孝傳序》
					太宗文皇帝《祭比干文》 陳李元操《爲宣帝祭比干文》
孝	詩	魏王粲《思親詩》 晉孫綽《表哀詩》 晉夏侯湛《離親詠》	孝第四	詩	晉束皙《補亡詩》 其二章 魏王粲《思親四言詩》
	賦	魏陳思王曹植《懷親賦》 晉陸機《祖德賦》 又《述先賦》 又《思親賦》 晉劉柔妻王氏《懷思賦》 宋謝靈運《孝感賦》 梁武帝《孝思賦》		賦	魏陳思王曹植《懷親賦》 晉陸士衡《思親賦》 晉劉柔妻王氏《懷思賦》 梁武帝《孝思賦》
	頌	後漢蔡邕《祖德頌》 晉庾峻《祖德頌》			
	贊	晉夏侯湛《閔子騫贊》 梁元帝《孝德傳皇王篇贊》 又《孝德傳天性篇贊》		贊	梁元帝《孝德傳·天性贊》
	序	梁元帝《孝德傳序》			

　　第五個例子，以《初學記》二十一《文部》與《藝文類聚》卷五十五《雜文部一》至卷五十八《雜文部四》作比較。

《藝文類聚》卷五十五《雜文部一》……卷五十八《雜文部四》			《初學記》卷二十一《文部》		
經典	啓	齊謝朓《隨王賜〈左傳〉啓》 梁劉孝綽《謝爲東宮奉經啓》	經典 第一	啓	齊謝朓《謝隨王賜〈左傳〉啓》 劉孝綽《謝爲東宮奉經啓》
	詩	晉傅咸《孝經詩》 又《論語詩》 又《毛詩詩》 又《周易詩》 又《周官詩》 梁武帝《撰孔子正言竟述懷詩》 梁昭明太子《詠書秩詩》			
	賦	後漢杜篤《書撼賦》			
	贊	晉王凝之妻謝氏《論語贊》			
	銘	後漢李尤《經橃銘》 宋謝靈運《書帙銘》			
	表	梁沈約《上宋書表》			
	書	後漢孔融《答虞仲翔書》			
史傳	詩	魏阮瑀《詩》 又《詩》 宋陶潛《詠荊軻詩》 陳周弘直《賦得荊軻詩》 陳楊縉《賦得荊軻詩》 晉袁宏《詩》 又《詩》 陳阮卓《賦詠得魯連詩》 晉左思《詠史詩》 又《詠史詩》 晉張協《詠史詩》 宋孝武《詠史詩》 宋鮑昭《詠史詩》 陳張正見《賦得韓信詩》 陳劉刪《賦得蘇武詩》 陳祖孫登《賦得司馬相如詩》 隋王由禮《賦得馬援詩》	史傳 第二	詩	唐太宗文武聖皇帝《詠司馬彪〈續漢志〉詩》 晉潘岳《於賈謐坐講〈漢書〉詩》
	表	梁簡文帝《上昭明太子集別傳等表》		表	梁沈約《上宋書表》
	銘	宋顏延之《家傳銘》		銘	宋顏延之《家傳銘》

	志	後漢班固《述五行志》 又《藝文志述》			
	傳	梁江淹《自序傳》			
	論	宋范曄《宦者論》 梁沈約王僧達《顏峻傳論》			
			文字 第三	詩	隋江總《借劉太常〈說文〉詩》 岑文本《奉述飛白書勢詩》
				雜文	漢崔瑗《草書體》 後漢蔡邕《篆書體》 晉成公綏《隸書體》
談講	詩	晉潘岳《於賈謐坐講漢書詩》 梁任昉《厲吏民講學詩》	講論 第四	詩	梁任昉《厲吏人講學詩》 陳周弘正《學中早起聽講詩》 隋庾信《和何儀同講竟述懷詩》
	碑	梁元帝《皇太子講學碑》 隋江總《皇太子太學講碑》		碑	梁元帝《皇太子講學碑》 陳江總《皇太子太學講碑》
	表	梁簡文帝《請右將軍朱異奉述制旨易義表》 又《請尙書左丞賀琛奉述制旨毛詩義表》 陳周弘正《請梁武帝釋乾坤二系義表》			
	啓	梁簡文帝《謝敕齎中庸講疏啓》 梁王僧孺《謝齊竟陵王使撰眾書啓》			
	書	後漢孔臧《與子琳書》			
			文章 第五	賦	晉陸士衡《文賦》
				詩	陳江總《賦得一日成三賦應令詩》
書	書	漢鄒陽《上書梁王》 後漢班固《上書東平王》 齊陸厥《與沈約書問聲韻》 梁簡文帝《答張纘謝示集》 又《答新渝侯和詩書》 梁元帝《答劉縮求述制旨義書》 梁沈約《與范述曾論竟陵王賦書》 梁劉孝綽《答梁元帝書》 梁江淹《詣宋建平王上書》 梁劉之遴《與劉孝標書》 梁劉孝標《答之遴借類苑書》		書	梁簡文帝《答張纘謝示集書》 梁沈約《與范述曾論竟陵王賦書》

			詩序		梁江淹《雜體詩序》
集序		魏陳王曹植《文章序》	集序		周庾信《趙國公集序》
		梁昭明太子《文選序》			
		梁簡文帝《臨安公主集序》			
		梁元帝《職貢圖序》			
		梁任昉《齊王儉集序》			
		梁王僧孺《臨海伏府君集序》			
		又詹事《徐府君集序》			
		陳劉師知《侍中沈府君序集》			
		陳徐陵《玉臺新詠序》			
		隋江總《陶貞白先生集序》			
		周庾信《趙國公集序》			
筆	賦	後漢蔡邕《筆賦》	筆第六	賦	後漢蔡邕《筆賦》
		晉傅玄《筆賦》			晉傅玄《筆賦》
		晉成公綏《故筆賦》			
		梁吳筠《筆格賦》			
	詩	梁簡文帝《詠筆格詩》		詩	梁簡文帝《詠筆格詩》
		梁徐摛《詠筆詩》			梁徐摛《詠筆詩》
	贊	晉郭璞《筆贊》		贊	晉郭璞《筆贊》
	銘	後漢李尤《筆銘》		銘	後漢李尤《筆銘》
		魏傅選《筆銘》			晉王隱《筆銘》
		晉王隱《筆銘》			
	啓	梁元帝《謝東宮賜白牙鏤管筆啓》		啓	梁庾肩吾《謝齎銅硯筆格啓》
		梁庾肩吾《謝齎銅硯筆格啓》			
紙	賦	晉傅咸《紙賦》	紙第七	賦	晉傅咸《紙賦》
				詩	梁江洪《爲傅建康詠紅箋詩》
					後梁宣帝《詠紙詩》
					隋薛道衡《詠苔紙詩》
				表	晉虞預《請秘府紙表》
	啓	梁劉孝威《謝齎宮紙啓》		啓	梁劉孝威《謝齎官紙啓》
硯	賦	晉傅玄《硯賦》	硯第八	賦	晉傅玄《硯賦》
				詩	楊師道《詠硯詩》
				頌	魏繁欽《硯頌》
	贊	魏繁欽《贊》		贊	魏繁欽《硯贊》
	銘	魏王粲《硯銘》		銘	魏王粲《硯銘》
			墨第九	銘	後漢李尤《墨研銘》

第六個例子，以《初學記》卷二十四《居處部》與《藝文類聚》卷六十一《居處部一》至卷六十四《居處部四》、卷六十五《產業部上》與卷六十六《產業部下》作比較。

《藝文類聚》卷六十一《居處部一》……卷六十四《居處部四》；卷六十五《產業部上》；卷六十六《產業部下》			《初學記》卷二十四《居處部》		
總載居處	賦	漢楊雄《蜀都賦》 後漢班固《西都賦》 又《東都賦》 後漢張衡《西京賦》 又《南都賦》 後漢杜篤《論都賦》 後漢崔駰《反都賦》 後漢傅毅《洛都賦》 魏徐幹《齊都賦》 魏劉楨《魯都賦》 魏劉邵《趙都賦》 晉左思《蜀都賦》 又《吳都賦》 又《魏都賦》 晉庾闡《楊都賦》 晉傅玄《正都賦》	都邑一	賦	後漢班固《西都賦》 後漢傅毅《洛都賦》 後漢張衡《南都賦》 晉左思《蜀都賦》 又《魏都賦》 晉庾闡《楊都賦》
	詩	陳孔奐《名都一何綺詩》 陳周弘正《詩》		詩	陳孔奐《賦得名都一何綺詩》 隋許善心《奉和還京師詩》 虞世南《賦得吳都詩》 褚亮《賦得蜀都詩》 李百藥《賦得魏都詩》 鄭翼《登北邙還望京洛詩》
				詔	唐高宗天皇大帝《建東都詔》
城	賦	魏文帝《登城賦》 晉孫楚《登城賦》 宋鮑昭《蕪城賦》 梁吳筠《吳城賦》	城郭二	賦	魏文帝《登城賦》 宋鮑照《蕪城賦》 梁吳均《吳城賦》
	詩	梁簡文帝《從頓還城詩》 又《登城詩》 又《登城北望詩》 梁江淹《登紀南城詩》		詩	梁簡文帝《從頓還城詩》 梁王筠《和新渝侯巡城詩》 後魏溫子昇《從駕幸金墉城詩》 李百藥《秋晚登古城詩》
	銘	後漢李尤《京師城銘》		銘	後漢李尤《京師城銘》

宮	賦	漢劉歆《甘泉宮賦》 魏卞蘭《許昌宮賦》 魏楊脩《許昌宮賦》 北齊邢子才《新宮賦》	宮第三	賦	漢劉歆《甘泉宮賦》
	詩	梁簡文帝《新成安樂宮詩》 周明帝《過舊宮詩》 陳陰鏗《新成安樂宮詩》		詩	梁簡文帝《新成安樂宮詩》 周明帝《過舊宮詩》 陳陰鏗《新成長安宮詩》
	頌	漢王褒《甘泉宮頌》 宋孝武帝《巡幸舊宮頌》 梁沈約《齊朝丹徒故宮頌》		頌	梁沈約《朝丹徒故宮頌》
	銘	後漢李尤《永安宮銘》		銘	後漢李尤《永安宮銘》
	表	梁沈約《爲柳兗州世隆上舊宮》			
殿	賦	賦後漢李尤《德陽殿賦》 後漢王延壽《魯靈光殿賦序》 魏何晏《景福殿賦》 魏韋誕《景福殿賦》 魏夏侯惠《景福殿賦》 宋孝武《華林清暑殿賦》 宋江夏王劉義恭《華林清暑殿賦》 宋何尚之《華林清暑殿賦》	殿第四	賦	宋何尚之《華林清暑殿賦》
				詩	隋江總《侍宴瑤泉殿詩》 又《侍宴臨芳殿詩》
	銘	後漢李尤《德陽殿銘》 陳沈烱《太極殿銘》		銘	後漢李尤《德陽殿銘》 陳徐陵《太極殿銘》
	表	梁王筠《上太極殿表》			
樓	賦	魏王粲《登樓賦》 晉孫楚《登樓賦》 晉棗據《登樓賦》 晉郭璞《登百尺樓賦》	樓第五	賦	晉孫楚《登樓賦》
	詩	古詩 宋文帝《登景陽樓詩》 梁武帝《登北顧樓詩》 梁簡文帝《奉和登北顧樓詩》 又《登烽火樓詩》 又《水中樓影詩》 梁沈約《登玄暢樓詩》 梁劉孝綽《登陽雲樓詩》 梁王臺卿《詠水中樓影詩》		詩	梁簡文《奉和登北顧樓詩》 梁沈約《登玄暢樓詩》 梁劉孝綽《登陽雲樓詩》
	銘	宋鮑照《淩煙樓銘》		銘	宋鮑照《淩煙樓銘》

臺	賦	魏文帝《登臺賦序》 **魏陳王曹植《登臺賦》** 晉陸雲《登臺賦》 晉孫楚《韓王臺賦》	臺第六	賦	**魏陳思王曹植《登臺賦》**
	詩	晉陸機《擬古詩》 梁簡文帝《琴臺詩》 梁庾肩吾《過建昌故臺詩》 陳祖孫登《宮殿名登高臺詩》		詩	梁簡文帝《琴臺詩》 梁庾肩吾《過建昌故臺詩》 陳祖孫登《宮殿名登臺詩》
	銘	後漢李尤《雲臺銘》		銘	後漢李尤《雲臺銘》
堂	賦	陳江總《雲堂賦》	堂第七	賦	隋江總《雲堂賦》
	詩	梁庾肩吾《詠疏圃堂詩》		詩	梁庾肩吾《詠疏圃堂詩》 隋煬帝《宴東堂詩》 唐虞世南《侍宴歸雁堂詩》
	頌	晉庾闡《樂賢堂頌》		頌	晉庾闡《樂賢堂頌》
	銘	後漢李尤《堂銘》			
宅舍	詩	齊竟陵王蕭子良《行宅詩》 **陳江總《歲暮還宅詩》** 又《南還尋草市宅詩》	宅第八	詩	唐太宗文武聖皇帝《過舊宅詩》 **隋江總《歲暮還宅詩》** 又《南還尋草市宅詩》 隋元行恭《過故宅詩》 唐楊師道《還山宅詩》
	賦	魏陳王曹植《閑居賦》 晉潘岳《閑居賦》 晉庾闡《閑居賦》 晉束皙《近遊賦》 梁沈約《郊居賦》			
	銘	**晉習鑿齒《諸葛武侯宅銘》**		銘	**晉習鑿齒《諸葛武侯宅銘》**
	啓	梁元帝《謝敕賜第啓》 梁劉孝儀《爲王儀同謝宅啓》 又《爲武陵王謝賜第啓》 梁庾肩吾《謝東宮賜宅啓》		啓	梁元帝《謝敕賜第宅啓》
	表	晉陸雲《聞起西園第宜遵節儉之制表》			
	議	晉潘岳《上客舍議》			
門	銘	後漢李尤《門銘》 又《中東門銘》 又《開陽城門銘》 又《津城門銘》 又《廣陽門銘》 又《雍城門銘》	門第十	銘	陳何胥《賦得待詔金馬門詩》 後漢李尤《門銘》 又《中東門銘》 又《開陽門銘》 又《津城門銘》 又《雍城門銘》

		又《夏城門銘》 又《穀城門銘》 晉摯虞《門銘》			又《夏城門銘》 又《穀城門銘》
	祝文	後魏溫子升《闔閭門上樑》		祝文	後魏溫子升《闔閭門上樑祝文》
園+圃	賦	漢枚乘《梁王兔園賦》 齊謝朓《遊後園賦》 梁裴子野《遊華林園賦》 梁江淹《梁王兔園賦》 周庾信《小園賦》	園圃第 十三	賦	梁江淹《梁王兔園賦》
	詩	宋陶潛《雜詩》 宋謝靈運《還舊園詩》 宋謝莊《北宅秘園詩》 齊竟陵王《遊後園詩》 齊王儉《春日家園詩》 梁簡文帝《遊韋黃門園詩》 又《夜遊北園詩》 又《臨後園詩》 梁元帝《遊後園詩》 又《晚景遊後園詩》 梁沈約《宿東園詩》 又《行園詩》 梁庾肩吾《從皇太子出玄圃詩》		詩	宋謝靈運《還舊園詩》 梁元帝《遊後園詩》 又《晚景遊後園詩》 梁庾肩吾《從皇太子出玄圃詩》
	頌	晉潘尼《後園頌》		頌	晉潘尼《後園頌》
	引	謝莊《懷園引》			
	詠	晉湛方生《遊園詠》			
	啓	梁張纘《謝東宮賚園啓》			
	銘	隋江總《玄圃石室銘》			
道路			道路第 十四	詩	梁沈約《循役朱方道路詩》 隋孫萬壽《東歸在路詩》 唐李百樂《途中述懷詩》
	碑	陳徐陵《丹陽上庸路碑》		銘	陳徐陵《丹陽上庸路碑銘》
市			市第十 五	賦	晉成伯陽《平樂市賦》
	詩	梁庾肩吾《看放市詩》 陳張正見《賦得日中市朝滿詩》		詩	梁庾肩吾《看放市詩》 陳張正見《日中市朝滿詩》
	教	梁簡文帝《移市教》 周庾信《答移市教》		教	晉王彪之《整市教》 周庾信《答移市教》
				箴	晉成公綏《市長箴》

第七個例子，以《初學記》卷三十《鳥部、鱗介部、蟲部》與《藝文類聚》卷九十《鳥部上》、卷九十一《鳥部中》、卷九十二《鳥部下》、卷九十六《鱗介部上》、卷九十七《鱗介部下》《蟲豸部》作比較。

《藝文類聚》卷九十《鳥部上》、卷九十一《鳥部中》、卷九十二《鳥部下》、卷九十六《鱗介部上》、卷九十七《鱗介部下》《蟲豸部》			《初學記》卷三十《鳥部、鱗介部、蟲部》		
鳳	賦	晉桓玄《賦》 晉傅咸《儀鳳賦序》	鳳一	賦	唐太宗文皇帝《鳳賦》 晉傅咸《鳳皇賦》
	詩	漢李陵《詩》 **魏劉楨《詩》** 晉棗據《詩》 晉王叔之《擬古詩》 **陳張正見《賦得威鳳棲梧詩》**		詩	後漢劉楨《鳳皇詩》 陳張正見《賦得威鳳棲梧桐詩》
鶴	賦	魏王粲《白鶴賦》 **魏陳王曹植《白鶴賦》** 晉桓玄《鶴賦》 宋臨川康王《鶴賦》 **宋鮑昭《舞鶴賦》** 梁沈約《八詠》	鶴二	賦	魏曹植《白鶴賦》 宋鮑昭《舞鶴賦》
	詩	《古詩》 魏陳王曹植《詩》 魏何晏《詩》 晉阮籍《詩》 梁簡文帝《詠洲聞獨鶴詩》 梁江洪《和新浦侯詠鶴詩》 **梁吳均《詠鶴詩》** 陳劉邪《賦得獨鶴凌雲去詩》 陳阮卓《賦得黃鵠一遠別詩》		詩	梁簡文帝《賦得舞鶴詩》 **梁吳均《詠鶴詩》** 陳陰鏗《詠鶴詩》 陳孔德紹《賦得華亭鶴詩》
	贊	周庾信《鶴贊》			
	文	晉湛方生《弔鶴文》			
	書	晉鈕滔《母與從弟孝徵書》			
	序	晉湛方生《羈鶴吟序》 宋范曄《詩序》			
雞	賦	**晉傅玄《鬥雞賦》** 晉陸善《長鳴雞賦》 **晉習齸《長鳴雞賦》**	雞三	賦	傅玄《鬥雞賦》 習齸《長鳴雞賦》
	詩	魏劉楨《鬥雞詩》 **魏陳王曹植《鬥雞詩》**		詩	**魏曹植《鬥雞詩》** 後周王襃《看鬥雞詩》

		魏應瑒《鬥雞詩》 **梁簡文帝《鬥雞詩》** 又《雞鳴詩》 梁劉孝威《雞鳴篇》 周庾信《鬥雞詩》 **周王褒看《鬥雞詩》** 陳徐陵《鬥雞詩》 陳周弘正《詠老敗鬥雞詩》			梁簡文帝《鬥雞詩》 陳褚玠《鬥雞東郊道詩》
	贊	晉湛方生《長鳴雞贊》 梁劉孝威《正旦春雞贊》			
	文	宋袁淑《俳諧記》			
鷹	賦	晉傅玄《鷹賦》 晉孫楚《鷹賦》	鷹四	賦	隋魏彥深《鷹賦》
	詩	晉張華《遊獵篇》		詩	隋煬帝《詠鷹詩》
烏	賦	梁何遜《窮烏賦》	烏五	賦	晉成公綏《烏賦》 梁何遜《窮烏賦》
	詩	梁元帝晚《棲烏詩》 梁劉孝威《烏生八九子篇》 **梁朱超《城上烏詩》** **隋虞世基《晚飛烏詩》**		詩	唐太宗文皇帝《詠烏代師道詩》 **梁朱超《詠城上烏詩》** 隋明慶餘《死烏詩》 **虞世基《晚飛烏詩》** 隋楊師道《應詔詠巢烏詩》
	序	晉成公綏《烏賦序》			
鵲			鵲六	賦	梁徐勉《鵲賦》
	詩	魏太祖武帝《歌詩》 魏曹植《魏德論謳》		詩	魏收《看柳上鵲詩》 梁蕭紀《詠鵲詩》 隋魏彥深《園樹有巢鵲戲以詠之》
雁	賦	**魏陳王曹植《離繳雁賦》** 晉羊祜《雁賦》 晉孫楚《雁賦》	雁七	賦	**魏曹植《繳雁賦》** 陳後主《夜亭度雁賦》
	詩	魏應瑒《詩》 梁簡文帝《賦得隴坻雁初飛詩》 《夜望單飛雁詩》 梁沈約《詠湖中雁詩》 **梁劉孝綽《賦得始歸雁詩》** 梁蕭子範《夜聽雁詩》 周王褒《詠雁詩》 周庾信《賦得集池雁詩》 又《詠雁詩》		詩	唐太宗皇帝《賦得早雁出雲鳴詩》 **梁劉孝綽《賦得始歸雁詩》** 陳周弘正《於長安詠雁詩》 隋王胄《送周員外充戍嶺表賦得雁詩》 周庾信《秋夜望單飛雁詩》 虞世南《秋雁詩》

鸚鵡	賦	後漢禰衡《鸚鵡賦》 魏陳王曹植《鸚鵡賦》 魏應瑒《鸚鵡賦》 魏陳琳《鸚鵡賦》 魏王粲《鸚鵡賦》 魏阮瑀《鸚鵡賦》 晉傅玄《鸚鵡賦》 晉左九嬪《賦》 晉盧諶《賦》 晉傅咸《賦》 晉曹毗《賦》 晉桓玄《鸚鵡賦》 宋顏延之《白鸚鵡賦》 宋謝莊《赤鸚鵡賦》 梁昭明太子《鸚鵡賦》	鸚鵡八	賦	後漢禰衡《鸚鵡賦》 魏曹植《鸚鵡賦》 宋顏延之《白鸚鵡賦》 宋謝莊《赤鸚鵡賦》
				詩	李義府《詠鸚鵡詩》
	贊	晉郭璞《山海圖贊》			
龍	賦	晉劉琬《神龍賦》	龍九	賦	魏劉劭《龍瑞賦》 魏繆襲《青龍賦》
	贊	晉郭璞《燭龍贊》			
	銘	晉傅玄《龍銘》			
	序	魏繆襲《青龍賦序》			
魚	賦	晉王慶《釣魚賦》 晉摯虞《觀魚賦》	魚十	賦	西晉摯虞《觀魚賦》
	詩	梁張騫《詠躍魚應詔詩》 陳張正見《賦得魚躍水花生詩》 陳阮卓《蓮下游魚詩》 隋岑德潤《魚詩》		詩	梁張率《詠躍魚應詔詩》 陳張正見《賦得魚躍水花生詩》 隋阮卓《賦得蓮下游魚詩》 隋岑德潤《詠魚詩》
龜	賦	魏曹植《神龜賦》	龜十一	賦	魏曹植《神龜賦》
	詩	北齊趙宗儒《詠龜詩》		詩	北齊趙儒宗《詠龜詩》
	贊	晉郭璞《爾雅龜贊》		贊	晉郭璞《爾雅龜贊》
蟬	賦	後漢蔡邕《蟬賦》 後漢曹大家《蟬賦》 魏陳王曹植《蟬賦》 晉明帝《蟬賦》 晉溫嶠《蟬賦》 晉陸士龍《寒蟬賦》 晉傅咸《黏蟬賦》 又《鳴蜩賦》	蟬十二	賦	魏曹植《蟬賦》 西晉傅玄《蟬賦》 陳褚玠《風裏蟬賦》

		晉孫楚《蟬賦》 宋顏延之《寒蟬賦》 隋盧思道《聽鳴蟬》			
	詩	《古詩》 **陳張正見《寒樹晚蟬疏詩》** 梁簡文帝《聽早蟬詩》 梁沈約《聽蟬鳴應詔詩》 **梁褚沄《賦得蟬詩》** 梁范雲《詠早蟬詩》 隋王由禮《賦得高柳鳴蟬詩》 **陳劉刪《詠蟬詩》** 隋江總《詠蟬詩》〔註37〕		詩	唐太宗文皇帝《賦得弱柳鳴秋蟬詩》 **梁褚沄《賦得詠蟬詩》** 梁蕭子範《後堂聽蟬詩》 後梁沈君攸《同陸廷尉驚早蟬詩》 **陳張正見《賦得寒樹晚蟬疏詩》** 又《秋蟬喝柳應衡陽王教詩》 **陳劉刪《詠蟬詩》** 虞世南《秋蟬詩》 李百藥《詠蟬詩》 隋顏之推《聽鳴蟬詩》
	贊	晉郭璞《蟬贊》 梁昭明太子《蟬贊》			
蛺蝶	詩	《古詩》 梁簡文帝《詠蛺蝶詩》 梁徐防《賦得蝶依草詩》	蝶十三	詩	梁簡文帝《詠蝶詩》 梁劉孝綽《詠素蝶詩》 梁徐昉《賦得蝶依草應令詩》
螢火	賦	**晉傅咸《螢火賦》** 晉潘安仁《螢火賦》	螢十四	賦	**西晉傅咸《螢火賦》** 西晉潘岳《螢火賦》 梁蕭和《螢火賦》
	詩	梁簡文帝《詠螢詩》 梁元帝《詠螢火詩》 **陳楊縉《賦得照映秋螢詩》**		詩	梁簡文帝《詠螢火詩》 梁紀少瑜《詠月中飛螢詩》 梁沈旋《詠螢火詩》 **陳楊縉《照帙秋螢詩》** 虞世南《詠螢詩》 李百藥《詠螢詩》
	贊	晉郭璞《螢火贊》			

通過對《初學記》與《藝文類聚》之「詩文」題名的對比，我們還是可以看出二者之間的相同部分，且連續相同部分是不少的，這就可見二者之間的關係。或者說，《初學記》無疑是參考了《藝文類聚》的，即《藝文類聚》是《初學記》的底本之一。但是，《初學記》的編纂必然是有多個底本可以參

〔註37〕 《藝文類聚》詩文之內部排列順序無疑是按照時間順序排列，但是此處有兩處混亂，陳張正見《寒樹晚蟬疏詩》，不應在梁人前，陳劉刪《詠蟬詩》該處的位置亦不應在隋人中間。

考的，絕不會僅有《藝文類聚》一個底本。

可是，前輩學者爲何會不斷的提及《初學記》與《藝文類聚》之間的不同呢？上文如此簡單的對比，前輩學者肯定不會沒有做過，甚至是可以很輕鬆的做出上述的對比，因爲《初學記》與《藝文類聚》二書對唐及以後的讀書人來說，那是再熟悉不過的，他們很多人都是使用過這兩種書的，故我們認爲肯定還有其他原因，導致諸前輩學者認爲二者之間的距離較大，這個原因就是文本的不同，文本的差異。我們試著找幾組二書共引的文獻做比對，看看二者之間的距離有多大。

《藝文類聚》卷一《天部上》；卷二《天部下》	《初學記》卷一《天部上》；卷二《天部下》
晉成公綏《天地賦》曰：天地至神，難以一言定稱。故體而言之，則曰兩儀，**假而言之，則曰乾坤，氣而言之，則曰陰陽**，性而言之，則曰柔剛，色而言之，則曰玄黃，名而言之，則曰天地，若乃懸象成文，列宿有章，三辰燭耀，五緯重光，眾星回而環極，招搖運而指方，白虎時據於參代，青龍垂尾於氐房，玄龜匿首於女虛，朱鳥奮翼於星張，**帝皇正坐於紫宮，輔臣列位於文昌**，垣屏絡驛而珠連，三臺差池而雁行，軒轅華布而曲列，攝提鼎峙而相望。〔註38〕	晉成公綏《天地賦》：天地至神，難以一言定其稱。故體而言之，則曰兩儀；性而言之，則曰柔剛；色而言之，則曰玄黃；名而言之，則曰天地。若乃玄象成文，列宿有章，三辰燭曜，五緯重光，眾星遷而環極，招搖運而指方；白虎時據於參昴，青龍垂尾於心房；玄龜匿首於女虛，朱鳥奮翼於軫張；垣屏絡繹而珠連，三臺差池而雁行；軒轅華布而曲列，攝提鼎峙而相望。〔註39〕
晉傅玄《兩儀詩》曰：**兩儀始分，元氣上清，列宿垂象，六位時成，日月西邁，流景東征，悠悠萬物，殊品齊名，聖人憂世，實念群生**。〔註40〕 又《天行篇》曰：天行一何健，日月無高蹤；百川赴陽谷，三辰因泰蒙。〔註41〕 又《歌》曰：天時泰兮昭以陽，清風起兮景雲	晉傅玄《兩儀詩》：兩儀始分元氣清，列宿垂象六位成。日月西流景東征，悠悠萬物殊品名，聖人憂代念群生。〔註43〕 又《歌天詩》：天行一何健，日月無高蹤；百川皆赴海，三辰回泰蒙。〔註44〕

〔註38〕 （唐）歐陽詢撰，汪紹楹校《藝文類聚》卷一《天部上》，上海：上海古籍出版社，1999 年第 2 版，第 3 頁。

〔註39〕 （唐）徐堅等著《初學記》卷一《天部上》，北京：中華書局，2004 年第 2 版，第 4 頁。

〔註40〕 （唐）歐陽詢撰，汪紹楹校《藝文類聚》卷一《天部上》，上海：上海古籍出版社，1999 年第 2 版，第 3 頁。

〔註41〕 （唐）歐陽詢撰，汪紹楹校《藝文類聚》卷一《天部上》，上海：上海古籍出版社，1999 年第 2 版，第 3 頁。

〔註43〕 （唐）徐堅等著《初學記》卷一《天部上》，北京：中華書局，2004 年第 2 版，第 4 頁。

〔註44〕 （唐）徐堅等著《初學記》卷一《天部上》，北京：中華書局，2004 年第 2 版，第 4 頁。

翔，仰觀兮辰象，日月兮運周，俯視兮河海，百川兮東流。〔註42〕	
晉郭璞《釋天地圖贊》曰：祭地肆瘞，郊天致煙。氣升太一，精淪九泉。至敬不文，明德惟鮮。〔註45〕	郭璞《釋天地圖贊》：祭地肆瘞，郊天致煙。氣升太一，精淪九泉。至敬不文，明德惟鮮。〔註46〕

　　以上之文本對比來看，二者之間的關係是很緊密的，就是基本內容是一樣，但是又有不同，且我們可以看到《初學記》刪節《藝文類聚》之內容的痕跡來，如《初學記》之「又《歌天詩》」，很顯然來自於《藝文類聚》之「又《天行篇》」「又《歌》」，且《初學記》在刪節的過程中出現了一點錯誤，即《初學記》將「又《天行篇》」弄成了「又《歌天詩》」，此外除了個別文字的互異，大體相似，這是可以證明二者關係緊密的證據。對於《兩儀詩》的分析也是要重點說明的事情，《藝文類聚》之中此《兩儀詩》是四言，而到了《初學記》中此《兩儀詩》竟然變成了七言，這個變化需要我們關注，至於緣由下文一併分析解答。

《藝文類聚》卷一《天部上》；卷二《天部下》	《初學記》卷一《天部上》；卷二《天部下》
晉李顒《雷賦》曰：伊有陽之肇化兮，陶萬殊於天壤，結鬱蒸而成雷兮，鼓訇棱之逸響。若乃駭氣奔激，震響交搏，潰淪隱轔，崩騰磊落，來無轍跡，去無阡陌，君子恐懼而修省，聖人因象以制作。〔註47〕	晉李顒《雷賦》：伊青陽之肇化兮，陶萬殊於天壤。結鬱蒸以成雷兮，鼓訇輷之逸響。應萬風以相薄，包群動而爲長。乘雲氣之鬱蓊兮，舒電光之炯晃。驚蟄蟲於始作兮，懼遠邇之異象。爾其發也，則騰躍潰薄，砰磕隱天。起偉霆於霄際，催勁木於岩巔。驅宏威之迅烈，若崩嶽之眞眞。斯實陽臺之變化，固大壯之宗源也。若乃駭氣奔激，震響交摲，潰淪隱轔，崩騰磊落，來無轍跡，去無阡陌，君子恐懼而修省，聖人因象以制作。審其體勢，觀其曲折，輕如伐鼓，轟若走轍，業猶地傾，繢似天裂。比五音而無當，校眾響而稱傑。於是上穆下明，順天承法，戒刑獄以致亨，孰非善而可攝。正震體於東方，立不易之恆業。豫行師而景奮，解宥過而人協。若夫洪細靡常，興廢難克，

〔註42〕（唐）歐陽詢撰，汪紹楹校《藝文類聚》卷一《天部上》，上海：上海古籍出版社，1999 年第 2 版，第 3 頁。

〔註45〕（唐）歐陽詢撰，汪紹楹校《藝文類聚》卷一《天部上》，上海：上海古籍出版社，1999 年第 2 版，第 3 頁。

〔註46〕（唐）徐堅等著《初學記》卷一《天部上》，北京：中華書局，2004 年第 2 版，第 45 頁。

〔註47〕（唐）歐陽詢撰，汪紹楹校《藝文類聚》卷二《天部下》，上海：上海古籍出版社，1999 年第 2 版，第 36 頁。

	殷其山陽，勸義崇德。起五龍於河始，戕武乙於渭北，啓周成之沖昧，罰展氏之凶愍。雖通塞於萬形，猶違虛而守盈，肆大夏而有烈，奮嚴冬而弗經。保恬靜以處順，乃上善以屏營。夫有往而爲閟，若太音之希聲。〔註48〕
晉顧凱之《雷電賦》：太極紛綸，元氣澄練；陰陽相薄，爲雷爲電。是以宣尼，敬威忽變，夫其聲無定響，光不恆照；砰訇輪轉，倏閃羅曜。若乃太陰下淪，少陽初升，蟄蟲將啓，動靈先應，殷殷徐振不激不憑。林鍾統節，褥暑烟煴，星月不朗，衣裀若焚。爾乃清風前颯，蕩濁流塵，豐隆破響，列缺開雲。當時倦容，廓焉精新，豈直驚安竦寐，乃以暢精悟神。天怒將凌，赤電先發，窺巖四照，映流雙絕。雷電赫，以驚衡，山海礚其崩裂。〔註49〕	顧凱之《雷電賦》：太極紛綸，元氣澄練；陰陽相薄，爲雷爲電。擊武乙於河，而誅戮之罰明；震展氏之廟，而隱愍之誅見。是以宣尼，敬威忽變，夫其聲無定響，光不恆照；砰訇輪轉，倏閃藏曜。若夫子午相乘，水旱木零，仲冬奮發，代雷先行。豈隱隱之虛應，乃違和而傷生。昭王度之失節，見二儀之幽情。至乃辰開日明，太清無霭。靈眼揚積以瞿煥，壯鼓崩天而砰礚；陵堆訇隱以待傾，方地業嶷其若敗；蒼生非悟而喪魂，龍鬼失據以顛沛；光驚於泉底，聲動於天外。及其灑北斗以誕聖，震昆陽以伐違，降投鹿以命桀，鳥雙漬而橫屍，倒驚檜於霄際，摧騰龍於雲湄，烈天地以繞映，惟六合以動威，在虛德而卷舒，謝神豔之難追。〔註50〕
晉傅玄《雜言詩》曰：雷隱隱，感妾心，傾耳清聽非車音。〔註51〕 又曰：童女掣電策，童男挽雷車。〔註52〕 又《驚雷歌》曰：驚雷奮兮震萬里，威陵宇宙兮動四海，六合不維兮誰能理。〔註53〕	晉傅玄《雜言詩》：雷隱隱，感妾心，傾耳清聽非車音。〔註54〕 又《驚雷歌》：驚雷奮兮震萬里，威淩宇宙兮動四海，六合不維兮誰能理。〔註55〕

　　以上的文字可見，《初學記》是有所發展的，《初學記》之文本是經過了

〔註48〕（唐）徐堅等著《初學記》卷一《天部上》，北京：中華書局，2004 年第 2 版，第 22 頁。

〔註49〕（唐）歐陽詢撰，汪紹楹校《藝文類聚》卷二《天部下》，上海：上海古籍出版社，1999 年第 2 版，第 36 頁。

〔註50〕（唐）徐堅等著《初學記》卷一《天部上》，北京：中華書局，2004 年第 2 版，第 22 頁。

〔註51〕（唐）歐陽詢撰，汪紹楹校《藝文類聚》卷二《天部下》，上海：上海古籍出版社，1999 年第 2 版，第 36 頁。

〔註52〕（唐）歐陽詢撰，汪紹楹校《藝文類聚》卷二《天部下》，上海：上海古籍出版社，1999 年第 2 版，第 36 頁。

〔註53〕（唐）歐陽詢撰，汪紹楹校《藝文類聚》卷二《天部下》，上海：上海古籍出版社，1999 年第 2 版，第 36 頁。

〔註54〕（唐）徐堅等著《初學記》卷一《天部上》，北京：中華書局，2004 年第 2 版，第 22 頁。

〔註55〕（唐）徐堅等著《初學記》卷一《天部上》，北京：中華書局，2004 年第 2 版，第 22 頁。

認眞的加工的，甚至於在《藝文類聚》之基礎上，《初學記》的編纂者去依靠其他底本，補足了被《藝文類聚》的編纂者刪節掉的部分文字。這個可見《初學記》編纂之精良與認眞，更可見《初學記》之「詩文」部分，即類文類書部分，比《藝文類聚》更傾向於「長文」「全文」，雖然其卷帙小，雖然其刪節了部分內容，但是《初學記》在某一篇「詩文」的選擇上，更傾向於「長文」「全文」。而號稱「事文並舉」之典範的《藝文類聚》，在引用李顒《雷賦》時，其實是做了較大規模的刪節，也就是說，《藝文類聚》之採文模式，亦是有隨意刪節之現象的，可以想見，《藝文類聚》之前的諸類書，化「類文」為「類事」之時，必然更是如此。但是，隨著類書的大量使用，也就是類書文本逐漸要小規模的取代詩文總集，因為很多讀書人是沒有時間或者機會去翻閱原文的，而包容甚博的類書就成為他們使用且信任的文本，而他們所要學習的詩文，就需要通過類書之「類文」部分來實現，於是作為王子教科書的《初學記》越來越傾向於「詩文」之「全文」或「大片段」。

《藝文類聚》卷一《天部上》；卷二《天部下》	《初學記》卷一《天部上》；卷二《天部下》
梁江淹《赤虹賦》曰：俄而赤蜺電出，蚴虯神驤，曖昧以變，依稀不常，非虛非實，乍滅乍光，烾赫山頂，照燎水陽，雖圖緯之有載，曠世識之未逢，既容噬而躑躅，聊周流而從容，餘形可覽，殘色未去，曜萎蕤而在草，映青蔥而結樹，霞晃朗而下飛，日通籠而上度。〔註56〕	梁江淹《赤虹賦》：東南嶠外，爰有九石之山，乃紅壁千里，青萼百仞，苔滑臨水，石險帶溪，自非巫咸採藥，群帝上下者，皆斂意焉。於時夏蓮始舒，春蓀未歇，蕭舲投渚，緩拽江潭。正逢岩崖相照，雨雲爛色，俄而雄虹赫然，暈光曜水，偃蹇山頂，焉弈江湄。迫而察之，實曰陰陽之氣，信可觀也。又憶昔登爐峰上，手接白雲。今行九石下，親弄絳霓，二奇難並，感而賦曰：迤邐崎峨兮，不極之連山。鯛鰡虎豹兮，玉虭騰軒。孟夏鼠氳兮，荷葉涵蓮。悵何意兮容與，冀暫緩此憂年。失世上之異人，遲山中之虛跡，掇仙草於危峰，鑴神丹於崩石。視鱣岫之吐噏，養黿梁之交積。於是紫霧上河，絳氛下漢；白日無際，碧雲卷半；行雨蕭索，光煙豔爛；水學金波，石似瓊岸。鎮龜鱗之峻峻，繞蛟色之漫漫。俄而赤霓電出，蚴虯神驤；曖昧以變，依稀不常；非虛非實，乍滅乍光；烾赫山頂，照燎水陽。雖圖緯之有載，曠代彌識而未逢。既諮噬而躑躅，聊周流而從容。相番禺之廣澤，憶丹山之喬峰。騎傅說之一星，乘夏后之兩龍。彼靈物其詎幾，寂火滅於山紅。餘形可覽，殘色未去。曜葳蕤而在草，

〔註56〕 （唐）歐陽詢撰，汪紹楹校《藝文類聚》卷二《天部下》，上海：上海古籍出版社，1999 年第 2 版，第 39 頁。

	映青蔥而結樹；昏青苔於丹渚，曖朱草於石路。霞晃朗而下飛，日通曨而上度；俯形命之窘獨，哀時俗之不固。定赤烏之易遺，乃鼎湖之可慕。既以為駢瓤四黿之駕，方瞳一角之人。帝臺北荒之際，弇山西海之濱，流沙之野，析木之津，雲或怪彩，煙或異鱗，必雜虹霓之氣，陰陽之神。〔註57〕
董思恭《詠虹詩》曰：春暮萍生早，日落雨飛餘，橫彩分長漢，倒色媚青渠，梁前朝影出，橋上晚光舒，原逐旌旗轉，飄飄侍直廬。〔註58〕	董思恭《詠虹詩》：春暮萍生早，日落雨飛餘；橫彩分長漢，倒色媚清渠。梁前朝影出，橋上晚光舒；願逐旌旗轉，飄飄侍直廬。〔註59〕
蘇味道《詠虹詩》曰：紆餘帶星渚，窈窕架天潯，空因壯士見，還共美人沈，逸勢含良玉，神光藻瑞金，獨留長劍彩，終負昔賢心。〔註60〕	蘇味道《詠虹詩》：紆餘帶星渚，窈窕戾天潯；空因壯士見，還共美從沉。逸勢含良玉，神光藻瑞金；獨留長劍彩，終負昔賢心。〔註61〕

　　以上之文字，與上文之模式差不多，可見我們對於《初學記》之採「文」模式的推斷是有道理的，是有證據的，這是類文類書繼續發展的表現，是類文類書傾向於「總集」之表現，是類書編纂者對「事文並舉」模式的再度發展，是對類書對「文」的重視的加強。

《藝文類聚》卷三十八《禮部上》；卷三十九《禮部中》；卷四十《禮部下》	《初學記》卷十三《禮部上》；卷十四《禮部下》
晉潘岳《籍田賦》曰：伊晉之四年正月，皇帝親率群后籍于千畝之甸，禮也，於是乃使甸師清畿，野廬掃除，封人壇宮，掌舍設柸，青壇蔚其岳立，翠幕點以雲布，沃野墳腴，膏壤平砥，清洛濁渠，引流激水，蔥犗服於縹軛，紺轅綴於黛粗，儼儲駕於塵左，俟萬乘之躬履，襲春服之萋萋，接遊車之轔轔，森奉璋以階列，望皇軒而肅震，若湛露之晞朝陽，似眾星之拱北辰，於是前驅魚麗，屬車轔萃，閶闔洞啓，參塗方駟，常伯陪乘，太僕秉轡，后妃	晉潘岳《籍田賦》：伊晉之四年，正月丁未，皇帝親率群后，籍於千畝之甸，禮也。於是乃使甸師清畿，野廬掃路，封人壇宮，掌舍設柸。青壇蔚其嶽立兮，翠幕黕以雲布；結崇基之靈趾兮，啓四塗之廣阼。沃野墳腴，高壤平砥，清洛濁渠，引流激水，遒阡繩直，邇陌如矢。蔥犗服幹縹軛兮，紺轅綴於黛粗；儼儲駕於塵左兮，俟萬乘之躬履。百僚先置，位以職分；自上下下，具惟命臣。襲春服之萋萋，接遊車之轔轔；微風生於輕轂，纖埃起乎朱輪。森奉

〔註57〕（唐）徐堅等著《初學記》卷二《天部下》，北京：中華書局，2004 年第 2 版，第 39 頁。

〔註58〕（唐）歐陽詢撰，汪紹楹校《藝文類聚》卷二《天部下》，上海：上海古籍出版社，1999 年第 2 版，第 39 頁。

〔註59〕（唐）徐堅等著《初學記》卷二《天部下》，北京：中華書局，2004 年第 2 版，第 40 頁。

〔註60〕（唐）歐陽詢撰，汪紹楹校《藝文類聚》卷二《天部下》，上海：上海古籍出版社，1999 年第 2 版，第 39 頁。

〔註61〕（唐）徐堅等著《初學記》卷二《天部下》，北京：中華書局，2004 年第 2 版，第 40 頁。

獻種穑之種，司農撰播植之器，天子乃御玉輦，蔭華蓋，衝牙錚鎗，綃紱綷縩，表朱玄於離坎，飛青鎬於震兌。中黃暉以發暉，方採紡其繁會，震震填填，以幸乎籍田，蟬冕穎以灼灼，碧色肅其芊芊，似夜光之剖荊璞，若茂松之依山巔，於是我皇，乃降靈壇，撫御耦，三推而舍，庶人終畝，貴賤以班，或五或九，蹦踊側肩，椅裳連袂，黃塵為之四合，陽光為之潛翳，動容髮音，而觀者莫不抃舞乎康衢，謳吟乎聖世，有邑老田父，進而稱曰：蓋損益隨時，理有常然，高以下為基，民以食為天，九土之宜弗任，四人之務不一，展三時之弘務，致倉廩之盈溢，固堯湯之用心，而存救之要術，若乃廟祧有事，祝宗諏曰，黍稷馨香，旨酒嘉栗，古人有言曰：昔者明王以孝治天下，其或繼之者希矣，逮我皇晉，實光斯道，儀形孚于萬國，愛敬盡於祖考。〔註62〕	璋以階立，望皇軒而肅震。若湛露之晞朝陽兮，若眾星之拱北辰。於是前駈魚麗，屬車鱗萃，闒闖洞啓，參途方駟，常伯陪乘，太僕執轡。后妃獻種穑之種，司農撰播植之器；挈壺掌升降之節，宮正設門閭之蹕。天子乃御玉輦，蔭華蓋，衝牙錚槍，綃紱綷縩，震震填填，塵鶩連天，以幸乎籍田。蟬冕穎以灼灼兮，碧色肅其芊芊；似夜光之剖荊璞，若茂松之依山巔。於是我皇乃降靈壇，撫御耦，遊場染屨，洪糜在手。三推而舍，庶人終畝；貴賤以班，或五或九。敢作頌曰：思樂甸畿，薄采其茅，大君戾止。言籍其農，其農三推，萬方以祗，耨我公田，實及我私。我簞斯盛，我簋斯齊，我倉如陵，我庾如坻。念茲在茲，永言孝思；人力普存，祝史正辭，神祇攸歆。逸豫無期；一人有慶，兆民賴之。〔註63〕
梁武帝《籍田詩》曰：寅賓始出日，律中方星鳥，仁化洽孩蟲，德令禁胎夭，耕籍乘月映，遺滯指秋杪，年豐廉讓多，歲薄禮節少。〔註64〕	梁武帝《籍田詩》：寅賓始出日，律中方星鳥；千畝土膏紫，萬頃陂色縹。嚴駕佇霞昕，浥露逗光曉；啓行天猶暗，伐鼓地未悄。蒼龍發蟠蜿，青祈引窈窕；公卿秉耒耜，庶氓荷鉏耰。一人慚百王，三推先億兆。〔註65〕
梁簡文帝《和詩》曰：禮經聞往說，觀寶著遐篇。豈如春路動，祈穀重民天。三春潤榆莢，七月待鳴蟬，鯷魚顯嘉瑞，銅雀應豐年，不勞鄭國雨，無榮鄴令田。〔註66〕	梁簡文帝《籍田詩》：禮經聞往說，觀寶著華篇；豈如春路動，祈穀重人天。蒼龍引玉軑，交旗影曲斿；皮軒承早日，豹尾拂遊煙。地廣重畦淨，林芳翠幕懸；青壇出長畎，帷宮繞直阡。秉耒光帝則，報獻動皇虔；度諧金石奏，德厚歌頌詮。是知躬稼美，兼聞富教宣。〔註67〕

〔註62〕 （唐）歐陽詢撰，汪紹楹校《藝文類聚》卷三十九《禮部中》，上海：上海古籍出版社，1999年第2版，第703～704頁。

〔註63〕 （唐）徐堅等著《初學記》卷十四《禮部下》，北京：中華書局，2004年第2版，第340～341頁。

〔註64〕 （唐）歐陽詢撰，汪紹楹校《藝文類聚》卷三十九《禮部中》，上海：上海古籍出版社，1999年第2版，第703頁。

〔註65〕 （唐）徐堅等著《初學記》卷十四《禮部下》，北京：中華書局，2004年第2版，第341頁。

〔註66〕 （唐）歐陽詢撰，汪紹楹校《藝文類聚》卷三十九《禮部中》，上海：上海古籍出版社，1999年第2版，第703頁。

〔註67〕 （唐）徐堅等著《初學記》卷十四《禮部下》，北京：中華書局，2004年第2版，第341頁。

陳張正見《從籍田應衡陽王教作詩》曰：	陳張正見《籍田詩》：
帝京惟赤縣，神居應紫微，塗山萬國仰，滄海百川歸，東郊事平秩，仲月祀靈威，含光開早扇，閶闔啓朝扉。其一。	玉輦帶飛煙，金輿映綠川；雨師清遠路，風伯靜遙天。分渠通沃野，激水繞公田；草發青壇外，花飛蒼玉前。
洛城鍾漏息，靈臺雲霧卷，森森虎戟前，藹藹鸞旗轉，屬車遊絳闕，風烏度丹巘，帳殿幸金輿，旌門擁玉輦。其二。	蒼玉陳珪璧，青壇躬帝藉；冒撅乃三推，齊衡均百辟。蘭場儼芝駕，桂圃芳瑤席；山禽韻管絃，野獸和金石。〔註69〕
玉輦帶非煙，金輿映綠川，雨師清遠路，風伯靜遙天，分渠通沃野，激水入公田，草發青壇外，花飛蒼玉前。其三。	
蒼玉臨珪璧，青壇躬帝籍，冒撅乃三推，齊衡均百辟，蘭場儼芝駕，桂圃芳瑤席，山禽韻管絃，野獸和鍾石。其四。	
鍾石既相和，江海復無波，梁客簪裾盛，陳王文雅多，修塗參弱騀，喬木間輕蘿，幸承溫吹末，擊壤自爲歌。其五。〔註68〕	

　　以上之張正見詩，亦可見《初學記》因襲、刪節《藝文類聚》之痕跡，本來《藝文類聚》收錄有五篇詩，而《初學記》出於精簡的需要，刪去了三篇，保留了二篇，且此二篇是前後相連的。

《藝文類聚》卷二十《人部四》	《初學記》卷十七《人部上》
梁元帝《忠臣傳記受託篇贊》曰：太眞英挺，投袂勤王，伯猷蹈節，身殉名揚，嶷嶷景倩，主亡與亡，嗟乎尚矣，惟國之良。〔註70〕	梁元帝《忠臣傳受託篇贊》：太眞英挺，投袂勤王；伯猷蹈節，身殉名揚。嶷嶷景倩，主亡與亡。嗟乎尚矣，惟國之貞。〔註71〕
又《忠臣傳諫爭篇贊》曰：子政鏗鏗，誠存社稷，朱游折檻，遂其婞直。〔註72〕	《忠臣傳諫爭篇贊》：子政鏗鏗，誠存社稷，朱雲折檻，遂其婞直。〔註73〕

〔註68〕　（唐）歐陽詢撰，汪紹楹校《藝文類聚》卷三十九《禮部中》，上海：上海古籍出版社，1999年第2版，第703頁。

〔註69〕　（唐）徐堅等著《初學記》卷十四《禮部下》，北京：中華書局，2004年第2版，第341頁。

〔註70〕　（唐）歐陽詢撰，汪紹楹校《藝文類聚》卷二十《人部四》，上海：上海古籍出版社，1999年第2版，第367頁。

〔註71〕　（唐）徐堅等著《初學記》卷十七《人部上》，北京：中華書局，2004年第2版，第418頁。

〔註72〕　（唐）歐陽詢撰，汪紹楹校《藝文類聚》卷二十《人部四》，上海：上海古籍出版社，1999年第2版，第367頁。

〔註73〕　（唐）徐堅等著《初學記》卷十七《人部上》，北京：中華書局，2004年第2版，第418頁。

梁元帝《上忠臣傳表》曰：資父事君，寔曰嚴敬，求忠出孝，義兼臣子，是以多溫夏清，盡事君之節，進思將美，懷思奉之義，羲軒改物，殷周受命，三能十亂，九棘五臣，靡不夙夜在公，忠為令德，若使縉雲得姓之子，姬昌魯衛之臣，是知理合君親，孝忠一體，性與率由，因心致極，臣連華霄漢，憑暉日月，三握再吐，夙奉紫庭之慈，春詩秋禮，早蒙丹扆之訓，宣帝褒德，麟閣畫充國之形，顯宗念功，雲臺圖仲華之象。〔註74〕	梁元帝《上忠臣傳表》：資父事君，實曰嚴敬；求忠出孝，義兼臣子。是以多溫夏清，盡事親之節；進思將美，懷出奉之義。是知理合君親，忠孝一體，性與率由，恩義致極。〔註75〕
梁元帝《忠臣傳序》曰：夫天地之大德曰生，聖人之大寶曰位，因生所以盡孝，因位所以立忠，事君事父，資敬之理寧異，為臣為子，率由之道斯一，忠為令德，竊所景行，且孝子烈女逸民，咸有別傳，至於忠臣，曾無述製，今將發篋陳書，備加論討。〔註76〕	梁元帝《忠孝傳序》：夫天地之大德曰生，聖人之大寶曰位。由生所以盡孝，因位所以立忠。事君事父，資敬之理寧異；為臣為子，率由之道斯一。忠為令德，實所景行。今將發篋陳書，備加討論。〔註77〕

　　有一個問題，其實我們還沒得到較好的答案，就是明明《初學記》與《藝文類聚》所引用的內容是相同的，但是，其中部分文字卻是不同的，如「惟國之良」與「惟國之貞」的區別，究竟是文本本來就不同，還是流傳中出現了差別，待考察。

《藝文類聚》卷二十《人部四》	《初學記》卷十七《人部上》
魏王粲《思親詩》曰：穆穆顯妣，德音徽止，思齊先姑，志侔姜姒，躬此勞瘁，鞠予小子，小子之生，遭世罔寧，烈考勤時，從之于徵，奄遘不造，隱憂是嬰，咎予靡及，退守桃衸。〔註78〕	魏王粲《思親四言詩》：穆穆皇妣，德音徽止；思齊先姑，志侔姜姒。躬此勞瘁，鞠予小子。小子之生，遭世罔寧；烈考勤時，從之於徵。奄遘不造，殷憂是嬰。〔註79〕

〔註74〕　（唐）歐陽詢撰，汪紹楹校《藝文類聚》卷二十《人部四》，上海：上海古籍出版社，1999年第2版，第367～368頁。

〔註75〕　（唐）徐堅等著《初學記》卷十七《人部上》，北京：中華書局，2004年第2版，第418頁。

〔註76〕　（唐）歐陽詢撰，汪紹楹校《藝文類聚》卷二十《人部四》，上海：上海古籍出版社，1999年第2版，第368頁。

〔註77〕　（唐）徐堅等著《初學記》卷十七《人部上》，北京：中華書局，2004年第2版，第418頁。

〔註78〕　（唐）歐陽詢撰，汪紹楹校《藝文類聚》卷二十《人部四》，上海：上海古籍出版社，1999年第2版，第371～372頁。

〔註79〕　（唐）徐堅等著《初學記》卷十七《人部上》，北京：中華書局，2004年第2版，第423頁。

魏陳思王曹植《懷親賦》曰：濟陽南澤，有先帝故營，遂停馬住駕，造斯賦焉，獨平原而南鶩，睹先帝之舊營，步壁壘之常制，識旌麾之所停，在官曹之典列，心彷彿於平生，回驥首而永逝，赴修塗以尋遠，情眷眷而顧懷，魂須臾而九反。〔註80〕	魏陳思王曹植《懷親賦》：獵平原而南鶩，觀先帝之舊營；步壁壘之常制，識旌麾之所停。存官曹之典烈，心彷彿於平生。回驥首而永逝，赴修途以尋遠；情眷戀而顧懷，魂須臾而九反。〔註81〕
晉劉柔妻王氏《懷思賦》曰：超離親而獨寄，與憂憤而長俱，雖亮分以自勉，曾無聞乎須臾，思遙遙而忡怓，疾結滯乎肌膚，憶昔日之歡侍，奉膝下而怡裕，集同生而從容，常欣泰以逸豫，何運遇之偏否，獨遼隔於修路，何恆鳥之將分，猶哀鳴以告離，況游子之眷慕，孰殷思之可靡，於是仲秋蕭索，蓐收西御，寒露宵零，落葉晨布，羨歸鴻之提提，振輕翼而高舉，志眇眇而遠馳，悲離思而嗚咽，彼邁物而推移，何予思之難泄，聊攬翰以寄懷，悵辭鄙而增結。〔註82〕	晉劉柔妻王氏《懷思賦》：超離親而獨寄，與憂憤而長俱；雖毫分以自勉，曾無間於須臾。想昔日之歡侍，奉膝下而怡裕；集同生而從容，常欣泰而逸豫。何運遇之偏否，獨遼隔於修路。〔註83〕
梁武帝《孝思賦》曰：念過隙之倏忽，悲逝川之不停，踐霜露而悽愴，懷燧谷而涕零，仲由念枯魚而永慕，吾丘感風樹而長悲，雖一志而舍生，奉二親而何期，至如獻歲發揮，春日載陽，木散百華，草列眾芳，對樂時而無歡，乃觸目而感傷，朱明啓節，白日朝臨，木低甘果，樹接清陰，不娛悅於懷抱，唯罔極而纏心，寒冰已結，寒條已折，旅雁鳴而哀哀，朔風鼓而烈烈，無一息而緩念，與四時而長切，蒹葭蒼蒼，白露爲霜，涼氣入衣，凄風動裳，心無迫而自切，情不觸而獨傷，靈蛇銜珠以酬志，慈烏反哺以報親，在蟲鳥其猶爾，況三才之令人。〔註84〕	梁武帝《孝思賦》：念過隙之倏忽，悲逝川之不停；踐霜露而悽愴，懷燧谷而涕零。仲由念枯魚而永慕，虞邱感風樹而長悲；雖一至而舍生，奉二親而何期。〔註85〕

〔註80〕 （唐）歐陽詢撰，汪紹楹校《藝文類聚》卷二十《人部四》，上海：上海古籍出版社，1999 年第 2 版，第 372 頁。

〔註81〕 （唐）徐堅等著《初學記》卷十七《人部上》，北京：中華書局，2004 年第 2 版，第 422 頁。

〔註82〕 （唐）歐陽詢撰，汪紹楹校《藝文類聚》卷二十《人部四》，上海：上海古籍出版社，1999 年第 2 版，第 373～374 頁。

〔註83〕 （唐）徐堅等著《初學記》卷十七《人部上》，北京：中華書局，2004 年第 2 版，第 422～423 頁。

〔註84〕 （唐）歐陽詢撰，汪紹楹校《藝文類聚》卷二十《人部四》，上海：上海古籍出版社，1999 年第 2 版，第 374 頁。

〔註85〕 （唐）徐堅等著《初學記》卷十七《人部上》，北京：中華書局，2004 年第 2 版，第 423 頁。

又《孝德傳天性篇贊》曰：生之育之，長之畜之，顧我復我，答施何時，欲報之德，不可方思，涓塵之孝，河海之慈，廢書歎息，泣下漣洏。〔註86〕	梁元帝《孝德傳天性贊》：生之育之，長之畜之；顧我復我，答施何時。欲報之德，不可方思；涓塵之孝，河海之慈。廢書歎息，泣下漣洏。〔註87〕
晉夏侯湛《閔子騫贊》曰：聖既擬天，賢亦希聖，蒸蒸子騫，立體忠正，干祿辭親，事親盡敬，勉心景跡，擢辭流詠。〔註88〕	晉夏侯湛《閔子騫贊》：烝烝子騫，立體中正，干祿辭親，孝親盡敬。勉心景跡，擢詞流詠。〔註89〕

由以上之內容可知，《初學記》並不是僅僅對《藝文類聚》之「詩文」內容做補充，有的時候，《初學記》仍然在對與《藝文類聚》相同的「詩文」做刪節。

《藝文類聚》卷六十五《產業部上》	《初學記》卷二十四《居處部》
宋謝靈運《還舊園詩》曰：浮舟千仞壑，總轡萬尋巔。流沫不足險，石林豈為艱。夫子昭情素，探懷授往篇。〔註90〕	宋謝靈運《還舊園詩》：浮舟千仞壑，總轡萬尋巔。流沫不足險，石床豈為艱。夫子昭情素，探懷授佳篇。〔註91〕
梁元帝《遊後園詩》曰：暮春多淑氣，斜景落高春。日照池光淺，雲歸山望濃。入林迷曲徑，度渚躍危峰。〔註92〕	梁元帝《遊後園詩》：暮春多淑氣，斜景落高春。日照池光淺，雲歸山望濃。入林迷曲徑，渡渚隔危峰。〔註93〕
又《晚景遊後園詩》曰：高軒聊騁望，煥景入川梁。波橫山渡影，雨罷葉生光。日移花色異，風散水文長。〔註94〕	又《晚景遊後園詩》：高軒聊騁望，煥景入川梁；波橫山渡影，雨罷葉生光。日移花色異，風散水文長。〔註95〕

〔註86〕（唐）歐陽詢撰，汪紹楹校《藝文類聚》卷二十《人部四》，上海：上海古籍出版社，1999年第2版，第375頁。

〔註87〕（唐）徐堅等著《初學記》卷十七《人部上》，北京：中華書局，2004年第2版，第423頁。

〔註88〕（唐）歐陽詢撰，汪紹楹校《藝文類聚》卷二十《人部四》，上海：上海古籍出版社，1999年第2版，第375頁。

〔註89〕（唐）徐堅等著《初學記》卷十七《人部上》，北京：中華書局，2004年第2版，第423頁。

〔註90〕（唐）歐陽詢撰，汪紹楹校《藝文類聚》卷六十五《產業部上》，上海：上海古籍出版社，1999年第2版，第1161頁。

〔註91〕（唐）徐堅等《初學記》卷二十四《居處部》，北京：中華書局，2004年第2版，第588頁。

〔註92〕（唐）歐陽詢撰，汪紹楹校《藝文類聚》卷六十五《產業部上》，上海：上海古籍出版社，1999年第2版，第1161頁。

〔註93〕（唐）徐堅等《初學記》卷二十四《居處部》，北京：中華書局，2004年第2版，第588頁。

〔註94〕（唐）歐陽詢撰，汪紹楹校《藝文類聚》卷六十五《產業部上》，上海：上海古籍出版社，1999年第2版，第1161頁。

〔註95〕（唐）徐堅等《初學記》卷二十四《居處部》，北京：中華書局，2004年第2版，第588頁。

| 梁庚肩吾《從皇太子出玄圃詩》曰：春光起麗譙，屣履步山椒。閣影臨飛蓋，鶯鳴入洞簫。水還登故渚，樹長蔭前橋。綠荷生倚葉，丹藤上細苗。顧循慚振藻，何用擬瓊瑤。〔註96〕 | 梁庚肩吾《從皇太子出玄圃詩》：春光起麗譙，屣步陟山椒；閣影臨飛蓋，鶯鳴入洞簫。水還登故渚，樹長合前橋；綠荷生綺葉，丹藤上細苗。顧循慚振藻，何用擬瓊瑤。〔註97〕 |

以上之詩文，可見二者之間的關係，幾乎完全相同，如不是《初學記》因襲《藝文類聚》就是他們有共同的底本可供使用，而前者可能性最大。

《藝文類聚》卷九十二《鳥部下》	《初學記》卷三十《鳥部、鱗介部、蟲部》
梁何遜《窮鳥賦》曰：嗟窮鳥之小鳥，意局促而馴擾，聲遇物而知哀，翮排空而不矯，望絕侶於霞夕，聽翔群於月曉，既滅志於雲霄，遂甘心於園沼。〔註98〕	梁何遜《窮鳥賦》：嗟窮鳥之小鳥，意局促而馴擾；聲遇物而知哀，翮排虛而不矯。望絕侶於夕霞，聽翔群於月曉；既滅志於雲霄，遂甘心於園沼。時復搶榆決至，觸案窮歸；若中氣而自墮，似驚弦之不飛。同雞塒而共宿，啄雁稗以爭肥；異海鷗之去就，無青鳥之是非。豈能瑞周德而丹羽，感燕悲而素暉；雖有知於理會，終失悟於心機。〔註99〕
晉成公綏《鳥賦序》曰：有孝鳥集余之廬，乃喟爾而歎曰：余無仁惠之德，祥禽曷爲而至哉，夫鳥之爲瑞久矣，以其反哺識養，故爲吉鳥，是以周書神其流變，詩人尋其所集，望富者瞻其爰止，愛屋者及其增歎，茲蓋古人所以爲稱，若乃三足德靈，國有道則見，國無道則隱，斯乃鳳鳥之德，何以加焉，服惡鳥而賈生懼之，鳥善禽而吾嘉焉，懼惡而作歌，嘉善而賦之，不亦可乎。〔註100〕	晉成公綏《烏賦》：惟玄烏之令鳥兮，性自然之有識；應炎陽之純精兮，體幹剛之至色。望仁里之迴翔兮，翩群鳴以拊翼；嗟自託於君子兮，心雖邇而不逼。起彼高林，集此叢灌，棲息重陰，列巢布幹。繽紛霧會，回皇塵亂；來若雨集，去如雲散，哀鳴日夕，鼓翼昧旦。噫啞相和，音聲可玩。嗟斯鳥之克孝兮，心識養而知慕；同蓼莪之報德兮，懷凱風之至素；雛既壯而能飛兮，乃銜食而反哺。遊朝霞而凌屬兮，飄輕翥於玄冥；有崑山之奇類兮，體殊形於玉趾。淩西極以翱翔兮，爲王母之所使；時應德而來儀兮，介帝王之繁祉。入中州而武興兮，集林木而軍起。能休祥於有周兮，矧貞明於吉土；嘉茲鳥之淑良兮，永和樂而靡已。〔註101〕

〔註96〕　（唐）歐陽詢撰，汪紹楹校《藝文類聚》卷六十五《產業部上》，上海：上海古籍出版社，1999 年第 2 版，第 1165 頁。

〔註97〕　（唐）徐堅等《初學記》卷二十四《居處部》，北京：中華書局，2004 年第 2 版，第 588 頁。

〔註98〕　（唐）歐陽詢撰，汪紹楹校《藝文類聚》卷九十二《鳥部下》，上海：上海古籍出版社，1999 年第 2 版，第 1593 頁。

〔註99〕　（唐）徐堅等著《初學記》卷三十《鳥部》，北京：中華書局，2004 年第 2 版，第 733 頁。

〔註100〕　（唐）歐陽詢撰，汪紹楹校《藝文類聚》卷九十二《鳥部下》，上海：上海古籍出版社，1999 年第 2 版，第 1593 頁。

〔註101〕　（唐）徐堅等著《初學記》卷三十《鳥部》，北京：中華書局，2004 年第 2 版，第 733 頁。

　　以上之文字與前文所述同，此外，我們可見《初學記》之對於《藝文類聚》的發展與變通，《藝文類聚》引的是「《烏賦序》」，而《初學記》所引是「《烏賦》」，只是參考《藝文類聚》之目錄或者部分內容，而《初學記》之編纂者另外補充了相關內容，而這些補充的內容，看起來就與《藝文類聚》絕不相同，就成了《初學記》的獨特之處，就成了《初學記》青出於藍而勝於藍的地方，也成了諸前輩學所見到的二者之間的不同，也導致了對二者沒有關係的認知，其實，《初學記》的編纂者只是在《藝文類聚》的基礎上做了新的設計，實現了內容與體例的昇華，故使得千百年來的學者多認爲《初學記》是完全的新撰，是與《藝文類聚》完全不同的一種類書。

《藝文類聚》卷九十七《蟲豸部》	《初學記》卷三十《蟲部》
晉傅咸《螢火賦》曰：余曾獨處，顧見螢火，熱以自照，而爲之賦。潛空館之寂寂，意遙遙而靡寧，夜耿耿而不寐，憂悄悄以傷情，感詩人之攸懷，覽熠耀於前庭，不以姿質之鄙薄，欲增暉乎太清，雖無補於日月，期自竭於陋形，不進競於天光，退在晦而能明，諒有似於賢臣，於疏外而盡誠，假乃光而爾賦，庶有表乎忠貞。〔註 102〕	西晉傅咸《螢火賦》：潛空館之寂寂兮，意遙遙而靡寧；夜耿耿而不寐兮，憂悄悄而多傷。哀斯火之煙滅兮，近腐草而化生；感詩人之悠懷兮，覽熠耀於前庭。不以姿質之鄙薄兮，欲增輝乎泰清；雖無補於日月兮，期自照於陋形。當朝陽於戢景兮，必宵昧而是徵；進不競於天光兮，退在晦而能明。諒有似於賢臣兮，於疏外而盡誠；蓋物小而論大兮，固作者之所旌。假乃光而爾熾兮，庶有表乎忠貞。〔註 103〕
晉潘安仁《螢火賦》曰：嘉熠耀之精將，與眾類乎超殊，東山感而增歎，行士慨而懷憂，翔太陰之玄昧，抱夜光以清遊，潁若飛焱之宵逝，彗如星移之雲流，動集漂揚，灼如隋珠，熠熠熒熒，若丹英之照葩，飄飄潁潁，若金流之在沙，歃湛露於曠野，庇一葉之垂柯，無干欲於萬物，豈顧恤於網羅。〔註 104〕	西晉潘岳《螢火賦》：翔太陰之玄昧，抱夜光以清遊，潁若飛電之霄逝，嘩似移星之雲流。動集陽暉，灼如隋珠；熠熠熒熒，若丹英之照葩。飄飄潁潁，若流金之在沙。載飛載止，光色孔嘉；無聲無臭，明影暢退。嗒朝露於曠野，庇一葉之垂柯；無干欲於萬物，豈顧恤於網羅。至夫重陰之夕，風雨晦冥；萬物眩惑，翩翩獨徵。奇姿燎朗，在陰益榮，猶賢哲之處時，時昏昧而道明。若蘭香之在幽，越群臭而彌馨，隨陰陽以飄搖，非飲食之是營。問螽斯之無忌，希夷惠之清貞；羨微蟲之琦瑋，援彩筆以爲銘。〔註 105〕

〔註 102〕　（唐）歐陽詢撰，汪紹楹校《藝文類聚》卷九十七《蟲豸部》，上海：上海古籍出版社，1999 年第 2 版，第 1685 頁。

〔註 103〕　（唐）徐堅等著《初學記》卷三十《蟲部》，北京：中華書局，2004 年第 2版，第 751 頁。

〔註 104〕　（唐）歐陽詢撰，汪紹楹校《藝文類聚》卷九十七《蟲豸部》，上海：上海古籍出版社，1999 年第 2 版，第 1685 頁。

〔註 105〕　（唐）徐堅等著《初學記》卷三十《蟲部》，北京：中華書局，2004 年第 2版，第 751 頁。

梁簡文帝《詠螢詩》曰：本將秋草並，今與夕風輕。騰空類星隕，拂樹若花生。并疑神火照，簾似夜珠明。〔註106〕	梁簡文帝《詠螢火詩》：本將秋草並，今與夕風輕。騰空類星隕，拂樹若花生。屏疑神火明，簾似夜珠明。逢君拾光彩，不怯此身輕。〔註107〕
陳楊縉《賦得照映秋螢詩》曰：秋窗餘照盡，入暗早螢來。忽聚還同色，恆燃詎落灰。飛影黃金散，依帷縹帙開。含明自不息，夜月空徘徊。〔註108〕	陳楊縉《照帙秋螢詩》：秋窗餘照盡，入暗早螢來。忽聚還同色，恆然詎落灰。飛影黃金散，依帷縹帙開。含明終不息，夜月空徘徊。〔註109〕

　　通過對《初學記》與《藝文類聚》之「詩文」內容部分的初步比較，我們果然能夠發現二者之間在文本上的諸多不同之處，一個明顯的問題，二者之題名連續相同的部分，多是在「賦」，但是，《初學記》之「賦」的內容明顯多於《藝文類聚》之內容，並且對《藝文類聚》省略或遺漏的文字做了新的增補，可見，《初學記》之編纂者必然是參考了《藝文類聚》之內容或體例，但是，他們又在此基礎上做了新的工作，即核之更全之文本，對之做了更多的增補，故才會使得《初學記》與原來的底本之一《藝文類聚》產生了極大的差距。另外一個原因，或許《初學記》的這些編纂者故意將《初學記》編纂的與《藝文類聚》不同，因為《藝文類聚》已經是一個經典，且是他們熟知的經典，而如果新編纂出來的《初學記》與《藝文類聚》有很多的相同之處，或者說，沒有超過他的底本《藝文類聚》，《初學記》的編纂者必然是很沒面子的，這也是造成《初學記》參考了《藝文類聚》卻完全看不出痕跡的重要原因，《初學記》的編纂者在「賦」的收錄上，也果真下了工夫，新增加一部分不見於《藝文類聚》的「賦」。

　　至於《初學記》與《藝文類聚》之間的諸多不同，我們其實還沒有找到更為完滿的答案，為何部分詩文由四言變成了七言，完全不同的文體，完全不同的文本，其實，還需要從文學發展的趨勢來進一步考察。總之，我們不排除、不排斥《初學記》與《藝文類聚》之間有著諸多不同之處，我們也認為，二者在文本上的確是有差距的，且有些差距還不小，但是，我們要強調

〔註106〕 （唐）歐陽詢撰，汪紹楹校《藝文類聚》卷九十七《蟲豸部》，上海：上海古籍出版社，1999 年第 2 版，第 1685 頁。

〔註107〕 （唐）徐堅等著《初學記》卷三十《蟲部》，北京：中華書局，2004 年第 2 版，第 752 頁。

〔註108〕 （唐）歐陽詢撰，汪紹楹校《藝文類聚》卷九十七《蟲豸部》，上海：上海古籍出版社，1999 年第 2 版，第 1685 頁。

〔註109〕 （唐）徐堅等著《初學記》卷三十《蟲部》，北京：中華書局，2004 年第 2 版，第 752 頁。

的是《初學記》的編纂過程中，必然是參考了《藝文類聚》的，《藝文類聚》必然是《初學記》的底本之一，尤其是「詩文」部分。此外，就是《初學記》毫無置疑的繼承並發展了《藝文類聚》之內容與體例，並且，實現了類書體例的巨大飛躍，深遠影響了此後類書的編纂。

前文我們曾言，《藝文類聚》已經將之前的偏重類事，不重採文，隨意摘句，不錄片段的潮流做了力挽，在編纂之時，儘量收錄「全文」「長文」或大的「片段」，而不是以前的化「類文」爲「類事」，或者是簡單的「摘句」。在這方面，《初學記》是《藝文類聚》的繼承與發展者，《初學記》走的更遠，即《初學記》對於「全文」「長文」或大的「片段」的追求更爲急切，在這個「文」的引用上更加大膽，更加突出，更加傾向於「長文」「全文」，這無疑是對《藝文類聚》的繼承與發展。

（四）《初學記》對唐代「詩文」的重視

《藝文類聚》的編纂時間在唐朝開國之初，故其中沒有收錄唐朝的「詩文」，而《初學記》編纂於唐玄宗時期，此時唐朝立國已過百年，產生了大量的「詩文」，且唐代帝王亦有不少「詩文」作品流傳，尤其是名聲顯赫的唐太宗，亦有諸多「詩文」傳世，唐玄宗的王子們如欲學習「詩文」，又怎能不參考學習其先祖唐太宗等人的作品呢？所以《初學記》的編纂者極其重視唐代「詩文」，當然更包括唐太宗諸人的「詩文」。韓建立《〈藝文類聚〉編纂研究》對《藝文類聚》收錄歷代詩文情況做過統計，我們以之爲參考依據，分析一下《藝文類聚》之收錄「詩文」情況。

朝代	作者人數	作品總計	作品比重
先秦	2 人	13 題	1.5%
西漢	14 人	29 題	3.4%
東漢	25 人	70 題	8.3%
魏	32 人	159 題	18.8%
吳	3 人	7 題	0.8%
晉	91 人	343 題	40.5%
宋	26 人	67 題	7.9%
齊	6 人	17 題	2%
梁	26 人	109 題	12.9%

陳	5 人	9 題	1.1%
北齊	1 人	1 題	0.1%
北周	2 人	15 題	1.8%
隋	2 人	8 題	0.9%
總計〔註 110〕	235 人	847 題	100%

　　以上是《藝文類聚》收錄諸時代賦類作品的情況，通過這個作品比重我們可以知道《藝文類聚》收錄晉代賦最多，占 40.5%，達五分之二，其次是收錄曹魏時期的賦，占 18.8%，再次是對南朝梁賦的收錄，占 12.9%，第四名是東漢賦的收錄，占 8.3%，第五名是南朝宋賦的收錄，占 7.9%。

朝代	作者人數	作品總計	作品比重
先秦	2 人	2 首	0.1%
漢	18 人	32 首	1.4%
魏	17 人	189 首	8.5%
蜀	1 人	1 首	0%
晉	70 人	347 首	15.6%
後秦	1 人	1 首	0%
宋	27 人	215 首	9.6%
齊	15 人	109 首	4.9%
梁	97 人	1006 首	45.1%
陳	29 人	151 首	6.8%
北魏	2 人	2 首	0.1%
北齊	7 人	15 首	0.7%
北周	6 人	102 首	4.6%
隋	11 人	58 首	2.6%
總計〔註 111〕	303 人	2230 首	100%

　　以上是《藝文類聚》收錄諸朝代詩類作品的情況，通過這個作品比重我們可以知道《藝文類聚》收錄南朝梁詩最多，占 45.1%，五分之二多，其次是收錄晉代的詩，占 15.6%，再次是對南朝宋詩的收錄，占 9.6%，第四名是對曹魏詩的收錄，占 8.5%，第五名是對南朝陳詩的收錄，占 6.8%。

〔註 110〕此表格基礎數據轉錄自韓建立《〈藝文類聚〉編纂研究》，吉林大學博士學位論文，2008 年，第 251 頁。韓氏未有總計行與作品比重列，此係筆者增加。

〔註 111〕此表格基礎數據轉錄自韓建立《〈藝文類聚〉編纂研究》，吉林大學博士學位論文，2008 年，第 235～236 頁。韓氏未有總計行與作品比重列，此係筆者增加。

　　黎麗莎《〈初學記〉詩賦收錄分類研究》對《初學記》收錄歷代詩文情況做過統計，我們以之爲參考依據，分析一下《初學記》之收錄「詩文」情況。

朝代	作家數量	作品數量	作品比重
楚	2 家	5 篇	1.7%
漢	13 家	17 篇	5.7%
後漢	15 家	32 篇	10.7%
魏	10 家	28 篇	9.4%
吳	1 家	1 篇	0.3%
晉	50 家	112 篇	37.5%
宋	11 家	23 篇	7.7%
齊	5 家	7 篇	2.3%
梁	18 家	33 篇	11.0%
陳	7 家	12 篇	4.0%
周	2 家	6 篇	2.0%
隋	7 家	8 篇	2.7%
初唐	9 家	15 篇	5.0%
總計〔註112〕	150 家	299 篇	100%

　　以上是《初學記》收錄諸朝代賦類作品的情況，通過這個作品比重我們可以知道《初學記》收錄晉代賦最多，占 37.5%，其次是收錄南朝梁的賦，占 11.0%，再次是對後漢賦的收錄，占 12.9%，第四名是曹魏賦的收錄，占 9.4%，第五名是南朝宋賦的收錄，占 7.7%。

　　《藝文類聚》收錄賦前五名的朝代是晉代、曹魏、南朝梁、東漢、南朝宋，《初學記》收錄賦前五名的朝代是晉代、南朝梁、後漢、曹魏、南朝宋，可見，在賦類的收錄上，《初學記》與《藝文類聚》之間有驚人的相似，雖然《初學記》收錄賦的總數量是 299 篇，而《藝文類聚》收錄賦的總數量 847 篇，可見，《初學記》在精兵簡政的同時，還是較好的繼承了《藝文類聚》的錄「賦」標準。

〔註112〕此表格基礎數據轉錄自黎麗莎《〈初學記〉詩賦收錄分類研究》，廣西師範大學碩士學位論文，2011 年，第 8、24 頁。黎氏未有總計行與作品比重列，此係筆者增加。

朝代	作家數量	作品數量	作品比重
古詩（不題朝代）	不題作者	8 首	0.8%
漢	2 家	2 首	0.2%
後漢	5 家	6 首	0.6%
魏	12 家	17 首	1.8%
晉	24 家	44 首	4.6%
宋	20 家	45 首	4.7%
齊	7 家	28 首	3.0%
梁	62 家	235 首	24.8%
陳	25 家	77 首	8.1%
北齊	10 家	21 首	2.2%
北周	8 家	40 首	4.2%
隋	44 家	145 首	15.3%
初唐	88 家	281 首	29.6%
總計〔註113〕	307 家	949 首	99.9%

以上是《初學記》收錄諸朝代詩類作品的情況，通過這個作品比重我們可以知道《初學記》收錄初唐詩最多，占 29.6%，其次是南朝梁詩的收錄，占 24.8%，再次是對隋詩的收錄，占 15.3%，第四名是對南朝陳詩的收錄，占 8.1%，第五名是對南朝宋詩的收錄，占 4.7%。

　　《藝文類聚》收錄詩前五名的朝代是南朝梁、晉代、南朝宋、曹魏、南朝陳，《初學記》收錄詩前五名的朝代是初唐、南朝梁、隋、南朝陳、南朝宋，可見，在「詩」的收錄上，《初學記》與《藝文類聚》有較大的不同，《初學記》重視初唐「詩」的情況，一目了然，並且《初學記》在選錄「詩」的時候，與《藝文類聚》有了不同的旨趣，這也是我們上文所見到的，《初學記》與《藝文類聚》之間的「詩」部分的題名連續相同者少的原因，因為《初學記》的編纂者重新按照時代對這些「詩」做了排序。

　　諸學者對於《初學記》重視唐代「詩文」的情況也多有研究，與我們上文的論述多有所見略同之感。黎麗莎《〈初學記〉詩賦收錄分類研究》言「《初學記》對初唐賦的收錄，說明了《初學記》編撰者對本朝賦的重視……《初學記》收錄的初唐賦作品包括虞世南《秋賦》《琵琶賦》《獅子賦》《白鹿賦》、

〔註113〕此表格基礎數據轉錄自黎麗莎《〈初學記〉詩賦收錄分類研究》，廣西師範大學碩士學位論文，2011 年，第 8、24 頁。黎氏未有總計行與作品比重列，此係筆者增加。

楊炯《盂蘭盆賦》、盧照鄰《秋興賦》、唐太宗《小山賦》《鳳賦》、劉允濟《萬象明堂賦》、楊師道《聽歌管賦》、謝偃《觀舞賦》《聽歌管賦》《惟皇誡德賦》、陳子昂《塵尾賦》、顏師古《幽蘭賦》，總計賦作家九家，賦作品十五篇。」〔註114〕黎麗莎《〈初學記〉詩賦收錄分類研究》又言：「《藝文類聚》只收錄了唐代以前的詩作，而《初學記》不僅收錄了先唐的詩，還收錄了一部分初唐時期的詩。《初學記》收錄初唐的詩人八十八家，詩歌二百八十一首，是收錄得最多的，這不僅是因為時代較近，詩作易於保存流傳的緣故，更是因為在初唐時期，詩人紛紛積極地進行詩歌的創作，創作出了大量的高質量的詩作。」
「《初學記》收錄初唐作品最多的詩人是唐太宗，共收錄了六十一首。《全唐詩》收錄唐太宗的詩九十九首，《全唐詩補編》又收錄了十首，唐太宗的詩總共一百零九首，《初學記》就收錄了六十一首，收錄了他大半數的詩歌。」〔註115〕馬娜《王子教科書——論〈初學記〉對詩文創作的指導》言：「經過對《初學記》的詩人身份統計可以發現，《初學記》編者大量選錄歷代帝王之作：唐太宗詩歌 65 首，居唐代選錄詩歌數量之首；選錄隋煬帝楊廣詩歌 15 首，僅次於排名第一的江總（19 首）；梁簡文帝蕭綱選錄詩歌 33 首，居梁代選錄詩歌數量之首，梁元帝蕭繹 23 首，梁宣帝蕭詧 6 首，梁昭明太子 2 首，梁武帝蕭衍 2 首等等。選錄帝王詩歌也是為王子們樹立榜樣作用。《初學記》的閱讀對象為王子，王子們學習內容之一即為前代優秀帝王的治國之方與文武德馨，選錄帝王詩歌可鼓勵其傚仿先賢的詩歌創作。」〔註116〕戎冰《〈初學記〉及其對唐詩的影響》言：「通過檢索內容可以看出，《初學記》中收錄的詩文賦篇目大多集中在南北朝、唐朝兩個時期。仔細研究收錄作品的作者和內容，會發現收錄大多是帝王皇子的文章。首先，在收錄的南北朝詩歌中，梁朝佔了其中很大一部分。我們知道，梁朝歷位統治者，都熱愛文學，幾乎所有的文學活動都是圍繞帝王皇子展開的，其中最著名的要數昭明太子，及其周圍的文學集團。其次，整本《初學記》收錄唐代三百九十六首詩，其中皇帝作品七十四首。高祖兩首，太宗六十六首，中宗五首，睿宗一首。唐朝發展到

〔註114〕黎麗莎《〈初學記〉詩賦收錄分類研究》，廣西師範大學碩士學位論文，2011年，第 8 頁。
〔註115〕黎麗莎《〈初學記〉詩賦收錄分類研究》，廣西師範大學碩士學位論文，2011年，第 25 頁。
〔註116〕馬娜《王子教科書——論〈初學記〉對詩文創作的指導》，河北師範大學碩士學位論文，2013 年，第 47 頁。

《初學記》編修的年代僅建國百年，但《初學記》對唐代作品的收錄比重很大，有些體裁甚至超過前代作品總和，其中太宗皇帝作品比重最多。」「由以上三個特點，可以看出《初學記》收錄作品的態度。首先，絕對肯定帝王在文學中的示範價值。其次，十分重視作品內容，大多作品都緊緊圍繞宮廷生活。」〔註117〕由於《初學記》側重於對唐代「詩文」的收錄，但是，《初學記》的規模又不能太大，太大則不利於皇子們學習使用，故《初學記》的編纂者們只能大量的剔除唐以前的相關「詩文」，故我們對比《初學記》與《藝文類聚》之關係時，尤其是「詩文」之中的「詩」，就可以看見其與《藝文類聚》之大不同，但是，部分「詩文」還是被《初學記》保留，並被合理的置於《初學記》之「詩文」之中，並按照時間先後順序排列於唐太宗的詩之後。

（五）結　語

前輩學者多認為《初學記》與《藝文類聚》之間的關係不甚深，這主要是基於二者的體例以及「敘事」「事對」部分作出的判斷，《藝文類聚》之體例為「事文並舉」，即前為「敘事」，後為「詩文」，而《初學記》則是前為「敘事」，次為「事對」，後為「詩文」，《初學記》之體例完全不同於《藝文類聚》，顯而易見。但是，如果僅憑這些不同就判定《初學記》與《藝文類聚》之間絕無關係則是非常有問題的，通過上文的研究，我們有理由相信，《初學記》之「詩文」部分的編纂中，毫無置疑的參考、因襲了《藝文類聚》之體例與內容，只不過《初學記》的因襲是有節制的，他們在《藝文類聚》的基礎上做了很多工作，刪并、增補同時存在，其實，在《初學記》編纂的時代，可供參考的「事文並舉」類書之「詩文」部分是很少的，而《藝文類聚》就是他們參考、因襲的模範與底本。再者，由《初學記》如此的重視唐代詩文來看，他們對他們所在的當代的典籍是樂於接受並引用的，再就是《初學記》明顯對唐代帝王之詩歌很重視，唐太宗是例子，唐太宗的詩歌大量的出現在《初學記》之中，這是唐玄宗或者編纂者的有意為之，因為他們要給王子們提供榜樣的力量，而唐高祖敕令編纂的《藝文類聚》被重視、被引用亦是常理！

我們通過對《初學記》與《藝文類聚》之「體例」「目錄」與「詩文」內

〔註117〕戎冰《〈初學記〉及其對唐詩的影響》，河南師範大學碩士學位論文，2016年，第52頁。

容的比較研究，發現了他們之間的諸多聯繫，最值得我們驕傲的是，我們由此論證了二者之間的關係，他們不是沒有關係的彼此，而是關係十分緊密的兩個文本。《初學記》與《藝文類聚》皆是唐代編纂的知名類書，其歷史影響已是眾所周知，其歷史地位亦是彪炳史冊，對於二者的研究，歷代學者亦是多有關涉，但是，我們之所以還要不厭其煩的對之進行一個如此繁瑣的文本上的比較與考察，主要是想考察一下中古時期類書編纂之間的因襲與替代問題，類書編纂的南朝模式與北朝模式是歷代學者皆極為關心的問題，而通過研究我們認為在隋代，即《長洲玉鏡》編纂之時，已經初步實現了南北類書編纂模式的融合，而在唐代，類書編纂的南朝模式與北朝模式更是早已經融合在一起，沒有所謂的涇渭分明之說。再一個就是類書編纂的底本問題，因為這也是一個經常被提及的問題，但是，由於史書的記載有選擇性，故有些問題是我們所不知道的，而當我們認真的考察《初學記》與《藝文類聚》之「詩文」部分時，我們果然發現了他們之間的因襲，即《初學記》「詩文」部分的底本無疑就是《藝文類聚》，當然，其中有繼承也有發展更有變化。按照這個道理來看，我們甚至懷疑《初學記》之「事對」部分也極其有可能是因襲或者繼承了《初學記》之前的某一部類語類書，因為，類書的編纂是很複雜的任務，在沒有底本可參考的情況下，原創一部極其高水平的類書是需要多年的積累的，而官修類書成於眾人之手，編纂時間也很短的情況下，其必然要有底本可參考，不然難於成書。當然，這些唐代的類書編纂者也不是無原則的剿襲，他們的學問與人品我們還是要認可與信賴的，他們必然是在原有的底本的基礎上進行了新的探索，他們萃取了諸底本之精華，而又編纂出一部部與眾不同的新作。最後，我們從來沒有否定過《修文殿御覽》《文選》等典籍對《初學記》的影響，而我們所強調的是，《藝文類聚》亦是其中之一，且是曾經被忽視、被遺忘的一個。

餘論：唐代類書編纂的總體考察與評價

　　類書是古籍中輯錄各種門類或某一門類的資料，按照一定的方法加以編排，以便於尋檢、徵引的一種知識性的資料彙編。〔註1〕一千多年來，類書作為典籍之薈萃、知識之精華，對文獻保存、知識傳播和學術研究都產生了重要作用。唐代是類書發展的高潮期，雖然多數典籍沒有流傳下來，但是唐代的類書編纂卻是繁榮異常的。胡道靜《中國古代的類書》言：「唐代自開國到玄宗時代，除了中宗、睿宗兩個很短的朝代外，累朝都用封建國家的力量編纂了一些大規模的類書。」〔註2〕賈晉華《隋唐五代類書與詩歌》言：「筆者撰有《隋唐五代類書考》，檢得隋唐五代公私所修類書共六十九部八千四百七十七卷。如果考慮到遺佚未經著錄者，實際數目可能還要大得多。」〔註3〕由賈晉華先生的統計可見唐代類書之多，其實這個統計也是不完全的，敦煌類書肯定沒有統計在內，域外漢籍中的唐代類書也沒有統計在內，受唐朝影響依據唐代類書編纂的日本類書《秘府略》等恐怕也沒有統計在內，總之，唐代類書的繁榮是超出我們的想像的。歷經千年，留存下來的《藝文類聚》《初學記》《白氏六帖事類集》等類書已經成為經典之經典，已經成為歷朝歷代學者經常使用的袖中抄、隨身寶、隨身卷子，而那些沒有流傳下來的諸類書，亦是對後世類書之編纂產生了深遠影響，因為他們的內容或體例毫無置疑的被後世類書所因襲。

〔註1〕劉全波《類書考略》，《山東圖書館學刊》2013 年第 6 期，第 88～92、104 頁。
〔註2〕胡道靜《中國古代的類書》，北京：中華書局，2005 年新 1 版，第 102 頁。
〔註3〕賈晉華《隋唐五代類書與詩歌》，《廈門大學學報（哲學社會科學版）》1991 年第 3 期，第 127～132 頁。

　　爲了展現唐代類書編纂的盛況，我們再次不厭其煩的將《新唐書》所收諸類書做一個集中展示，這是反映唐代類書編纂之盛況的最基本材料。《新唐書》卷五十九《藝文三》子部「類書類」載：

　　　　《文思博要》一千二百卷。《目》十二卷。右僕射高士廉、左僕射房玄齡、特進魏徵、中書令楊師道、兼中書侍郎岑文本、禮部侍郎彥相時、國子司業朱子奢、博士劉伯莊、太學博士馬嘉運、給事中許敬宗、司文郎中崔行功、太常博士呂才、秘書丞李淳風、起居郎褚遂良、晉王友姚思廉、太子舍人司馬宅相等奉詔撰，貞觀十五年上。

　　　　許敬宗《瑤山玉彩》五百卷。孝敬皇帝令太子少師許敬宗、司議郎孟利貞、崇賢館學士郭瑜，顧胤、右史董思恭等撰。

　　　　《累璧》四百卷。又《目錄》四卷。許敬宗等撰，龍朔元年上。

　　　　《東殿新書》二百卷。許敬宗、李義府奉詔於武德內殿修撰。其書自《史記》至《晉書》，刪其繁辭。龍朔元年上，高宗製序。

　　　　歐陽詢《藝文類聚》一百卷。令狐德棻、袁朗、趙弘智等同修。

　　　　虞世南《北堂書鈔》一百七十三卷。

　　　　張大素《策府》五百八十二卷。

　　　　武后《玄覽》一百卷。

　　　　《三教珠英》一千三百卷。《目》十三卷。張昌宗、李嶠、崔湜、閻朝隱、徐彥伯、張說、沈佺期、宋之問、富嘉謨、喬侃、員半千、薛曜等撰。開成初改爲《海內珠英》，武后所改字並復舊。

　　　　孟利貞《碧玉芳林》四百五十卷。

　　　　《玉藻瓊林》一百卷。

　　　　王義方《筆海》十卷。

　　　　《玄宗事類》一百三十卷。

　　　　又《初學記》三十卷。張說類集要事以教諸王，徐堅、韋述、余欽、施敬本、張烜、李銳、孫季良等分撰。

　　　　是光乂《十九部書語類》十卷。開元末，自秘書省正字上，授集賢院修撰，後賜姓齊。

　　　　陸贄《備舉文言》二十卷。

　　　　劉綺《莊集類》一百卷。

高丘《詞集類略》三十卷。

陸羽《警年》十卷。

張仲素《詞圃》十卷。字繪之，元和翰林學士、中書舍人。

《元氏類集》三百卷。元稹。

《白氏經史事類》三十卷。白居易。一名《六貼》。

《王氏千門》四十卷。王洛賓。

于立政《類林》十卷。

郭道規《事鑒》五十卷。

馬幼昌《穿楊集》四卷。判目。

盛均《十三家貼》。均，字之材，泉州南安人，終昭州刺史。以《白氏六帖》未備而廣之，卷亡。

竇蒙《青囊書》十卷。國子司業。

韋稔《瀛類》十卷。

《應用類對》十卷。

高測《韻對》十卷。

溫庭筠《學海》三十卷。

王博古《修文海》十七卷。

李途《記室新書》三十卷。

孫翰《錦繡谷》五卷。

張楚金《翰苑》七卷。

皮氏《鹿門家鈔》九十卷。皮日休，字襲美，咸通太常博士。

劉揚名《戚苑纂要》十卷。

《戚苑英華》十卷。袁說重修。〔註4〕

《新唐書‧藝文三》所載諸類書共有 39 部，其中《北堂書鈔》應屬於隋朝類書，暫且不論，亦有 38 部之多。試看諸類書之卷帙，總數可達五千多卷，就算《三教珠英》與《文思博要》之間有因襲關係，去掉一千二百卷，總數亦有四千餘卷，這個數量是巨大的，尤其是在印刷術尚未普及的中古時代。其次，試看諸書之卷帙，可謂是大小均具，有卷帙一千二百卷的《文思博要》，五百卷的《瑤山玉彩》，亦有五卷的《錦繡谷》，十卷的《類林》，這反映了唐代類書編纂的異彩紛呈，只可惜大部分典籍都散佚了。

〔註 4〕《新唐書》卷五十九《藝文三》，北京：中華書局，1975 年，第 1562～1564 頁。

　　縱觀中國類書發展史、編纂史，唐代類書編纂研究還沒有得到足夠的重視，學界所關注的多是唐代的知名類書，而少有學者去重視那些不知名或者已經散佚了的類書，其實，我們利用現在的資料搜索系統，可以對那些曾經以爲無法研究的類書做出新的闡釋，從而重新認識整個唐代的類書發展史、編纂史；再者，就算是對知名類書的研究，如《藝文類聚》《初學記》等，亦是有諸多問題尚未明瞭，而加強、加深對這些重要文本的專門研究，必然可以幫助我們弄清中古時期尤其是唐代類書編纂的諸多問題。本書就是從文獻編纂學的角度出發，以《舊唐書・經籍志》子部之「類事」與《新唐書・藝文志》子部之「類書類」所載類書典籍爲線索，輔之敦煌類書、域外漢籍，對唐代類書的發展史、編纂史做一個全面而翔實的考察。當然，限於能力與資料的限制，本書所揭示、所研究的僅僅是唐代類書中的一部分，只能算是一個階段性的成果，很多結論與認知還是不全面的，祈請諸位專家學者不吝賜教，當然，我們自己也要不斷的進行自我修訂與自我更新，以不斷加深對唐代類書的認知與理解。

序號	書目	編纂者	開始時間	完成時間	卷帙	體例
1	《藝文類聚》〔註5〕	歐陽詢、令狐德棻、陳叔達、裴矩、趙弘智、袁朗等	武德五年（622）	武德七年（624）	100卷	類事類書＋類文類書
2	《文思博要》	高士廉、房玄齡、魏徵、楊師道、岑文本、顏相時、朱子奢、劉伯莊、馬嘉運、許敬宗、崔行功、呂才、李淳風、褚遂良、姚思廉、司馬宅相、宋正躬、高玄景等	貞觀十三年（639）十一月之後，很有可能是貞觀十五年（641）	貞觀十六年（642）七月前	1200卷，目12卷	類事類書
3	《東殿新書》	許敬宗、李義府、薛元超等	永徽末（650～655）	顯慶元年（656）	200卷	類事類書
4	《累璧》	許敬宗等。		龍朔元年（661）	630卷或400卷	類事類書
5	《瑤山玉彩》	許敬宗、顧胤、許圉師、上官儀、楊思儉、孟利貞、姚璹、竇德玄、郭瑜、董思恭、元思敬		龍朔三年（663）	500卷	類事類書＋類文類書

〔註5〕韓建立《〈藝文類聚〉編纂研究》，吉林大學博士學位論文，2008年，第65～66頁。

6	《碧玉芳林》	孟利貞			450 卷	
7	《方林要覽》	孟利貞			300 卷	
8	《策府》	張大素			582 卷	
9	《三教珠英》	張昌宗、李嶠、閻朝隱、徐彥伯、薛曜、員半千、魏知古、於季子、王無競、沈佺期、王適、徐堅、尹元凱、張說、馬吉甫、元希聲、李處正、高備、劉知幾、房元陽、宋之問、崔湜、常元旦、楊齊哲、富嘉謨、蔣鳳、劉允濟等	聖曆三年（700）改元久視前	長安元年（701）	1300 卷，目 13 卷	類事類書
10	《初學記》	徐堅、張說等	開元十三年（725）	開元十四年（726）或開元十五年（727）	30 卷	類事類書＋類語類書＋類文類書
11	《筆海》	王義方			10 卷	
12	《翰苑》	張楚金			7 卷	賦體類書
13	《備舉文言》	陸贄			20 卷	類句類書
14	《白氏六帖事類集》	白居易			30 卷	類句類書
15	《元氏類集》	元稹			300 卷	
16	《瀛類》	韋稔			10 卷	
17	《應用類對》	韋稔			10 卷	類語類書
18	《學海》	溫庭筠			30 卷	類語類書
19	《記室新書》	李途			30 卷	賦體類書
20	《鹿門家鈔》	皮日休			90 卷	

對於唐代類書做總體評價，前輩學者已有高論。賈晉華《隋唐五代類書與詩歌》言：「類書在隋唐五代達到高度繁榮，其標誌有三：一是數量劇增，公私並舉；二是獨立成類，蔚爲大國；三是體例嚴密，種類多樣。」〔註6〕「從隋煬帝至唐玄宗開元中，官修類書大量湧現，皇帝、太子、諸王都爭先恐後

〔註 6〕賈晉華《隋唐五代類書與詩歌》，《廈門大學學報（哲學社會科學版）》1991 年第 3 期，第 127～132 頁。

地組織第一流的學者文士編纂類書。開元後，官修類書熱潮歇息下來，但私人撰述之風，卻自隋至五代，一直持續不衰。」〔註7〕潘冬梅《中晚唐類書研究》亦言：「（一）官修類書漸趨停歇，私修類書迅速發展。（二）中晚唐類書編撰體制多樣化。（三）分類體系、類目的設置與排列不如唐初、宋初完善，內容多不完整。（四）編撰的目的由供君主皇室參考向針對科舉及民間日用轉變。」〔註8〕唐光榮《唐代類書與文學》言：「唐代類書的撰述體式歸納起來一共有九種：書鈔體、志人小說體、碎語體、駢語體、對語體、四言對句體、詩體、賦體、問答體。後世類書的所有撰述體式在唐代差不多都可以找到。」〔註9〕「從部類結構上看，唐代類書雖不如後世類書精密，但已經相當完整、成熟。從撰述體式上看，唐代類書也已經很豐富、全面。很明顯，類書編纂發展到唐代已經有很高的水平。」〔註10〕我們今天要在諸前輩學者的基礎上，對整個唐代類書編纂情況做一個詳細的分析評價，還是有些難度的，因為我們所能見到的文本還是比較少的，其實，我們只能從目前所知、所見的部分材料出發，做一些淺顯的推斷。

第一，一個時間上的認知與判斷，這個分界線以安史之亂為界。唐代前期類書編纂的主體是政府，並且此時期多編纂大型類書，而安史之亂之後，唐代類書的編纂開始出現新情況，政府不再主持類書編纂，或者說，官方主導的類書編纂越來越少，而民間私修、私纂類書興旺發達起來。杜希德著，黃寶華譯《唐代官修史籍考》言：「唐代初年歷史寫作的規範性制度化導致了歷史修撰的日益專業化，促使史家努力專注於撰寫富有教育意義的歷史：不僅在其最廣泛的意義上，歷史當體現出往昔所應提供給全體士人的道德倫理教訓；而且在一個更狹隘的意義上，為那些參與治國的人士提供大量豐富的先例與榜樣。」〔註11〕「在初唐時期，知識的合理化組織與分門別類曾風行一時……他還體現在初唐時期編纂的各式各樣的『百科全書』中，這些書籍在 720 年的秘書省藏書目錄中被歸為『類事』，即『分類事項』。列入書目的

〔註 7〕 賈晉華《隋唐五代類書與詩歌》，《廈門大學學報（哲學社會科學版）》1991 年第 3 期，第 127～132 頁。

〔註 8〕 潘冬梅《中晚唐類書研究》，吉林大學碩士學位論文，2008 年。

〔註 9〕 唐光榮《唐代類書與文學》，成都：巴蜀書社，2008 年，第 115 頁。

〔註 10〕 唐光榮《唐代類書與文學》，成都：巴蜀書社，2008 年，第 135 頁。

〔註 11〕 〔英〕杜希德著，黃寶華譯《唐代官修史籍考》，上海：上海古籍出版社，2015 年，第 73 頁。

這類書籍不下二十二種，這類作品中有兩種最早的作品流傳至今，其一是虞世南主持編纂、完成於隋朝《北堂書鈔》一百六十卷，另一種是歐陽詢主持編纂、於 624 年呈於朝廷的《藝文類聚》一百卷。第三種流傳至今的同類書籍是三十卷的《初學記》，由徐堅及其同僚編於集賢院，於 727 年進呈朝廷。」〔註12〕由此可見，唐代類書編纂的前期與後期之不同是顯而易見的，前期與後期的特點也是顯而易見的，這是唐代類書編纂的第一個特點，前輩學者亦是已經關注到了這個問題。馮敏《唐代前期學術文化研究》言：「唐代前期的類書編纂基本上都由帝王直接發起，因而普遍具有編纂規模大，規格高的特點。在編纂過程中往往彙集了大量飽學之士，這些人一則官居要職，如高士廉、房玄齡、魏徵等都是貞觀重臣；學識深廣，如令狐德棻、姚思廉、馬嘉運、徐堅、張說等都是名重一時的學者鴻儒。這些類書編纂，直接服務於皇室的需要。其主要目標，一是擴充皇家藏書，加強文化建設，完善藏書；二是以史為鑒、施政治國；三是滿足皇室文化娛樂的需求，《藝文類聚》等是以輯錄詩文詞賦為主，直接服務於取事為文的需要；四是促進皇室教育，如《初學記》就是專為諸王皇子的教育和學習而編製。」〔註13〕潘冬梅《中晚唐類書研究》言：「和官修類書的求全求備不同，私人編撰的類書更帶有主觀性和隨意性，可以反映當時知識的定型化和簡化，其對知識的分類和介紹，可以透視當時社會一般知識程度。」〔註14〕總之，唐代前期，修類書與修史一樣，在規範性的制度之下，編纂了大量的各式類書，卷帙浩繁，內容多樣，而到了後期，私人編纂類書異軍突起，並且由於私人編纂類書更有主觀性和隨意性，於是各式各類具有鮮明個性的類書大量出現，但是，也不能說，唐代前期沒有私人編纂類書，只是由於官修類書的光芒太過耀眼，將私纂類書的光芒遮擋了起來。

第二，類書編纂與史書修撰多同時進行，類書編纂者既是史書修撰人員，又是身居要職、官高位尊的宰相名臣，這可見類書編纂之地位，亦可見當時帝王將相對類書編纂等文化事業的重視與積極性。杜希德著，黃寶華譯《唐代官修史籍考》言：「這些書籍並非我們現代意義上的百科全書。他們的編排

〔註12〕 〔英〕杜希德著，黃寶華譯《唐代官修史籍考》，上海：上海古籍出版社，2015年，第 73～74 頁。

〔註13〕 馮敏《唐代前期學術文化研究》，陝西師範大學博士學位論文，2014 年，第 63 頁。

〔註14〕 潘冬梅《中晚唐類書研究》，吉林大學碩士學位論文，2008 年，第 15 頁。

與其說是爲了匯總知識與資料，還不如說是爲了提供有關前人的文學與歷史作品的選段摘錄的彙編，爲作家覓取文學精華與典故的範例打開一條簡捷的途徑。在他們各個不同的門類中，有許多是涉及『人事』的各個方面的，由此他們分類匯聚了一大批我們所謂的歷史與行政問題的資料。類書與歷史寫作之間一個饒有趣味的聯繫是，在這三部類書的編者中，而且事實上也是在唐初其他的那些久已佚失的類書的編者中，有許多學者，他們首先是作爲專業的歷史家享譽於世的。其他一些官方史家則在最初三個皇帝的治下參與了範圍廣泛的法律與禮儀的法典彙編工作。如此大規模地致力於知識的分類與編纂，成了當時的一種流行學風，許多官方史家人也直接參與其中。」〔註15〕杜希德著，黃寶華譯《唐代官修史籍考》又言：「歐陽詢從事《陳書》的纂修，被公認爲精於前朝歷史……徐堅從事《武則天實錄》及武后於 703 年授命編纂的《國史》的撰修：他們兩人都是以史官的身份參與了修史。在《藝文類聚》的編纂者中有令狐德棻，他一生大部分的時間都擔任史官。在《藝文類聚》的十餘位編纂者中，令狐德棻與陳叔達從事《周書》的修撰，而裴矩則致力於撰寫《齊書》。合作編纂《初學記》的人士中有著名的專業史家韋述，此書是在張說的主持下編製的，而張說本人此時正參與《今上實錄》的撰寫，此實錄所記即爲玄宗即位初年以來的事蹟。」〔註16〕杜希德著，黃寶華譯《唐代官修史籍考》言：「這後一種集子編纂之時，正值朝廷的學士們在編製一系列規模宏大的文學選集，其中《文館詞林》一千卷，完成於 658 年；《累璧》六百三十卷，完成於 661 年；《瑤山玉彩》五百卷，於 663 年進呈朝廷。還有一種大型選集，其完成年月已不詳，但他的編纂者幾乎就是編《瑤山玉彩》的同一批人，此書就是三百卷的《芳林要覽》。於是包羅萬象的學問與規模宏偉的選集一時間風行天下並享有皇家的慷慨資助。許多參與這類選集編纂的學士同時也是活躍的史家，其中有些人還從事實錄與國史的修撰。」〔註17〕總之，不論是前期還是後期，編纂類書的這些文人學士，多半都是擔任著修史的任務，他們一方面是史書的編纂人員，一方面還是類書的編纂人員，而

〔註15〕 〔英〕杜希德著，黃寶華譯《唐代官修史籍考》，上海：上海古籍出版社，2015年，第 74 頁。

〔註16〕 〔英〕杜希德著，黃寶華譯《唐代官修史籍考》，上海：上海古籍出版社，2015年，第 74 頁。

〔註17〕 〔英〕杜希德著，黃寶華譯《唐代官修史籍考》，上海：上海古籍出版社，2015年，第 86～87 頁。

在當時，這兩項任務皆是大型工程，皆是當時朝廷十分重視的工作，故我們認為類書編纂與修史是緊密的聯繫在一起，進一步說，在古人的眼中，修史與編纂類書是同樣重要的事情，並不是後世人眼中的修史之學術地位高，編纂類書之學術地位低，後來的學者總是輕視類書的學術地位，而中古時期直至明清，此起彼伏的類書編纂為何不能停歇？正是類書編纂之地位與重要性的表現。

第三，類書編纂體例上的評價。南北朝時期的類書編纂多是類事類書占主導地位，而到了《藝文類聚》編纂的時代，類事類書+類文類書模式正式出現並得以確立，當然，對於類事類書與類文類書的討論，前文已有說明，但是，遍觀唐初編纂的大型類書如《文思博要》《三教珠英》等，皆是類事類書，發展到《瑤山玉彩》《碧玉芳林》《玉藻瓊林》，類事類書與類文類書之間的結合更趨緊密，雖然此時的類文部分仍然附屬於類事部分，但是，毫無置疑的是，此時的類文部分已經有了很大的自主權乃至主動權，文的色彩更加濃厚，這是類事類書與類文類書結合的產物，究竟誰占主導地位，還需要具體問題具體分析，但是，由於資料的散佚，只能猜測，我們可以斷定的是唐初編纂的諸類書，主體模式是類事類書，受《藝文類聚》的影響，類文部分開始佔有更多的篇幅，甚至類文部分有單獨獨立的傾向與實踐，《文館詞林》是一個參照物。再者，我們懷疑《策府》或許採用了賦體類書的形式，這無疑會拓寬官修類書編纂的新境界，但是，也是猜測而已。隨著官修類書的發展，私人編纂類書開始繁榮起來，私人類書編纂的體例更是多姿多彩，比官修類書更為的自由與熱烈，從唐初即不斷產生各式新體例的類書，類事類書+類文類書模式不再那麼受到追捧，因為，相對來說，類事類書+類文類書模式太過冗雜，知識點也就是要點不集中，而類句類書與類語類書就是更適宜、更合用的體例，當然類句類書之代表作《北堂書鈔》，類語類書之代表作《編珠》，在隋煬帝時代已經出現，到了唐初，就是一個如何繼續發展的問題。賦體類書也是如此，逐漸受到文人學士更多的青睞，《翰苑》是一部失傳已久的賦體類書，幸運的是，日本有古寫本重現，這是唐高宗顯慶五年（660）張楚金編纂的，原來的學者多認為《事類賦》是賦體類書的開啟者，後來，敦煌文獻中發現了《兔園策府》，讓我們知道唐初就有此類賦體類書出現，而《翰苑》的發現，證明唐初不是只有一個《兔園策府》，還有一個《翰苑》，他們的時代相距不遠，也就是說，在唐太宗與唐高宗時代，就出現了較為成熟的賦體

類書。安史之亂之後的唐代類書編纂，還是類句類書與類語類書最受歡迎，《備舉文言》《應用類對》是類語體類書，《白氏六帖事類集》是類句類書，而諸如此類的類句類書、類語類書大量出現且流行起來，是類書繁榮興盛的表現，因爲，此時的讀書人需要這樣的類書，而大量湧現出來的晚唐類書之體例與內容，又染上了藩鎮割據的顏色。最後，組合體類書亦是唐代類書編纂的一個特色，《藝文類聚》是類事類書與類文類書的組合，《初學記》是類事類書加類語類書加類文類書的組合，這種組合體類書的編纂，難度是很高的，所以私人編纂類書多不採用這種模式，而只有官方在人才濟濟的情況下，才可以做出如此經典的文本，《藝文類聚》《初學記》之所以可以流傳千年，並成爲經典，主要還是和他們的編纂體例有關，這是他們不可能被淘汰的質量保障。總之，唐代類書在編纂體例方面有了大的飛躍與發展，這也奠定了唐代類書在中國類書發展史上的重要地位。

第四，類書編纂者方面的評價，中古時期也包括唐代，類書的編纂是連綿不絕的，多是父子兄弟交至，師徒交至，同一人編纂多部類書亦是一個值得關注的重要現象。前文我們已經有過分析，中古時期的類書編纂者之間是有著十分緊密的關係的，具體到唐代，我們可見到的第一個代表人物是許敬宗，他是唐高宗時代典籍編纂的主要負責人，十幾部典籍在其領導下完成，自貞觀已來，朝廷所修《五代史》《晉書》《東殿新書》《西域圖志》《文館詞林》《累璧》《瑤山玉彩》《姓氏錄》《新禮》等書，皆總知其事，而此位許敬宗在唐太宗時代是參與過《文思博要》的編纂，其在後來的《東殿新書》《瑤山玉彩》《累璧》的編纂中究竟是一個什麼狀況，史書記載不詳，但是，毫無疑問的是，早年參與編纂《文思博要》的經驗，必然對他領修新書極有幫助，而早年的經驗、教訓必然會指導新的類書編纂，這是促進類書編纂進步，提高類書編纂質量的人才保障。《三教珠英》的編纂者亦是眾多，其中起作用最大的是徐堅、張說二人，建議參考《文思博要》編纂《三教珠英》的主意就是他們出的，而《三教珠英》後來也果眞是如此編纂了出來，這就是說，徐堅、張說二人對《文思博要》與《三教珠英》皆很熟悉，不然他們也無法完成《三教珠英》的編纂，更爲重要的是，到了唐玄宗時代，唐玄宗感覺《修文殿御覽》等書，卷帙龐大，不利於王子們學習使用，於是敕令徐堅、張說編纂王子教科書《初學記》，此時的徐堅、張說二人，在兩部千卷大類書的基礎上，再次編纂類書，難道會不受影響，難道會沒有了印象，他們早年編纂

《三教珠英》的經驗、教訓必然會促進《初學記》的編纂，加之唐玄宗的個性化要求，於是一個新的類書體例的踐行者《初學記》誕生了，如果沒有早年的經驗、教訓，徐堅、張說二人能夠編纂出質量如此高的《初學記》嗎！孟利貞是第三個例子，此人早年參與了《瑤山玉彩》的編纂，後來又編纂了《碧玉芳林》《玉藻瓊林》，雖然這三部書都散佚了，我們看不出他們之間的聯繫，但是通過這文采意蘊十足的題名，孟利貞難道沒有受到影響，其早年編纂《瑤山玉彩》的經驗教訓，肯定會深深的影響《碧玉芳林》《玉藻瓊林》的編纂。再者，薛元超曾經參與過《東殿新書》的編纂，而其子薛曜後來又參與了《三教珠英》的編纂，這是父子皆參與編纂類書的代表。王義方編纂有類書《筆海》，而他的弟子，為他服喪三年的員半千，後來參與了《三教珠英》的編纂，早年受學王義方門下的員半千，絕不會不知道《筆海》，而此小小的《筆海》，會不會對《三教珠英》的編纂產生影響，我們不能做出判斷，但是，此《筆海》毫無置疑的會影響到員半千。白居易編纂有《白氏六帖事類集》，白居易的好朋友元稹編纂有《元氏類集》，雖然是內容絕無關係的兩部類書，但是，兩位好友之間，兩部類書之間，難道彼此沒有交流，難道彼此沒有影響。總之，我們認為中古時期的類書編纂皆是如此，皆是前後左右聯繫緊密，任何學問的養成，任何典籍的編纂，都不可能是孤立的事件，必然都是中國類書發展史、編纂史上的一環，唐代也不能例外，並且唐代的表現更為的典型，因為唐代的類書編纂是南北朝以來的整個類書編纂鏈條上的一環，是類書編纂高潮期的延續與發展。

第五，類書的功能即類書在使用範圍方面的評價。唐代著名的詩人，如李嶠、張說、白居易、元稹、李商隱、溫庭筠、皮日休等，皆有類書編纂，其最主要的原因在於詩文寫作時，類書可以幫助他們迅速的查檢捃摭，觸類旁通。《文鏡秘府論》南卷《論文意》載：「凡作詩之人，皆自抄古人詩語精妙之處，名為隨身卷子，以防苦思。作文興若不來，即須看隨身卷子，以發興也。」〔註18〕《文鏡秘府論》這一段經典的論述，經常被引用，因為這就是古人作詩作文的實際情況，我們容易被李白斗酒詩百篇的豪氣所誤導，我

〔註18〕 〔日〕弘法大師原撰，王利器校注《文鏡秘府論校注》，北京：中國社會科學出版社，1983年，第290頁。王利器先生校注言：「按《敦煌掇瑣》七三：『《雜抄》一卷。一名《珠玉鈔》，二名《益智文》，三名《隨身寶》。』《雜抄》一名《隨身寶》，即此意也。爾時，如《白氏六帖》《兔園冊子》之類，亦此物也，所謂饋貧之糧是也。」

們認為古人作文作詩就如同長江黃河水，肆意傾瀉而出，其實，這種情況是較少的，更多的情況是，兩句三年得，一吟雙淚流，而如此情況之下，類書就是最合用的隨身利器。韓愈《贈崔立之評事》載：「崔侯文章苦捷敏，高浪駕天輸不盡。曾從關外來上都，隨身卷軸車連軫。朝為百賦猶鬱怒，暮作千詩轉遒緊。搖毫擲簡自不供，頃刻青紅浮海蜃。」〔註 19〕「隨身卷軸車連軫」一句，更為清楚的說明了隨身卷軸對於讀書作文之功用。賈晉華《隋唐五代類書與詩歌》言：「與前代相比，隋唐五代類書不但數量繁多，而且體例嚴密，品類豐富，選輯精當，而這些眾多的高質量的類書，其主要編纂目的和實際作用，都是供撰寫詩文時檢索典故事類，採擷美詞秀句，構造對偶意象。因此，隋唐五代類書與詩歌發展之間，不可避免地產生了微妙而複雜的關係。」「唐代詩歌的日益應酬化和普及化，以詩取士制度的確立，使得許多本來缺乏詩歌天賦的人也必須學會作詩，這就需要把詩歌變成一門可學習的技術，而類書正是促成詩歌技術化的工具之一。」「隋唐五代類書對於詩歌的繁榮發展，還有一個特殊的副作用，即類書的編纂過程，特別是大型類書的編纂過程，往往成為詩歌創作和討論的盛會，從中產生了不少重要作品和重要觀念。」「隋唐五代類書的繁榮發展，主要為適應詩歌的普及化運動，而它反過來又對詩歌的普及和繁榮產生了特殊的作用。這種作用有利有弊，有功有過，比較起來，應該是利大於弊，功大於過。隋唐五代類書尚未有書賈牟利之舉，質量皆較高。」〔註 20〕張振謙《唐代三部類書對唐詩的影響》言：「現存《藝文類聚》《初學記》《六帖》三部類書與唐詩關係密切，主要表現在兩方面：其一，官修類書為詩歌創作提供了典範，科舉考試題目多出於此。帝王用類書編纂的方法提倡文學，導引詩風，從而促進了唐詩的繁榮；其二，類書是唐代文人知識積累過程中重要的童蒙讀物；也是唐代詩人創作時『構思之古書，是唐詩生成的條件之一。」〔註 21〕張巍《溫李詩的對仗、聲律、用典技巧──兼論類書和駢文對溫李詩的影響》言：「溫李的詩歌創作受到了類書和駢文的影響，可以稱之為『以駢文為詩』。」〔註 22〕總之，文學應該是推動唐

〔註 19〕（清）彭定求等編《全唐詩》卷三三九《贈崔立之評事》，北京：中華書局，1960 年，第 3796～3797 頁。

〔註 20〕賈晉華《隋唐五代類書與詩歌》，《廈門大學學報（哲學社會科學版）》1991年第 3 期，第 127～132 頁。

〔註 21〕張振謙《唐代三部類書對唐詩的影響》，《中華文化論壇》2008 年第 1 期，第53～58 頁。

〔註 22〕張巍《溫李詩的對仗、聲律、用典技巧──兼論類書和駢文對溫李詩的影響》，

代類書編纂與發展的主要動力，於是大量的文學類書湧現出來，文學的上游是科舉，文學的下游是教育，於是類書迅速佔領從低層到高層的學術文化空間。

最後，我們有必要補充說明一下類書與古代讀書人之間的關係，因爲，今天的很多讀書人已經體會不到古代讀書人與類書之間的感情，今天的人們做學問也好，編教材也罷，多是用計算機來完成資料的搜索，而往前追三十年，甚至更久一點，當時的人們是沒有計算機的，當時的學者要完成資料的積累多是利用卡片來完成的，而這些日積月累而來的卡片，如果有個以類相從的體例，不就是簡單的專題類書嗎？再者，年齡大一些的老先生們也是很重視類書的，一部《太平御覽》就會令他們神往，而《太平御覽》中的資料就是他們開始研究的基礎，故可知古代讀書人編纂類書與使用類書是極其常見與頻繁的，他們對類書的重視亦是不容置疑的。明清時代，類書家族之中出現了大量的日用類書，這些類書被廣大中下層民眾所喜愛，成爲他們增長見識的「萬寶全書」，如《五車拔錦》《三臺萬用正宗》《萬書淵海》《五車萬寶全書》《萬用正宗不求人》《妙錦萬寶全書》《博覽不求人》《萬象全編不求人》《萬事不求人博考全書》《萬珠聚囊不求人》《一事不求人》《文林聚寶萬卷星羅》《諸書博覽》《學海群玉》《文林廣記》《積玉全書》《全書備考》《博覽全書》《燕閒秘錄》《酬世錦囊》《商賈指南》《士商類要》等。這些日用類書與中古時期的典型類書不一樣，甚至多被認爲是品格低下之書，當然我們這裡不再爭論品格高下，我們所要借用的是一個詞，即「萬寶全書」這個詞，爲何會有這樣的稱呼或者叫法，「萬寶全書」的提法用在類書身上，到底合適不合適，被人認爲是品格不高的類書咋會有如此花哨的稱呼，通過不斷的思索，我們漸漸明瞭這個問題，類書在古代，當然也包括唐代，類書是讀書人的「萬寶全書」，是古人檢索徵引、積累知識、開拓視野、處理疑難、瞭解世界的錦繡萬花谷。任何一部優秀的類書都是一個時代知識的總結，宇宙的、國家的、歷史的、動物的、植物的乃至日常生活的知識都被網羅搜輯，且分門別類，清晰而整齊的排列組合在一起，一展卷，天下萬事萬物盡在於此，這就爲讀書人積累知識、開拓視野提供了極大的便利，也正因如此，看饌經史，漁獵子集的類書才被一代代讀書人所重視、認可，並不斷編纂新的類書

以實現類書的新陳代謝。〔註23〕我們很多時候只知道類書是「宜皇王之省覽」的資料彙編，是詩文創作時備檢索徵引的「獺祭魚」，是輯佚校勘所得的「殘璣斷璧」，好像類書是志大才疏之人，裝點門面，無甚大用，我們卻忘記了類書其實還是童蒙的教材，士子的參考書，農牧商賈的萬寶全書。也就是說，類書與古人之間的關係是十分密切的，在古人的世界裏，類書離他們很近，而不是我們所認爲的疏遠，類書也擁有眾多的編纂者、使用者、閱讀者、收藏者，且不斷的被刊刻、新編、補編，無形中類書已經融入到中國文化的每一個角落。並且，類書把最基本且被正統思想所認可的知識集中起來，並通過最便利的方法使讀者將之印在心底、烙於腦海，這就在無形中把最正統的知識轉化成一種潛意識，日積月累，實現了道德化成。

〔註23〕劉全波《類書研究通論》，蘭州：甘肅文化出版社，2018年。

參考文獻

一、古籍

1. （漢）司馬遷撰《史記》，北京：中華書局，1959 年。
2. （漢）班固撰《漢書》，北京：中華書局，1973 年。
3. （吳）陸機撰，（明）毛晉廣要《陸氏詩疏廣要》，《文淵閣四庫全書》，第 70 冊，上海：上海古籍出版社，2003 年。
4. （唐）劉餗等撰《隋唐嘉話·大唐新語》，北京：古典文學出版社，1957 年。
5. （唐）魏徵等撰《隋書》，北京：中華書局，1973 年。
6. （唐）李延壽撰《北史》，北京：中華書局，1974 年。
7. （唐）白居易撰《白氏六帖事類集》，臺北：正光書局，1976 年。
8. （唐）劉肅撰，許德楠、李鼎霞點校《大唐新語》，北京：中華書局，1984 年。
9. （唐）段公路撰，（唐）崔龜圖注《北戶錄》，《叢書集成初編》，第 3021 冊，北京：中華書局，1985 年。
10. （唐）韓愈撰，馬其昶校注，馬茂元整理《韓昌黎文集校注》，上海：上海古籍出版社，1986 年。
11. （唐）白居易撰《白氏六帖事類集》，北京：文物出版社，1987 年。
12. （唐）李林甫等撰，陳仲夫點校《唐六典》，北京：中華書局，1992 年。
13. （唐）歐陽詢撰，汪紹楹校《藝文類聚》，上海：上海古籍出版社，1999 年第 2 版。
14. （唐）白居易原本，（宋）孔傳續撰《白孔六帖》，《文淵閣四庫全書》，第 892 冊，上海：上海古籍出版社，2003 年。

15.（唐）楊炯《盈川集》,《文淵閣四庫全書》,第 1065 冊,上海:上海古籍出版社,2003 年。

16.（唐）徐堅等著《初學記》,北京:中華書局,2004 年第 2 版。

17.（唐）杜寶撰,辛德勇輯校《大業雜記輯校》,西安:三秦出版社,2006 年。

18.（唐）白居易撰,〔日〕神鷹德治、山口謠司解題《白氏六帖事類集》,東京:汲古書院,2008 年。

19.（唐）白居易著,謝思煒校注《白居易文集校注》,北京:中華書局,2011 年。

20.（唐）李匡文《資暇集》,北京:中華書局,2012 年

21.（後晉）劉昫等撰《舊唐書》,北京:中華書局,1975 年。

22.（宋）王溥撰《唐會要》,北京:中華書局,1955 年。

23.（宋）司馬光等撰《資治通鑒》,北京:中華書局,1956 年。

24.（宋）李昉等撰《太平御覽》,北京:中華書局,1960 年。

25.（宋）李昉等撰《文苑英華》,北京:中華書局,1966 年。

26.（宋）歐陽修等撰《新五代史》,北京:中華書局,1974 年。

27.（宋）歐陽修等撰《新唐書》,北京:中華書局,1975 年。

28.（宋）薛居正等撰《舊五代史》,北京:中華書局,1976 年。

29.（宋）王溥撰《五代會要》,上海:上海古籍出版社,1978 年。

30.（宋）晁載之《續談助》,北京:中華書局,1985 年。

31.（宋）王堯臣等編次,錢東垣等輯釋《崇文總目》,《叢書集成初編》,第 22 冊,北京:中華書局,1985 年。

32.（宋）尤袤撰《遂初堂書目》,《叢書集成初編》,第 32 冊,北京:中華書局,1985 年。

33.（宋）陳振孫撰,徐小蠻、顧美華點校《直齋書錄解題》,上海:上海古籍出版社,1987 年

34.（宋）鄭樵撰,王樹民點校《通志二十略》,北京:中華書局,1995 年。

35.（宋）善卿編正《祖庭事苑》,《卍續藏經》,第 113 冊,臺北:新文豐出版公司,1995 年。

36.（宋）王應麟撰,孫海通校點《困學紀聞》,瀋陽:遼寧教育出版社,1998 年。

37.（宋）王應麟《玉海》,揚州:廣陵書社,2003 年。

38.（宋）祝穆撰,（宋）祝洙增訂,施和金點校《方輿勝覽》,北京:中華書局,2003 年。

39. （宋）陸佃撰《埤雅》,《文淵閣四庫全書》,第 222 冊,上海：上海古籍出版社,2003 年

40. （宋）吳縝撰《新唐書糾謬》,《文淵閣四庫全書》,第 276 冊,上海：上海古籍出版社,2003 年。

41. （宋）周應合撰《景定建康志》,《文淵閣四庫全書》,第 489 冊,上海：上海古籍出版社,2003 年。

42. （宋）不著撰人《寶刻類編》,《文淵閣四庫全書》,第 682 冊,上海：上海古籍出版社,2003 年。

43. （宋）潘自牧《記纂淵海》,《文淵閣四庫全書》,第 932 冊,上海：上海古籍出版社,2003 年。

44. （宋）謝維新撰《古今合璧事類備要後集》,《文淵閣四庫全書》,第 940 冊,上海：上海古籍出版社,2003 年。

45. （宋）不著撰人《翰苑新書前集》,《文淵閣四庫全書》,第 949 冊,上海：上海古籍出版社,2003 年。

46. （宋）李廷忠撰,（明）孫雲翼注《橘山四六》,《文淵閣四庫全書》,第 1169 冊,上海：上海古籍出版社,2003 年。

47. （宋）計敏夫撰《唐詩紀事》,《文淵閣四庫全書》,第 1479 冊,上海：上海古籍出版社,2003 年

48. （宋）王欽若等編纂,周勳初等校訂《冊府元龜》,南京：鳳凰出版社,2006 年。

49. （宋）晁公武撰,孫猛校證《郡齋讀書志校證》,北京：中華書局,2011 年。

50. （宋）王應麟撰,武秀成、趙庶洋校證《玉海藝文校證》,南京：鳳凰出版社,2013 年。

51. （元）脫脫等撰《宋史》,北京：中華書局,1977 年。

52. （元）馬端臨撰《文獻通考》,北京：中華書局,1986 年。

53. （元）辛文房撰,傅璇琮整理《唐才子傳校箋》,北京：中華書局,1990 年。

54. （元）張鉉撰《至大金陵新志》,《文淵閣四庫全書》,第 492 冊,上海：上海古籍出版社,2003 年。

55. （元）富大用撰《古今事文類聚》,《文淵閣四庫全書》,第 928 冊,上海：上海古籍出版社,2003 年

56. （元）楊士弘撰,（明）張震注《唐音》,《文淵閣四庫全書》,第 1368 冊,上海：上海古籍出版社,2003 年。

57. （明）胡應麟《少室山房筆叢》,北京：中華書局,1958 年。

58.（明）焦竑《國史經籍志》,《叢書集成初編》,第 27 冊,北京:中華書局,1985 年。

59.（明）楊士奇等編《文淵閣書目》,《叢書集成初編》,第 30 冊,北京:中華書局,1985 年。

60.（明）馮復京撰《六家詩名物疏》,《文淵閣四庫全書》,第 80 冊,上海:上海古籍出版社,2003 年

61.（明）李賢等奉敕撰《明一統志》,《文淵閣四庫全書》,第 473 冊,上海:上海古籍出版社,2003 年。

62.（明）汪砢玉撰《珊瑚網》,《文淵閣四庫全書》,第 818 冊,上海:上海古籍出版社,2003 年。

63.（明）陳耀文撰《天中記》,《文淵閣四庫全書》,第 966 冊,上海:上海古籍出版社,2003 年。

64.（明）彭大翼撰,（明）張幼學增訂《山堂肆考》,《文淵閣四庫全書》,第 975 冊,上海:上海古籍出版社,2003 年。

65.（清）吳景旭撰《歷代詩話》,北京:中華書局,1958 年。

66.（清）彭定求等編《全唐詩》,北京:中華書局,1960 年

67.（清）永瑢等撰《四庫全書總目》,北京:中華書局,1965 年。

68.（清）董誥等編《全唐文》,北京:中華書局,1983 年。

69.（清）于敏中等編纂《日下舊聞考》,《北京古籍叢書》,北京:北京古籍出版社,1983 年。

70.（清）錢曾《讀書敏求記》,北京:書目文獻出版社,1984 年。

71.（清）吳任臣撰《十國春秋》,《文淵閣四庫全書》,第 466 冊,上海:上海古籍出版社,2003 年。

72.（清）和珅等奉敕撰《大清一統志》卷六十四《淮安府》,《文淵閣四庫全書》,第 475 冊,上海:上海古籍出版社,2003 年。

73.（清）嵇曾筠等監修,（清）沈翼機等編纂《浙江通志》,《文淵閣四庫全書》,第 525 冊,上海:上海古籍出版社,2003 年。

74.（清）邁柱等監修,（清）夏力恕等編纂《湖廣通志》,《文淵閣四庫全書》,第 531 冊,上海:上海古籍出版社,2003 年。

75.（清）顧炎武撰《金石文字記》,《文淵閣四庫全書》,第 683 冊,上海:上海古籍出版社,2003 年。

76.（清）孫岳頒等撰《御定佩文齋書畫譜》,《文淵閣四庫全書》,第 820 冊,上海:上海古籍出版社,2003 年。

77.（清）卞永譽撰《式古堂書畫匯考》,《文淵閣四庫全書》,第 827 冊,上海:上海古籍出版社,2003 年。

78. （清）王士禎撰《居易錄》，《文淵閣四庫全書》，第 869 冊，上海：上海古籍出版社，2003 年。

79. （清）張英、王士禎等奉敕纂《御定淵鑒類函》，《文淵閣四庫全書》，第 984 冊，上海：上海古籍出版社，2003 年。

80. （清）張玉書、陳廷敬等奉敕撰《御定佩文韻府》，《文淵閣四庫全書》，第 1024 冊，上海：上海古籍出版社，2003 年。

81. （清）陳維崧撰《陳檢討四六》，《文淵閣四庫全書》，第 1322 冊，上海：上海古籍出版社，2003 年。

82. （清）于敏中等著，徐德明標點《天祿琳琅書目》，上海：上海古籍出版社，2007 年。

二、專著

1. 〔日〕弘法大師原撰，王利器校注《文鏡秘府論校注》，北京：中國社會科學出版社，1983 年。

2. 王重民《中國目錄學史論叢》，北京：中華書局，1984 年。

3. 姜書閣《駢文史論》，北京：人民文學出版社，1986 年。

4. 鄭炳林《敦煌地理文書匯輯校注》，蘭州：甘肅教育出版社，1989 年。

5. 周紹良編《唐代墓誌彙編》，上海：上海古籍出版社，1992 年

6. 袁珂校注《山海經校注（增補修訂本）》，成都：巴蜀書社，1993 年。

7. 許凌雲《劉知幾評傳》，南京：南京大學出版社，1994 年。

8. 《日本國見在書目錄》，東京：名著刊行會，1996 年。

9. 于景祥《陸贄研究》，瀋陽：遼寧人民出版社，1998 年。

10. 高峽《西安碑林全集》，廣州：廣東經濟出版社；深圳：海天出版社，1999 年。

11. 周紹良、趙超主編《唐代墓誌彙編續集》，上海：上海古籍出版社，2001 年。

12. 郭郛注《山海經注證》，北京：中國社會科學出版社，2004 年

13. 胡道靜《中國古代的類書》，北京：中華書局，2005 年新 1 版。

14. 杜澤遜《四庫存目標注》，上海：上海古籍出版社，2007 年。

15. 陳橋驛《水經注論叢》，杭州：浙江大學出版社，2008 年。

16. 賴瑞和《唐代基層文官》，北京：中華書局，2008 年。

17. 唐光榮《唐代類書與文學》，成都：巴蜀書社，2008 年。

18. 魏小虎編著《四庫全書總目匯訂》，上海：上海古籍出版社，2012 年。

19. 李玲玲《〈初學記〉引經考》，北京：中國社會科學出版社，2013 年。

20. 劉安志《新資料與中古文史論稿》，上海：上海古籍出版社，2014 年。

21. 〔英〕杜希德著，黃寶華譯《唐代官修史籍考》，上海：上海古籍出版社，2015 年。

22. 孫猛《日本國見在書目錄詳考》，上海：上海古籍出版社，2015 年。

23. 張中澍、張建宇《〈翰苑・蕃夷部〉校譯》，長春：吉林文史出版社，2015 年。

24. 劉全波《類書研究通論》，蘭州：甘肅文化出版社，2018 年。

25. 劉全波《魏晉南北朝類書編纂研究》，北京：民族出版社，2018 年。

三、論文

1. 朱仲玉《隋唐五代時期史籍散論》，《史學史資料》1980 年第 5 期。

2. 黃盛璋《〈西天路竟〉箋證》，《敦煌學輯刊》1984 年第 2 期。

3. 汪受寬《隋代的古籍整理》，《文獻》1987 年第 2 期。

4. 崔文印《隋唐時期的類書》，《史學史研究》1990 年第 4 期。

5. 賈晉華《隋唐五代類書與詩歌》，《廈門大學學報（哲學社會科學版）》1991 年第 3 期。

6. 陳炳應《西夏兵書〈貞觀玉鏡將〉》，《寧夏社會科學》1993 年第 1 期。

7. 馬丕環《皮日休年譜會箋（下）》，《寶雞文理學院學報（人文社會科學版）》1996 年第 2 期。

8. 李並成《「鏡」類文獻識略》，《敦煌研究》1999 年第 1 期。

9. 張固也《〈資暇集〉作者李匡文的仕履與著述》，《文獻》2000 年第 4 期。

10. 屈直敏《敦煌本〈兔園策府〉考辨》，《敦煌研究》2001 年第 3 期。

11. 唐雯《〈藝文類聚〉〈初學記〉與唐初文學觀念》，《西安聯合大學學報》2003 年第 1 期。

12. 曹之《試論隋代圖書編撰的特點》，《山東圖書館季刊》2004 年第 3 期。

13. 王璐《敦煌寫本類書〈兔園策府〉探究》，西北師範大學碩士學位論文，2006 年。

14. 周睿《張說研究》，四川大學博士學位論文，2007 年。

15. 趙文潤《武則天與太子李弘、李賢的關係考釋》，杜文玉主編《唐史論叢》，總第 9 輯，西安：三秦出版社，2007 年。

16. 張振謙《唐代三部類書對唐詩的影響》，《中華文化論壇》2008 年第 1 期。

17. 王璐《敦煌寫本類書〈兔園策府〉考證》，《唐都學刊》2008 年第 4 期。

18. 葛繼勇《〈兔園策府〉的成書及東傳日本》，《甘肅社會科學》2008 年第 5 期。

19. 桂羅敏《〈三教珠英〉考辨》,《圖書館雜誌》2008 年第 6 期。

20. 潘冬梅《中晚唐類書研究》,吉林大學碩士學位論文,2008 年。

21. 韓建立《〈藝文類聚〉編纂研究》,吉林大學博士學位論文,2008 年。

22. 田媛《隋暨初唐類書編纂與文學》,北京大學博士學位論文,2008 年。

23. 陳揚《唐太極宮與大明宮布局研究》,陝西師範大學碩士學位論文,2010
    年。

24. 李朝傑《貞觀時期文學研究》,河北大學博士學位論文,2010 年。

25. 盧燕新、楊明剛《初唐編纂的詩歌總集考論》,《山西大學學報（哲學社
    會科學版）》2011 年第 6 期。

26. 吳炯炯《隋代秘書省職司考論》,《敦煌學輯刊》2011 年第 4 期。

27. 張巍《溫李詩的對仗、聲律、用典技巧——兼論類書和駢文對溫李詩的
    影響》,《江西師範大學學報（哲學社會科學版）》2011 年第 5 期。

28. 黎麗莎《〈初學記〉詩賦收錄分類研究》,廣西師範大學碩士學位論文,
    2011 年。

29. 劉安志《〈修文殿御覽〉佚文輯校》,《魏晉南北朝隋唐史資料》,總第 28
    輯,武漢：武漢大學人文社會科學學報編輯部編輯出版,2012 年。

30. 孟憲實《從新出高昱墓誌看高士廉家族史事》,《新疆大學學報（哲學人
    文社會科學版）》2012 年第 1 期。

31. 張峰《〈五代史志〉與典制體通史的纂修》,《人文雜誌》2012 年第 1 期。

32. 劉全波《魏晉南北朝類書編纂研究》,蘭州大學博士學位論文,2012 年。

33. 劉全波《〈華林遍略〉編纂考》,《敦煌學輯刊》2013 年第 1 期。

34. 劉全波《類書考略》,《山東圖書館學刊》2013 年第 6 期。

35. 郭麗《〈兔園策府〉考論——兼論唐代童蒙教育的應試性傾向》,《敦煌研
    究》2013 年第 4 期。

36. 劉安志《〈華林遍略〉乎？〈修文殿御覽〉乎？——敦煌寫本 P.2526 號
    新探》,高田時雄主編《敦煌寫本研究年報》,第 7 號,京都：京都大學
    人文科學研究所,2013 年。

37. 馬娜《王子教科書——論〈初學記〉對詩文創作的指導》,河北師範大學
    碩士學位論文,2013 年。

38. 周裕鍇《皮日休送圓載歸日本詩解讀》,《古典文學知識》2014 年第 1 期。

39. 林曉光《論〈藝文類聚〉存錄方式造成的六朝文學變貌》,《文學遺產》
    2014 年第 3 期。

40. 高慎濤《新出墓誌所見唐人著述輯考》,《圖書館雜誌》2014 年第 8 期。

41. 劉全波《〈修文殿御覽〉編纂考》,《敦煌學輯刊》2014 年第 1 期。

42. 劉全波《論敦煌類書的分類》，王三慶、鄭阿財主編《2013 敦煌、吐魯番國際學術研討會論文集》，臺南：成功大學中國文學系出版，2014 年。

43. 王蘭蘭《〈三教珠英〉考補與發微》，杜文玉主編《唐史論叢》2013 年第 2 期，總第 17 輯，西安：陝西師範大學出版總社，2014 年。

44. 楊杉《二虞研究》，華中師範大學碩士學位論文，2014 年。

45. 馮敏《唐代前期學術文化研究》，陝西師範大學博士學位論文，2014 年。

46. 李翔《中晚唐五代藩鎮文職幕僚研究》，南開大學博士學位論文，2014 年。

47. 張雯《〈白氏六帖事類集〉研究》，上海社會科學院碩士學位論文，2015 年。

48. 陳淑婭《〈陸機集〉與陸機文學文獻研究》，鄭州大學博士學位論文，2015 年。

49. 屈直敏《敦煌寫本〈兔園策府〉敘錄及研究回顧》，《敦煌學輯刊》2016 年第 3 期。

50. 劉文濤、張慶捷《新見唐〈高玄景墓誌〉考論》，《史志學刊》2016 年第 2 期。

51. 戎冰《〈初學記〉及其對唐詩的影響》，河南師範大學碩士學位論文，2016 年。

52. 楊玉鋒《徐彥伯考》，《天中學刊》2017 年第 3 期。

53. 翟景運《晚唐政局與幕府公文的演變》，《古代文明》2017 年第 1 期。

54. 劉全波、何強林《〈文思博要〉編纂考》，張福貴主編《華夏文化論壇》2017 年第 2 期，總第 18 輯，長春：吉林文史出版社，2017 年。

55. 劉全波、吳園《〈敦煌張氏家傳〉小考》，《文津學誌》，總第 11 輯，北京：國家圖書館出版社，2018 年。